过眼云烟

董其昌的鉴赏世界

姚东一 著

南京大学出版社

目 录

序 言

谜一般的晚明。提及晚明便让人浮想连翩，从王阳明到李贽，自徐青藤、董其昌到八大山人与陈老莲，由袁宏道到归庄、张岱，汤显祖与牡丹亭，冯梦龙与醒世恒言，不管泰州学派还是东林书院，还有钱谦益与柳如是，侯方域与李香君，冒辟疆与董小婉，甚至什么宦官、锦衣卫、秦淮灯火、煤山歪脖子树……，乱七八糟尽到眼前，晚明就像是一团难以理清的乱麻。而怪异的是从这一团乱麻中却孕育出无数杰出人物，其中还夹杂着那么多被人传诵至今的才子佳人。这是一段错综复杂动荡不安的历史，却为后人沉淀了太多可供思考的内容。社稷已呈衰败，但在思想界及文化艺术上却硕果累累，俊才辈出，几乎在每一领域都可以排出一长串对文化史产生影响与贡献的大师，他们的名字与成就在中国文化史上熠熠生辉。精神思想与艺术文化或者自有其或生或灭的生态和规律，隐含着我们并未完全读懂的非常之道。晚明的历史令众多的中外学者为之吸引并沉湎其间，都欲一探究竟以期明白此中原委。

明神宗的一纸诏令让王阳明从祀孔庙，而使阳明心学堂而皇之成为圣学，以至晚明心学学派林立，终成潮流，唤醒了无数士人的心灵自觉，从而风行天下。从理学的"格物致知"到心学的"心外无物"是如何巨大的思想跨越！至今仍有不少学者认为阳明心学是中国哲学的最高成就。

"即看湖上花开日，人自纵横水自深。""年来寂寞从人谤，只有疏狂一老身。"晚明心学则是强调"心即理"、"心即道"，所谓"赤子之心"、"顺适自然"这类的人生态度深沁于当时士人之心，并将其作为精神寄托甚至行为方式，部分士人更是要求个人绝对的心灵自由与自我适意，在精神生活上渐近禅意，蕺山派心学领袖刘宗周亦言"若良知之说，鲜有不流于禅者。"杨慎则讥为"削经铲史，逃儒归禅。"顾炎武评"亦无非禅之宗旨"，晚明心学几近于禅学，这是许多著名学者的共同结论，对于心学的历史作用虽然各有评判，但毫无疑义的是，晚明心学已成为那个历史时代最重要的思想资源。

董其昌是晚明画坛的一代宗师，他确立了中国文人画的文化地位并将文人画推向了历史顶点。从他的人生态度,他的书法绘画作品及他作品所寄托的境界与情怀,综其所为,尤其是他所秉持的著名的"南北宗论",以禅喻画,都在晚明心学的语境中。因此,可以判断其思想脉络大抵并未脱离晚明心学这条线索。董氏的艺术生命方式已然离弃了儒家用世的激情和承担,而沉浸在"自乐"与"自我适意"的状态中,他在晚明江南士人里是具有某种典型意义的人物。

董其昌是善于运用历代绘画笔墨程式的大师,同时又是一位极其注重品位精蕴,个体性灵释放的艺术大家。追求笔墨的高度程式化几乎是所有绘画大师的终极选择,艺术程式非但没有妨碍个性的表达,反成为强化个体特征与充分释放个人性灵的必由之路。董氏所形成的审美高度既可远达魏晋,又能与当代审美互通款曲,这种立足文化绝顶的审美精神与情怀深刻影响了大批晚明及其后世的画家,尤以明末朱耷得其要旨。其"画分南北宗"的分野意韵自然是显而易见的,简言之,侧重于"再现"者则为北宗,侧重于文人精神吐纳者当属南宗。这让我们认识到必须具备怎样的个人内心质地而又有文化建树者才有可能标榜于文化史,成为一种文化高度的表征。

《过眼云烟:董其昌的鉴赏世界》一书的作者姚东一,能书画,擅著文,早年便特别关注江南文人的世俗生活,饶有兴致地研究他们所择取的人生姿态,由此及彼的渐次深入,导致她的这种兴趣不可避免地进入了晚明,而美术学的研究终于令她与董其昌不期而遇。本书作者显然不愿止步于那类仅仅用以宣示学问的学术讲章,而是把她数年埋头于故纸堆中细细扒梳、筛选、研判之心得,加之其个人绘画创作实践中的真切体悟,用明白流畅的语言与读者共享。作为对董其昌的个案研究,她似乎抱有那份共情心态,通过对董其昌的艺术态度,社会交往,鉴藏品味,藏品交易等各方面细节的考察,力求让自己与读者都能从行文中细细品味到晚明历史中典型江南士人的人生滋味,这是以往诸多关于董的论文中有所忽略或未作充分研究的。她的倾心投入使她能意会董艺术品鉴之神髓,触及史家难察之幽理,作者并非有意点拨他人,但文中流露出作者独到的思索和见地。对此,读者们可以格外加以留意。作为此书的读者,掩卷之时不免陷入沉思,"烟云供养"四个字竟然深深地嵌在自己的脑海中,虽然我们与晚明并不处在同一时空,而当世人急于呼唤"大师",以为用媒体和资本的堆积便意欲"打造"文化高峰之际,读一读这本书或许会促使我们对"文化"一词能有更清醒的认识,或者能从历史的文化印迹中寻到一线文化生长的脉络,得到点滴启示与借鉴。

王孟奇

2022正月于京华

第一章　初始

一、高濂的朋友们

　　人生世间,如白驹之过隙,而风雨忧愁,辄三之二,其间得闲者,才十之一耳。况知之而能享者,又百之一二。於百一之中,又多声色为乐,不知吾辈自有乐地。悦目初不在色,盈耳初不在声。明窗净几,焚香其中,佳客玉立相映,取古人妙迹图画以观,鸟篆蜗书,奇峰远水,摩挲钟鼎,亲见商周。端砚涌岩泉,焦桐鸣佩玉,不知身居尘世,所谓受用清福,殊有逾此者乎?"①

　　宋代赵希鹄在《洞天清录》中的感叹,时光穿梭,出现在晚明文人高濂《遵生八笺》的燕闲清赏笺中。高濂,字深甫,号瑞南道人,浙江钱塘人,生卒记录不详,据徐方朔在《晚明曲家年谱》中考证,其生年不晚于嘉靖六年(1527年)或者略早。高濂的主要才华表现在戏曲上,代表作《玉簪记》至今仍在舞台上演绎,但在历史的淘洗下,曲家的平生纪实却只能从其作品和他人的故纸堆中找寻。汪道昆《太函集》卷四十七中有《明故徵仕郎判忻州事高季公墓志铭》,正是高濂父亲的墓志铭,其中也提到高濂,可大致了解其生平,其父初经商,后为官,期望高濂进仕,中云:

　　及深甫生,盖夙昔才之矣。既就舍旁筑藏书室,贮古图书,其上为楼居,贮古尊彝钟鼎。雅言:世俗务厚遗而疏择术。厚将安之?即多蓄以侂子孙,直为邯郸房耳。吾愿以此居子,使之与古为徒。即不必刑,视彼邯郸为犹贤已。②

　　认为"深甫博闻强识,游诸有名公卿,有开必先,则季公以也"。可见高公寄子深望,教子有方。然而高濂的仕途并不顺利,两次科举失利,此时高濂已四十四岁,人到中年,也许高濂自己对仕途热情已减,可季公对儿子仍要求严格,"借令得通籍治朝,即而翁桑榆可逮"③。父命难违之下,"深甫唯唯",入赀,即出资捐官,于鸿胪寺候选,至此,高濂的仕途似乎有了一个交代。

从以上这些信息,似乎远不能详尽了解高濂的性情,万历八年(1580年),高濂已五十四岁,父亲也已经过世六年,这年,高濂为其《四时幽赏录》作序,中云:

> 余雅尚幽赏,四时境趣虽异,而真则不异也。……况赏心幽事,取之无禁,用之不竭,跬步可得,日夕可观,真如清风明月,不用一钱买也。梦想神游,余将永矢勿谖矣。世果有何乐可能胜之耶?④

高濂家居西子湖畔,《四时幽赏录》主要记录西湖四时佳景乐事,如春则孤山月下看梅花,虎跑泉试新茶;夏则苏堤看新绿,空亭坐月鸣琴;秋则三塔基听落雁,水乐洞雨后听泉;冬则西溪道中玩雪,扫雪烹茶玩画……拈出一二,其间隐约可见高子正在山水间流连徘徊,真是赏心乐事,"有何乐可能胜之耶"?

万历十八年(1590年),《遵生八笺》成书,其八笺为:清修妙论笺,四时调摄笺,起居安乐笺,延年却病笺,饮馔服食笺,燕闲清赏笺,灵秘丹药笺,尘外遐举笺。观遵生八笺的内容意趣,高濂的音容笑貌也更加清晰地浮现出来。对养生,高子曰:"摄生尚玄,非崇异也。"⑤对四时,高子曰:"时之义大矣。天下之事未有外时以成者也,故圣人与四时和其序。"⑥因此"随时叙以逸事幽赏之条,和其性灵,悦其心志"⑦。高子手制美食,酝糟酒品,曰:"余嗜闲,雅好古,敏以求之。"高子论瓶花,说草花三品,讲盆景,论茶品泉水,汤品酒酿。对书画,高子谈画家的六法三病,兼论砚、论笔墨、论文房。当然高子也焚香论琴,编菊谱、兰谱、竹谱……对八笺,高濂曾自言:"皆平生所得实际语。"就在同年,高濂也为即将刊出的《遵生八笺》求序,同为武林人的李时英在序中言:"余筮仕天涯,即五岭八桂,尽入奚囊,归来无岁不出游,名山洞府,足迹殆遍,未得窥二酉印证了了于胸中者,幸得八笺咀嚼之,洋洋洒洒,然遵生之旨大备矣。"⑧

李时英为隆庆五年(1571年)进士,官礼部郎中,据序中所言,显然与高濂志同道合。值得一提的是屠隆的序,屠隆(1543—1605年)字长卿,一字纬真,号赤水、鸿苞居士,浙江鄞县人。万历五年(1577年)进士,曾任吏部主事、郎中等官职,后罢官回乡。屠隆尤其精通曲艺,不但写戏编戏,还演戏,其家中便自办有戏班,聘请名角。屠隆在序中言及高濂"博学宏通,鉴裁玄朗"⑨,但"少婴羸疾,有忧生之嗟"⑩。于是"交游湖海,咨访道术",最后"悟摄生之有道,知人命之可长,剖晰玄机,提拈要诀,著为遵生八笺"⑪。凭此,也许会认为八笺仅是养生之学,但似乎又远远不止于此,身为同时之人,屠长卿更明了其中意味,屠长卿认为高子书中所言,看似颇极烦冗。"研而讨之,驰扰神思;聚而蓄之,障阁身心,其于本来虚空,了无一法之旨,亦甚戾矣,何遵生之为?"⑫但"余谓不然,人心之体,本来虚空,奈何物态纷拏,汩没已久,一旦欲扫而空之,无所栖泊。及至驰骤飘荡而不知止,一切药物补元,器玩欲志,心有所寄,庶不外驰,亦清净之本也"⑬。此语也许道出了高濂集书本意,以有形世物寄清净之本,借尘间雅事契天人之机,可能才是高濂的愿望。屠长卿有《考槃余事》行世,其间亦是品书论画,涤砚修琴,相鹤观鱼,焚香试茗,与高濂有异曲同工之妙。

不仅八笺刊行,《玉簪记》早在高濂落榜失意时创作,此后也广为流传。同为武林人氏,另一位同道中人冯梦祯就曾在朋友家观看,冯氏在《快雪堂日记》卷五,万历十九年(1591年),二月十八条记:"晴,风,日甚美,月亦佳,早同诸君游武山……轻舟至俞坞兴福寺,许氏设酒相款待,作戏《玉簪》,陈妙常甚佳,汤孝廉诸君俱宿舟中。"⑭并提及买蜜,言"山东蜜最佳",并认为冬天蜂饮款冬花所酿蜜尤佳,游武山,品蜜饯,听曲看戏,其中似乎隐约浮现八笺中高濂的影子。巧合的是,同在武林,高濂和冯梦祯也确有交集,万历二十三年(1595年)二月,冯氏就曾在高子斋头赏画,《快雪堂日记》卷七记:"初七,晴阴相半,融雪未尽。同方次卿诸君高深甫斋中阅诸古玩,惟郭恕先临王右丞《辋川图》,马和之《鲁颂》《商颂》二卷最佳……"⑮并在初九作《初七日诣高深甫登阁望积雪兼阅〈辋川图〉、〈鲁颂〉、〈商颂〉图》诗以记。此后,万历二十七年(1599年)正月,冯氏又来访,"赴高深甫之约,再见开皇《兰亭》,成国家物,品在诸本之上。与赵魏国孟頫临本伪迹同卷。深甫云以三十金得之,又《黄庭》亦佳本,后一二十行乃别本缀上者"⑯。万历三十一年(1603年),冯氏又同高濂及朋友在西湖同看桃花,事见《快雪堂日记》卷十四。

冯梦祯,浙江嘉兴人,字开之,号具区,又号真实居士,万历五年(1577年)进士,万历十五年(1587年)去官归里,隐于西子湖畔,富收藏,有《快雪堂集》存世。除了仕途上看似顺利外,在二人留下的文字里,生活中冯梦祯、高濂的意趣有较多相似,都是游山赏景,吟诗品茗,赏花评画,焚香鸣琴,玩石弄墨,又间论性命,参禅习道。正所谓志同道合、人以类聚,冯梦祯不仅和高濂有相同的情趣,和屠隆也同样有不浅的交情,在冯氏《快雪堂日记》中频频有屠隆的出现,而屠隆的文集中亦记录二人不少的书信往来。

对冯梦祯而言,万历二十三年(1595年)也许有特别的意义,之前一年,即万历二十二(1594年),冯梦祯得王维《江山雪霁图》,初未深信,反复观摩后确信摩诘精神与水墨相合,蒸成至宝,赏阅之后,“出户见俗中纷纭,殊令人捉鼻也”[⑰]。最后珍之如头脑骨髓。佢很快,次年,远在京师的董玄宰寄书索观,冯氏“得董玄宰书,借观王维卷阅,亦高兴矣”[⑱]。然此一观,洋洋洒洒题跋五百言,为此画结论为摩诘真迹,并“赞誉不容口”,此事也“著名东南”。《江山雪霁图》在当时王画世不多见的情形下,似乎横空出世,也满足了董其昌对王维画的癖好。

冯梦祯和董其昌的交往,要追溯到在此四年前。冯梦祯《快雪堂集》中《于董玄宰太史》信中言:

> 自辛卯迄今,与足下会晤,最数足下玄淡超诣,友朋中所希,即十日不见,便欲千里命驾,况经年索离,想念当何如![⑲]

辛卯即万历十九(1591)年,此年冯梦祯四十三岁,董玄宰三十七岁,从冯梦祯言语中可见对董玄宰的赏慕之情,而四年后也酝酿出《江山雪霁图》的故事,略见当时董其昌书画赏鉴已颇具声名。

其实不仅和冯梦祯相交,在高濂的斋头,董其昌同样多次流连,郭恕先《辋川图》中董氏题跋:“万历丁酉秋,奉旨校江右,归访高深甫,宿‘鱼磬轩’重阅,十月晦日也。董其昌。”[⑳]另外《隋开皇刻王羲之兰亭诗序》亦有跋文:

> 稧序虽出于文皇之世,乃隋开皇时已自刻石,此本实萧翼之间谍智果辩才之譬也,尤延之王顺伯诸公见此,必不聚讼于定武,赵子固见此,必不舍命于昇山。子昂见此,必不盘旋於独孤东屏之二本,而十三十七题跋不置,顾余何人,遘此奇宝,后举者胜,岂非生平之快哉。高鸿胪博雅好古,多藏名人真迹,余从江右试士归,宿其斋中,信宿得尽发而品题之,以此本与郭忠恕《辋川图》为第

一，余以报命严程，恨不能临写兰亭一过，如庆喜见阿閦佛耳，万历丁酉九月，董其昌书。乙卯仲夏重观于画禅室，其昌。㉑

此跋中的高鸿胪即高濂，从跋文看董其昌对得见这本兰亭真是兴奋极了，"顾余何人，邁此奇宝"，"恨不能临写兰亭一过，如庆喜见阿閦佛耳"。因为此帖在当时曾引起不少人的关注，如项鼎铉就在日记中有记录："开皇兰亭则於武林高瑞南处曾看之，初不见佳。"㉒所言高瑞南即高濂，项鼎铉乃项元汴的侄孙，有《呼桓日记》存世，而《呼桓日记》之所以今日能得见，和项鼎铉一个好朋友李日华又有莫大关系，正是在李日华《味水轩日记》的启发下，项鼎铉记了五个月的日记，虽然短暂，从中也可略窥一斑其生活中的场景，其中既有好友李日华的影子，也不乏和董其昌鉴赏永日。李日华的《味水轩日记》与《快雪堂日记》一样，记录了自己二十一年的家居生活，相比冯梦祯，李日华可谓是有过之而无不及。钱谦益曾言：

君实和易安雅，恬于仕进，后先家食二十余年。能书画，善赏鉴，一时士大夫风流儒雅、好古博物者，祥符王损仲、云间董玄宰为最。君实书画亚于玄宰，博雅亚于损仲，而微兼二公之长，落落穆穆，韵度颓然，可谓名士矣。㉓

万历十五年（1587年），二十二岁的李日华曾拜冯氏为师，《快雪堂日记》卷一，丁亥十二月初九记："苏紫溪学宪来，面荐李君实、戴升之两生。"㉔此后二人的交集更频繁见于冯梦祯日记。同为日记，不知李日华是否受老师冯梦祯影响，《快雪堂日记》始于万历十五年（1587年），止于万历三十三年（1605年），《味水轩日记》始于万历三十二年（1604年），止于天启五年（1625年），二人日记前后时间跨度有三十八年之久，为我们展现了一段精彩丰富的晚明文人生活画卷。

历史的往昔中多是时间、事件的碎片，如果以高濂为起点，李时英、屠隆、冯梦祯、项鼎铉、项元汴、李日华及本书研究对象董其昌，曲折串连起来，模糊中可见晚明文人在生活中发生的交集、故事，无论是热爱戏曲的高子还是进仕的冯梦祯、屠隆，还是更专业的书画鉴藏者李日华、董其昌，乃至于项氏藏家，在他们共同生活的时间段中，虽有不同的生活环境和人生轨迹，却在某一刻有相似的趣味追求,他们的生活中也交织出现一个对象:书画。从《江山雪霁图》《辋川图》到《开皇刻王羲之兰亭诗序》,书画在他们身边辗转往复,他们热衷的方式不同、程度有异,但围绕书画,及其随之而来的鉴赏、收藏,在相同的博古情怀中,正上演一个个不同的故事。也许,对他们而言,"受用清福,殊有於此者乎?"

二、董其昌的鉴藏

透过如上几位文人的笔记,约略可复现明代嘉万以来部分士子文人生活中的影像片段,晚明社会究竟何样,一直是众多研究者所关注和感兴趣的部分,围绕本书所关注的艺术品及其鉴藏相关的话题也是研究的热点。

宏观而言,晚明社会变化所引发的经济变化,以及文化观念等方面的转变,已出现在明代的社会、文化研究领域,国外学者如柯律格《长物:早期现代中国的物质文化和社会状况》着重从艺术社会史视角进行研究,为全面理解此时期的艺术观念提供了新的研究思路。与此类相关的研究亦有卜正民《纵乐的诱惑:明代的商业与文化》描绘了商业社会中的生活全景;巫仁恕《品味奢华:晚明的消费社会与士大夫》从消费文化角度来审视晚明的社会变化、士大夫的消费及其行为的变化;张长虹《品鉴与经营:明末清初徽商艺术赞助研究》从艺术赞助视角审视当时的徽商和书画消费,以及书画市场等方面的问题。

从微观来看,晚明社会中的书画艺术是这段历史中别样的风景,与此相关的领域,如书画收藏及藏家方面也有丰硕的研究成果,个案研究如李万康、封治国、叶梅对项元汴书画鉴藏的研究,季学艳对张丑的研究等。另以地域为中心,如万木春在《味水轩里的闲居者:万历末年嘉兴的书画世界》中对嘉兴地区文人书画鉴藏的研究,黄朋《吴门具眼:明代苏州书画鉴藏》对明代苏州地区书画鉴藏家群体的研究,都为此时的书画鉴藏研究展开了新鲜的篇章,也让我们更深入地了解了晚明时期的艺术和社会。

已有研究为本书提供了充分的基础和借鉴,具体到研究对象董其昌,作为书画史中一个特定的人物,缘其在绘画史中的地位影响,以及其本人的复杂性和丰富性,围绕而来的研究层出不穷,也历久弥新。20世纪三四十年代,国内已有关于董其昌的研究,在当时背景下对董其昌的评判可谓毁誉参半。80年代后,研究比较集中,从多重角度和文化背景中重新探求其绘画观点、艺术价值以及在当代文化语境下的存在意义,并在国际上掀起了研究热潮,日本学者古原宏伸,台湾、欧美的学者傅申、高居翰、张子宁、吴讷逊、方闻、李慧闻等或用西方文艺理论研究方法,或从艺术心理学和艺术风格学等视角,对董其昌的绘画理论、南北宗论和创作实践做了深入的研究,对董其昌的艺术及历史地位做出一定的结论。进入21世纪,随着艺术史研究视角的多元和跨领域趋势,董其昌研究开始介入新的视角,态度也更趋于平静客观,其中值得关注的是把文化史、思想史和绘画史结合起来的多重视角,如陈中浙、马骥非分别从禅宗和文学思潮切入讨论,拓宽了研究广度。另外,前辈学者如汪世清、李慧闻都关注到董其昌的生活和交游活动。

回顾董其昌研究的历程,不难发现对董其昌书画鉴藏及相关方面的研究相对欠缺,只有少数学者关注,如20世纪班宗华《董其昌对宋画的鉴赏及他的历史性理论的妥协性之初步研究》和古原宏伸《董其昌对唐宋绘画的鉴定》以及张子宁的《董其昌与唐宋元画册》都不同程度地对董其昌的鉴藏进行关注,但未当作专门的课题展开。近年颜晓军《宇宙在乎手:董其昌画禅室里的艺术鉴赏活动》一书比较全面地考察了董其昌一生的书画鉴赏、交游活动以及书画观念,为董其昌的书画鉴赏研究打开了一扇窗。在艺术史和书画鉴藏史中,董其昌的历史意义不言而喻,但对董其昌书画鉴藏进行的研究为数不多,其原因可能是多方面的:其一大概是因为一直以来,董其昌书画家的身份掩盖了其他身份,研究者对董其昌书画家身份的关注远胜过对其他身份的关注,以至于忽略其鉴藏者的角色,近些年随着艺术史研究范围的拓宽,相关领域如社会史、文化史的介入融合,在更广的视角聚焦中,董其昌的多重身份也逐渐凸显出来。其二,鉴藏史及书画鉴藏的研究尚处于引发阶段,对鉴藏家的个案研究似乎还未广泛地展开和进行,具体到董其昌的鉴藏,因其是临池的书画家,涉及鉴藏和书画实践之间的关系,其中要厘清和处理的问题也相对多元。但面对董其昌这样一个丰富的研究对象,可能只有多面向的视角甚至说需要面面观,我们才可能有机会走近一个真实可触的人。

三、个案的展开

钱谦益曾言："能书画,善鉴赏,一时士大夫风流儒雅、好古博物者,祥符王损仲、云间董玄宰为最。"®董其昌在晚明书画鉴藏中的地位和意义显而易见是不可忽视的。更值得注意的是,对比同时期鼎鼎有名的项元汴和韩世能、汪砢玉等藏家,董其昌更有能书画之优势,能书画,善鉴赏,二者在董其昌身上,可谓相依相存、相得益彰。反观董其昌提出的文人画、南北宗论等包前孕后的观点,若没有眼阅万卷古画的过程,大概也无从谈起。

关注董其昌的书画赏鉴,可以说是对董其昌的个案研究,作为个案,自然有其特殊性,是董其昌而非他人,书画鉴藏作为晚明士夫文人普遍的社会行为,时代环境所致,又具有某种共性。要研究的对象是共性之中的特别性,也需要因时因地因具体情景而论,因此在研究中尝试从事件发生的具体环境中观察研究对象,在具体而微的鉴藏情景中考察、解析董其昌的鉴赏、收藏活动。这包括把董其昌放置在社会环境中进行考察,讨论在此基础上,董其昌赏鉴行为中的社会性因素,鉴赏情景中的角色扮演和心理变化,唯有此才可以接近和解释其赏鉴中的多种言行。当然,不可忽视的是,作为书画者,董其昌对书画的热爱和真诚也是毋庸置疑的,因此趣味的选择也是考察其鉴赏中的必要部分,在对董其昌的书画趣味进行考察时,尽量从董其昌本人的角度,理解揣摩其趣味选择的缘由,以及其中的态度和心理变化。

诚如丹纳所言,任何一个时代都存在其独有的"精神气候"环境,也正如钱穆先生所言,中国人之艺术,亦非纯粹之艺术。可以说一人之成就,不仅是单一因素所至,在董其昌与书画、鉴藏产生关联时,所处的社会文化环境、成长经历、师长同游以致情志脾性,皆在其中发挥作用。因此在第二章花费不少笔墨尝试描绘晚明的文化背景和文人的博雅生活,讨论此时书画著录中呈现的书画流通、鉴藏活动的普遍性,当时的鉴藏人群分类以及不同诉求,为董其昌的鉴藏铺垫出相对准确的背景。

董其昌生活的晚明时期,经济发展明显胜于前期,加之当时的政治因素,如书画作为折俸之物,好古之风一时盛起,书画鉴藏及市场也自然而然被引发。不同阶层人物涉入书画行业,或为谋生之用,或为清赏之求,各取所需,演绎出蔚为大观的书画收藏、赏鉴、作伪、交易等种种事宜。在这种种之中，董其昌在不同时间的身份地位也产生奇妙的转换，一时董其昌是后来之人，在项氏藏品中大开眼界；一时，董其昌是学生第子，和同门共赏老师韩世能所展法书妙品；一时，董其昌四处觅宝，大搜家乡元四家画；一时，董其昌又为书画鉴定落跋……

　　不同的时间情景，不同的身份，使董其昌演绎出不同的角色。作为社会活动，外在诸多环境因素影响下，鉴藏中也不免涉及人情、人性，其间的复杂矛盾性，甚至不时引发出富有戏剧性甚至荒唐的情景和故事。可以说，在董其昌的行为中，也可见一些看似矛盾荒谬之处。当然，作为一个书画的痴迷者，董其昌对喜爱之物的孜孜以求，面对真迹时的兴奋之状，又呈现着一个画者的赤诚。因此，以时间和地域为轴，观察和呈现董其昌对法书古画进行的搜古选妙，在不同地域的鉴藏交游足迹，与不同的人进行书画交易事宜，获取书画的途径等，我们会看到董其昌对书画不遗余力地找寻。董其昌在赏鉴书画时的态度和心理如何？对书画的鉴赏是否准确无误呢？他的鉴定依据是什么？也是要一并回答的问题。

　　作为一个纯粹的书画痴迷者，从下真迹一等的摹刻法帖到对不同的真迹原本的搜寻，从对宋元山水的选择把玩到对王维、董源作品的孜孜以求，在浩淼的书画世界中不断流连的同时，董其昌在鉴赏中也常有感性化、主观性的一面。有趣的是，虽然主观和感性使其偏爱着晋唐风流，找寻着王维、董源，但同时，董其昌对其他非是所好的书画并非完全地否定，而是给以充分肯定和包容，在这里我们似乎触摸到了一个比较真实的董其昌。

　　作为书画者，不断地赏鉴势必对举笔落墨产生影响，对董其昌而言，由好而寻，见多能鉴，又兼临习摹写，朝夕披玩，于是溯本追源，纵横上下，依本性情，悟后而通，最终承前启后，笔下成自家面貌。董其昌书画鉴赏和临池落墨之间的关系如何？其看似以临仿为主的书画面貌与鉴赏之间有何关系？当然可以认为那是董其昌师法古人的印证，也是其试图超越前人的努力见证，但检阅董其昌的书画题跋，即会发现相当一部分的作品其实正是鉴赏之余，或者因鉴赏而作。这一方面提醒我们，对董其昌作品的研究尚需更多面向的视角，同时，也让我们了解董其昌作品风格形成的潜在因素，以及具体的创作背景。同时，董其昌引禅入画也是一个重要的问题，虽然这有些老生常谈，但经验告诉我们，在试图走近董其昌的过程中,需要始终在一个综合多面相的立体场域中展开,忽略或轻视其中一个角色、身份和经历,便失去了接近他的可能性。对禅宗的深解使董其昌在不断地鉴藏和临池后,以禅言画,终于超越时代局限,成一家之言,其看似集大成、实则又极其自然的南北宗论,可以说是赏鉴和创作在禅宗孕化下的美丽结晶。

从社会角度来看,晚明的书画鉴藏与艺术市场之间有千丝万缕的联系。董其昌是否和市场发生了关系?是笔者一直的疑问。从董其昌个人的书画鉴赏活动来看,如何看待董其昌鉴赏中的感性化和社会性?晚明士商趋同的背景中,社会文化资本的概念这里是否适用讨论董其昌鉴赏中的行为和心理?这些问题也将展开讨论。

任何研究,资料的占有总是第一位的,但对于研究和资料的意义,吕思勉曾说:"史事的搜辑、订正,是永无穷期的"。如果以为"历史的材料,是一成不变的,至多(一)有新发现的事实,加一些进去,(二)旧材料不完全,不正确,被发现了,则加以补充,加以订正,如此而已。"⑳但"这种见解,其实是错误的。历史上的年代如此之长,事实如此之多,即使我们所搜辑的范围,和从前人一样,亦不易有完备之日。何况研究的范围,是时时变动的,无论你方法如何谨严,如何自许为客观,入于研究范围之内的,总是反映着时代所需要。一物有多少相,是没有一定的,有多少人看,就有多少相,看的人没有了,就相也没有了"㉑。

而任何的研究,又似乎总要追求客观,对于历史的客观,吕公也曾言:

真正的客观事实,是世界上所没有的,真正的客观的事实,只是一个一个绝不相联属之感觉,和做影戏所用的片子一般,不把它联属起来,试问有何意义?岂复成为事实?所谓事实,总是合许多小情节而成,而所谓小情节,又合许多更小的情节而成,如是递推,至于最小,仍是如此。其能成为事实,总是我们用主观的意见,把它联属起来的。如此,世界上安有真客观的事实?既非客观,安得云无变动?这话或者又说得太玄妙些,然而一件事实的真相,不但限于其外形,总得推见其内部,这总是人人可以承认的,如此,则因社会状况的不同,人心的观念即随之而变,观念既变,看得事情的真相,亦就不同了。㉒

面对已有的众多关于董其昌的研究成果,新资料的大量发现似乎已不现实,前人的研究看似已经穷尽。对此，笔者也曾心生却步，但正如吕公所言，资料虽然重要，但亦不易有完备之日，所谓一切历史总是当代史，资料固然重要，但亦不可陷入资料的桎梏。

现存比较重要的出于董其昌本人的确切文献为《容台集》，由董其昌长子董祖和、长孙董庭所辑，叶有声校，有陈继儒崇祯三年（1630年）所作序言，共分文集九卷、诗集四卷、别集四卷。《容台集》在崇祯三年结集，在松江刊印，时董其昌七十六岁。此本现存有北京大学图书馆所藏崇祯三年董庭刻本，该本基本保持了最初面貌，北京大学图书馆藏本对部分内容略作调整，是为后印本。此外在崇祯八年，《容台集》在福建再次刊印，有文集十卷、诗集四卷、别集六卷，共二十卷，由董其昌长子董祖和、长孙董庭编印，卷首除了陈继儒的序言外，又增加了黄道周、叶有声、沈鼎科三人之序，该本在崇祯三年本上作了调整，增加了一些文章、诗歌、题跋等，在原有基础上增加了三卷，即文集一卷、别集两卷。此外，有上海图书馆藏本、浙江大学图书馆藏本、南京图书馆藏本。近年校对出版的有西泠印社出版社《容台集》和上海书画出版社所出《董其昌全集》中《容台集》。

由明末清初书画家杨无补从《容台集》等著作中所辑录的《画禅室随笔》四卷，主要涉及对书法、绘画的观点言论及鉴赏心得及评诗文、记事、参禅等随笔。是书虽是后人所辑，但由于清初《容台集》被禁，其在当时的影响和价值不可小觑，对于了解董其昌的书画艺术和思想有保存史料之力。此书主要的版本有：（1）清康熙十七年汪汝禄序本。（2）康熙五十九年方拱乾、梁穆敬序本。（3）乾隆三十三年董邦达序本。（4）乾隆四十三年四库全书本。其中前两种为原始版本，其他版本虽排列有别，词句或有异同，但均不出此两种之外。对于此书，在《容台集》得见的今天，曾受到后人的质疑，但瑕不掩瑜，其中亦有《容台集》所未收而此书所存之处，况出于对前人恭敬所想，此书可与《容台集》相掩映。由于既有《容台集》，两者出入之处，仍以《容台集》为主。

此外，托董其昌名下的《筠轩清闷录》，后有董祖常跋文，说是董其昌中年手辑，据考证，非是董其昌所作。四库编者曾指出："今考其书，即张应文所撰《清秘藏》，但析二卷为三卷"，乃"书贾以其昌名重，故伪造继儒之序以炫世射利"。但《筠轩清闷录》是明人所著无疑，且既然托名董其昌，也说明与董其昌有一些关系，考虑到其内容与书画鉴赏相关，因此可作为了解当时书画鉴藏参考之用。

与董其昌书画直接相关的亦有清代青浮山人所辑《董华亭书画录》，由于是后人所辑，董其昌在世之时赝品尚且流行，因此其中所收作品之真伪尚待考证，但董其昌的专门书画录亦不见有其他集子，此书仍有一定的参考价值。

鉴于本书是关于董其昌书画鉴藏的研究，晚明至清大量的书画著录为必不可少的参考文献，其中与董其昌同时期的文献作为首要文献，重要书画著录如都穆《铁珊瑚网》、詹景凤《詹东图玄览编》、文嘉《钤山堂书画记》、张丑《清河书画舫》《真迹日录》《南阳法书表》《南阳名画表》、汪砢玉《珊瑚网》等。清代书画著录如顾复《平生壮观》、卞永誉《式古堂书画汇考》、高士奇《江村书画目》《江村销夏录》、吴其贞《书画记》、安岐《墨缘汇观》、方濬颐《梦园书画录》、庞元济《虚斋名画录》、陆心源《穰梨馆过眼录》、吴荣光《辛丑销夏记》、姚际恒《好古堂家藏书画记》、陆时化《吴越所见书画录》、吴升《大观录》，等等，皆是相当重要的文献资料。

在今人资料汇编中，值得一提的是由上海书画出版社出版的《董其昌全集》，如编者所言，可称董氏身后近四百年来对其著述最完整的汇编和整理，全集有八册，不仅有《容台集》《画禅室随笔》等常见著作，也收入了《学科考略》《论文宗旨》《举业蓓蕾》等诗文科举制作，以及由董其昌所主持集录的《通鉴集要》《神庙留中奏疏汇要》等史学著述，兼及其书札、题跋，虽然所收之中有相对存疑的著述，但仍展现了董其昌著录的全面性和丰富性，对认识和研究董其昌有重要意义。

本章注释

① ［明］高濂：《燕闲清赏笺》，李嘉言点校，浙江人民美术出版社，2012 年，第 2 页。

② 徐方朔：《晚明曲家年谱》第二卷，浙江古籍出版社，1993 年，第 209 页。

③ 徐方朔：《晚明曲家年谱》第二卷，浙江古籍出版社，1993 年，第 209 页。

④ 王国平主编：《西湖文献集成》第三册，杭州出版社，2004 年，第 1106 页。

⑤ ［明］高濂：《遵生八笺》，人民卫生出版社，2007 年，第 1 页。

⑥ ［明］高濂：《遵生八笺》，人民卫生出版社，2007 年，第 57 页。

⑦ ［明］高濂：《遵生八笺》，人民卫生出版社，2007 年，第 57 页。

⑧ ［明］高濂：《遵生八笺》，人民卫生出版社，2007 年，第 14 页。

⑨ ［明］高濂：《遵生八笺》，人民卫生出版社，2007 年，第 10 页。

⑩ ［明］高濂：《遵生八笺》，人民卫生出版社，2007 年，第 10 页。

⑪ ［明］高濂：《遵生八笺》，人民卫生出版社，2007 年，第 10 页。

⑫ ［明］高濂：《遵生八笺》，人民卫生出版社，2007 年，第 10 页。

⑬ ［明］高濂：《遵生八笺》，人民卫生出版社，2007 年，第 10 页。

⑭ ［明］冯梦祯：《快雪堂日记》，凤凰出版社，2010 年，第 62 页。

⑮ ［明］冯梦祯：《快雪堂日记》，凤凰出版社，2010 年，第 78 页。

⑯ ［明］冯梦祯：《快雪堂日记》，凤凰出版社，2010 年，第 122 页。

⑰ ［明］冯梦祯：《快雪堂集》卷三十跋，《四库全书存目丛书》集部 164 册，齐鲁出版社，1997 年，第 441 页。

⑱ ［明］冯梦祯：《快雪堂日记》，凤凰出版社，2010 年，第 89 页。

⑲ ［明］冯梦祯：《快雪堂集》，卷四十尺牍《与董玄宰太史》，《四库全书存目丛书》集部 164 册，齐鲁出版社，1997 年，第 579 页。

⑳ ［明］李日华：《味水轩日记》卷四，上海远东出版社，2011 年，第 230 页。

㉑ ［清］张照等编：《秘殿珠林石渠宝笈汇编》，北京出版社，2004 年，第 1126—1127 页。

㉒ ［明］项鼎铉：《呼桓日记》，北京图书馆古籍出版编辑组：《北京图书馆古籍珍本丛刊 20》，书目文献出版社，1998 年，第 483 页。

㉓ ［清］钱谦益：《列朝诗集小传》，上海古籍出版社，1983 年，第 638 页。

㉔ ［明］冯梦祯：《快雪堂日记》，凤凰出版社，2010 年，第 8 页。

㉕ ［清］钱谦益：《列朝诗集小传》，上海古籍出版社，1983 年，第 638 页。

㉖ 吕思勉：《史学四种》，上海人民出版社，1981 年，第 29 页。

㉗ 吕思勉：《史学四种》，上海人民出版社，1981 年，第 29 页。

㉘ 吕思勉：《史学四种》，上海人民出版社，1981 年，第 30 页。

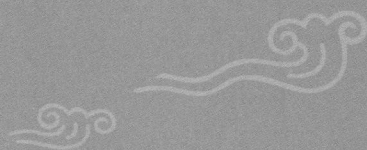

第二章　时代

一、香令人幽，酒令人远

天启元年（1621年）文震亨《长物志》成书，是书共十二卷，分室庐、花木、水石、禽鱼、书画、几榻、器具、位置、衣饰、舟车、蔬果、香茗十二类。对生活中的衣食住行方方面面进行文人式的雅致审美，认为室庐有制，贵其爽而倩、古而洁；花木、水石、禽鸟有经，贵其秀而远、宜而趣也；书画有目，贵其奇而逸、隽而永也……阅读此书，如在白云初晴时跟随一个雅士走进充满闲情逸致的世界。

《长物志》的作者文震亨即文徵明曾孙，文震亨为何会著此书？《长物志》的序者是这么认为的："夫标榜林壑，品题酒茗，收藏位置图史、杯铛之属，于世为闲事，于身为长物。而品人者，与此观韵焉，才与情焉，何也？"①因为"非有真韵、真才与真情以胜之，其调弗同"②。而此时期正是"近来富贵家儿与一二庸奴钝汉，沾沾以好事自命，每经赏鉴，出口便俗，入手便粗，纵极其摩挲护持之情状，其污辱弥甚，遂使真韵、真才、真情之士，相戒不谈风雅"③。认为文氏在此书中所言，"即真才情之士，角异猎奇，自不得不降心以奉启美为金汤，诚宇内一快书，而吾当一快事也"④。显然，著此书主要原因是此时各种好事玩物者甚多，而又不能真解其风雅之处。因此，是书在当时对玩物者可以说有相当的指导意义，同时，也可见此时玩物好事之人数量有甚于以往，且不说此后滋养出张岱那种自称好精舍美婢、鲜衣美食、骏马古董的纨绔子弟，此时追求雅致生活的风尚仍从很多地方呈现出来。

有明一代，小品文开始流行，晚明已达极盛，小品文免去长篇大论的冗繁沉闷，以清新自由、适性任情为主导宗旨，以故事、感想、陶冶性灵之笔为主要表达形式，如李贽、徐渭、三袁（袁宗道、袁宏道、袁中道）、屠隆、汤显祖、陈继儒、赵南星、李日华、张岱等皆有小品文行世。最能代表此时小品文之极的莫过于陈继儒的《小窗幽记》。《小窗幽记》的内容分醒、情、峭、灵、素、景、韵、奇、绮、豪、法、倩十二卷，其中多显露着自己的生活态度，对琴棋书画、茶酒竹泉、山水风月更多有妙笔，陈继儒认为"净几明窗，一轴画，一囊琴，一只鹤，一瓯茶，一炉香，一部法帖；小园幽径，几丛花，几群鸟，几区亭，几拳石，几池水，几片闲云"⑤是理想的生活和状态，可见对超脱俗世的韵致生活的追求和写照，但如果仅仅认为是理想可能又错了，陈继儒的生活应该也确实如此。如又言：

> 余尝净一室，置一几，陈几种快意书，放一本旧法帖，古鼎焚香，素麈挥尘。意思小倦，暂休竹榻，饷时而起，则啜苦茗。信手写汉书几行，随意观古画数幅，心目间觉洒空灵，面上尘当亦扑去三寸。⑥

有了这从容闲适的状态，免不了对其中种种进行各种审美，对玩物以友相待，言"怪石为实友，名琴为和友，好书为益友，奇画为观友，法帖为范友，良砚为砺友，宝镜为明友，静几为方友，古磁为虚友，旧炉为熏友，纸帐为素友，拂麈为静友"⑦。对于各种器物雅事，自然也不乏经验之谈，如认为"文房供具，借以快目适玩，铺叠如市，颇损雅趣。其点缀之注，罗罗清疏，方能得致"⑧。"香宜远焚，茶宜旋煮，山宜秋登。"⑨更有感慨，如"千载奇逢，无如好书良友；一生清福，只在茗碗炉烟"⑩。如此在意物的赏心会意之处，大概在他看来，物不仅是物。不妨看他极其精致地道出众多物与人的关系：

> 香令人幽，酒令人远，茶令人爽，琴令人寂，棋令人闲，剑令人侠，杖令人轻，麈令人雅，月令人清，竹令人冷，花令人韵，石令人隽，雪令人旷，僧令人淡，蒲团令人野，美人令人怜，山水令人奇，书史令人博，金石鼎彝令人古。⑪

以物之性情发人之性情，这可能是此时文人玩物的最佳境界，和《长物志》中所言真韵、真才、真情异曲同工，当然也是屠隆在《考槃余事》中的旨趣。其实不止陈继儒，如果扩大一点，把当时的文人都纳入考察范围，也会发现，此时对雅玩适性生活的追求使其各擅名场，比较豪放夸张的是袁宏道的描述。袁宏道认为人生的真乐快活有五，其中称"箧中藏万卷书，书皆珍异，宅畔置一馆，馆中约真正同心友十余人，人中立一识见极高如司马迁、罗贯中、关汉卿者为主，分曹部署,各成一书,远文唐宋酸儒之陋,近完一代未竟之篇"⑫为一快活;而"千金买一舟,舟中置鼓吹一部,妓妾数人,游闲数人,泛家浮宅,不知老之将之"⑬亦为一快活;最后"家资田地荡尽矣,然后一身狼狈,朝不谋夕,托钵歌妓院,分餐孤老之盘;往来乡亲,恬不知耻"⑭亦为一快活,这种快活虽然放浪形骸而不羁,但依旧也是要享尽风雅而后快。

作为陈继儒的好友,董其昌虽没有像陈继儒在大片文字中言物赏物,但在为朋友夏树芳所编的《茶董题词》中也论及茶是"幽人高士,蝉蜕势利,以耗壮心而送日月,水源之轻重,辨若淄渑,火候之文武,调若丹鼎,非枕漱之侣不亲,非文字之饮不比者也"。"夙秉幽尚,入山十年,差可不愧茂卿语,今者驱车入闽,念凤团龙饼,延津为瀹……"⑮茂卿即夏树芳,苏州人,《茶董》主要录前代茶事,可见晚明饮茶之风的流行,董其昌也怀念品过的凤团龙饼。其实除了为好友题词,董其昌也多次言及茶人茶事,如:"岸公每岁如画溪林密山深处,采茶加以焙制,分布好事家,且口授火候委曲……"⑯又"金陵春卿署中,时有以松萝茗相贻者……"⑰生活中,董其昌也得到朋友惠赠的茶。对于好茶,也常会念念不忘,如在信中求朋友寄茶:

> ……舟中颇思所惠萝茶之佳,意欲告觅斤许,可以直至扬州,感念何如……⑱

明代饮茶之风盛行,其实再早一点,相同的兴趣也出现在文徵明的《煮茶》诗中。中云:

> 绢封阳羡月,瓦缶惠山泉。至味心难忘,闲情手自煎。地炉残雪后,禅榻晚风前。为问贫陶穀,何如病玉川?⑲

诗中文徵明难忘的正是天下第二泉惠山泉煮出来的茶,并要亲手煎茶才有兴味。生活中的闲雅情致当然也是绝佳的绘画题材,以饮茶为内容的画作频现。如文徵明的《惠山茶会图》(图2-1),与其诗中所言正相契合。另有丁云鹏所绘《煮茶图》(图2-2)和《玉川煮茶图》(图2-3)。丁云鹏(1547—1628年),字南羽,号圣华居士、黄山老樵,安徽休宁人,善白描人物、佛像,兼工山水、花卉。

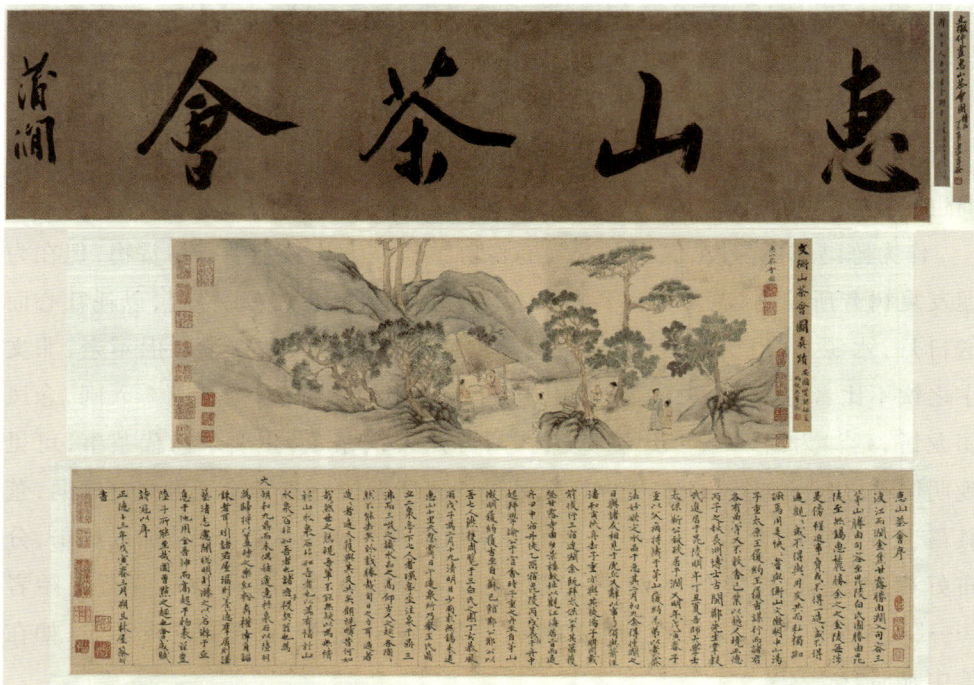

图2-1　明·文微明《惠山茶会图》　纸本设色　23.9×68.5厘米　上海博物馆

早年曾游云间，与董其昌相交，董其昌对其画法佩服，赠其"毫生馆"印，此后亦作《丁南羽像赞》。⑩丁云鹏这两幅画作皆是以煮茶品茶为内容，两图描绘的人物基本相似，在《煮茶图》中，描绘卢仝煮茶，画中卢仝一手扶膝盘坐榻上，旁边一竹炉，炉上置壶，卢仝目视水壶，耐心煮茶，前方案上设茶具并山水盆景。另有二仆人，一红衣老婢，正端果盘走来，一长须男仆正蹲地取水，画中人物神情闲适，此情景则发生在一个有着湖石、佳卉的园林中。《玉川煮茶图》中人物无变，背景则改换，添加大株芭蕉、修竹，玲珑湖石依旧，这幅画中卢仝手中多了一把羽扇。画中虽是卢仝，实则可看作当时人的写照，此时的饮茶之风几乎深入寻常人家，文人阶层对饮茶则更多考究、记录、图画。如同样以饮茶命名的作品还有唐寅的《事茗图》(图2-4)。

　　不止饮茶，明初谢环在正统二年(1437年)创作的《杏园雅集图》中所描绘的士大夫宴乐的场景，已演绎成文人更普遍的鉴古赏玩活动，也常常出现在画家笔

图 2-2
明·丁云鹏《煮茶图》
纸本设色　104.5×57.8厘米
无锡市博物馆

图2-3
明·丁云鹏《玉川煮茶图》
纸本设色 137.3×64.4厘米
北京故宫博物院

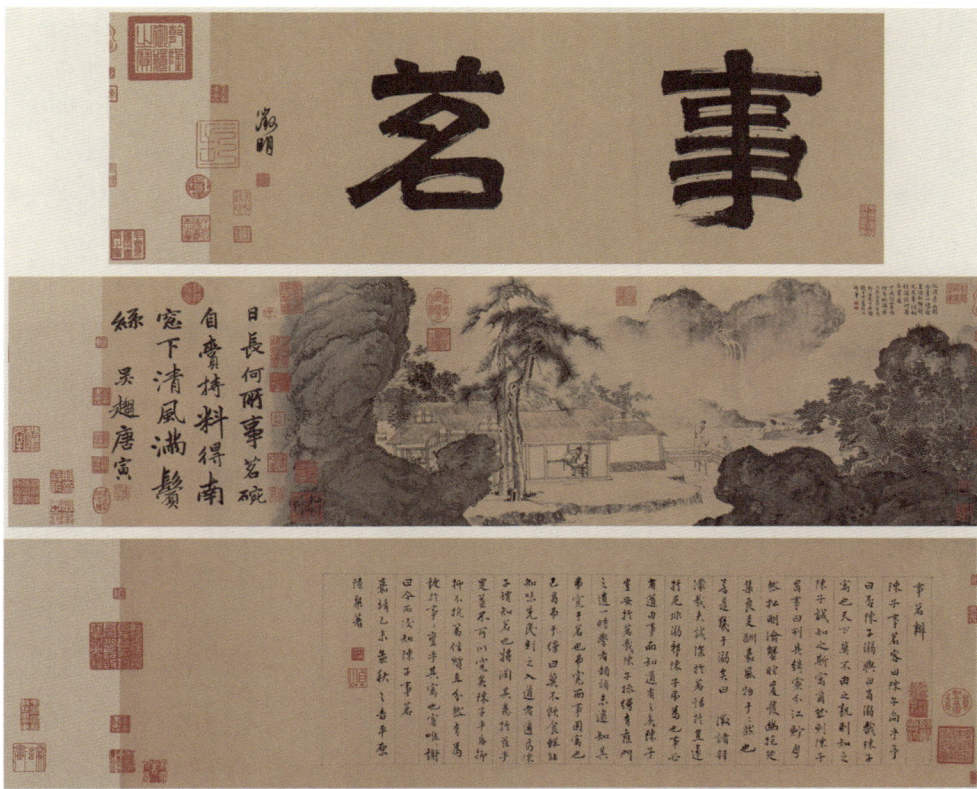

图2-4　明·唐寅《事茗图》　纸本设色　31.1×105.8厘米　北京故宫博物院

下,在明中期出现如杜堇《玩古图》(图2-5)、尤求《品古图》(图2-6)等以博古、赏鉴为内容的作品,杜堇在《玩古图》中跋文"玩古乃常,博之志大。尚象制名,礼乐所在。日无礼乐,人反愧然。作之正之,吾有待焉",可见当时博古玩物的普遍。《玩古图》描绘在开阔的庭院,主宾二人,正对着长案上的器物鉴定赏玩的情景,其中主人神情悠闲,对面的鉴者则凝神观察,案上陈列了各种器物,有汉代玉璧、三代青铜、开片宋瓷,等等,似乎都是不寻常的收藏。庭院左边一童仆正肩扛一长轴书画走来,另一童仆在悠闲地扑蝶,远处的仕女则在收纳整理玩物,可见主人生活的闲适之态。按杜堇在题跋中所说,《玩古图》是应人所求而作,足见当时玩古在文人生活中的重要位置。玩古当然也不仅是对器物的赏玩,苏州画家尤求所绘《品古图》则是一幅文人赏鉴书画的生动白描。画中几个文人正在桌案上展观作品,人物神情专注,沉浸其中,正是文人书斋生活的写照。另

图2-5　明·杜堇《玩古图》　绢本设色　126.1×187厘米　台北故宫博物院

图2-6
明·尤求《品古图》
纸本水墨　93.1×31.1厘米
北京故宫博物院

图2-7 明·文徵明《真赏斋图》 纸本设色 36×107.8厘米 上海博物馆

如文徵明《真赏斋图》（图2-7）、仇英《人物故事图册·竹院品古》（图2-8）、沈周《魏园雅集图》等，皆是以文士雅集生活为内容的作品。《真赏斋图》即是文徵明为无锡藏家华夏所作，图中屋宇内，案陈鼎彝古砚，架置古籍书画，室中主宾隔案对坐，展卷交谈，可见也是当时文士日常生活场景。《竹院品古》则更细腻地描绘文人在竹院中的博古画面，画中桌案上满置青铜鼎彝、古琴瓷器，主人案前所赏是宋代团扇小品，旁边还有厚厚的一叠，一旁又几张长卷，前方小仆正肩携一卷长轴而来。屏风外的小仆在煮茶，更远处的小仆正在收拾弈棋。和《玩古图》类似，文士阶层日常中的赏鉴场景和闲雅生活在画面中得到充分的体现。

此时文人的书斋生活，不妨以李日华一组乞瓶花的七言为例。《写梅与石梅坡并乞瓶花做供》：

秋林湿雨透窗纱，倩写寒香未有涯。解杖同游催洒墨，还须供我一瓶花。[21]

《石梅坡贻瓶花赋谢》：

多君手赠一瓶花，红白纷纷凑晚霞。朝梦醒来香气散，尚余痴蜨聚窗纱。[22]

又咏《小盘养石子甚有生趣》：

图2-8　明·仇英《人物故事图册·竹院品古》　册页　绢本设色　41.1×33.8厘米　北京故宫博物院

云姿雪骨净无苔，多宝峰头拾得来。一鞠清泉浸寒玉，十分愁眼为君开。㉒

　　李日华以乞花瓶为题就作诗两首，可见其平日的闲情，养小石子又咏诗一首。作诗乞花，养石生趣，文人书斋生活可谓是活色生香，充满意趣，令人神往。相同的兴趣也出现在袁宏道的《瓶史》中，对瓶花种种所言甚详细，言其花目、品第、器具、择水、宜称，等等。在袁宏道看来，瓶花之赏"无扦剔浇顿之苦，而有味赏之乐，取者不贪，遇者不争，是可述也"㉓。又道《瓶史》所言是与"诸好事而贫者共焉"。可见其赏玩的态度,并不一定要珍玩古器,仅仅赏瓶画就能获得诸多乐趣,而赏玩心态一旦养成习惯,也就俯仰间皆可入味,正可以观照出此时人的玩物心理。当然不仅玩花养石,对文房之物的赏玩自然也在其中,如李日华在《味水轩日记》中记录自己购买的砚台:

> 三十日,购得古端大砚,长一尺二寸,阔六寸五分,高三寸,平面……⑱

对闲适生活的追求中滋长出对器物的考究热爱,众多古董自然成为不可少的物什,虽然博古玩物者自来有之,但这时候的人们对古董玩物又有自己的看法,对古董议说甚新辟的是董其昌曾书写过的《古董十三说》,从古董字义起释,逐渐论及古董的种种,认为古董虽是玩物,但"唯贤者能好之而无弊",认为人能好古董,即高出世俗。古董可以让人在人情富贵之后、声色犬马之余,忽思清虚,趋于平淡。由古董之长寿用以治身心,则未有不造至善之地,于是玩古董亦可有却病延年之助。古董中书画多传意之物,而"镜以鉴貌,砚以著言,貌为心体,言为心用,离砚则心俗无救,离镜则貌秽不知"⑲。玩古董之终极意义是:"人莫尚于据德游艺也,立身以德,养身以艺,先王之盛德在于礼乐,文士之精神存于翰墨。玩礼乐之器可以进德,玩墨迹旧刻可以精艺,居今之士可与古人想见在此也。"⑳可见古董已非单纯的古董,也是修身养德的借鉴。

董其昌家有宝鼎斋、瑞环楼,皆是以购得的古董命名。日常闲暇之时,董其昌也会摩挲所藏唐宋古砚,同陈继儒共解商周古玉之用。事见陈继儒《妮古录》:

> 董玄宰血侵周玉,中刻一小山,四面绕以水纹,四寸长。予谛审之,此冒圭也。《周礼》云:"天子执冒四寸,以朝诸侯。"冒之云者,契勘圭璧,无作伪者,冒,古"帽"字。今玄宰者其形如帽,亦约四寸。山水者,河山带历也,玄宰大以为然。㉑

另在《临兰亭序一册》跋文:"万历戊申元月正之四日,临家藏唐摹禊帖于瑞环楼。……瑞环,除夕所购,绀清,尺玉雕两玉圭,中为双月,以环连之,寻不可绝,以为书镇云。"跋文所言的瑞环是董其昌收藏的古玉,也是瑞环楼名称的出处。《容台集》也还存留着董其昌为物所写的铭文,如《天然几铭》:

南海之南,轮囷离只,栖鹘屯云,腾蛟至雨,其生也不知几千年,其来也不知几万里,君子所凭,能胜则喜。⑳

文房器物中,董其昌对砚台颇富收藏,从记录看董其昌收藏的古砚台有上品宋砚,曾写《二十八宿宝砚诰》:

龙尾之质,凤池之凹。端州东井,昆吾宝刀。真如兔角,赝如牛毛。神藏鬼护,余也实遭。其纹柳浪,其韵云鏊。不砥而平,不危而高。月当圆魄,斗转星杓。如玉有笋,如琴有轸。非鸂鶒来,乃璇玑本。如手之腻,文心是引。石室参罗,云台可准。娄明虽莹,混沌讵殒。昔余东壁,子虚长扬。尔不余拙,冗彼奎章。今命尔翼,毕世相将。余如木鸡,觜距忽张。月氏非远,芝房非祥。延于世胄,箕裘之藏。岁次鹑火,日中星昴。太史氏著,宝砚真诰。㉓

董其昌在诰文中对这方二十八眼的宋砚,赞赏不绝,此诰的行草书法作品《宝砚诰》曾出现在2011年保利秋拍,作品中董其昌记录了砚台的来源:"……闽人林生持古来,传自宋邸旧物,余收之。砚有眼二十八,适符列宿之数,遂概括星名为诰。"㉔

此外,董其昌曾在苏州得到赵孟頫所藏之砚,在《黄庭经》中跋文:"文太史有'景耀流辉之砚',是赵荣禄'鸥波亭'所藏。余得之王白榖。因试之。临此卷一过,笔法骤然有省处,并记。"㉕可见此砚台赵孟頫曾使用,后经文徵明收藏,是一方文人传世砚台,董其昌从王百榖处购买,王百榖即王穉登,是继文徵明后的吴门风雅盟主,"擅词翰之席者三十余年"㉖,从跋中可见二人之间因古玩有所交会。另在《酬李伯襄太史赠端砚二首》中所说的,则是董其昌用作品酬谢李伯襄赠送砚台的事情。在题跋中董其昌是这样说的:

李伯襄太史藏端砚甚夥,以二研赠余,为写宝砚斋图,并系诗二首称谢。石室分何重,铜台价岂珍。久为龙尾误,今见鸲眸真。子墨缘非薄,君苗气复振。天涯捐佩意,只共宝刀论。雕琢古云根,相贻十赍存。冷然鸣珮响,拊处截肪温。不谓焚鱼馆,能同抵鹊村。柔翰余习在,珍重石交敦。天启二年壬戌四月,华亭董其昌书于苑西画禅室。㉗

从题诗可得知，李伯襄曾送上品端砚给董其昌，此砚带有鸲鹆眼，带有鸲鹆眼的端砚自来是上品，董其昌称之宝砚，可见很是喜欢。李伯襄即李孙宸，字伯襄，万历四十一年（1613年）进士，广东小榄人，端砚产自广东肇庆，小榄距其有一百多里，李伯襄来自端砚产地附近，本人应对端砚有所收藏，董其昌另有《送李伯襄太史封秦藩二首》，可见二人平日也颇有交情。好友相送外，董其昌也以书画换砚台，曾记："信本有小楷九歌，余得宋搨，世无二本，为朱御医以古砚易去，二十余年不复可踪迹矣，合此千文即是雌雄二剑。"⑩

但书画的吸引力似乎远远大于其他的物什。古董玩物之广虽然几乎无所不容，三代鼎彝、碑帖铜章、窑玉尊瓶、文房器具、古籍旧刻，但其中晋唐法帖、宋元书画更是文人赏玩大项，对文人来讲，不仅笔砚精良乃人生一乐，书画中的神妙天趣更是前人精神气息所凝聚。因此可说，此时玩赏书画之风几乎是大部分士夫文人生活日常，大概只有鉴赏高下之分，难论远近亲疏之别。

对书画，沈德符在《万历野获编》中曾指出当时名臣亦通画学，其中言："本朝吴中擅书名流，如文博士彭、王太学宠俱兼画学，而人少知者，然犹曰其时六如、衡山诸公传习所熏染也……"⑪可见当时流风所趋。可以想象，这时的文人在生活中也许不可能人人如陈继儒《小窗幽记》中所描述的那么高古脱俗，但雅赏清玩是大多数文士们向往之境，文人追求的闲雅书斋生活中，书画便是其中主角之一。

从晚明文士生活中的博古情怀，不难理解物也包括书画与此时人的意义，他们书画鉴藏往昔可以说是一幅浓墨重彩的画卷，渲染在长言或短语的文集、信札、题跋中，也弥散在园林庭室、书案砚头。这博古的渊源，与晚明文士追求自由之性灵有莫大的关系，是文士对精神自由的一种选择，也许是受明代晚期高压政治的束缚，也许是程朱理学此时已经不再适合时人的心态，也许新的精神风向已经迫切地要来临。这性灵从王阳明的"心外无他物"开始酝酿，在李贽的"童心说"中得以张扬，随之出现在袁宗道的"性灵说"之中，汤显祖"因情成梦，因梦成戏"的主张中，又直接化成在直抒胸臆的小品文中，演绎在舞台上的昆曲和通俗小说中，也闪烁在市井之人的言谈行为中。

这时期的文士们，他们在生活玩赏中自娱自乐也与人娱乐，有着某种魏晋时的人性舒展，却似乎更恣意、放纵、沉迷，相比身在庙堂，他们更乐意解甲归田，悠游九峰三泖间，赏画亭台楼阁上，饮茶松林清泉边；雅集风和日丽时，留恋书斋文房中;他们不时游走书肆酒馆,穿梭书画舫间,共赏佳画,同析妙帖;而深入此道者更会编书著述,考订整理,孜孜不倦。

文士的这种选择,使一贯截然有别的雅、俗相糅合,本是书斋生活中的雅赏,一旦走出书斋便成为一种榜样的影响,迅速传染波及更多的人群,同时也滋长出更长久的玩物雅赏之风,于是"近来富贵家儿与一二庸奴钝汉,沾沾以好事自命"。趋雅避俗成为一部分世人心之所向,尽管趋雅很多时候未必真的成雅,但有此良好愿望,谁说不能行呢? 趋雅已成风尚,何况本就风雅中人。这里不妨简单回望一下董其昌的一生,早年虽有意书画,但举子业仍是父亲的期望,一次落榜的失意后很快高中进士,在京的庶吉士生活后便是短暂的为官生涯,即使在为官期间,董其昌也不忘其书画嗜好,处处留心、时时留意。此后归隐高卧十八年的时间,更自由肆意地浸淫书画,游山玩水,涵养精神性灵。董其昌所选择的张扬性情之路,可能不曾如李贽那般彻底,如袁宏道那样恣意。同处一时,董其昌也曾于万历二十六年(1598 年,这年四十四岁的董其昌仍在京城)正月初一,在京郊庙中与李贽邂逅,二人相谈投契,许为莫逆,此后二人似乎没有可考的交集。但董其昌在谈书论画中频频的游戏笔墨之说、一超直入之谈与李贽的一念之本心似乎有着某种同声共气。在汤显祖写给董其昌的书信中,曾道:

> 门下竟尔高蹈耶? 莼鲈适口,采吴江于季鹰,花鸟关心,写辋川于摩诘,进退维谷,屈身有时。倘门下重兴四岳之云,在不佞庶借三江之水。芳讯时通,惟益深隆养,以重苍生。⑦

袁宏道也在回复董其昌的书信时说:

> 一月前,石篑见过,剧谈五日。已乃放舟五湖,观七十二峰绝胜处,游竟复返衙斋,摩霄极地,无所不谈,病魔为之少却,独恨坐无思白兄耳。《金瓶梅》从何得来? 伏枕略观,云霞满纸,胜于枚生《七发》多矣。后段在何处? 抄竟当于何处倒换? 幸一的示。⑧

信中袁宏道在放舟五湖时忆念起董其昌,并又询问《金瓶梅》的出处,此后董其昌再与袁中道谈及《金瓶梅》，认为此书"决当焚之"。传看通俗小说之外，此时大部分文士所乐道的禅佛性命之学，董其昌也同样沉迷其中，如万历十六年（1588年），是年三十四岁的董其昌与唐元征、袁伯倍、瞿洞观、吴观我、吴本如、萧玄园同会于龙华寺，同与当时高僧憨山谈禅。在京的庶吉士期间，董其昌与同年陶望龄、焦竑、朱国桢等交谊，陈继儒曾言其："乙丑读中秘书，日与陶周望、袁伯修游戏禅悦，视一切功名文字直黄鹄之笑壤虫而已。"可以想见，除了可见的文献记录，董其昌生活中和这些人实则有更多交往，博雅之余，沉迷禅悦又能契入其中，让董其昌相较他人多了圆融通透。禅之明心见性与此时性灵之尚也有着曲径通幽、异曲同工之处。两者此时的融合，很难说是谁引发了谁，又是谁影响了谁，但也无须谁为主导，这种思潮的笼罩下，也使得此时的文士乃至市井大众趋雅若鹜，嫉俗如仇，好事玩物，与日俱盛。由此，也开启一个竞尚风雅、流光溢彩的时代。

二、予家所藏北苑画有《潇湘图》

博古雅赏之风盛行对生活的影响，不仅体现在文震亨的《长物志》、屠长卿的《考槃余事》等文人的笔记小品中，对书画也产生直接的影响。晚明先后出现不少书画著录的集成，虽说书画史和书画著录明之前历代皆有，但与前代画论著述占主流相反，明中期开始，书画著录大量出现且与前代有明显的不同，用开启一时风气来说亦不为过。

在开始明代书画著录之前，不妨先回顾一下古代有关书画品论的历史，在没有书画著录出现之前，古人开始对书画进行品论，最早是谢赫《古画品录》首开品论之说，之后，对书画进行欣赏品评的论说历代有序。在谢赫《古画品录》为绘画立下经典的六法标准后，唐代张彦远《历代名画记》是具有里程碑意义的著作，对绘画史、画论进行阐述，对先秦至唐三百七十余位画家进行品鉴，兼容并备，承前启后，也首次开始对鉴赏进行专门讨论。此后，李嗣真《续画品录》补遗《古画品录》中的画家，朱景玄《唐朝名画录》则在《续画品录》的基础上，把画家分为逸品之外，神、妙、能三品，其中各品又分上中下三等论，品论唐代画家一百二十四人，其中主要是对画家的记录，几乎不涉及其作品，可谓能知人却不知其画。

宋代，黄休复《益州名画录》录入唐五代至宋初五十八位画家，以西蜀寺院壁画为主要作品，依然以四品划分画家，但置逸品在神品之上，确立了新的品评标准。刘道醇《圣朝名画评》，仍旧按照四品，唯一不同是增加分科，对作品进行人物、山水林木、畜兽、花木翎毛、鬼神等五门来分门论其四品。郭若虚在《图画见闻志》中则不再分品，而是按朝代更替列出画家，对画家进行介绍，但仍旧以画家为主，不曾记录其作品。此时，除了专注于品论绘画外，开始有个人书画记录出现，如欧阳修的《六一题跋》就是记录自己对所见碑铭的题跋，其中也间及法帖，但不曾有绘画作品。董逌的《广川书跋》《广川画跋》是对所见书画作品进行记录，多考证其中书法、绘画作品的故事，而并不偏重对书画作品本身进行分类和品评。

宋代书画鉴藏活动在士夫文人和贵族中广为流行，其中米芾所著《书史》《画史》主要录其过眼书画，品论结合，间及书画的题跋印章，《宝章待访录》中对书画的记录类似明代书画著录的形式，或者说后者承自前者，对书画的藏家和藏品的出处进行记录，如"智永千文半卷，记：右黄麻纸，唐人临书，在刑部尚书丹阳苏颂处"⑧。记录简单，没有对作品本身的内容进行过多的记载和品评。但从米芾的著录开始，已经开始了书画录的雏形。

在宋代皇家对书画的喜好和赞助下，皇家书画著录开始出现，北宋宣和年间，由宫廷主持编著了《宣和书谱》和《宣和画谱》，作为代表皇家书画藏品汇编的著录，对宫廷所藏书画进行体例精善的分类和评论。《宣和书谱》二十卷，涉及一百七十九人的一千三百四十三件作品，并对书家小传、评论。如其对书家徐浩的记录如下：

徐浩字季海，越州人。官至太子少师。擢明经，有文辞，张说一见奇之，谓浩后来之英也。縣鲁山主薄荐为集贤校理。肃宗立，由襄州刺史召授中书舍人。四方诏令多出浩手，遣辞赡速而书法至精。帝喜之，宠绝一时。浩父峤之，善书，初以法授浩，至浩益工，撰《法书论》一篇，为时楷模。尝书四十二幅屏，八体皆备，草隶尤胜。论者谓其力如怒猊抉石，渴骥奔泉。盖浩书锋藏画心，力出字外，得意处往往近似王献之，开元以来未有比者。写花萼碑甚工，顷长安兴庆池西南，巢贼之乱，兵火剥坏，无复存者。袁昂尝评其书，谓"如南冈士大夫，徒好尚风范,终不免寒乞"。以浩书殊乏天才,而窘在绳律故尔。然议者以谓不然。尝作书法以示子侄,尽述古人积学所致,真不易之论。且浩以书名,其妙实在楷法也。今御府所藏正书三:朱巨川告,小字存想法,宝林寺诗。⑩

从这条记录看,可谓清晰明白而有序,先介绍画家生平故事、对其作品进行概括赏评,间及他人评论,最后记录御府的藏品,无怪乎宣和书画谱成为此后书画鉴赏者查阅的案头书籍。《宣和画谱》与书谱体例类似,共二十卷,收魏晋至北宋画家二百三十一人,作品六千三百九十六件,按画科进行分类,每画科前叙源流、发展、代表人物并画家小传及作品。

综上唐宋时期的书画史录著述,可见在《宣和书谱》《宣和画谱》出现前,唐宋时期的书画录兼有书画史的成分,史录结合,很难分清史、论、录的区别。早期大致以史为主,以画家为中心,几乎不记录作品,却喜好对画家进行品类等级的划分,同时间及对书画的认识和品论标准的确立,可见事物初始之状,混沌融合,但这却也符合书画发展的事实和当时的状况。当时对书画的鉴赏更多是大而广的通论和鉴赏标准的找寻和确定,至六法四品确定,开始对作品进行分科别类,再以六法四品划分,书画的品论鉴赏逐渐成熟。

开始出现个人私家性质的书画著录发生在元代,书画的品评鉴藏逐渐广泛。此时也出现第一部记录私人书画收藏的《云烟过眼录》,作者周密,字公谨,号草窗,祖籍山东济南,流寓吴兴,曾官义乌县令。周密亦是精鉴赏的藏家,《云烟过眼录》记录其所经眼书画,是书分上下二卷,书中记录当时私人藏家所藏书画,录有赵孟頫、乔簣成、焦敏中、鲜于枢、张受益、王子庆、王介石、张斯立、郭天锡、尤氏、赵仁荣、刘伯益、郝清臣、高克恭、胡咏、杨伯嵓、李偁等四十多位藏家所藏书画,对藏品的记录以名录为主,没有太多记述。但有趣的是,其中的记录详略大异,有的极其省略,有的却相对详细。如记张受益藏品李成《读碑窠石图》(图2-9):

乃李成画树石,王崇画人物,今止有一幅,其人物一幅则不可见矣,余平生观李丘营笔当以此轴为最,旧藏王子庆,今归张受益。⑪

略加自己的评鉴和作品流传藏处,此记录算是记述较多,有些作品记录则甚

图2-9　宋·李成《读碑窠石图》　绢本水墨　126.3×104.9厘米　日本大阪市立美术馆

简,如对范宽《雪景三幅》,仅记一句:"阔景甚伟,原王子庆物。"[42]有的甚至只录其名,不加说明。虽然此著录没有像之后出现的书画著录详细记录作品的内容、题跋、印记、流传,但作为首次记录私人藏家藏品的书画录,已经有很大的贡献和史料价值。周密是宋朝遗民,所录藏家为元初私人藏家,可见此时已开始酝酿民间私家收藏的风气。而到元末,江南的藏家愈加多起来,无锡倪瓒、松江曹云西皆是一时闻名的书画收藏大家,昆山顾阿瑛玉山草堂更是文人的集散中心。

明代世风流变之下,与前述博古玩物之风相应,有关书画录的编著之花于是盛开,有明一代的书画著录与当时的书画鉴藏相得益彰,在当时没有摄像等图像记录的情况下,不断的鉴藏活动可以说助长了书画录的编著,而书画录转而成为鉴藏者可供依赖的资料工具,这一改变从明中期开始出现并酝酿,此后逐渐演变成具有私家藏画录性质的各种书画著录。

这一转变中比较重要的开一时新风的书画著录,可以从朱存理所著《珊瑚木难》和《铁珊瑚网》开始说起。朱存理(1444—1513年),明代藏书家、学者、鉴赏家。字性甫,又字性之,号野航,长洲(今江苏苏州)人,虽为布衣,仍然"未尝一日忘学问,人有异书,必从访求"。也因此,《珊瑚木难》是朱存理抄录书画题跋文字结集而成,书有八卷,所录以元末明初人的题跋为主,所录书画作品年代从石鼓文到元代书画家。从此书的体例看,似乎不像最后成稿,是书与之前书画录如《云烟过眼录》有很大的不同,此书主要关注对众多书画题跋的搜集和记载,虽然缺失对书画本身的描述和记录,却开创了以题跋文字形式著录书画作品的先河,不仅在书画品论史上有重要的意义,在此时出现这种形式的书画著录也有很大的当下意义。因为对书画作品题跋的记录其实也变相体现出对书画赏评的重视,从关注书画本身更进一步发展至关注不同人的赏评题跋,很显然,说明此时书画赏评之风已经成形。同时,记录不同观者留下的题跋的同时也等于直接记录了作品的流传更替状况,由赏到藏的活动过程已开始明确地以文字形式呈现。其次,题跋文字的记录更如同为作品贴上了具体的标签,此件作品曾有谁题跋,也直接为作品的真伪辩别提供可供参考的依据,不妨看《珊瑚木难》中的一例,如赵孟頫《水村图》,其中记录后人诗文词题跋甚多(图2-10)。如录顾天祥诗:

疏柳平芜落雁飞,断桥斜日钓船归。江天万顷秋如画,一笑人间罪墨非。[43]

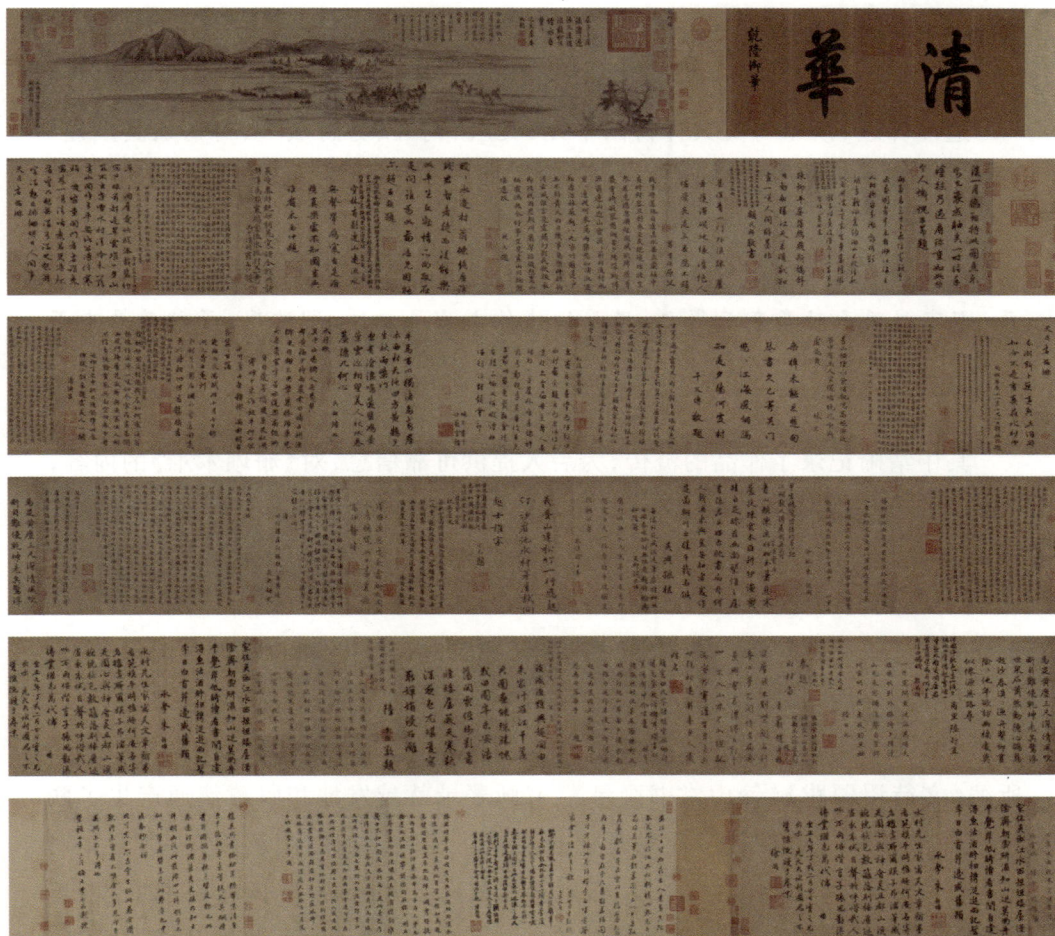

图2-10　元·赵孟頫《水村图》　纸本水墨　24.9×120.5厘米　北京故宫博物院

汤弥昌词：

染秋云，图泽国，野趣入游戏。能事何须，五日画一水。重重杨柳，陂塘茅茨，篱落鲈乡外。西风渔市，晚烟霏，恰有客乘扁舟，延缘度疏苇。欲访幽居，宛在碧溪尾。浩然目送飞鸿，醉歌欸乃，溪光里，乱山横翠。⑭

通而算之，所录诗文共计诗四十九、文八、词五、另有赋一，可谓认真严谨。在记录题跋的同时，作品的流传也见记录，如《米元晖大姚村图目》中后跋：

此卷为吴城沈煦氏所藏，其先公旧物也。尝一出示予，前年朝廷购求江南书画，郡守刘瑀承时豪夺而得之，惜乎！徐仲山为录一过，留沈氏，予就其录本而又录之，丙午四月十一日。⑮

其中清晰记录了作品的流传，为后人提供可靠信息，对《珊瑚木难》的内容，人言其"凡所题品，具有根据"，《珊瑚木难》不仅在当时为书画鉴赏者提供指导，今天来看，仍具有重要的文献资料价值。此外朱存理另著有《铁珊瑚网》，比起珊瑚木难，此书更完整和清晰，是书有十六卷，分书品十卷，书品十卷从石鼓文至元代书家；画品六卷，从唐代阎立本至元倪瓒，依旧是对书画题跋的记录。

朱存理之后，杨慎（1488—1559年）有《名画神品录》《法帖神品录》记录法书名画，但仅存目录而无内容，可能杨慎毕竟不是真正的行家里手，至文徵明父子所编《文待诏题跋》《钤山堂书画录》，书画著录就越发地和收藏流通产生了联系。如果说《文待诏题跋》还只是记录文徵明题跋过的书画及跋文，那么文嘉（1501—1583年）的《钤山堂书画录》则对书画真迹做标记，是书是嘉靖四十四年（1565年）奉旨查抄严嵩宅第时所做的书画登记册，作者对所收作品均加标注，标明收藏经过及真伪。因此此书更多地记录了作品流传，文嘉的过眼经历和审定真伪的意见，更加具有鉴藏的价值。如记《颜真卿书朱巨川诰》：

一真一伪，真本乃陆氏旧物，黄绢缜密，真佳品也，但笔觉差弱，诸法皆备，亦不易得，别本云，黄纸上所书略无毫发动。⑯

再如怀素《自叙贴》(图2-11):

旧藏宜兴徐氏,后归吾乡陆全卿氏,其家已刻石行世,以余观之,似觉跋胜。

全部阅来,此录更像是文嘉的鉴藏笔记,文嘉也在卷末言:

今日偶理旧箧得之,重录一过,稍微区分,随笔笺一二,传诸好事,明窗净几,时一展阅,恍然神游于金题玉躞间也。[48]

在文嘉时代,书画的鉴藏正是方兴未艾,吴门书画趣味正在流行,项元汴的书画收藏正在积累期。就在同时,一时文坛领袖王世贞也同样热衷书画,并收藏颇丰,其所录《弇州山人题跋》与《文待诏题跋》属于同类的书画题跋,在品论书画之余,也兼记录自己的所见经历和流通情况。如跋《右军三帖》:

余前得先右军《大热》《此月》二帖于昆山顾氏,乃黄琳美之家物,转入陆太宰全卿,顾氏其外孙也……[49]

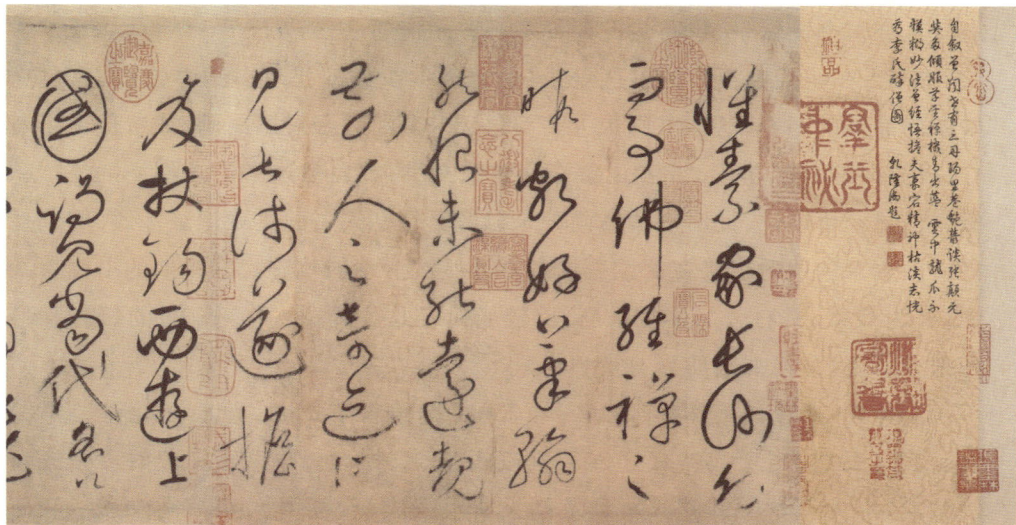

图2-11 唐·怀素《自叙帖》(局部) 纸本 28.3×775厘米 台北故宫博物院

　　这类题跋更具有私人记录性质。此外丰坊㊹（1492—1563年）曾编《书诀》，《书诀》虽名书诀，其中亦列举前朝书家画家及书画目录。值得一提的是徽人詹景凤（1532—1602年）所著《詹东图玄览编》，该书四卷，明万历十九年（1591年）成书，记录平生所见书画，是书没有目录，法书绘画作品亦一起记录，并不分类。所记作品从钟繇书至宋元，其中也多记录书画的流向，如记王维《山阴图》卷一：

　　后有米元章与宋元诸贤题跋，旧在吾歙临河程氏，今闻鬻与河南，吾郡汪司马曾见语余。余考摩诘无山阴图，图者为顾闳中，周公瑾云烟过眼图载，李伯时为米元章写山阴图，时有米及诸名人跋。今闻此卷归云间董翰林思白。㊿

　　其中对作品的藏家流向和自己的过眼、考证过程都有所记录，比较详细，《詹东图玄览编》最大的特点则是如启功先生所言，"不斤斤于款识印章，而详于笔墨法度"，使"鉴赏之道始不堕于空谈"，对后来者大有裨益。这时还有孙凤所编《孙氏书画钞》亦是记录所见书画，录其题跋并个人赏品意见。孙凤，字鸣歧，江苏长洲人，书画装裱工人。据居节㊿万历庚辰（1580年）写的跋语称："孙氏雅善装潢，颇喜读书，有以古书画求装潢者，则录其诗文跋语，积久成巨帙，名之曰《孙氏法书名画钞》。"这也是唯一一本由书画装裱工人编撰的书画著录书，书画装裱人亦对书画做录，也可见此时的书画鉴藏流通之盛。

　　综上，在明代中期后的书画著录中，已经很少如前代对书画中的神、逸、能、妙做出品类的划分，这些书画录大多都是记录其所曾经过眼书画，或者偏向于对作品的详细解读、辨别，或者记录作品题跋文字，都自然连带记录作品的流传和藏家信息。可以说，此时期的书画著录愈发具有私人书画鉴藏记录性质，阅读这些书画著录的同时也是在阅读著录者书画鉴藏活动的轨迹。这时期的书画著录中，身为藏家、具有较高鉴赏水准，比较能代表此类著录的有汪砢玉的《珊瑚网》和张丑所著《清河书画舫》《真迹日录》。

　　汪砢玉（1587—不详）字玉水，号乐卿，自号乐闲外史，秀水（今浙江嘉兴）人。其父爱荆，与项元汴交好，筑"凝霞阁"以贮书、画，收藏富甲一时。张丑承接父业，广为搜罗。并就其所藏及闻见所及编成《珊瑚网》，崇祯间成书。汪砢玉在《珊瑚网》跋叙中言：

余也自幼趋庭,见先荆翁所藏书画,心窃仪之,壮而于知交间,得掌录名迹,以至老,积有廿余帙矣……此皆前贤遗墨,多未经寿梓。㉝

《珊瑚网》所编也仍是记录过眼书画作品,间做品论。《珊瑚网》分法书题跋和名画题跋两部分。法书题跋二十四卷,其中包括藏家藏品和各家论书;名画题跋亦二十四卷,也包括藏家藏品记录和名家论画部分,所录法书名画按时代更替,从魏晋至宋元。《珊瑚网》所录题跋不少为同时期人的题跋,如项元汴、王世贞、文徵明、范允临、董其昌等人的跋文多见于此,更有汪砢玉自己对作品的个人记录或记事,如记录自己和同道如李日华、程季白等人的交集,其中也有与董其昌的交集记录。但汪砢玉似乎更关注作品和藏家,对书画鉴赏的意见观点并不多,更着重于记录名迹和事迹。

相比起来,张丑(1577—1643年)所著《清河书画舫》则更能见藏家观点。张丑的书画鉴藏可谓是早有渊源,其家族为书香之家,祖父和叔父皆进士,其父亲张应文更是善文能画,曾与王世贞书画相交,家族中的长辈皆有书画鉴藏的爱好,良好的文化氛围使其在少年时代就显现出与众不同的鉴藏观念,及长,更全身心投入其中,与一时藏家韩是能、王穉登、文从简、董其昌交,因此,张丑对书画鉴藏可谓深入其中,颇多心得和经验之谈。张丑在《清和书画舫》中对书画鉴赏提出不少真知妙论,如论鉴定书画:

鉴定书画,须是细辩真迹改造,以定差等。多见俗子将无名古画,乱题款识求售,或见名位轻微之笔,一律刓去题识,填人重名伪款。所以法书名画,以无破损为上,间遇破损处,尤当潜心考索,毋使俗子得行其伎俩,方是真赏。㉞

其他如论鉴赏书画要诀,对不同画家作品的观点等皆能不从俗流,发一家之见。《清河书画舫》可以说是张丑不断的书画赏鉴实践的成果集成,所收录书画自三国至明代书画名家八十一人,成书于万历四十四年(1616年),其中也不乏提及董其昌及其书画藏品和鉴定观点。张丑虽不如董其昌的盛名,但其书画鉴赏观点却也平实客观,代表了一时书画鉴赏藏家的水平。

大体而论,从汪砢玉、张丑两人的书画著录中,更加显见此时的书画著录不仅对作品有翔实记录和整理,对作品的内容、题跋也进行记录,也会在其中加入个人的赏鉴评定意见。从这些记录和意见中,可以想象他们不断的书画交流和鉴藏活动的场景和情节,其中涉及的人物有的可见史料,不少已经无从查起,当时书画在藏家之间的流转究竟是何种具体而微的情景,今天虽然无法真切详细地全部了解,但这些书画录中却也源源不断地呈现出各种信息,对当时书画的流转、赏鉴、收藏事宜有所呈现。

明末清初,吴其贞所著《书画记》更是一部记录书画交易活动的实录,吴其贞(约1607—1681年),安徽休宁人,出身书画鉴藏世家,其父善鉴藏,《书画记》所录是吴其贞从崇祯八年(1635年)至康熙十六年(1677年)间所见所收书画的事实状况,所录作品范围涉晋唐宋元,其体例按时间顺序,对作品的记录兼及质地、保存状况、艺术特色、题跋人及鉴定意见,最后记录何时何地与何人见此作品,有时也对收藏者和交易者作简单介绍。记简单扼要,信息颇多,如一则记《赵松雪前后赤壁图卷绢画一卷》:

> 气色尚佳,画法不见其妙,全失松雪笔性,乃胜国无名氏所作,后人拟为松雪也。卷首程云南篆书题赤壁图,后隶书书前赤壁赋。又翰林编修董璘等四人题跋。以上四幅观于居安黄黄山家,黄山则黄石之兄,为士夫中赏鉴名家。⑤

记录中既有个人的赏鉴意见,也有题跋和藏家信息,此书录入了不少鲜为人知的鉴定者、书画商人、书画装裱者的情况,为其他著录所没有。由于所录作品皆注明时间,四库编者在书画录提要中称所录书画历四十年之久,今日看,《书画记》更像是明末清初书画商的阅画手稿。

综上,从朱存理的书画题跋著录开始,至此后逐渐出现的不同形式的书画著录,在文字中已自觉不自觉地记录书画作品的更替流程,可见书画鉴赏、收藏之风在这时期的流行。遗憾的是,作为名重一时的书画鉴藏者,董其昌的存世文字中,不曾有玄宰书画题跋结集留下,只能从搜集整理他的书画题跋中想见他的经眼之众。在汪砢玉的《珊瑚网》中曾记录当时众多藏家作品,董其昌虽名列其中,却遗缺其内容,不知何故,也许是汪砢玉的疏忽。但在卞永誉的《式古堂书画录》中,如《珊瑚网》一样,列董其昌家藏品,所录如下:

予家所藏北苑画有《潇湘图》《商人图》《秋山行旅图》，又二图不著其名，其一从秣陵徐巍国处购之，一则金乌郑君与余。余尝悬北苑于堂中兼以倪、赵诸迹，无复于北苑著眼者，政自不知元人来处耳。董北苑《潇湘图》，江贯道《江居图》，赵大年《夏山图》，黄大痴《富春山居图》，董北苑《征商图》、《雪山图》，董北苑《秋山行旅图》，郭忠恕《辋川招隐图》，范宽《雪山图》、《辋川山居图》，赵子昂《洞庭》二图、《高山流水图》，李成著色山图，米元章《云山图》，巨然山水图，李将军《蜀江图》，大李将军《秋江待渡图》，王叔明《秋山图》，宋元人册页十八幅。右俱吾斋神交师友，每有所如，携以自随，则米家书画船不足羡矣。⑤

此段记录收在《式古堂书画汇考》，也出现在董其昌《画禅室随笔》中，应该是其自记最珍之脑髓者。但除了这些最爱之外，为数更多的作品也留下了董其昌的题跋。在这些书画题跋中，也如鉴藏者编著的书画录一样，留着董其昌点滴的书画鉴藏所见所行。虽然董其昌不曾如文徵明一样，有《文待诏题跋》这样的书画题跋录存世，但董其昌所集《戏鸿堂帖》也代表了其对法书鉴藏的身体力行。《戏鸿堂帖》的第二次刊行在董其昌家遭毁坏之后，也因此，匆忙之作遭到如沈德符等人的诟病⑥，且不论其刻本如何，《戏鸿堂帖》十六卷，选辑晋、唐、宋、元名家书迹及旧刻本，对古帖的重视和所集之多，足以见得董其昌鉴赏收藏所涉之广博。

三、论画以目见者为准

从书画著录中，似乎隐约可感一时书画鉴藏的繁盛之状，正所谓事由人行，在这热闹的鉴藏活动之中也集中了形形色色的人群，大而论之如米芾所言：

好事者与鉴赏之家为二等。鉴赏家谓其笃好。遍阅记录，又复心得，或自能画，故所收皆精品，近世人或有赀力，元非酷好。意作标韵，至假耳目于人，此谓好事者。⑧

米芾在《画史》中拈出此鉴赏好事二词，后世也多以此为论，米芾此说似乎更多是为了凸显鉴赏者之可贵。在董其昌生活的嘉万之时，再遑论以鉴赏家、好事

者之说来划分众多嗜古好书画者,似乎已远不能及,屠隆就曾在《考槃余事》中说:

> 书画有赏鉴好事二家,其说旧矣。若求其人,则自人主、侯王、将相,以及方外衲子,固宜有之。张彦远云:有收藏而不能鉴识,能鉴识而不善阅玩,能阅玩而不能装禙,能装禙而无铨次,皆病也。若宁庶人宸濠、严逆人世蕃,盖富贵贪婪之极,而傍及于此,固不可以言好事也。⑥

　　其中透露的消息反映出当时书画鉴藏状况,其一,参与书画鉴藏的人群阶层比起以往更为复杂,包括“人主、侯王、将相、方外衲子”,可见上至帝王,中及臣子,下至衲子,几乎涵盖了各个阶层,甚至可以说三教九流皆有参与其中的须臾片刻。其二,随着覆盖阶层的扩大,书画鉴藏活动更加细致化,也使层次水平参差不齐。有士夫富厚者,如吴中王文恪之孙,溧阳史尚宝之子;有当朝权贵,如严相国父子,朱成公兄弟,“或以势劫,或以货取,所蓄几敌天府”;有徽商大估,如新安吴廷,程氏季白;有文人画家,如沈石田、文徵明等。不同人群对书画的需求各异,出现名臣也通画学,大估亦爱雅赏,也难免贵胄借此风雅,臣子借此雅贿,文人借此糊口,于是更有诸市古董者如幻人之化黄龙,伪作改目,真赝并行,欺人自欺,使众乐此不疲,甘之若饴。

　　虽蜂拥而群,但历代书画流传在世者也多笔墨精良、存怀寄道的高洁之物,所以也仍有爱者痴者,沉迷其中,如袁中郎所言:“人情必有所寄,然后能乐。故有以弈为寄,有以色为寄,有以技为寄,有以文为寄。”⑦对大部分的文人而言,书画也是其所寄之物,而且多已融入其生活,成为日常赏玩清修之物。虽然在参与鉴藏的人群中也有王百榖辈“全以此作计然策”⑧,但如邓椿言,“画者,文之极也”,文人与书画之间的天然联系,使任何时期以书画为寄者仍是大量文人阶层,况在当时社会之中,将相、士夫、臣子等角色也不过是文人身份地位在社会中的转换,一朝科举,高中则居庙堂之上,榜下则隐万民之中,孰能言失意文人非是文人? 更何况还有本就无意仕途、结庐山间的隐者山人,如陈继儒辈,其中也不乏高人异士。另如沈德符所言,吴门新都诸市经营古董者,也同样是参与古董书画流通中的重要人群。事实上,如果把书画从创作、流通、赏鉴、收藏的整个过程纳入考察范围,将书画在生活中的需求空间也加以考量,那么书画家、装裱匠、赏鉴者、书画商、中介人、收藏者等各色人群几乎都曾参与进鉴藏活动中，并在其中发生作用，已有研究也证实中下层文人参与书画鉴藏的情况。⑫

如冯梦祯在日记中曾记一个叫张慕江⑬的书画商人，冯氏从此人手中购买书画古玩⑭，几天后，冯梦祯又从其手中购买得铁梨大椅三把，沈石田拟王叔明画一幅。同样，张慕江也曾在苏州向董其昌售画⑮，也不时出现在李日华的日记中。陈继儒也曾记："张慕江携示倪元镇《采茶图》，笔势不王，《荆蛮民》俗气灼人，都是赝本。"⑯看来陈继儒对其印象不如前几位那么好，可以想象，这样的书画商人应该不只张慕江一家，书画作为古董商品进入市场流通，也意味着更多社会因素的介入和更多需求的出现。

因此，对这时的书画鉴藏人群以好事、鉴赏之论也就不能尽数涵盖，此时的众多书画鉴赏者也多以好事者自称。在米芾的语境中，好事是假借书画之名附庸之，似乎略带贬义；在此时的语境中，好事者在很多时候无论是自指还是他指，大概都已经略带自谦自嘲之意。如沈德符在《万历野获编》所言的好事者一节中所言皆是当时书画收藏大家，故也可说此时书画赏鉴、好事混为一谈，难以截然分开。以书画为寄的广大人群涉入书画鉴藏时候的心态各异，其好事的需求也各异，如冯梦祯、高濂辈，对书画的热情更多是要借书画来寻求神与物游的境界，冯梦祯在得到《江山雪霁图》后，在描述赏阅此图时要闭门焚香，屏绝他事，便觉神峰吐溜，春圃生烟，可说是借画畅神。

再如同时期的文人袁宏道、袁中道、屠隆、李贽等在日记笔记中都曾不同程度论及书画，且参与书画的买卖市场。袁宏道曾为徐渭作《徐文长传》，对徐渭诗文书画甚为欣赏，曾记录与董其昌谈论书画的心得：

> 往与伯修过董玄宰，伯修曰："近代画苑诸名家，如文徵仲、唐伯虎、沈石田辈，颇有古人笔意否？"玄宰曰："近代高手无一笔不肖古人者。夫无不肖，即无肖也，谓之无画也"，余闻之悚然曰："是见道语也，故善画者，师物不师人，善学者师心不师道。"⑰

在小修袁中道的日记中，也多次记录买画赏画的事情，如"新购沈石田画一小轴，乃石田学赵松雪者"，又"石首王太学，出文徵仲皮纸长幅画四轴：一曰《春山觅句》，一曰《松阴濯足》，一曰《云壑流泉》，一曰《灞桥逸兴》。写生气韵沉雄，如豪放草书，结构极密，真可宝也"⑱。可见小修常赏鉴的是山水画，从评语看，对文徵明的山水画也多有赏鉴心得。

除了文人士夫的却俗求雅之心，在此时更有意思和让书画鉴赏演绎出荒唐之处者，则是这时的众多耳食者，比起好事者，耳食者可以说是闻声而动的外行者的介入。因古画毕竟有限，又多不具名，而追寻者众多，豪者自要附庸，于是欺者滋生，两相遭遇，鉴赏好事之外，另有耳食者众多。谢肇淛曾描述这样一类人：

> 余谓今之纨绔子弟，求好事亦不可得。彼其金银堆积，无复用处，闻世间有一种书画，亦漫收之，列之架上，挂之壁间。物一入手，更不展看，堆放橱簏，任其朽蠹。如此者十人而九，求其锦囊玉轴，又安可得？余行天下，见富贵名家子弟烨有声称者，亦止仅足当好事而已，未敢遽以赏鉴许之也。⑲

谢肇淛所言的纨绔子弟，大概也就是闻名而动的耳食者。当然耳食者不仅是有富家子，一般的好古者，甚至古董商人，缺乏文博鉴赏知识的人都可归入此类。沈德符在《万历野获编》中举亲身例子：沈德符曾在京城中见破碎手卷，画女郎十余呈各种偃仰之态，但无款识，沈德符认为此破碎手卷"纸质坚莹"，乃"高丽旧笺"，并"昔阎立本作醉僧图，后因有醉道士，醉学究诸图，此必醉女图也，衣折简逸，笔法生动，有五代遗风，是马和之笔无疑"⑳。今日来看，沈德符的判断显然是草率的，但只为残画冠名，却让同行徐古董"哀乞"，后竟又售出得重价，不消说买主应该是一耳食。又有一图中美嫔袒露半身，群女相拥，没有款识，沈德符又为此图名为杨妃华清赐浴图，更荒唐的是认为此图可署名李思训，此后又有赏者百金买去，沈德符认为此画只值一金。李思训死时杨妃未生，岂有先来者图绘后来人，此类荒谬发生可见此时附庸风雅之胜已演绎到可以点石成金、信口雌黄之境。其背后原因无非是大量耳食之人，无力判断，轻信所闻，为名为利所执。巧合之处，古画又多不著其名，自然就难免沈德符辈能从中信口开河，于是身在其中，粗能上窥前贤心画之秘的张丑也感叹"今世好古成风，真鉴益少"㉑。

不过发生此等事情大概也有其原因，因为即便是真正的好古之人，对作品的判断也是要反复思量对比,这时的鉴赏者对作品的鉴赏多凭借感性的经验判断,如詹景凤在《詹东图玄览编》中记录的关于顾恺之《洛神赋》[72](图2-12)的赏鉴:

> 长安鬻骨董者绢画洛神赋一卷,长三丈,无款。绢亦不甚精细,其画高古神奇,树梢稍点缀,不着意而笔法秀劲,意致潇洒。衣折铁线兰叶之间,其行笔若飞而了无一笔怠败,布置沙汀树石卉草,似唐以前人法;而非五代北宋人手指,但石皴纯用刮铁,又似北宋人。草草而成,绝不敷色,但无水染。郭亨之持来看,予以非北宋人摹唐人本,即江都王绪之流粉本。但卷首写陈王车殆马烦,五马极像晋人史道硕八骏笔法意态,而人物衣折似李伯时,石皴似董北苑,其于远山皴则尤佳,卖者索价重甚,予与亨之力俱不能买。[73]

初见《洛神赋》,詹景凤的判断很不确定,把詹景凤如上的思路梳理一线即:似唐——非五代北宋——又似北宋人——非北宋人摹唐人本,即江都王绪之流粉本——但卷首写陈王车殆马烦极像晋人——人物衣折似李伯时(北宋)——石皴似董北苑(五代),真可说是前后反复矛盾纠结,究竟是五代,还是唐、北宋,难

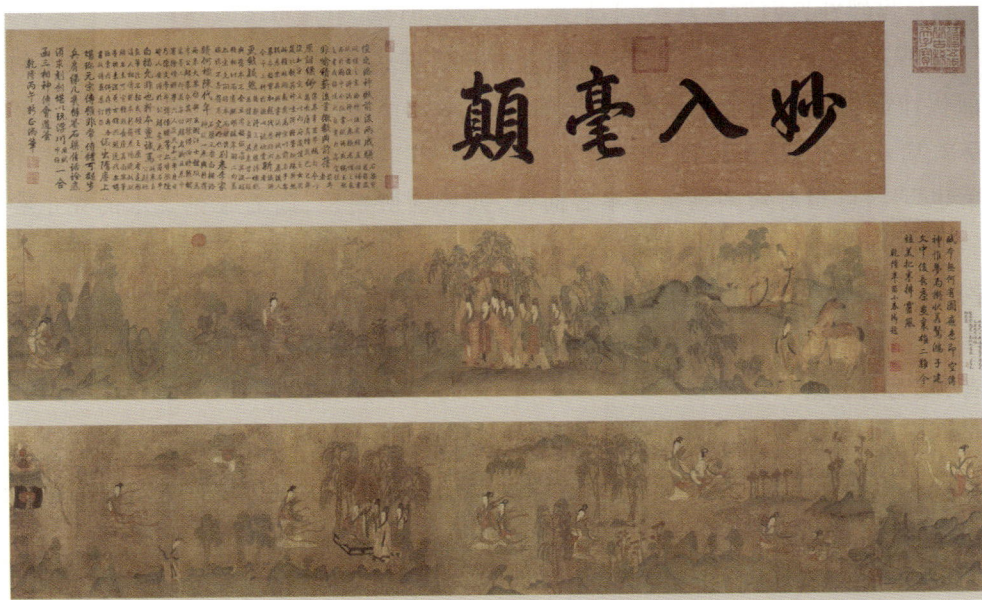

图2-12 (传)晋·顾恺之《洛神赋图》 绢本设色 27.1×572.8厘米 北京故宫博物院

有结论。但事有巧合：

> 后数日过韩祭酒敬堂与道此卷，敬老惊曰："顾恺之原有此图真本在我，奈何复又一卷。"急出顾本观，绢精细而卷首破缺，去车殆马烦一段，以后皆完好如新，逐句逐段图写，乃知周昉、张萱璇玑图布置皆仿之。其山石勾成圈围内无复皴，唯与山石脚稍稍带描，疏疏四五六笔，木与石描笔同，亦似游丝而无笔锋顿挫，大抵精古而拙。人物衣折真如春蚕吐丝，着色虽浓艳而清澈于骨，远非张萱、周昉辈可望，自是古人典型，至张周涉后代矣。其染山石与树身，钩成后于背重着青绿，衬面稍稍浅绛渲染，以故色重而不涉浓浊。青绿石脚亦用赭衬，陈王逐段皆见而衣冠不殊，华盖式似三角，若紫绢为之者，然甚小，盖檐亦如今帝王盖曲檐。他如赋中秋菊春松游龙惊鸿之类，亦靡不一一图写，皆有气韵生动，此断非后人可及。予与亨之前所见乃是摹本，虽布置体势未易，而笔法与皴文各殊。至为佳物则一，一是精古而雅秀，一是俊爽而雅劲，不妨并传也。顾卷后有宋高宗仿右军草书写洛神赋，字径寸许大，亦温雅苍润。㉔

在见到韩世能所藏真本后，詹景凤也顿释前疑，事情最终尘埃落定，一真本，一摹本，但摹本亦是自有风采，不妨并传。通过这个故事，可以约略了解其实对前代作品做出准确判断是极难的，非有原本过目，很难确定某一画家的风神韵味。唐志契在《绘事微言》中说，古画不入常格，"今人未见古人真迹，虽说亦不解也"㉕。可想对众多鉴赏好事者而言，如要确切判读，尚需眼见真本的充足经验，不然也难为真鉴。而对于众多耳食者，本就非是此道中人，对无款古画难以判别，又或者仅仅是听闻古画之名，即趋附之，难免发生荒唐戏剧的情节。但对耳食者而言，闻风而动也属自然而然，与此同时也不可避免滋长出不少自欺欺人者，妄为古画冠名以谋利。

如上沈德符所记，这种为古画冠名的例子其实也极寻常，沈德符在记录中也未有任何感觉不妥之处，而考验鉴者的水准，类似的事情也出现在董其昌的鉴赏中，如董其昌在跋《钱选临顾恺之列女图》中言：

> 此卷乍开，疑为马和之，又有似赵吴兴者，及卷穷而知为钱舜举，以舜举临顾

恺之,故不能定也,然古雅庄重,已与晋人一尘之隔,足称妙品,假令舜举自运,未必到此,董其昌题。[36]

对此图,在未见款识时,董其昌也几番猜测,不能确定,从马和之到赵孟頫,最后才知为钱选,可见在不见款识时,从作品判读画者还是有相当的难度,书画的不具名在这时对鉴者可谓是全面的挑战,非广见博闻难以判读,非精通笔墨不能结论,即使董其昌尚且会犹疑,遑论其余鉴者藏家,闻名而动、鱼目混珠又珍之脑髓者自然应该大有人在,耳食者也就是对此种人的称谓。

对当时的鉴藏之风,董其昌的同乡何良俊曾这样说:

士人家多资力,加以好事,闻好古之家亦曾畜画,逐买数十幅於家,客至,悬之中堂,诗以为观美。今之所称好画者,皆此辈耳。其有能稍辨真赝,知山头要博换,树枝要圆润,石作三面,路分两歧,皴绰有血脉,染渲有变幻,能知得此者,盖已千百中或四五人而已。必欲如宗少文之澄怀观道,而神游其中者,盖旷百劫而未见一人者欤。[37]

何良俊这段话似乎有些夸张,但可以想见,在日常的社交场合,如宴请聚会、雅集唱和的场合中,书画如文化美人,已经成为好古者借以附庸风雅和待客的媒介,更可以推想,此时藏画赏画从书斋中的闲适之举,变为社交场合中被追捧的做派,说明赏鉴正在逐渐成为一种习惯性社交活动,自然也就很难有真鉴者,或者说正是这种社会化倾向下,真鉴者益少。对此,董其昌大概也深有体会,曾发此感慨:

古人远矣,曹不兴、吴道子,近世人耳,犹不复见一笔,况顾、陆之徒,其可得见之哉?是故论画当以目见者为准,若远指古人曰:此顾也,此陆也,不独欺人,实自欺耳。故言山水,则当以李成、范宽;花鸟则赵昌、王友;花竹翎毛则徐熙、黄筌、崔顺之;马则韩幹、伯时;牛则历、范二道士;仙佛则孙太古;神圣则石恪;猫犬则何尊师、周炤。得此数家,已得奇妙。士大夫家或有收其妙迹者,便已千金矣,何必远求太古之上,耳目之所不及者哉![38]

　　董其昌为何有此言语已不可知，从内容看似乎是对古画不复见的感慨，也更像是对众多好古之人包括耳食者的良言相告。但这毕竟是一个竞尚风雅的时代，工鉴别到、善品题，才情波及生活中的楼阁桌几，趣味溢满身边的笔墨纸砚，焚香鼓琴、摩挲古董，是此时的士夫日常、文人生活。好古之风弥散在阊门的古董铺子里，也在江心的书画船上。其中，董其昌是如何走上自己的鉴藏之路的，在书画赏鉴的世界中，那些留在题跋中的法帖碑刻、宋元名画，王维、董源，董其昌是如何找寻到的，这些作品是如何出现在董其昌的品题中，又是怎么从他身边流转而去，是接下去要探究的。

本章注释

① ［明］文震亨：《长物志》，浙江人民美术出版社，2011 年，第 21 页。

② ［明］文震亨：《长物志》，浙江人民美术出版社，2011 年，第 21 页。

③ ［明］文震亨：《长物志》，浙江人民美术出版社，2011 年，第 21 页。

④ ［明］文震亨：《长物志》，浙江人民美术出版社，2011 年，第 22 页。

⑤ ［明］陈继儒：《小窗幽记》，上海古籍出版社，2000 年，第 74 页。

⑥ ［明］陈继儒：《小窗幽记》，上海古籍出版社，2000 年，第 70 页。

⑦ ［明］陈继儒：《小窗幽记》，上海古籍出版社，2000 年，第 104 页。

⑧ ［明］陈继儒：《小窗幽记》，上海古籍出版社，2000 年，第 101 页。

⑨ ［明］陈继儒：《小窗幽记》，上海古籍出版社，2000 年，第 157 页。

⑩ ［明］陈继儒：《小窗幽记》，上海古籍出版社，2000 年，第 114 页。

⑪ ［明］陈继儒：《小窗幽记》，上海古籍出版社，2000 年，第 101 页。

⑫ ［明］袁宏道：《袁中郎尺牍》，襟霞阁精校本，中央书店，1935 年，第 2 页。

⑬ ［明］袁宏道：《袁中郎尺牍》，襟霞阁精校本，中央书店，1935 年，第 2 页。

⑭ ［明］袁宏道：《袁中郎尺牍》，襟霞阁精校本，中央书店，1935 年，第 2 页。

⑮ ［明］董其昌：《容台集》，邵海清点校，西泠印社出版社，2012 年，第 252 页。

⑯ ［明］董其昌：《容台集》，邵海清点校，西泠印社出版社，2012 年，第 584 页。

⑰ ［明］董其昌：《容台集》，邵海清点校，西泠印社出版社，2012 年，第 596 页。

⑱ 见台北故宫博物院藏董其昌尺牍。

⑲ ［明］文徵明：《莆田集》，陆晓冬点校，西泠印社出版社，2012 年，第 171 页。

⑳ ［明］董其昌：《容台集》，邵海清点校，西泠印社出版社，2012 年，第 457 页。

㉑ ［明］李日华：《恬致堂集》，上海古籍出版社，2012 年，第 421 页。

㉒ ［明］李日华：《恬致堂集》，上海古籍出版社，2012 年，第 421 页。

㉓ ［明］李日华：《恬致堂集》，上海古籍出版社，2012 年，第 422 页。

㉔ ［明］袁宏道《袁中郎随笔·瓶史》，襟霞阁精校本，中央书店，1935 年，第 1 页。

㉕ ［明］李日华：《味水轩日记》卷一，上海远东出版社，2011 年，第 15 页。

㉖ ［明］董其昌：《古董十三说》，金城出版社，2012 年，第 32 页。

㉗ ［明］董其昌：《古董十三说》，金城出版社，2012 年，第 38 页。

㉘ ［明］陈继儒：《妮古录》，华东师范大学出版社，2011 年，第 24 页。

㉙ ［明］董其昌：《容台集》，邵海清点校，西泠印社出版社，2012 年，第 445 页。

㉚ ［明］董其昌：《容台集》，邵海清点校，西泠印社出版社，2012 年，第 445 页。

㉛ 见董其昌《行草宝砚诰手卷》题跋，保利 2011 年年秋拍作品。

㉜ ［民国］裴景福：《壮陶阁书画录》，学苑出版社，2006 年，第 740 页。

㉝ ［清］钱谦益：《列朝诗集小传》，上海古籍出版社，1983 年，第 482 页。

㉞ 见董其昌山水画《宝砚斋图》题跋，嘉德 2013 年秋拍作品。

㉟ ［明］董其昌：《容台集》，邵海清点校，西泠印社出版社，2012 年，第 659—660 页。

㊱ ［明］沈德符：《万历野获编》，上海古籍出版社，2012 年，第 551 页。

㊲ ［明］汤显祖：《汤显祖小品》，上海三联书店，2008 年，第 183 页。

㊳ ［明］袁宏道：《袁中郎尺牍》，襟霞阁精校本，中央书店，1935 年，第 34 页。

㊴ ［宋］米芾：《宝章待访录》，卢辅圣主编：《中国书画全书》第一册，上海书画出版社，

1992年，第957页。

㊵ [唐]《宣和书谱》，卢辅圣主编：《中国书画全书》第二册，上海书画出版社，1992年，第14页。

㊶ [元]周密：《云烟过眼录》，卢辅圣主编：《中国书画全书》第二册，上海书画出版社，1992年，第140页。

㊷ [元]周密：《云烟过眼录》，卢辅圣主编：《中国书画全书》第二册，上海书画出版社，1992年，第140页。

㊸ [明]朱存理：《珊瑚木难》，浙江美术出版社，2012年，第150页。

㊹ [明]朱存理：《珊瑚木难》，浙江美术出版社，2012年，第164页。

㊺ [明]朱存理：《珊瑚木难》，浙江美术出版社，2012年，第232页。

㊻ [明]文嘉：《钤山堂书画记》，卢辅圣主编：《中国书画全书》第三册，上海书画出版社，1992年，第829页。

㊼ [明]文嘉：《钤山堂书画记》，卢辅圣主编：《中国书画全书》第三册，上海书画出版社，1992年，第829页。

㊽ [明]文嘉：《钤山堂书画记》，卢辅圣主编：《中国书画全书》第三册，上海书画出版社，1992年，第834页。

㊾ [明]王世贞：《弇州山人题跋》，浙江美术出版社，2012年，第72页。

㊿ 丰坊亦是书家、篆刻家，藏书家，鄞县(今浙江宁波)人。

(51) [明]詹景凤：《詹东图玄览编》，卢辅圣主编：《中国书画全书》第四册，上海书画出版社，1992年，第5页。

(52) 居节，字士贞，号商谷，江苏吴县人。

(53) [明]汪砢玉：《珊瑚网》，卢辅圣主编：《中国书画全书》修订版第八册，上海书画出版社，2009年，第1页。

(54) [明]张丑：《清河书画舫》，上海古籍出版社，2011年，第123页。

(55) [清]吴其贞：《书画记》，人民美术出版社，2006年，第15页。

(56) [清]卞永誉：《式古堂书画汇考》，卢辅圣主编：《中国书画全书》修订版第九册，上海书画出版社，2009年，第519页。

(57) [明]沈德符尝言：董玄宰刻戏鸿堂帖，今日盛行，但急于告成，不甚精工，若以真迹对校，不啻河汉。《万历野获编》，上海古籍出版社，2012年，第555页。

(58) [宋]米芾：《画史》，卢辅圣主编：《中国书画全书》第一册，上海书画出版社，1992年，第983页。

(59) [明]屠隆：《考槃余事》，浙江美术出版社，2012年，第236页。

(60) [明]袁宏道：《袁中郎尺牍》，襟霞阁精校本，中央书店，1935年，第15页。

(61) [明]沈德符：《万历野获编》，上海古籍出版社，2012年，第552页。

(62) 万木春在《味水轩里的闲居者：万历末年嘉兴的书画世界》中提到不少下层文人参与书画交流的事例，中下层文人参与书画赏鉴、流通对理解当时不同阶层文人阶层涉入书画有启发意义。

(63) 据万木春在《味水轩里的闲居者：万历末年嘉兴的书画世界》中，张慕江名体仁，万历三十八年已经八十一岁，他有一条书画船，载着他在江南地区卖了一辈子古董。

(64) 见《快雪堂日记》万历二十七年己亥，八月二十三所记：粥后，季恒同张慕江来谒，张识余二十七年沈太公清泰门宅，是日，坐中有文五峰，余时二十五，余能忆文不能忆张矣。

张恂文五峰画卷一,又示余画数轴。余独爱沈周学黄大痴一幅,又文王鼎一枚,夔龙足。甚佳。汝窑小炉一,花瓶一。俱佳。《快雪堂日记》,凤凰出版社,2010年,第138页。

㊋ 《画禅室随笔》卷二《题画》:七夕泊舟吴闾,张慕江以画售于余,有梅花道人大轴仿巨然,水墨淋漓、云烟吞吐,与巨然不复甲乙。又高克恭《云山秋霁》,与谢伯诚学董源《庐山观瀑图》,皆奇笔也。《画禅室随笔》,华东师范大学出版社,2012年,第105页。

㊌ 〔明〕陈继儒:《妮古录》,华东师范大学出版社,2011年,第91页。

㊍ 〔明〕袁宏道:《袁中郎全集》,明崇祯刊本,第5页。

㊎ 〔明〕袁中道:《游居柿录》,青岛出版社,2010年,第35页。

㊏ 〔明〕谢肇淛:《五杂组》,上海古籍出版社,2012年,第126页。

㊐ 〔明〕沈德符:《万历野获编》,上海古籍出版社,2012年,第555—556页。

㊑ 〔明〕张丑:《清河书画舫》,上海古籍出版社,2011年,第127页。

㊒ 现有多本《摹顾恺之洛神赋》存世,代表者有故宫博物院本,辽宁博物馆和美国弗利尔美术馆,其中美国弗利尔美术馆本有董其昌题跋,故宫博物院藏两卷,第一卷中有赵孟頫、吴宽题跋,见图2-9。

㊓ 〔明〕詹景凤:《詹东图玄览编》,卢辅圣主编:《中国书画全书》第四册,上海书画出版社,1992年,第22页。

㊔ 〔明〕詹景凤:《詹东图玄览编》,卢辅圣主编:《中国书画全书》第四册,上海书画出版社,1992年,第22页。

㊕ 〔明〕唐志契:《绘事微言》,卢辅圣主编:《中国书画全书》第四册,上海书画出版社,1992年,第66页。

㊖ 〔清〕王杰等编:《秘殿珠林石渠宝笈续编》,北京出版社,2004年,第962—963页。

㊗ 〔明〕何良俊:《四友斋丛说》,中华书局,2007年,第257—158页。

㊘ 〔明〕董其昌:《画禅室随笔》,华东师范大学出版社,2012年,第79—80页。

第三章　鉴藏

一、项元汴、韩世能和吴廷

晚明特殊的时代气候，江南良好的书画收藏风气，为董其昌成为具名的书画鉴藏者提供了极大的有利因素。之前，以苏州为中心，以沈周、文徵明为代表的吴门趣味在书画的鉴藏、交流方面已经上演得如火如荼，当时重要藏家项氏家族和文氏家族在文徵明儿子文嘉时代已有密切的交往①。从这个意义上讲，董其昌可谓生逢其时，良好的书画流通环境，使其只要愿意，就可以相对便利地接触到书画，而最幸运的，莫过于董其昌在不同时期的各种因缘际会，早年就结交到不少当时重要的收藏家，其中嘉兴项氏便是董其昌早期结交的藏家。

董其昌曾自言："吾十七岁学书，二十二岁学画"②，其间"三五年间游学就檇李，尽发项太学子京所藏晋唐墨迹，始知从前苦心，徒费年月"③。可推测董其昌在学书之后曾游学嘉兴，与项元汴已经有交往。此后，万历十一年（1583年），董其昌二十九岁时，又于项家藏画"索观殆尽"，直至晚年，八十一岁的董其昌再次应墨林次孙之请，撰写《项墨林墓志铭》（图3-1），其中仍回忆起当时在项元汴家共赏书画时的惬意：

> 公每称举先辈风流及书法绘品，上下千载，较若列眉，余永日忘疲，即公亦引为同味，谓相见晚也。④

项氏所藏书画之富为董其昌日后成为一时具眼提供了胜缘，但此时董其昌也许未知此后自己会经历什么，十七岁时的松江府试，因书法不佳而取为第二，自是要发奋临池之时，得尽观项氏晋唐墨迹。可以想见，项氏藏品此时不仅提升了董其昌对书法的认识水平，使其"自此不向碑版上盘桓，直悟入用笔用墨三昧"⑤，更重要的是，也为其打开了一扇鉴藏的大门，只等其日后的登堂入室。自

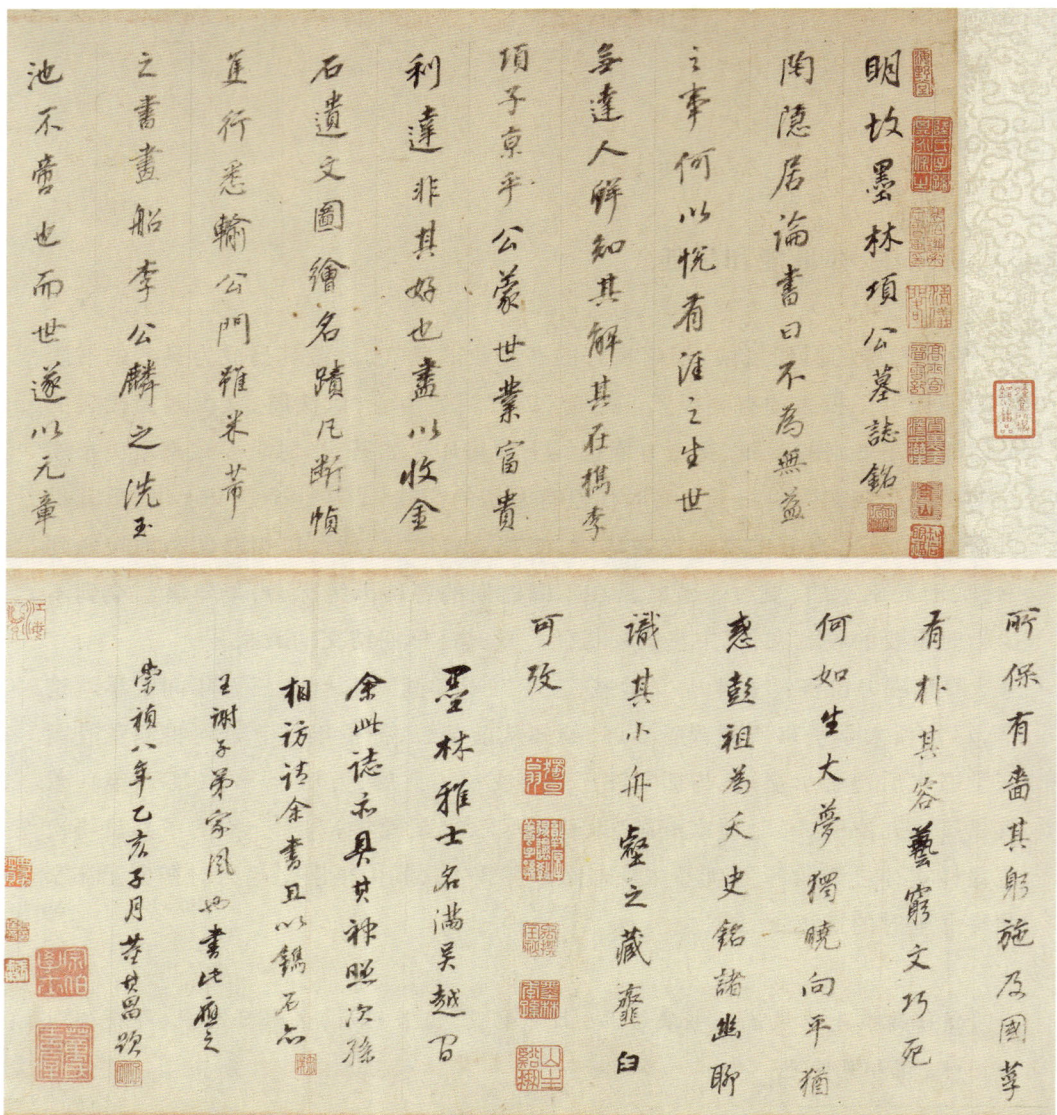

图3-1 明·董其昌《项墨林墓志铭》(局部) 纸本 26.8×460.7厘米 东京国立博物馆

图 3-2
清·王时敏临黄公望
《浮岚暖翠图》 绢本设色
163.4 × 99.1 厘米
台北故宫博物院

结缘项元汴，董其昌此后与项氏家族及其藏品也一直有着不断的往来，与项氏家族中人也有不同程度的交往。

当时书画鉴藏流通方式有借观、往观、传观、雅集等方式⑥，可以说书画作为雅玩之物，不断辗转于文人侧的同时也成了文人生活的一部分。对项氏的藏品，董其昌除了早年直接去项氏家直接观看外，也不止一次地借观。项元汴1590年去世后，项氏藏品由几个儿子承递，董其昌与其后人也依旧保持密切联系。如董其昌五十岁时归还半年前从项元度⑦处借的黄公望《浮岚暖翠图》（图3-2），送回之前还约略仿之。董其昌在自己的临本中跋：

黄子久《浮岚暖翠图》，南徐靳氏所藏，为元画第一，后归项氏。余从项元度借观，阅半载，懒病相仍，仅再展而已。今日将还元度，似渔父出桃源，约略仿之。董玄宰，甲辰夏五。⑧

63

据陈继儒说,此幅《浮岚暖翠图》本来是董其昌要以百金从项元度处买来,大概项元度又不舍,董其昌只得归还,归还前临写一番。又万历壬子(1612年)六月十八日,是年董其昌五十八岁,又向项鼎铉⑨"亟索《万岁通天帖》(图3-3)真迹阅之,并题跋:

通天帖云摹书得在位置,失在神情,此直论下技耳。观此帖云花满眼,奕奕生动,并其用墨之意,一一备具,王氏家风,漏泄殆尽。是必薛稷、钟绍京诸手名双钩填廓,岂云下真迹一等。项庶常藏古人名迹虽多,知无逾此。⑩又徵仲耄年蝇头跋尤可宝也。

对此帖,董其昌颇为称赞。其实在董其昌的书画题跋中,不时可见项氏家族人的影子,董其昌从项氏处见到的藏品有其认为"甲观"的《索靖出师表》、杨少师《韭花帖》(图3-4)、王献之《洛神赋》十三行(图3-5)等法帖;也有王维《雪江图》、王诜《瀛山图》、李公麟《毗耶问疾图》、赵孟頫《汲大夫传》、顾恺之《女史箴图》、黄公望《砂碛图》、马和之《豳风图》、米襄阳真迹等。同时,项氏后人也过访董其昌,如在跋赵孟頫《鹊华秋色图》(图3-6)中云:

余二十年前见此图于嘉兴项氏,以为文敏一生得意笔,不减伯时莲社图,每往来于怀。今年长至日,项晦伯以扁舟访余,携此卷示余,则莲社已先在案上,互相展视,咄咄叹赏。晦伯曰:不可使延津之剑久判雌雄。遂属余藏之戏鸿阁。其昌记。壬寅除夕。⑪

从题跋可知,《鹊华秋色图》是董其昌从项晦伯⑫处得到的藏品。此外,董其昌在项晦伯家见到的还有赵孟頫小楷书《汲黯传》⑬。在项氏的孙辈中,董其昌和项圣谟多有往来,项圣谟是项元汴六子项德达的儿子⑭,董其昌对其作品颇称赞,尝言"士气作家俱备,项子京有此文孙,不负好古赏鉴百年食报之胜事矣"⑮。项圣谟有《招隐图》(图3-7)存世,在题跋中项圣谟记述了作此画过程中,董其昌先后两次索观问询,对此作品的评价甚高,并题跋,在跋文中写道:

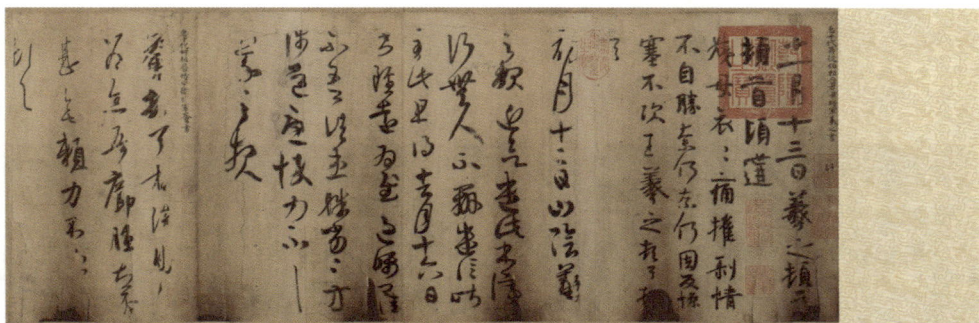

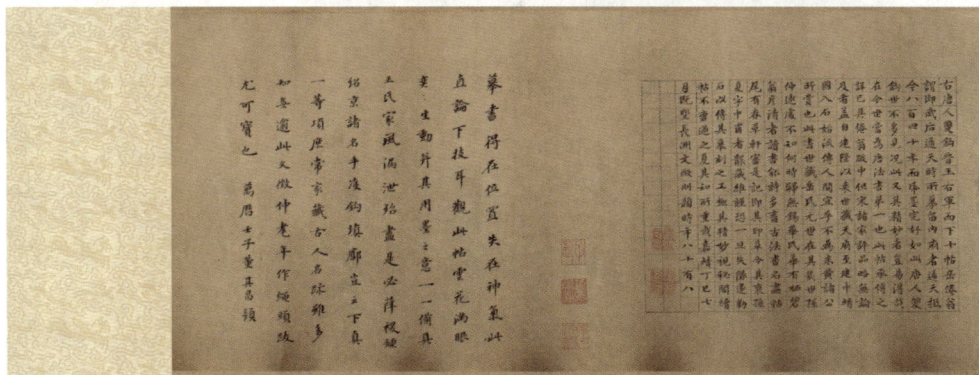

图3-3　唐·摹王羲之《万岁通天帖》(局部)　纸本　26.3×253.8厘米　辽宁省博物馆

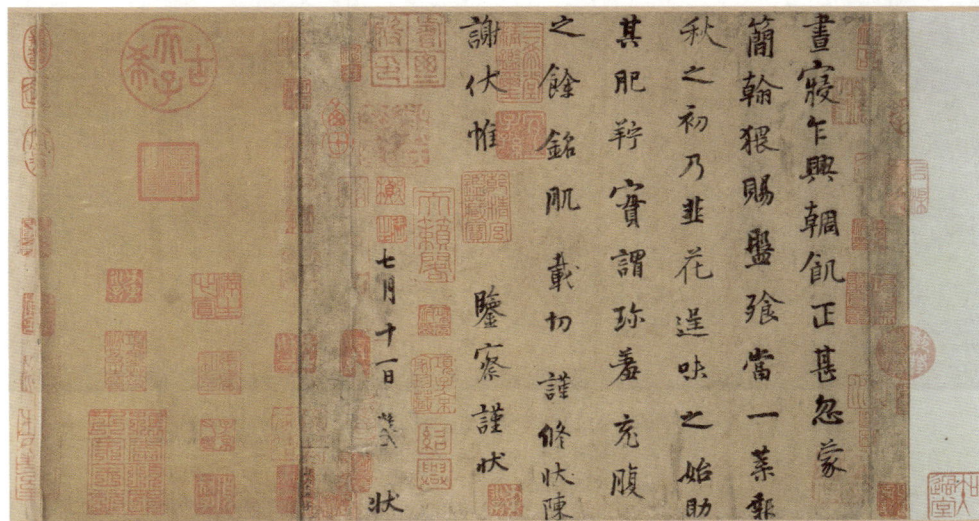

图3-4　五代·杨凝式《韭花帖》　纸本　26×28厘米　无锡博物馆

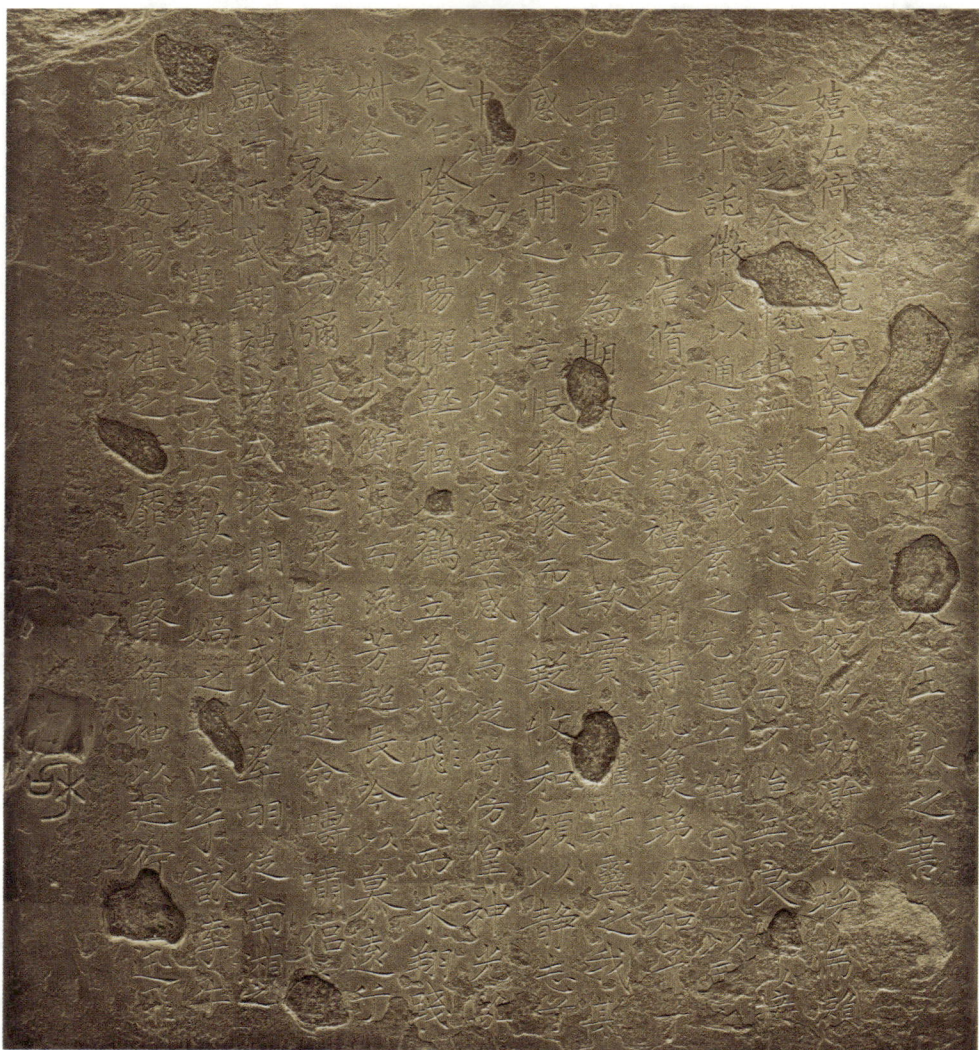

图3-5 晋·王献之《洛神赋》十三行刻石 29.2×26.8厘米 首都博物馆

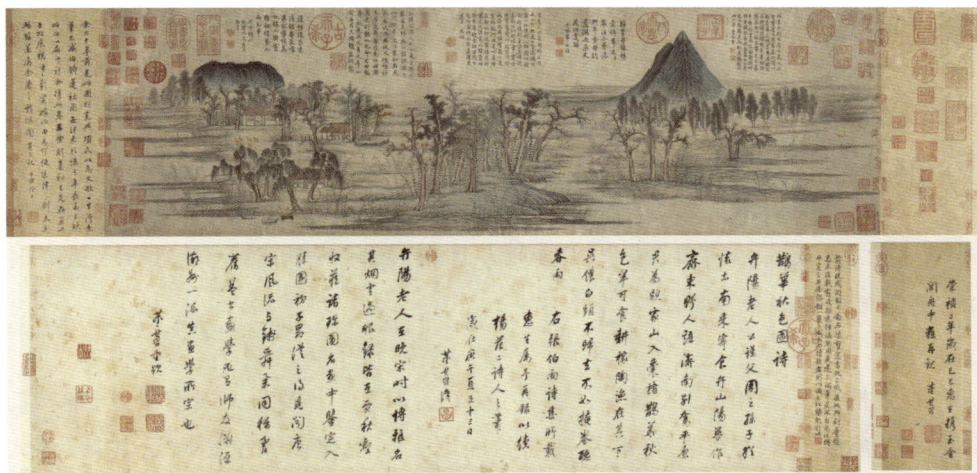

图3-6 元·赵孟頫《鹊华秋色图》 纸本设色 28.4×90.2厘米 台北故宫博物院

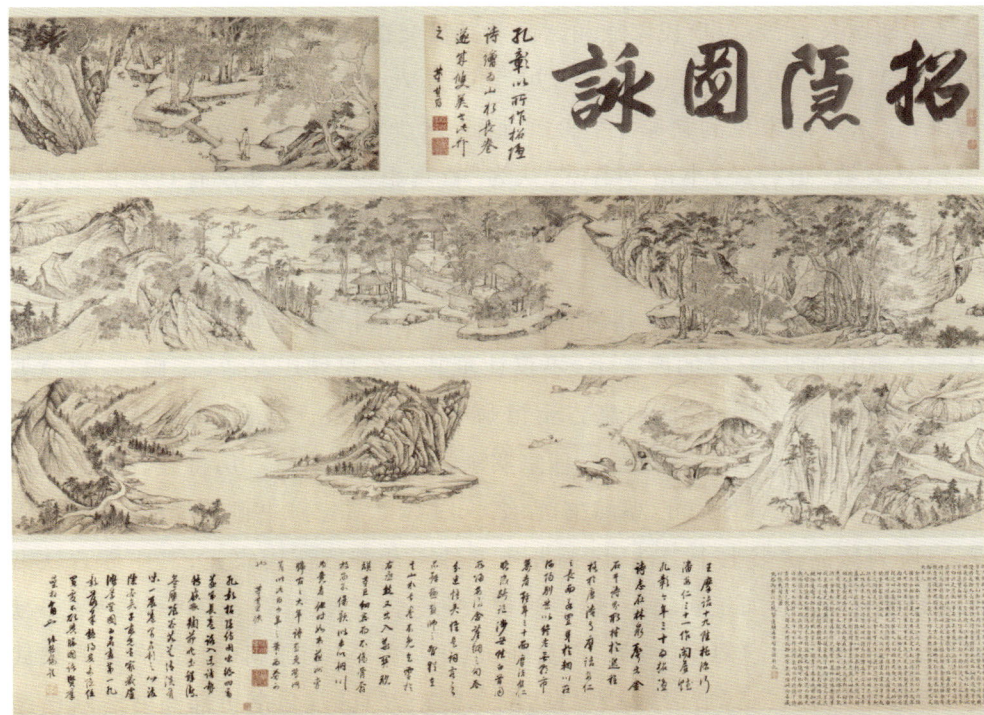

图3-7 明·项圣谟《招隐图》 纸本水墨 26.7×1320.8厘米 洛杉矶艺术博物馆

　　王摩诘十九赋《桃源行》，潘安仁三十一作《闲居赋》，孔彰今年三十，为《招隐诗》，志在林泉，声出金石。其诗则取材于选，程格于唐，淹有摩诘安仁之长，而若置身于辋川庄河阳别业以终老，无朝市慕者。虽年三十，而摩诘、安仁晚岁踦涉世，赋白首同所归，安得舍尘网之句，盍分迷悟矣。惟是词客之品，虽愚画师之习，犹在其山水长卷，不免乞灵于右丞。然又出入荆、关，规模董、巨，细密而不伤骨，奔放而不伤韵，似未以辋川为竟者，他时如韦苏州、李晞古之大年诗画，更当何若。以此少年之笔为券可也。⑯

　　跋中把项圣谟和王维、潘安仁相并论，认为其作"出入荆关规模董巨，细密而不伤骨，奔放而不伤韵"，可谓是甚高的评语。项圣谟以先生称呼董其昌，两人关系似师友，董其昌对项圣谟的创作和归隐之心也比较关心，在项圣谟的跋文中记述了董其昌闻听项圣谟作是图，主动问询并指点的前前后后⑰，可见董其昌对这个后辈的关怀，该图卷首亦有董其昌的题名。

　　从地域来看，不仅项氏家族和藏品董其昌交往颇多，嘉兴书画圈也在董其昌的兴趣范围内，万历壬辰（1592年）九月，三十八岁的董其昌与好友陈继儒同过嘉兴，于嘉兴藏家见到褚摹《兰亭》、徐季海《少林诗》、颜鲁公《祭濠州伯父文稿》，赵文敏《道德经》小楷等名帖，认为"皆真墨也"。此处没有具体讲是何藏家，也许是其他嘉兴藏家，是日陈继儒所借王逸季虞永兴《汝南公主志》送到，"玄宰手摹之"⑱。

　　万历十七年（1589年）董其昌高中进士，选庶常，科举的成功也意味着生活进入一个新的阶段，三年的庶吉士，不仅让董其昌在京城广交游、阔眼界，更重要的是，也许是机缘巧合，此时庶吉士馆师韩是能也是一流藏家，韩是能是苏州人。"由庶吉士授编修，与修世宗、穆宗实录，充经筵日讲官。历侍读、祭酒、礼部侍郎、教习庶吉士。"⑲且"以鉴藏书画，名一时"。⑳其家藏书画曾编成《南阳书画表》，所列藏品法书七十二件，名画九十五件。从魏晋至唐宋元，其中魏晋法书名迹就有十九件，如王羲之小楷《曹娥碑》墨迹本、《大道帖》《思想帖》等，王献之《洛神赋十三行》《冠军帖》等，以及陆机《平复帖》。南北朝、唐、五代则有梁武帝《异趣帖》、孙过庭《书谱》、褚遂良《倪宽赞》、颜真卿《自书吏部尚书诰》《楷摩利支天经》，柳公权《翰林帖》，更有张旭、怀素之行草等。及宋元人书法，如苏轼

《虎跑泉帖》、高宗《洛神赋》、赵孟頫《无逸篇》等。绘画作品也自魏晋至唐宋元，作者四十七人，囊括人物、山水、鞍马各类，如顾恺之《洛神赋》、展子虔《游春图》、吴道子《天王送子图》、韩干《照夜白马图》等。

韩氏藏品中精品不少，和董其昌同为庶吉士的王肯堂尝言："故宗伯韩敬堂先生多藏晋唐真迹，甚奇且富，盖从天府散在人间者，非人间有也。"㉑道出了韩氏藏品的出处和精良，董其昌也在跋中云其藏品"皆内府真迹"，为"内府散落人间"之物。对于韩氏藏品，其来源在沈德符《万历野获编》中有详细记载，大致为严嵩被籍，所藏书画流入内府，穆宗隆庆年间的经济危机，使书画作为"折俸"之物来抵充官员的俸禄。"于是成国朱氏兄弟，以善价得之，而长君希忠尤多，上有宝善堂印记者是也。后朱病亟，渐以饷江陵相，因得进封定襄王。未几张败，又遭籍没入官。不数年，为掌库宦官盗出售之。一时好事者，如韩敬堂太史、项太学墨林辈争购之……"㉒

丰富精良的藏品使董其昌在继项氏藏品后，又一次地耳濡目染。董其昌在韩世能处见到的有陆机《平复帖》（图3-8）。尝言："韩宗伯方为馆师，故时时得观名迹，品第甲乙，以此为最。"㉓又如在自己所临法书《黄庭内景经一册》跋文中回忆：

余为庶常时见之韩宗伯馆师，曾摹刻入鸿堂帖数行，颇惜赵吴兴何以都无临本传世也。㉔

这里董其昌所说的是晋书家杨羲的《黄庭内景经》（图3-9），《戏鸿堂法帖》第一卷第一本法帖即是此帖。又如跋孙知微《十一曜图》言：

道玄有《二十八宿》与《真武像》，余曾见之馆师韩宗伯家，或命之僧繇，皆一家眷属。㉕

检索董其昌的题跋可以得知，董其昌在韩是能处看到的法书名画有李唐《文姬归汉》、马和之《陈风图》，赵孟頫书《僧明本怀净土诗》等，韩是能之后，韩氏藏品的后继为其子韩逢禧，董其昌也与之有书画交往事宜，如董其昌四十三岁和陈

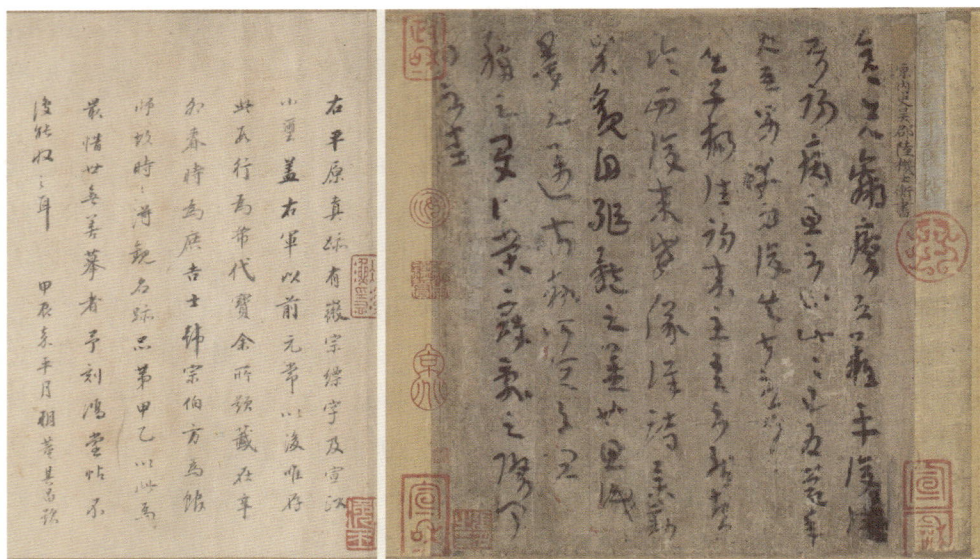

图3-8　晋·陆机《平复帖》　手卷　纸本墨书　23.7×20.6厘米　北京故宫博物院

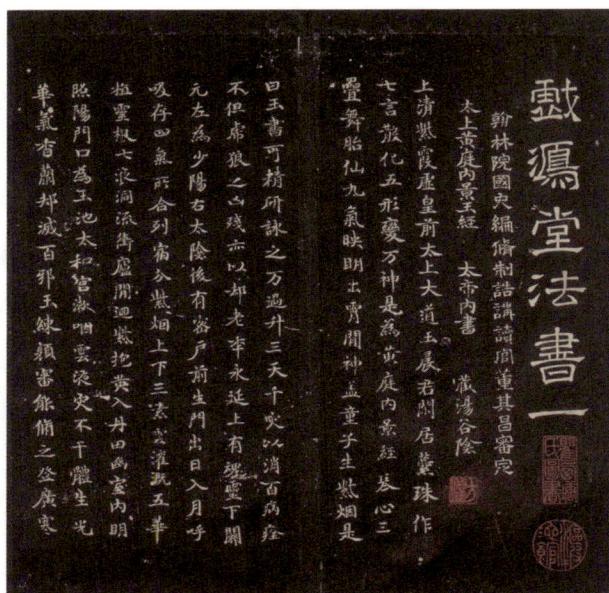

图3-9　明·杨羲《黄庭内景经》,《戏鸿堂法帖》明拓本　北京故宫博物院

继儒的苏州之行即是品赏韩家的藏品，是年董其昌仍在任上，此行乃是丙申（1596年）奉使长沙后返乡的间隙之行，陈继儒《妮古录》有相同记录。这里也要提及董其昌一生的好友陈继儒。陈继儒，字仲醇，号眉公、麋公。董陈二人相交自少而老，所交之深、所往之密，无出其右者，钱谦益《列朝诗集传》中说陈继儒：

> 少为高才生，与董玄宰、王辰玉齐名。年未三十，取儒衣冠焚弃之，与徐生益孙结隐于小昆山。㉖

在人生的道路上，董其昌与陈继儒虽然选择不同，但二人却有不少相同之处，如对书画古董的痴迷，陈继儒曾有《妮古录》行世，在序中言：

> 予寡嗜，顾性独嗜法书名画，及三代秦汉彝器瑗璧之属，以为极乐国在是。㉗

其实法书名画又何尝不是董其昌的极乐国所在呢？《妮古录》中频频有董其昌出现，董其昌为接待陈继儒曾筑来仲楼，可以想见两人共析名帖，共赏古画，研而讨之，聚而蓄之的情景。二人一生相交，董其昌晚年，崇祯戊辰（1628年）二月，二人又同赏马和之《豳风图》（图3-10），董其昌对此图颇是喜欢，早在万历己未年（1619年）见此图就曾题跋感叹："二人如有所指授，笔意高妙，真希世之珍，恨不得仙人孟岐一问之耳。"㉘可以说，在董其昌书画鉴藏之路上，陈继儒也是一个重要的助力和同道。

万历辛卯（1591年），是年董其昌三十七岁，已经是在京做庶吉士的第三年，此年春，董其昌请愿为礼部左侍郎田一儁护柩南下，返程还里，在给陈继儒的信中，嘱其为之找寻元四家山水，董其昌曾在《龙宿郊民图》中回忆："辛卯请告还里，乃大搜吾乡四家泼墨之作。"鉴藏好事，本难分清，从项氏藏品开始，到对韩氏藏品的赏鉴，在京城的交游识见，长年的浸淫，董其昌似乎也开始了自己的搜古选妙之路。此时大搜吾乡四家泼墨之作与董其昌早年学画经历不无关系，董其昌尝言"余少学子久山水"，同乡好友顾正谊和莫是龙"二人并学黄子久"，言顾正谊则"世尤好其为子久者"㉙。又曾在《跋仲方、云卿画》中云："俯仰间见二君意气，可薄古人耳。"㉚董其昌少年时读书于莫如忠家中，"师方伯，而友廷

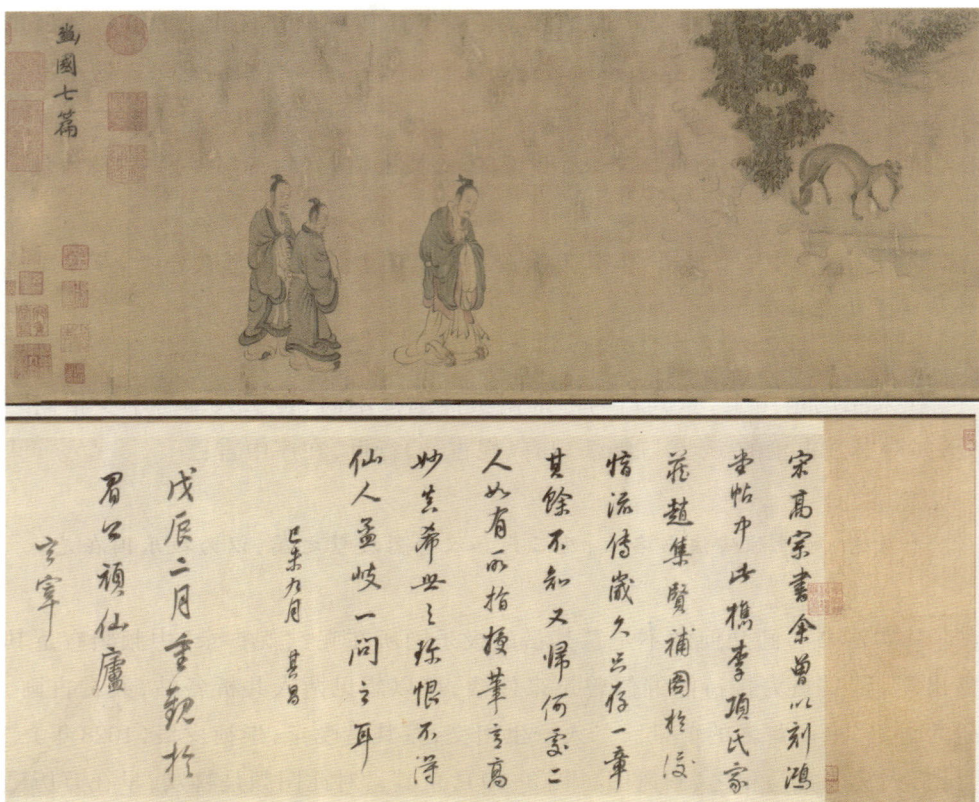

图3-10 宋·马和之《豳风图》(局部) 绢本设色 26.2×621.9厘米 北京故宫博物院

韩"。莫氏父子和顾正谊的书画观念对当时年轻的董其昌无疑有着重要的影响。除此,大搜四家山水的另外一个原因是则是董其昌在京城所见"惟宋人真迹马、夏、李唐最多,元画寂寥也"㉚。

在搜寻元四家山水的同时,董其昌大概也已经开始找寻董源的作品,遗憾的是并不可得,就在此时也因寻画结识了一位重要的新安书画大估吴廷,在董其昌日后书画搜集和鉴赏中有举足轻重的意义。吴廷,安徽歙县人,其家族为当时极盛的丰南吴氏,其父吴尚钧,吴氏第二十三世,家以资豪累世,但不久后家道中落,吴尚钧去世较早,有二子,长国逊,次国廷,即吴廷,据《大泌山房集》中《吴节母墓志铭》记载,二人皆习举子业,并入赀,为太学生,后国逊偕弟"俱之京师,悉出金钱箧篋易书画鼎彝之属"。二人走上经营书画古玩之路,吴廷与当时不少名流、文士有来往,足迹亦遍布江南,如袁氏兄弟,李维桢、冯梦祯、胡应麟等皆和吴廷有不同程度的交往㉚,吴廷既经营古玩,亦事收藏,书画在其手中自然不断地出入往来,这流动的画廊对董其昌来说无疑是很大的便利,董其昌和吴廷的交情匪浅,对吴廷亦多有褒扬,曾作《吴江村像赞》中云:

> 图书彝鼎,琢玉雕金,人食以耳,汝衡以心。璞中剖璧,鬶下赏音。苗耶赞耶?风流可寻。㉛

以米芾、倪瓒比拟吴廷,对吴廷的人格品位可谓赞扬有加,两人因书画结缘后,吴廷也成了董其昌在书画鉴藏中密切的知己好友。两人的交往时间较为准确的应为1593年㉜。此年董其昌三十九岁,在题跋董源《溪山行旅图》中记录了当时见面的情景:

> 余求董北苑画于江南不能得。万历癸巳春,与友人饮顾仲方,弟因语及之。仲方曰:"公入长安,从张乐山金吾购之,此有真迹,乃从吾郡马耆清和尚往者。"先是,予少时于清公观画,犹历历在眼,特不知为北苑耳。比入都三日,有徽人吴江村持画数幅谒余,余方肃客,倦甚,未及发起画,首叩之曰:"君知有张金吾乐山否?"吴愕然曰:"其人已千古矣,公何谓询之亟也?"余曰:"吾家北苑画无恙否?"吴执图以上曰:即此是。余惊喜不自持,展看之次,如逢旧友,亦有冥数云。㉝

题跋中,董其昌对吴廷的描述是徽人吴江村,而非二人相熟之后在跋文中屡提的吴用卿,从对话内容来看,也非熟识后的朋友之间谈话,从这些信息来看,董其昌此时和吴廷应是初次见面。此次会面,董其昌从吴廷手中得董源《溪山行旅图》,喜不自持。毕竟搜罗书画,怎么能单凭一己之力,而书画商人更直接地掌握书画的流通。此后二人的交集越发密集,可以猜想,吴廷会不断地携画而来,与董其昌共赏。事实上,吴廷也一直出现在其生活中,如董其昌不时在题跋中言:"吴用卿携至画禅室。"有时他们也会在外约见,如万历三十六年(1608年),五十四岁的董其昌在苏州与吴廷会,赏其所藏《官奴帖》真迹,并临摹,临本题跋中言:"快余二十余年积想,遂临此本。"可见得见此帖的兴奋心情。

　　二人的交往中,较晚的记录是天启丙寅(1626年),吴廷持范宽《溪桥雪霁轴》与董其昌相见,事见范宽《溪桥雪霁轴》中董其昌题跋[⑤],时吴廷也已经七十一岁[⑥]。二人从早年的相识至此,相交有三十余年,吴廷曾刻《馀清斋帖》行世,其中所收法帖大多有董其昌的题跋。如果把董其昌不同时期的交往人物梳理成时间线,吴廷是董其昌继韩世能后,结识的重要鉴藏同道,也是相交最久的一位。

　　庶吉士结束以后,董其昌被授翰林院编修,仕途暂安,可能也有了更多的精力浸淫书画,此后无论是楚湘之行,还是福建走使,书画不离左右。其早年间接触结识的项氏家族和藏品、馆师韩世能的藏品和颇有文化底蕴的书画商人吴廷,不仅为董其昌的书画赏鉴铺陈出了香醇的前调,也为此后的鉴藏开启了一个较高的起点。董其昌一生亦官亦隐,更多时间隐居江南,江南有着幽美的自然环境和丰厚的人文积淀,董其昌不时悠游山水,与各地高朋雅会,赏法书、鉴古画、探艺源,足迹遍布江南。

二、阊门即事,昭庆寺的香市

　　约明中期开始,苏州地区经济愈加繁盛,经济的富庶也助长文化的发展,苏州以东南都会称著,唐寅在《姑苏杂咏》称其:"万方珍货街充集,四牡皇华日会同。"[⑦]可以想象当日苏州的琳琅锦绣之状,董其昌家祖茔即在吴县渔洋山,松江与苏州的地域之便,加之苏州的繁华之故,董其昌一生屡游苏州。苏州作为当时的文化中心和商业重地,因文、沈吴门之风长生于此地,自然也是书画的聚散中心,当时热闹的阊门便是书画交易所在,唐伯虎《阊门即事》描绘了当时的繁华热闹,中云:"翠袖三千楼上下,黄金百万水西东。五更市贾何曾绝,四远方言总不同。"可以想见当时阊门的盛况,店铺林立,银烛金光,夜以继日,八面笙歌夜夜唱,四方来者络绎不绝。这其中自然少不了书画这风雅之物,更不消说其间的书画交易买卖。董其昌也屡次舟过吴门观画、赏画或者购买书画。

　　董其昌的苏州之行从中年开始,直到晚年,其间收获和经眼的书画不在少数,也不乏在世家观看藏品,如万历二十五年(1597年),时年董其昌四十三岁,和陈继儒过访韩是能家观画。《容台集》记:

丁酉三月十五日，余与仲醇在吴门韩宗伯家，其子逢禧携示余颜书《自身告》，徐季海书，《朱巨川告》即海岳书，史所载皆是双玉。又赵千里《三生图》、周文矩《文会图》、李龙眠《白莲社图》，惟顾恺之作右军家园景，直酒肆壁上物耳。⑳

从所看的藏品看，都是唐宋诸家作品，其中的顾恺之作品显然是庸俗之作，其中我们能了解当时藏家的作品多是唐宋时期。万历庚子（1600年），四十六岁的董其昌又在同年王文考家观其藏画，王文考即文恪公王鏊之孙，沈德符《万历野获编》中曾记载：

嘉靖末年，海内晏安，士大夫富厚者以治园亭、教歌舞之隙，间及古玩，如吴中王文恪之孙、溧阳史尚宝之子，皆世藏珍秘，不假外索……㊵

其中的王文恪之孙即王文考，是世家子弟，家富收藏，董其昌在《仿赵文敏溪山仙馆图》（图3-11）中跋：

庚子秋七夕，余舣棹姑苏。同年王文考，乃文恪公之孙也，觞余园亭，大出家藏名画见示。中有倪元镇、黄子久及赵文敏《溪山仙馆图》。吴兴画多学赵伯驹、董北苑，独此图以右丞、关仝参和成之。又题款楷书妙绝，当为平时得意笔。

对于这次观看的作品，在《画禅室随笔》中的记录更详细：

七夕，王太守禹声招饮于其家园，园即文恪所投老，唐子畏、郝元敬诸公为之点缀者。是日，出其先世所藏名画，有赵千里《后赤壁赋》一轴、赵文敏《落花游鱼图》《溪山仙馆图》，又米老云山、倪云林《渔庄秋霁》、梅道人渔家乐手卷、李成云林卷，皆希代宝也。㊶

正如上章末节所述，赏鉴古玩书画是当时宴饮、雅集等社交活动中的必备之项，从跋文可以想见当时王文考家的这次雅集场景，应是王文考招饮，盛宴之后出示家藏名画，从所记藏品看，以宋元山水为主，正如董其昌所言，皆是希代

图3-11　明·董其昌《仿赵文敏溪山仙馆图》　纸本水墨　55.5×35厘米　东京国立博物馆

宝。可以推想董其昌、陈继儒作为受邀人参加,此次饮宴自然应该还有其他人的参与,雅集赏玩名画作为当时文士人生活中的主要内容,由此可窥一斑。不仅在世家观画,董其昌也曾在苏州好友范允临家观画,也曾足至布衣和僧门。如董其昌就曾从吴门老僧处观倪瓒设色山水,在自题画言:

> 王弇州谓倪元镇设色山水止二幅,余见吴门老僧亦有其一,余乡宋光禄所藏,当有三本。皆谨细有笔墨,聊一仿之,世所传皆寂寥取韵,类杜权耳。丙辰秋日,董玄宰写。⑫

董其昌几乎隔一段就要去苏州,或者是因事,或者是游玩,万历辛丑(1601年),董其昌在灵岩村跋苏轼《前赤壁赋》⑬。对苏轼的赤壁赋和书法都甚为赞叹,以为数百年名迹虽然多,都无逾此书。万历乙巳(1605年),这年董其昌在苏州得到王穉登所藏《绛帖》⑭。万历戊申(1608年)十月,在吴门观吴廷收藏的《官奴帖》真迹⑮,了却了二十年的积想,并临写此本,认为以官奴帖的笔意书写兰亭,才是得门而入。万历壬子(1612年),董其昌又在苏州观看好友丁云鹏收藏的宋拓本王羲之《黄庭经》(图3-12)并题跋记之:"此乃乃南羽从留都购得,信稀世之珍,墨池为放光,因记岁月如此。"⑯万历甲寅(1614年)十月,又泊舟苏州阊门,赏鉴苏东坡的书法,跋其作品《眉山苏氏六帖册》⑰。这次大概是应收藏者所求而题跋,跋中认为应该拓传此法书让更多人看到。万历丙辰(1616年),是年董其昌六十二岁,此年三月家遭变故,家园被毁,流落苏州,董其昌在吴门再观李公麟《毗邪问疾图》,并跋云:

> 李伯时《维摩说不二法图》,余曾见之项氏,二十余年矣。今日重展于苏门舟次,一弹指顷无去来,今谓是耶。丙辰夏日,董其昌观。⑱

刚刚经历焚家之灾,题跋中感叹一弹指顷无去来,似乎也是其当时心情的写照。万历丁巳(1617年)三月,董其昌又游天平山,过访好友范允临,并作《天平山图》⑲。万历戊午(1618年),在吴门舟次,写法书⑳。此后,万历庚申(1620年)五月,是年董其昌六十六岁,又在苏州购买到《黄大痴陡壑密林轴》,据题跋所言,此

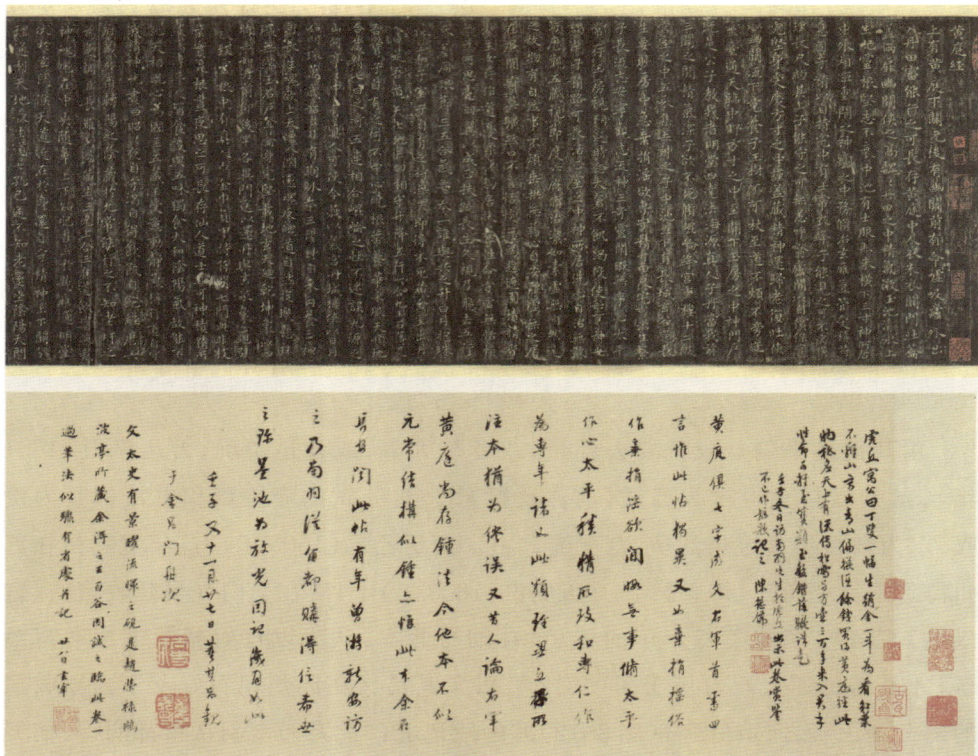

图3-12 晋·王羲之《心太平本黄庭经》 纸本 25.4×100厘米 日本五岛美术馆

乃顾正谊家所藏，"仲方诸所藏大痴画，尽归于余，独存此耳"[51]。董其昌对元四家的搜寻，自然也不遗留这幅，购之箧内。这月，董其昌也和新安大估程季白在吴门会面，在其舟中观看了程季白收藏的王蒙《青卞隐居图》（图3-13）并题跋[52]。

此后，天启丙寅（1626年）二月，在吴门观李龙眠《维摩演教图卷》（图3-14）、《王蒙破窗风雨记》。[53]天启丁卯（1627年）七夕，七十三岁的董其昌又泊舟吴阊，书画商张慕江"以画售于余，有梅花道人大轴，仿巨然水墨淋漓、云烟吞吐，与巨然不复甲乙。又高克恭《云山秋霁》，与谢伯诚学董源《庐山观瀑图》，皆奇笔也"[54]。崇祯己巳（1629年），在阊门再见赵孟頫《鹊华秋色图》卷（现藏台北故宫博物院）[55]。此图董其昌在之前已经转手易出，这次是慧生携至金阊，同时所见还有《钱选画维摩像》一卷[56]。崇祯庚午（1630年），七十六岁的董其昌又在韩家观展子虔《游春图》（图3-15）卷，并题跋：

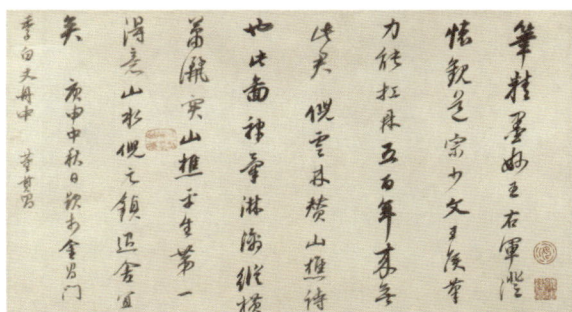

图 3-13
元·王蒙《青卞隐居图》
纸本水墨
140.6×42.2厘米
上海博物馆

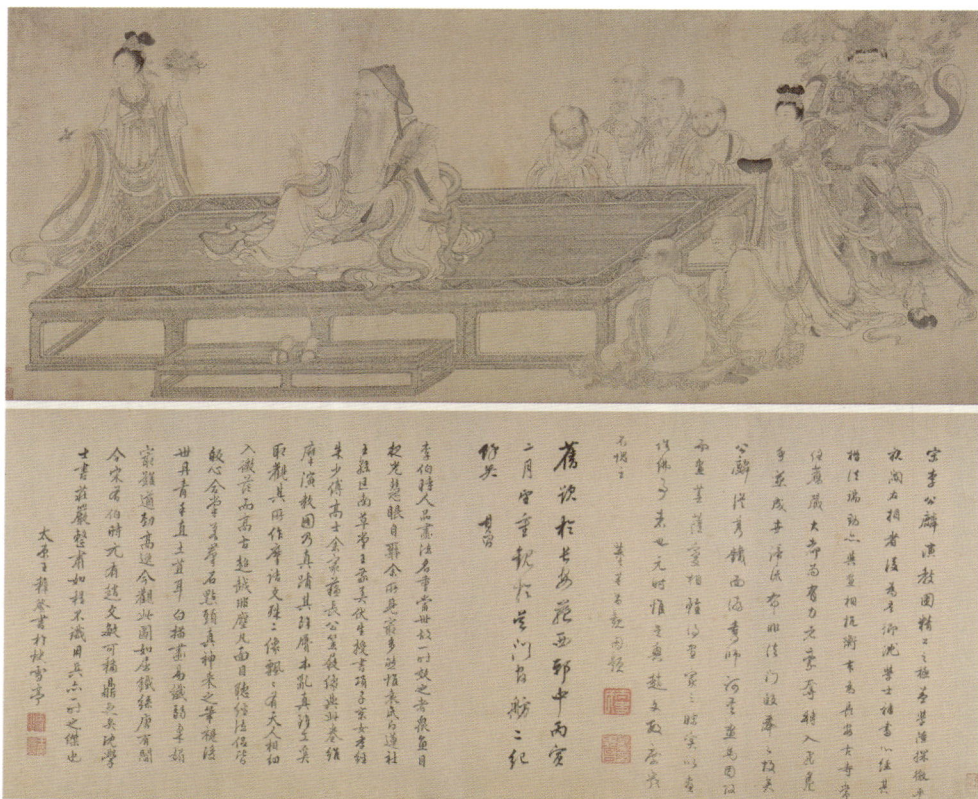

图3-14　宋·李公麟《维摩演教图》（局部）　纸本白描　34.6×207.5厘米　北京故宫博物院

图3-15　唐·展子虔《游春图》　绢本设色　43×80.5厘米　北京故宫博物院

展子虔笔,世所罕见。曾从馆师韩宗伯所一寓目。岁在庚午,再见之朝廷世兄虎丘山楼,敬识岁月。董其昌。[57]

从苏州之行中,可知董其昌不仅曾在苏州赏鉴、购买书画,也路过吴门,或和朋友在吴门约见,一同观看藏品也为人题跋鉴定;既寻画,亦赏画藏画;既有得见名作后的快意兴奋,亦有面临真迹时的豁然顿悟,屡次吴门舟次拈笔直书,也不时有悠游山水后的感怀。

自古苏杭并称,屡次的苏州之行外,杭州亦留着董其昌的足迹,董其昌和杭州也颇有缘分。第一次结缘杭州在万历十三年(1585年),是年董其昌三十一岁,当时正是第一次乡试落第后,舟游杭州,于西湖舫斋观米芾草书九帖。董其昌对得见此本也是颇兴奋,言其为"众尤之尤也,昔从石本想见真迹,今如叶公好龙,真龙下室矣"[58]。此后董其昌的游历中,也数次到杭州,毕竟杭州不仅有冯梦祯这样拥有《江山雪霁图》的藏家,也有高濂家的丰富藏品,西湖的水光潋滟更惹人留恋,在山水佳境中,董其昌也不止一次在西湖得赏法书名画。如王献之的《中秋帖》(图3-16)就是甲辰(1604年)六月在杭州西湖所见,题跋中言:

大令此帖,米老以为天下第一子敬书,又名为一笔书,前有十二月割等语今失之,又庆等大军以下皆缺,余以阁帖补之,为千古快事。米老尝云,人得大令书,割剪一二字售诸好事者,以此古帖每不可读,后人强为牵合,深可笑也。甲辰六月于西湖僧舍,董其昌题。[59]

跋中董其昌为自己重新补全古帖甚感欣慰。就在此月的杭州之行中,董其昌也看到苏东坡《后赤壁赋》的第四个版本,并回忆与之前所见版本的不同:

东坡赤壁余所见凡三本,与此而四矣,一在嘉禾黄参政又玄家,一在江西庐陵杨少师家,一在楚中何鸿胪仁仲家,皆东坡本色书。此卷又类黄鲁直,或谓苏公不当学黄书,非也,苏、黄同学杨景度,故令人难识别耳,文德承又谓此卷前有王晋卿画,若得合并,不为延津之剑耶,用卿且藏此以俟。甲辰六月,观于西湖上因题,董其昌书。[60]

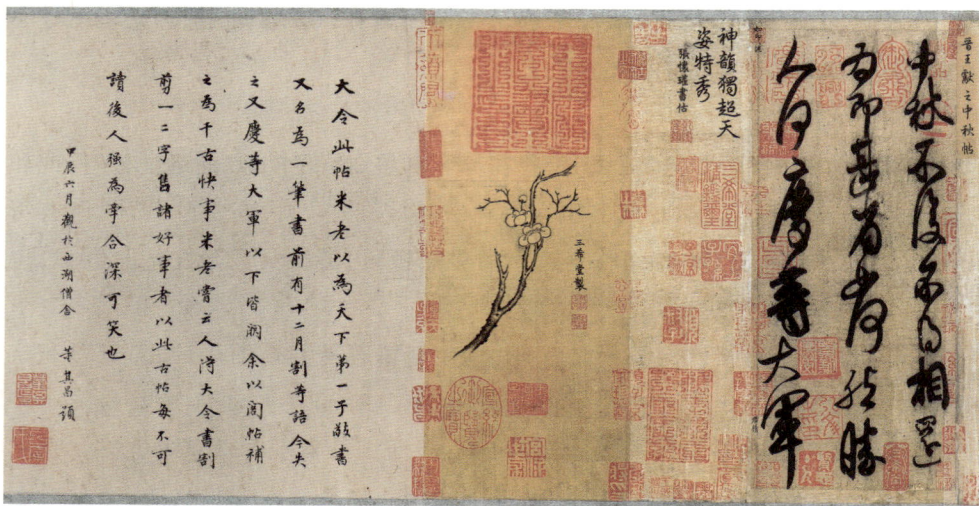

图3-16　晋·王献之《中秋帖》　纸本墨书　27×11.9厘米　北京故宫博物院

从跋中，可知此帖现在为吴廷（用卿）收藏，此帖前有画，董其昌让吴廷日后找寻，以待合并一起，此时应该是和吴廷在杭州相会。此外，董其昌也曾"于元微之集见有刻法华孤山寺记，乃去杭"，并在高濂斋头赏画，为西湖寓公、风雅盟主汪汝谦题写"随喜庵"。曾在杭州购得赵孟頫《春郊挟弹图》[①]，因为西湖不仅有书画舫，更有热闹的香市。张岱在《陶庵梦忆》中记录了西湖的香市：

西湖香市，起于花朝，尽于端午。山东进香普陀者日至，嘉湖进香天竺者日至，至则与湖之人市焉，故曰香市。然进香之人市于三天竺，市于岳王坟，市于湖心亭，市于陆宣公祠，无不市，而独凑集于昭庆寺。昭庆寺两廊，故无日不市者。三代八朝之骨董，蛮夷闽貊之珍异，皆集焉。至香市，则殿中边甬道上下、池左右、山门内外，有屋则摊，无屋则厂，厂外又棚，棚外又摊，节节寸寸。凡胭脂簪珥、牙尺剪刀，以至经典木鱼，牙子儿嬉具之类，无不集。

此时春暖，桃柳明媚，鼓吹清和，岸无留船，寓无留客，肆无留酿。袁石公所谓"山色如娥，花光如颊，波纹如绫，温风如酒"，已画出西湖三月。而此以香客杂来，光景又别：士女闲都，不胜其村妆野妇之乔画；芳兰芝泽，不胜其合香芜荑之薰蒸；丝竹管弦，不胜其摇鼓颎笙之聒帐；鼎彝光怪，不胜其泥人竹马之行情；宋元名画，不胜其湖景佛图之纸贵。如逃如逐，如奔如追，撩扑不开，牵挽不住，

数百十万男男女女老老少少,日簇拥于寺之前后左右者,凡四阅月方罢,恐大江以东断无此二地矣。❷

从张岱的描述中可以想见西湖香市的琳琅满目,显然香市中书画也是买卖的大宗,而昭庆寺正是集会和买卖的中心,且从二月到五月端午这段时候无日不市。董其昌曾经在此游玩住宿,如万历甲辰(1605年)八月,五十岁的董其昌就曾在杭州昭庆寺养病,同时致函冯梦祯欲借医书,并索观《江山雪霁图》,《快雪堂日记》万历三十二年八月二十日记:"雨,送王右丞《霁雪》卷、《瑞应图》、小米山水三卷与董玄宰,病中看玩。"❸在距借观《江山雪霁图》九年之后,董其昌又见到此图,也再次题跋:"甲辰八月,二十日过武林,观于西湖昭庆寺,如渔父再入桃源,一见再见也,董其昌重题。"❹冯梦祯的《江山雪霁图》事件不仅著名东南,也为杭州的湖光山色增添了雅赏的故事。

三、松江故友

在董其昌的家乡松江,书画藏家可以说代不乏人,吴履震在《五茸志逸》中说到松江文物收藏时言:"至嘉靖中,华亭有双鹤张氏,文石朱氏,上海有研山顾氏,江南旧迹珍玩,收藏过半,三公自负赏鉴家,殆无愧也。"❺松江是江南的富庶之地,家蓄珍玩书画是当时有闲文人的普遍喜好,品题赏鉴收藏事宜络绎不绝。

董其昌在松江的书画交游圈,除了早年顾正谊和莫如忠父子,还有另外一个数次出现的好友朱敬韬,辽宁省博物馆藏董其昌书法作品《东方朔答客难卷》有自书诗(图3-17)❻,题:"朱云来太常园中八月梅花大开,诗以表异。"其中的朱云来太常即是朱敬韬,名国盛,字敬韬,号云来,是董其昌的同乡友人,生于隆庆四年(1570年)❼,卒于南明丙戌年(1646年),据《朱太常传》记录,朱敬韬"少时贫,读书攻苦"❽,在万历三十八年(1610年)中进士,授工部主事,曾任吏部郎中,漕储参政,河南督粮道,山东布政司使,后官至太常寺卿。朱敬韬为官期间,最显著的才能和作为是主持疏浚河道:

……继治南河,捐俸筑扬州露筋堤、淮安三城堤,濬清江运河六十里。已擢

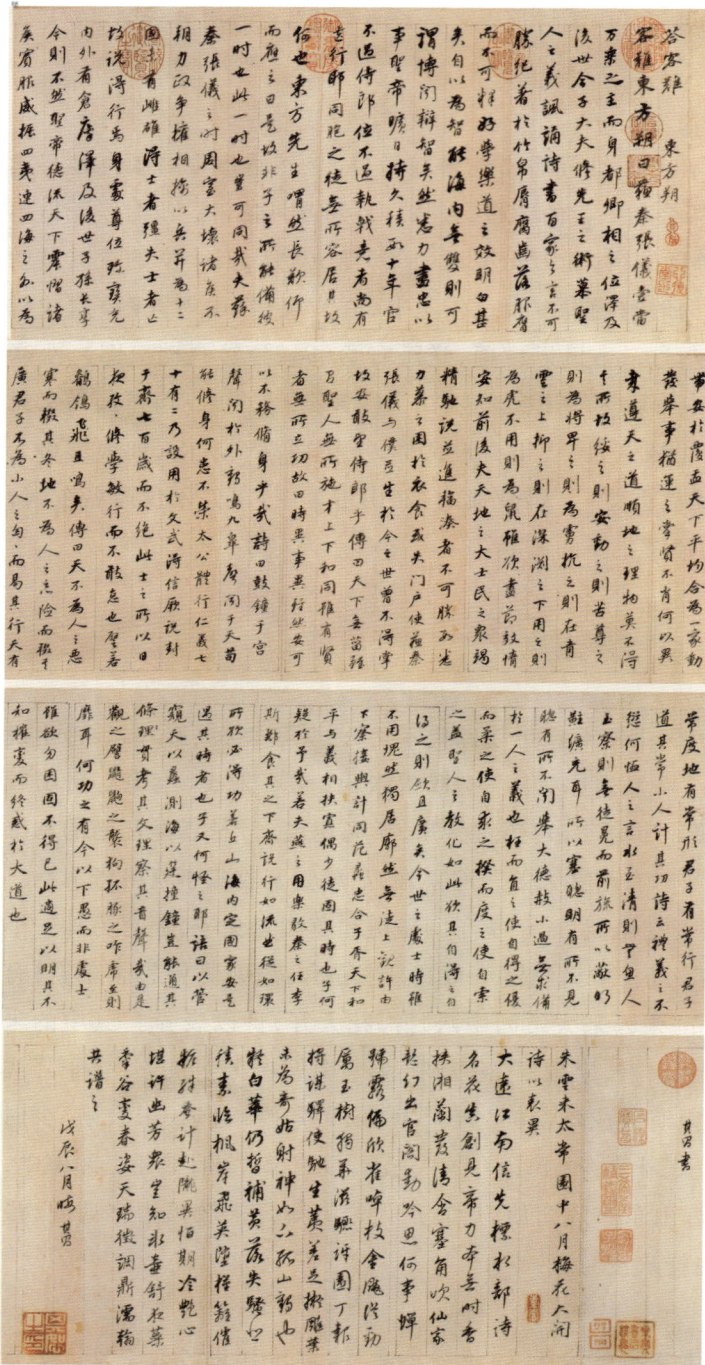

图3-17
明·董其昌《东方朔答客难》
纸本墨笔
26×224厘米
辽宁省博物馆

七省漕储道副使,先时所任众怨,清核河工金钱,岁一万七千者,至是用之将作,不烦国帑,不费民财,卒成路马湖之役。盖有洳河则滁吕二洪书之险,漕不任受,有路马湖则十三溜之险,漕亦不任受,皆公力也。㉘

朱敬韬疏通久患的黄、淮运河,这在《明史河渠志》中也有记录,值得一提的是对于朱敬韬治理漕河的这一事件,董其昌曾撰并书《濬路马湖记》记之,作为碑文收在朱敬韬所编《南河志》中。在《濬路马湖记》中董其昌也对其多有褒扬,认为朱敬韬治漕有类兵法的高妙处:

岁在甲子,予应容台之召,道出维扬,则吾乡朱奉常敬韬时以水部开署舍湖,为流连信宿,抵掌漕事询,所谓分黄开洳者,其言曰兵法有之,攻坚则瑕者坚,攻瑕则坚者瑕,以河流之遄悍,方薄我于险而分一黄是增一分险也,此攻瑕喻也……㉙

董其昌所书《濬路马湖记》(图 3-18)现藏故宫博物院。如上所录,此记是甲子年董其昌回京途中路过朱敬韬官署时应其所请而作,可见其书写时间不晚于天启甲子(1624 年),时董其昌七十岁,此时董其昌在江南广搜博采,撰成《万历事实纂要》后奉诏回京途中经朱敬韬署舍。

两人同朝又同乡,两人的交往常见于董其昌的书画题跋,也多涉及藏品的交流,《画禅室随笔》录有董其昌为朱敬韬所藏《赵荣禄鲜于伯机真迹》题跋:

吴兴书少有师褚登善者,此前二幅似之,又所报燕京奇画,是孙过庭法也。鲜于伯机评书天真烂漫,尽力与吴兴敌者,是皆可传也。今日过敬韬,出此相视,因借归,摹之戏鸿堂帖中。

从题跋看,董其昌正在借赵荣禄鲜于枢真迹摹刻入其戏鸿堂帖,可见朱敬韬和董其昌一样收藏书画,二人也互通有无,转借来往。又如《题评纸帖为朱敬韬》:"米元章评纸如陆羽品泉,各极其致,而笔法都从颜平原幻出,与吾友王宇泰所藏《天马赋》,同是一种书。临写弥月,仍归用卿,用卿其宝之。"㉚《评纸帖》为米芾之作,从跋文可推测,此帖董其昌曾借来临摹,此时应当以归朱敬韬收

图 3-18　明·董其昌《潴路马湖记》(局部)　纸本　29.3×607.5厘米　北京故宫博物院

藏,朱敬韬请董其昌题跋,于是董其昌就在跋文中对笔法做出了一些赏鉴评论。从赵孟頫到米芾,朱敬韬法书收藏不俗可窥一斑。

　　朱敬韬也是位擅画者,今天虽已不可见朱敬韬山水作品流传,但在董其昌的题跋中,朱敬韬擅长画山水,士气作家气俱备,并取法高克恭、米芾、倪瓒,董其昌曾题跋朱敬韬画言:"敬韬作米虎儿墨戏,不减高尚书。阅此,欲焚吾砚。"可见朱敬韬所画也远超庸常。而在《题横云秋霁图与朱敬韬》中,董其昌言:

　　此仿倪高士笔也。云林画法,大都树木似营丘,寒林山石宗关全,皴似北苑,而各有变局。学古人不能变,便是篱堵间物,去之转远,乃由绝似耳。横云山,吾郡名胜,本陆士龙故居,今敬韬构草舍其下,敬韬韵致,书画皆类倪高士,故余用倪法作图赠之。

　　其中再次提到朱敬韬书画多类倪瓒风格。有关朱敬韬的画品,在《图绘宝鉴续纂》中录:"朱国盛,字云来,华亭人,擅云山,得高彦敬三昧。"和董其昌所言相同。朱敬韬的次子朱轩曾拜董其昌为师学习书画,同在《图绘宝鉴续纂》中录:"朱轩,字雪田,华亭人,乃云来先生次子,初师董玄宰,家多收藏,宋元诸作,莫不私淑,松江谓其有石田之笔力,董玄宰之名贵,赵文度之天趣,然以铁门限之烦,率多应酬,有窥见其富美者,方知雪田画,为士夫冠冕。"㉑其中也提及其家多收藏,从记录看,朱轩的作品多得前人蹊径,画史对其评价甚高,朱轩的作品存世亦不多,现有藏南京博物院《松层遥树图》(图3-19)。

当然，作为同乡人，董其昌和朱敬韬也不乏生活中的交往，如作诗唱和，《容台集》中《送朱敬韬水部》："高歌骊御向秋旻，直北天门诀荡分。帝为遗羹怜考叔，身当叱驭答明君。积来风力鹏初起，再入云司雁后群。留取薜萝修竹径，容吾时注紫虚文。"③从诗文看，是在为朱敬韬某次出任的临别送贺。另有为朱敬韬母亲的寿辰作诗，见《容台集·寿朱敬韬太夫人》。

除了《潞路马湖记》，董其昌存世书法作品中另一件与朱敬韬有关的是《朱泗墓志铭》卷，这同样是董其昌撰文并书的长卷作品。《朱泗墓志铭》（图3-20）卷首题"明故菊泉朱公暨盛孺人赵孺人墓志铭"，卷尾有董其昌行书自题："敬韬奉敕治河漕，以立功荐叙。蒙恩俞为大司空右总宪开府中丞。

图3-19　明·朱轩《松层遥树图》南京博物院

虽皆牢让不拜，而山东左伯诰命已给，当如二品树神道碑于先茔。此铭但篆仕时作耳。董其昌题。"可见作文时间早于刻碑时间，此碑立于万历四十三年（1615年），时董其昌六十一岁，卷尾刘墉题跋中言其："洒落不羁而气韵高秀，与松雪异出同工"。此卷亦是楷书中的上品，在此铭中也可以对朱敬韬家族有一些了解。铭文言：

朱公菊泉讳泗，字子深，其先汴人也，扈宋南迁居苏之昆山。元时有松隐公自称无名居士，与德润为最著，德润即世所称朱泽民者也。松隐公生鸣乔始避兵吾郡之海上，遂为新场之朱七，传而为始斋公升二，升二生旭，旭生铠，是为大用公，大用则公之考也。公少孤，育于外家盛氏已薪薪露头角，有亢宗之志，及长遂秉异尚慕闵仲叔庞德公之为人，足迹不入城市。一亩之宫，栽花莳药，萧然简远。尤好种菊，所致名菊数十种可谱。……及仲子国盛成进士，而公之志亦酬焉。……

从墓志铭看，朱敬韬并非出于官宦之家，直到考中进士入仕途，其父亲"之志

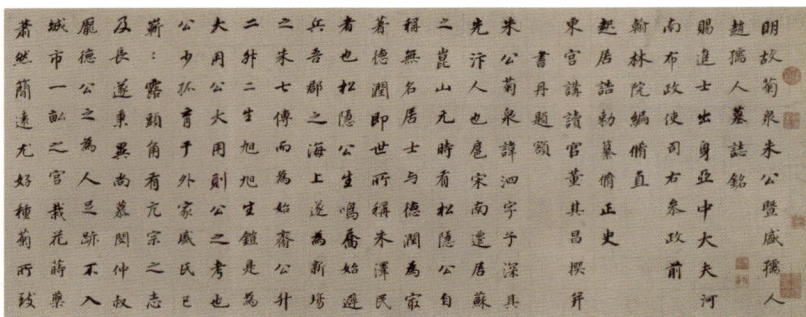

图3-20　明·董其昌《朱泗墓志铭》（局部）　纸本　37.3×331.1厘米　北京故宫博物院

亦酬"，朱敬韬卓越的治河之功，也让其仕途顺利，很快升为二品太常，父辈亦受封赏。在今天上海南汇新场镇留存朱国盛为其父亲、祖父所建造的三世二品牌坊。但在宦官当局的政治环境中，朱敬韬的仕途飘摇不定，崇祯二年（1629年）魏忠贤一党失势，影响到朱敬韬的仕途，据曹家驹在《说梦》记因朱敬韬曾借助魏党"籍其援引，捷升北太常。后阉败，值钱机翁当国，得免于大祸，然从此亦不振矣"㉞。离开官场的朱敬韬在家乡松江过着江南士夫的悠闲生活，《朱太常传》中说"崇祯初以原官致仕……公归后，无所事事，惟纵情歌舞，放迹林泉，以老其身"㉟。闲居在家，朱敬韬训练有自家乐班，名胜一时。

　　董其昌曾有《赠敬韬仿古山水》作于辛亥（1611年），也是朱敬韬考中进士后的一年，此年董其昌五十七岁，这套仿古山水册有一开题跋中称"敬韬社友"又"辛亥春禊日"，修禊日多饮酒燕乐，各种雅集结社多在此时，可推想是某次集会上，董其昌为朱敬韬所作，抑或董其昌游戏笔墨后赠送之。明代雅集和结社都空前盛行，文人相聚的场合，书画也时常扮演重要角色。钱希言在《卧云楼集》中曾记录与董其昌一起去访苏州戏曲家许自昌的情景："……于时空梅落尽，空斋寂然。太史为余擘玉叶笺，呵砚冰，临晋唐名家法书。酒痕烛影，凌乱乌皮几上。……"㊱可想当时董其昌乘兴的作品，应该已赠送主人或在场之人。

　　《赠敬韬仿古山水》也应是董其昌在类似场景中所作。作为书画同道和同乡，朱敬韬喜爱并收藏董其昌书画，董其昌也赠送作品给朱敬韬，两人于书画鉴藏多有交流，就史录来看，关于朱敬韬的记录远不如董其昌多，朱敬韬代表的是当时绝大多数进士及第后的官场士人，在官宦之余，寄情书画并多有收藏，和董其昌的交往也许影响到其书画趣味与取向。董其昌和朱敬韬的交往,可以从侧面得见当时士大夫人群书画收藏的普遍和广泛。

四、丹徒张修羽

如果说在苏杭的秀美繁华之中,董其昌在山水佳境中搜画寻画赏画还有着人间的风尘之气,和家乡故友之间还似有世情的应酬,那么在丹徒张修羽家中观画,似乎就更契合了书画的超尘之想。张修羽即张觐宸,字仲钦,别号修羽,丹徒人,《丹徒县志》载其:

> 幼以麟经名家,为诸生,冠补太学,才不究用,惟以书史古物自怡,构阁城墉中署曰"培风阁",与董元宰、陈遁公二先生为莫逆交,尤乐施与,捐数千金产为义田,葺焦山殿,建圌山塔,有急或昏,夜往请,比给之,无靳色。三山皆有别业,风日晴好,携樽往游,性度潇洒,有晋人之风。精鉴赏,所藏法书名画甚多,与嘉兴项氏天籁阁相垺,识者以为项氏尚有赝物,张氏绝无云。⑦

从记载看,张修羽像是一位隐士般的人,其所收书画也精者甚多,可以和项元汴相较,甚至略胜一筹。而且也是家族收藏,其子张孝思"字则之,觐宸子。觐宸隐居不仕,居培风阁,专收藏法书名画为事,命孝思收掌之,以故孝思日与名贤书画相对,落笔无一点尘埃气。小楷有黄庭笔意,亦善画,而兰草尤佳"⑧。张丑在《清河书画舫》中就提到其藏品,称:"虞永兴书当以张修羽家《夫子庙堂碑》(图3-21)真迹为第一,惜未及见。"⑨

对比其他的同道,张修羽的隐逸之风也许和董其昌"通禅理、萧间吐纳,终日无俗语"的状态更为相似。张修羽出现在文献中,是在万历四十四年(1616年),董其昌六十二岁,这年家宅被焚后,曾避难张家⑩,可以推测,他们很可能之前就熟识并有所交往。此后,在万历丁巳(1617年),董其昌又"过京口,访太学张修羽,出所藏杨少师真迹,赏玩弥日"⑪。天启辛酉(1621年),六十七岁的董其昌,又在张修羽画舫观王羲之《瞻近帖》,题跋云:

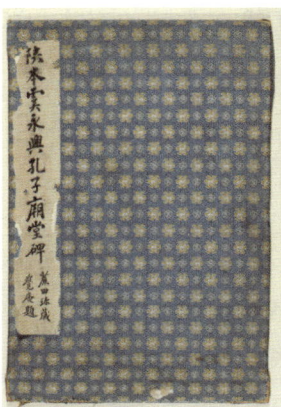

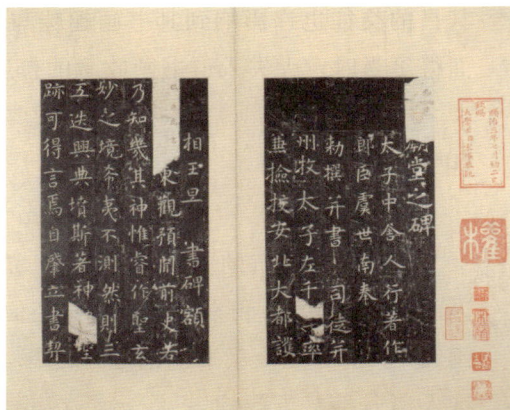

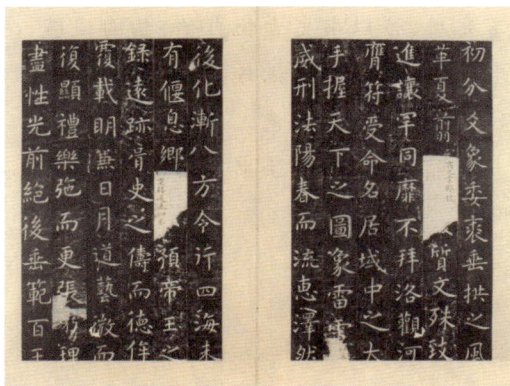

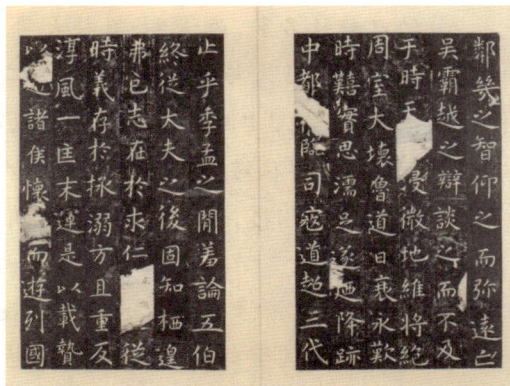

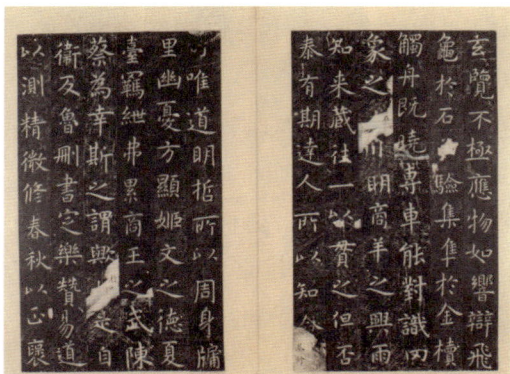

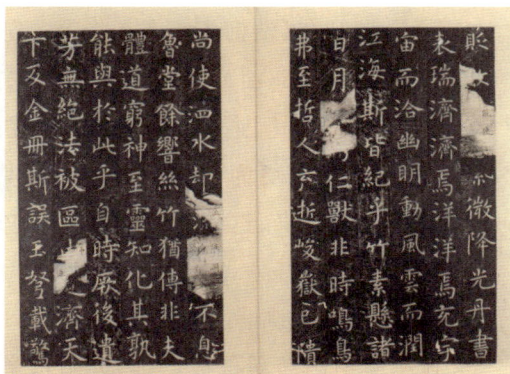

图3-21　唐·虞世南《夫子庙堂碑》　册页　纸本水墨　280×110(整拓)厘米　西安碑林博物馆

欧阳元、孙蒉俱以此书未入宣和谱,为是金时进御,及观瘦金标签,仍出徽宗手。盖宣和谱成锓本后,进书画者不绝,余所见数种,此真迹亦然。辛酉仲秋,董其昌观于张修羽画舫,因题。⑧

很可能就是在这个时候,张修羽又邀请董其昌去其家中赏画,在同行者赵希远的记录中,此次过访所见的书画甚多,张修羽似乎把藏品都出示给好友赏鉴,见者收获甚多:

赵希远云:"辛酉秋,余同宗伯董玄宰至京口访张修羽,见其所藏黄子久《浮峦暖翠》,章法、笔法、墨法与诸作迥绝。宗伯云:'我所见黄子久画,不下三十幅,要知此幅为第一。'属余收缩小幅,以便随身展观。修羽有别业在城南,中有三层楼可望江帆,茂因诸山名胜四面旋绕。余从容临摹其间,心境闲旷,颇得领略《浮峦暖翠》趣向。修羽间出示所藏鼎彝古玩,及宋元人名迹,与国朝文沈诸家画,种种不一,余不暇一一记之。如《卢鸿草堂十册》,位置奇特,人物林木泉石,极其古雅精妙,皴擦渲染,有力有韵,用墨如漆,光采陆离,夺人心目,宜乎海内共宝之也。有王叔明《香光居士图》,乃巨幅,笔势飘举,皴法有极细者,点苔用秃笔正锋,苍莽混融,余亦爱而临之。内有倪高士一小幅,从吾乡曹起莘家得来,作悬崖绝笔,笔法全学关仝,亦是神物。余得探讨月余,亦生平一快事也,因以记之。"⑧

从其中的记录可以推测张修羽收藏书画也收藏古董,其书画藏品非常丰富,有宋元人的名迹,且多精品上品,如黄公望的《浮峦暖翠》,董其昌认为是元画第一,也有文、沈等明代画家作品,这次董其昌第二次见到张修羽所藏沈周《东庄图》(图3-22),并为之题跋⑧,当然此次董其昌也赏鉴了被张丑称为第一的虞永兴书《夫子庙堂碑》,董其昌观看此帖后多有悟入,十月就以虞永兴法写桃花赋⑧。从张修羽的收藏看,足称一时风流,不知何故却很少出现在文献中,颇有些神秘色彩。

张修羽和董其昌的交往记录出现在六十岁后,董其昌六十岁之后结识和出现在文献中的藏家也逐渐增多。在经历民抄董宦后,董其昌曾避难在其家,是否

图3-22 明·沈周《东庄图》 册页(部分) 纸本设色 28.6×33厘米 南京博物院

可以推测,因家祸,董其昌的藏品在此后曾不断出手,抑或进行的鉴藏交易事宜逐渐增多。

五、汪砢玉和墨花阁

在董其昌的鉴藏交游圈中,嘉兴藏家汪砢玉是不能忽略的。汪砢玉生于万历十五年(1587年),卒年不详,《珊瑚网》中的最晚记录为1646年[⑧],可以推测此时汪砢玉尚在。汪砢玉字乐卿,号玉水,在父亲汪继美时代,其家藏书画已经比较丰富,汪砢玉少年时曾见父亲的收藏,心窃仪之,长大后便接替父亲掌录自家藏品。在嘉兴,汪砢玉和李日华是亲家,和项氏后人项圣谟也多有交往。虽然汪砢玉年少董其昌三十有余,但两人的交集不少,早期和董其昌交往的应该是其父亲汪继美。《珊瑚网》中有不少与董其昌交往的记录,董其昌也过访墨花阁,赏鉴品题。比较早的交往,如万历癸卯(1603年)时董其昌四十九岁,曾过嘉兴,在汪家观赏李成的《山水寒林》,汪砢玉的记录如下:

万历癸卯秋,歙客质绘册于先子,高君明水来见,遽持去。后再期,明水以逾期不听赎,已濡墨点缀竹树,客诉非己物,将奈之何。惟所携李成熙画一轴,原值二百五十,近付善手汤氏装潢甫完。无已,将此画典偿之耳,泪清清下也。先子恻然,称贷多金,存其画。客一去沓然。未几,董太史玄宰过舍,极鉴赏是幅,正欲跋其上,会兵宪邀宴,连速不果。先君遂自跋数语。至崇祯己卯夏竟被姑溪友人赚去,余不惮千里追返。内人叹曰:"世已为无李论,君何必作有李论,而役役如此。"余笑曰:"不知其人视其画,诚如东坡所云,缥缈营丘水墨仙乎。因述当年典画事尔尔。"[⑩]

从记述看,董其昌这次来得非常匆忙,虽然极是欣赏此画,因要赴宴,未来得及题跋。于是汪砢玉的父亲便题跋数语,当时汪砢玉还是十六岁的少年,此时和董其昌交往应酬的应该是其父亲。汪砢玉的这段记述很有意思,其中言"因述当年典画事尔尔",可知当时书画在流通中的另外一个用途,是作为典当之用,李成的《寒林图》正是歙客作为典当物抵押给汪砢玉的父亲,因歙客"一去沓然",

此画便成为汪家的藏品。后被人买去后,汪砢玉又不远千里追回,以至于其夫人也感叹其定要做有李论,想来汪砢玉也并非不知无李论。通过此记述,可见藏者对书画的痴迷,意欲给梦想之作找到依托的心理,这种心理可能是痴迷此道中人的共同心理倾向,如后文所述,这也是董其昌在鉴藏中常常有的心态。

董其昌和汪砢玉的交往中,比较值得一提的是在万历丁巳年(1618年)的春天,董其昌带着自己的藏品《唐宋元宝绘》,乘舟过访嘉兴,汪砢玉在《珊瑚网》记录此宝绘,共二十册,汪砢玉和项又新、孔彰先在董其昌的船中观看此册:

> 此册在万历丁巳春仲,董太史玄宰携至吾地,余同项又新、孔彰过其舟中得阅。翌日,太史挈雷仁甫、沈商丞至余家,更携黄子久画二十册与先子观,越宿始返之也。

在看过董其昌的藏品后,太史挈雷仁甫、沈商丞也带着自己的藏品到汪家,让汪继美观看,可能不久后董其昌就过访了墨花阁,这次董其昌在汪家赏鉴的书画有贯休《应高僧像卷》、高彦敬《烟岭云林》、赵孟頫《杏花书屋》、倪瓒《翠竹乔柯》、王蒙《铁网珊瑚》、王冕《墨梅》。汪砢玉在《高彦敬烟岭云林》中记录其事:

> 丁巳春,余以高彦敬《烟岭云林》与赵文敏《杏花书屋》、倪元镇《翠竹乔柯》、王叔明《铁网珊瑚》及王元章《墨梅》同供一室。时董玄宰太史过斋头见之,因评房山云:此幅墨气绝佳,其奇爽过南宫,犹唐诗之于《文选》也。予请即题是语,会诸客踵至,未果。⑧……

从董其昌的行为和汪砢玉的记录,约略可以猜想这是藏家之间的交流,相互观看彼此藏品,大概也有交易的意思,从汪氏父子都意欲让董其昌为其藏品题跋,也说明董其昌的鉴定和题跋对作品有相当的意义和价值。

此后在万历四十七年(1619年),董其昌又过嘉兴,在汪砢玉斋头观画,此次为项元汴所作《花鸟长春册》题跋,同时观看的还有赵孟頫《玩花仕女图》⑨。这次董其昌在汪砢玉家见到陆天游《溪山清眺》,当即鉴定是一画析为两画,汪砢玉详细记录此事:

予弄鸠车时，家父得陆天游画，上题云："远山清眺，陆广为文伯作"。时父执吴功甫尝过吾家"凝霞阁"，极鉴赏此幅，然惜其非全璧也。至甲寅秋，高友明水见之，以天然花影柴几相易。迨己未春，润州缪杞亭持二画来，适董玄宰先生过访，展阅间，咤之曰："何一轴而离为二也"？余相较曰："何二轴而一为予家物也"。杞亭云："为文伯作者，得之此地高氏，款天游生者，得之苕上闽氏，初不知其相合也，即举以归予"。玄宰遂索纸题之。玄宰又云：天游生款，是原笔也。而装潢者汤玉林、陆象玄在舍，即揭投水池，前款便洗去。后款揉素至碎，字迹终不脱。于此徵太史善鉴，并忆昔年功甫之论不谬也。若画中层峦叠嶂，殿宇楼台出没烟云间。溪桥横亘，其下草树蓊郁掩映。其凭高者，有振衣千仞之上，其入林者有平崖物外之趣，回视各半时，残山剩水作缺陷世界者，忽得女娲氏补之，顿成中央大庭之天矣，后之人宜世守勿失。庶留此一段佳话。秀水汪砢玉乐卿甫识于漱六斋。⑨

这次赏鉴，足见董其昌赏鉴力的高超，从记述可知当时参与的人颇为多样，也为我们呈现出书画在藏家之间流通的情景图。其中既有鉴藏家，也有中间的交易者如再次出现的高明水，更有装潢高手在场，陆天游一画被析为两画，其中一本是汪家的藏品《溪山清眺》，汪砢玉转手给高明水后，高明水又转手润州人缪杞亭，缪杞亭又从苕上闽氏处得款天游的另一幅，携二画出现在汪砢玉斋头，董其昌当即指出此为一画离为两画。

陆天游即元代画家陆广，生卒年不详，字季弘，号天游生，苏州人。擅画山水，风格轻淡苍润，萧散有致，董其昌言其师法黄公望。现台北故宫博物院藏陆广《仙山楼观图》（图3-23）上有董其昌的题跋，应该是两画合并后的完整作品，董其昌跋文说的正是一画析二画的事情。另李日华的题跋也提到董其昌此次赏鉴。陆广在今天的美术史中似乎是不太被注意的画家，但在董其昌的时代，陆天游还是多被人提及的画家。陆天游不愿仕元，隐居求志，其画以韵取胜，属于隐逸类画家，如李日华所言，以萧散幽澹为宗，更符合文人的审美趣味，也是鉴藏者青眼以待的画家。顾复尝言："陆天游笔不甚高，得然家景致，故韵度清真，鉴赏如董文敏亦不废也。"⑩

从这次鉴赏中出现的人物和事情的过程，可以想象当时书画在市场中的流

图3-23
元·陆广《仙山楼观图》
绢本设色
137.5×95.4厘米
台北故宫博物院

转,不同藏家之间的沟通交流;而装潢高手的出现似乎也暗示流通中,藏家会对书画进行再次的加工和装裱,当然装裱工在书画辨伪中也有重要的作用。

收藏之外,汪砢玉也从事书画交易,《珊瑚网》中有多次与人交易的记录。如高明水⑩,和汪砢玉经常有古董、书画的交易,也出现在李日华的日记中。对汪砢玉来说,董其昌的题跋应该可以提升作品的价值,董其昌曾题跋过的汪氏藏品有《赵承旨书光福重建塔记卷》,跋言:"子昂碑板绝似李泰和,余所见无下二十本,此卷笔意虚和尤可宝也,董其昌题于墨花阁。"⑨另有《贯休应高僧像卷》、沈周《东庄图》、项元汴《花鸟长春册》、欧阳询《九成宫醴泉铭》等,以及因事耽误而未能题跋的高彦敬《烟岭云林》。对董其昌来说,墨花阁显然是赏鉴、品题、交流、交易和了解市场藏品流动的好去处。

六、程季白和新安藏家

提到汪砢玉,就不得不提及另外一个新安藏家程季白,程季白即程梦庚,乃新安藏家,长期居在嘉兴,与董其昌、李日华、汪砢玉等皆有书画交流往来。在汪砢玉的记录中,程季白大概经常招饮嘉兴书画圈的同道,品茗听曲,赏鉴书画。如仅在天启壬戌(1622年)这年,汪砢玉就曾记录三次招饮,春正十三日,程季白招饮李日华、汪砢玉、许润卿等人在其斋头,出书画鉴赏,其中有董其昌收藏的集古画册⑱。在修禊日,程季白又招大家品新茗佳种,这次观看的有定武兰亭,并听弦顾曲至夜⑲。秋天,又招李日华、李肇亨和汪砢玉在飞霞舫中,观汉玉图书,并赏鉴文同《晚霭横看卷》(图3-24)。汪砢玉对这次招饮的记述如下:

壬戌之秋,程季白飞霞舫成,招李君实及珂雪与余,集舫中看新得汉玉图书,约三百方。因示文同画卷,曰《晚霭横看》,君实题其后,用东坡思无邪斋章钤记。余共珂雪各印诸玉作谱。娄东朱锦春拨阮,夺落叶响,吾辈无暇听也。归而思此图,树瘦于竹,艇小于叶,遥山远水,层出林端,暮烟凝霭,掩暎亭阁,画中人应尔,横看无尽,意跃跃焉。东坡尝称与可下笔兼众妙,而不言其善山水,乃山谷于吴君惠处见文湖州《晚霭横看卷》,兼有王摩诘、关全笔力。世仅以洋州竹一派称之,何足以尽石室,又与可至天彭馆徐氏园,杯酒谈笑中,肆笔成焦夫子

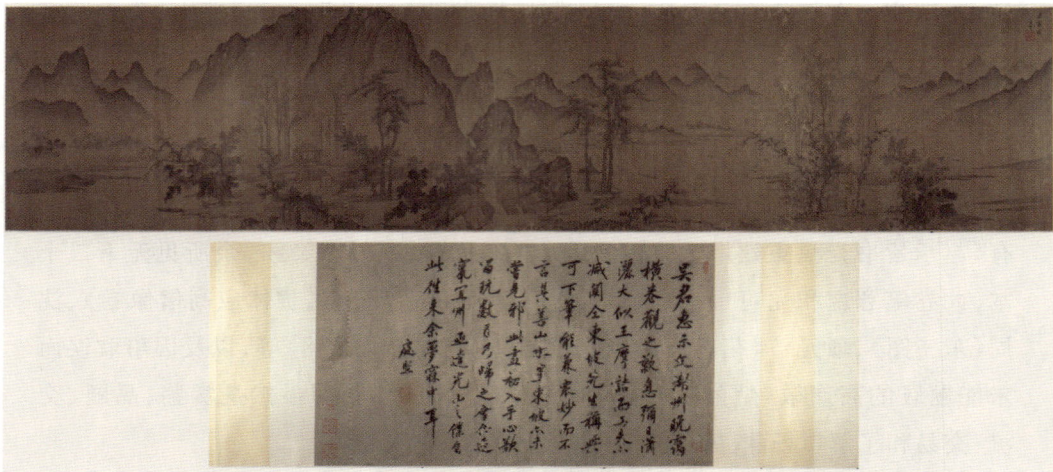

图3-24　宋·文同《晚霭横看》 绢本水墨　30.2×216厘米　大都会艺术博物馆

像于亭壁,曲尽寒酸态度,焦盖博学导后进,貌陋且怪,性率不自饰者。元丰壬戌,郡守聂子固徙其壁于郡圃凝翠亭,今有石刻在,是与可又善人物也。故坡公谓与可诗文不能尽,溢而为书,变而为画,画皆诗之余乎。讵意此卷至崇祯初归留都一大老,后共徽庙竹禽卷殉葬,斯劫一遭,珠沉沧海矣,可胜憾哉。秀水汪砢玉记。(后闻不果殉,今在弹埽庵处。)⑱

　　这次程季白约大家赏新得的汉玉图书,大家题跋钤印做谱,这场闲雅的聚会中,还有乐人朱锦春拨阮,但大家似乎更关注书画,无意弦乐。汪砢玉在看过文同《晚霭横看》卷后,回去后仍忆念回味,从汪砢玉的记述看来,文同不仅擅于画竹,对山水、人物画都颇有造诣,但不见于史传,不免对文同作品的流传境况又发一番感慨。可见对前代画家和作品形成全面的认知,还需要广见多闻,此作有黄庭坚跋,和汪砢玉所言相符,李日华等其他人的题跋已经不存。《晚霭横看》在当时是鉴藏圈广为人知的作品,张丑、李日华都曾提到这幅画。

　　董其昌曾不止一次和程季白进行书画交易。程季白出现在文献中,大约在董其昌六十岁后较多。从汪砢玉记述可知,董其昌丁巳(1617年)到嘉兴,所携带的后来称之为《唐宋元宝绘》的集古册,当时还不能称作唐宋元宝绘,因为其中并没有王维的作品,王维作品是程季白在收藏该画册后添加进去的。据董其

昌的题跋,次年春天,也就是戊午年(1618年),这套集古册已经归程季白,董其
昌在这次交易中,在其中一开李成《晴峦萧寺图》中题跋:

> 宋时有无李论,米元章仅见真迹二本,著色者尤绝望。此图为内府所收,宜
> 元章《画史》未之及也,石角有臣李等字。余藏之二十年,未曾寓目,兹以汤生重
> 装潢而得之。本出自文寿承,归项子京,自余复易于程季白,季白力能守此为传
> 世珍,令营丘不朽,则画苑中一段奇事。戊午夏五之望,玄宰题。⑰

这幅李成的《晴峦萧寺图》就陈继儒来看,也并不是李成作品,此处暂不论。
程季白在收藏此册后,很快就对其中作品做了调整,汪砢玉记:

> ……后是册归程季白,于己未秋,余复阅于交远阁,已去马文璧一幅,元人著
> 色樱桃白头翁鸟一幅,补入王摩诘《雪溪图》,用五百金,得之青浦曹启新者。又
> 入王叔明《秋林书屋图》。太史因题其签云,今日始得加一'唐'字矣,余时录其
> 题语。未几,季白遭魏珰毒手,其家装还歙,崇祯壬申冬闻售于东仓王某,并叔
> 明《青卞图》诸幅,仅偿千金,未及原值之半也。噫,十余年间,沧桑之变,一至
> 此,人与画殆相阅而成古矣。西吴龙惕子汪砢玉识于漱六斋。⑱

可见在得到此册后,程季白用王维《雪溪图》和王蒙《秋林书屋图》换掉了原
来的两幅元人画,并请董其昌再次题跋。董其昌在跋《雪溪图》中赞扬说:"此册
开卷,右丞丘营,便足压一世收藏赏鉴家,知其不朽。"不消说,经过添换王维作
品后,此册才是真正的唐宋元宝绘,从宋元集古册成为《唐宋元宝绘》,且王维、
李成作品寥若星凤,《唐宋元宝绘》的价值可期,汪砢玉说程季白遭遇祸事后,
《唐宋元宝绘》和王蒙《青卞隐居图》一同出售只有千金,未及当时一半,可推测
当时此册价格至少在两千金之上,可见程季白收藏的奢豪程度。

另赵孟頫《水村图》(图3-25)也是程季白从董其昌处得到,董其昌在跋中云:

> 娄江二王皆好藏古人书画真迹,敬美尤工临池,所收独精此卷,为子昂得意
> 笔,在《鹊华图》之上,以其萧散荒率脱尽董巨窠臼,直接右丞,故为难耳。二图

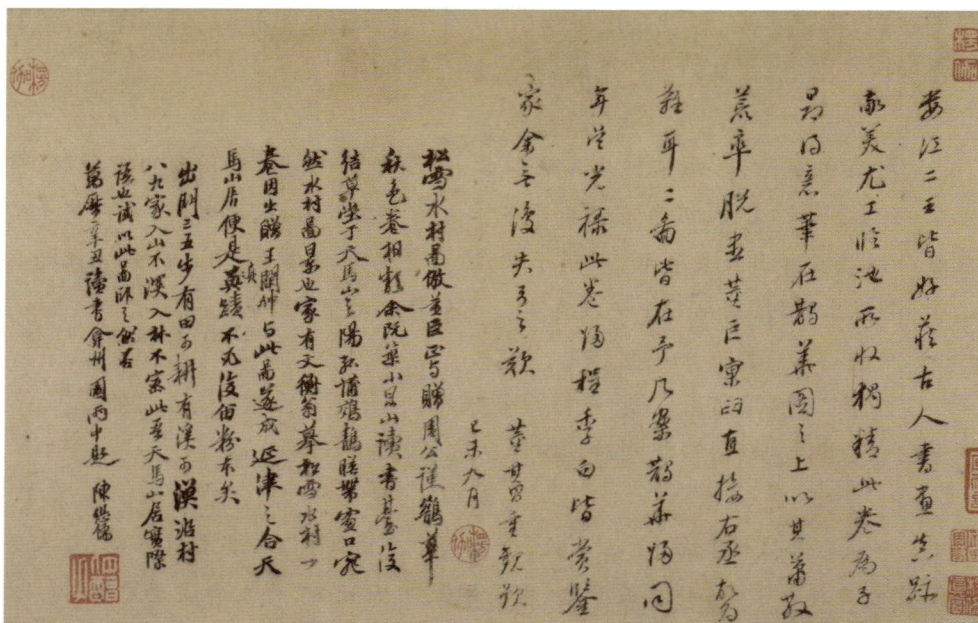

图3-25 元·赵孟頫《水村图》董跋 北京故宫博物院

皆在余几案,《鹊华》归同年吴光禄,此卷归程季白皆赏鉴家,余无复矢弓之叹。董其昌重观题。己未九月。⑧

此作己未(1619年)归程季白,此时,程季白从董其昌处得到的还有倪云林《优钵昙花轴》《唐宋元宝绘册》外,董其昌另一集古册《宋元名家画册》也被程

季白收购，可见其藏品颇为不俗，另有戴文进《达摩至慧能六代像一卷》[⑩]，王蒙《青卞隐居图》，韩滉《五牛图》（图3-26），文与可《晚霭横看卷》等……。程季白也请董其昌为藏品题跋，如仇英《临宋人山水界画人物画册》、王蒙《青卞隐居图》皆有董其昌题跋。从程季白的藏品可以看出，程季白对收藏不仅是嗜好，更有谁与争锋的感觉，所收多是闻名一时的热门藏品，或鉴藏圈中的精品名作，可谓是拔之众尤，对自己的赏鉴颇是自负和张扬，但也因此为自己带来祸事，这就是白定炉事件：

　　万历末年，娄东有一白定炉，乡村老媪佛前供养，不知几世年矣，下足微损，偶有觅古者一金易之，媪过喜，以为送终之资。觅古者则为拂拭，碾去损处，锦袭以藏，售云间大收藏家顾亭林，满愿得四十金，其人更喜以为终身娱老之资。亭林又售董玄宰，货物相值，价已翔至一百二十金，玄宰不甚喜玩视，岁余售嘉兴项氏墨林，实银二百五十两，玄宰以百金赏与事之人，其人一室为之小康。新安大侠程季白闻之，自负鉴赏，先请瞻视项氏，几为涓吉，设幔铺锦，优酌广宴，费将百金。季白神往焉，后输八百现镪，延推日月，犹以为情让季白。捧至阊，珠宝饰玉以为匣，外复蜀锦重袭，携入京师共衿奇货，原系文华中翰宴客赏视必月。设卓重褥绣围，崇尊于上，香非海外名品禁内，异制不入爇，季白声誉因白定而清高雅俊，非华贵之极亲友之至，不得窥望一班。时崔魏已炽，忠贤欲求识面，季白素往还于东林，骄不与昵，又虑一入不再出，吝之。墙怒，牵入东林叛逆党，下昭狱，缇骑擒挐时正对白定拭案焚香，梃棍交下，挥掠阶下，粉斋矣。不知

图3-26　唐·韩滉《五牛图》　纸本设色　20.8×139.8厘米　北京故宫博物院

事缘所起,特为此也。忠贤知之,仍令拾碎片再三详视,为之大笑,后季白久羁於狱,瘐死焉。⑩

　　这个故事中,村中老婆婆佛前供奉的香炉,从价值一金,在董其昌第三次转手售给项墨林时已经升值到二百五十金,当被程季白再次收入囊中后,在其张扬的做派下,着意包装演绎宣扬,可谓锦上添花,提升其名声价值,以至于似成无价之宝,甚至引来了魏忠贤的关注,季白心向东林党人,不屑于和魏忠贤同流,又担心让其掠去,自然是秘不示人,不愿给魏忠贤赏玩。但不想最后还是毁在魏忠贤的梃棍之下。此事读来让人唏嘘,可以想见一件古董在流转中,市场的炒作,名人的效应,人性的贪婪矜傲,甚至还牵连不同的党争阵营,都会带来不可预知的因缘祸福,足见古董书画在流通中可能遭遇的复杂情况。

　　程季白是新安人,新安藏家在当时作为一类藏家群,以徽商为主要构成人员,在当时书画市场和鉴藏中发挥不小的作用⑩。和程季白相似的另外一位以书画牟利的商人王越石,汪砢玉、张丑都提到此人,张丑说"越石为人有才无行,生平专以说骗为事,诈伪百出,而颇有真见"⑩。可见王越石是书画交易中的投机者,董其昌也曾与之交易,或者说王越石也曾兜售书画给董其昌,或者请董其昌鉴定其藏品,董其昌曾在王越石舫中见过丁云鹏《画五像观音于若瀛书楞严经全部合璧》,赵孟頫《长林绝壑图》,并跋:"初藏余家,己巳中秋,越石以设色倪迂画易归,皆元画神品也。"⑩

　　董其昌早年曾在新安教书,后又游黄山,和新安的藏家也有所交往,其中新安人吴翼明也是董其昌在新安的鉴藏同道。吴翼明名怀贤,号翼明,好收藏,董其昌五十五岁时,游黄山,曾在吴翼明家赏其所藏《宋元明集绘》,并为之题跋,中云:

　　新安吴君翼明,家世好古,收藏唐宋以来明绘甚富。己酉春仲,余游黄山,居停君家两月,以余颇能赏鉴,尽出其所藏相示,且遴其小幅之尤精者,汇为此册。使人惝恍如游十洲三岛间,洵卧游之钜观也哉。云间董其昌观并题。⑩

　　这里董其昌题跋的也是一套宋元明集绘作品,可见当时藏家似乎普遍有集古成册的做法。大概经常是这样的情景,藏家出示作品,董其昌赏鉴后题跋评定,从此跋语,可推测吴翼明应是出示家藏,请董其昌为其作评鉴,虽然董其昌不曾自言,但正如王越石会请李日华为其藏品作评定⑩,不少藏家或书画大估也会请董其昌来做评定,或者说这也是一种需求,如程季白、王越石这样的书画大估,也包括汪砢玉这样的藏家,经董其昌鉴赏题跋后的藏品,不仅可以对该作品的风格有权威的评赏解读,可能也会提升作品的价值。

七、世家子弟和友人

董其昌书画鉴藏交游所涉及的人物,覆盖了江南的大部分地域,以上重要的藏家和书画商人外,在南京、无锡、宜兴、昆山等地都留有董其昌的行迹。世家的子弟们也多因书画收藏事宜与其交往。如金沙慧生曾出现在题跋中,惠生即于太学嘉,字惠生,一字褒甫,金坛人。钱谦益在《列朝诗集小传》言其:

> 家世仕宦,以高才困与锁院,遂弃去,肆力为诗。苦爱温、李、皮、陆诸家,字摭句搜,忘失寝食。妙解声乐,畜妓曰弱云,色艺俱绝,晚而弃去,忽忽不乐。诗句留连,每有杨枝别乐天之欢。卒时年七十二。⑩

惠生是仕宦之家子弟,不乐仕进,家富收藏,董其昌曾在其斋头赏画。崇祯三年(1630年)董其昌过金坛,在惠生斋中赏鉴的有《苏轼制草》,跋云:"庚午五月望后一日,观于金沙慧生之禅悗斋,董其昌。"⑩又惠崇《溪山春晓图》(图3-27)卷、管道升《拜别项相帖》。赵孟頫《鹊华秋色图》卷此时也归惠生所有。此时大概应其所求,又在上面题写了张雨的诗文,并跋:"右《张伯雨诗集》所载,惠生属余再录,以续杨、范二诗人之笔,虽在庚午夏五十三日,董其昌识。"其实,在前一年,在苏州阊门,董其昌就再次观看过此图,记:"崇祯二年岁在己巳,慧生携至金阊舟中获再观,董其昌。"⑩惠生也是出现在董其昌交往中比较晚的人物,大概在董其昌六十岁之后。此外,在金坛,董其昌还曾在另外一位藏家季鸾⑩处见过赵孟頫《临黄庭经册》,并为之题跋。

另外如《刘原父书南华秋水篇》是董其昌在盱眙陈大章即陈明之处得观,跋

图3-27 （传）唐·慧崇《溪山春晓图》 绢本设色 24.5×185.5厘米 北京故宫博物院

曰："盱眙陈明之官至尚书,收藏书画甚富,每有李长沙题跋,吾家江贯道江山图,李唐桃源图皆陈氏物也,此卷最矣,董其昌题。"更有,夏圭《长江万里图》(图3-28)也是在陈明之处见到,董其昌跋曰:

余尝见李伯时长江图于陈太仆子有家,笔法精绝,及观此卷,乃宣和御府所收,小玺具在。定为北宋以前名手,非马夏辈所能比肩。后有吾乡陆文裕题跋,

图3-28　（传）宋·夏圭《长江万里图》（前半卷）　绢本浅设色
59.4×521.7厘米　美国大都会艺术博物馆

书法秀整，足与画为二绝，殊可宝也。乙未秋后五日，董其昌。⑩

　　此外，宜兴的藏家吴正志，字之矩，号澈如，也是董其昌的好友。吴正志是官宦世家，父亲吴达可是万历丁丑（1577年）进士，吴正志曾官至南京刑部郎中，在官场上多有起伏，同朝为官，两人的境遇类似，董其昌曾绘《荆溪招隐图》（图3-29）赠澈如，澈如也曾寄褚遂良千字文让董其昌赏鉴，万历壬子（1612年）董其昌游宜兴在其斋头赏苏轼《阳羡帖》并题跋，两人也不时相易书画，董其昌曾把赵孟頫《鹊华秋色图》易给澈如。⑬

　　因书画鉴藏所结识交游的人群，占董其昌交游中的一大部分，其间的人物不能尽数，董其昌闲暇的家居生活中，书画船所到之处，友人或同道的相邀……江南山水中都存留着其赏鉴、交游的足迹，如李公麟《醉僧图》就是在无锡惠山舟次时所观，其跋云：

　　余尝见李龙眠山庄图，用墨妍秀，设色精工，真入摩诘之室。若其画人物佛像，如以灯取影，逆来顺往，若游丝过环无迹。所吴道子顾虎头不能过，于此卷可见。此卷因老泉先有醉僧诗，伯时乃为补图，正所谓合之双美也。董其昌观于惠山舟次。⑭

图3-29　明·董其昌《荆溪招隐图》　纸本水墨　26×92.6厘米　大都会艺术博物馆

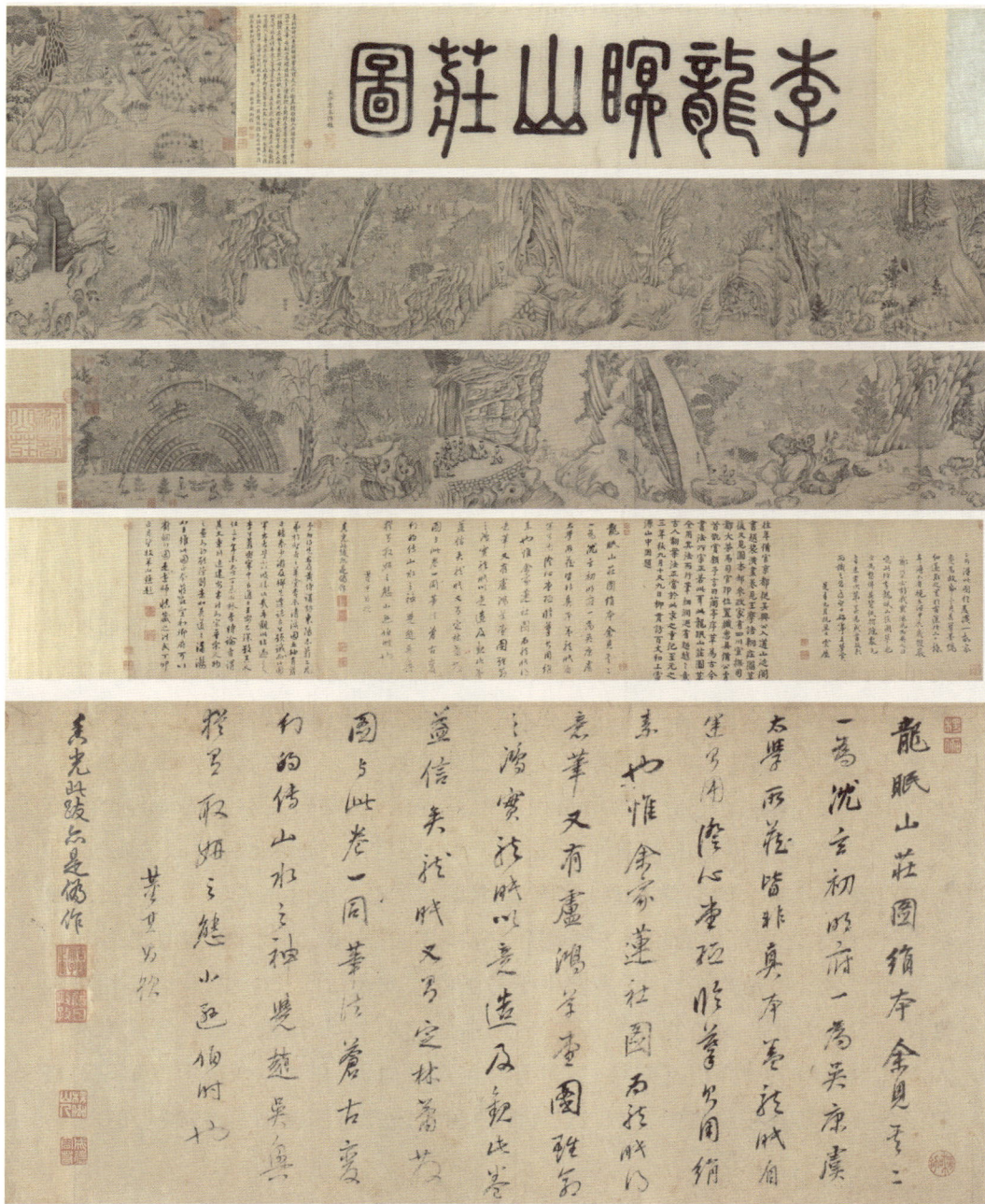

图3-30　宋·李公麟《山庄图》　纸本浅设色　28.9×364.6厘米　台北故宫博物院

今存李公麟的《山庄图》(图 3-30)、《孝经图》皆有董其昌的题跋,赏鉴在不断地进行,香市、斋头和书画船上的交易和雅集也正在拉开序幕。

八、和会雅集

不断地搜古,董其昌的足迹游历渐丰,过眼书画愈多,但过程中的快乐甚至是沮丧也许只有自己才能体会,毕竟很多时候也不是所求皆得,也会"求之数载,不得一观",如在题跋巨然《山寺图》时言:

> 此卷在梁溪华氏家,余求之数载,不得一观,今为公甫所有,得展玩竟日。其墨法笔法,似右丞范宽,与巨然平日淡墨轻烟少异,盖唐宋人画派如出一家。不可以格数辄较量也,卷末诸名手论之备矣,余何容赞。甲辰六月三日,过南湖观。因题,董其昌。[15]

虽如此,此时书画的流通实则似畅通的流水,因需而转,因好而收,不断的雅集和会让此道中人乐此不疲。身在其中,董其昌也不例外,尽管此时参与书画收藏和流通者为数众多,各种身份角色也往往同时集于一人身,但也仍有偏重,为方便了解,大致而言,可分为两类,一种是交换互易,多发生在文人士夫的雅集上,也称其为和会。和会中物物交换是常见方式,也是一直存在的一种交易方式,如宋代米芾曾以砚山和苏仲容交换得到一座宅子,成为此后的海岳庵[16]。和会也是晚明藏家之间交易古董、书画最常见的方式。当时古董和书画并没有截然分开,藏家之间经常会用一方绿端砚交换唐拓的法书,或一个汝窑花瓶换一幅花鸟画。另一种是购买购卖,多发生于书画商人或大估的交易中,也就是用银钱直接买卖。但此分类不能截然,不少时候书画商人之间、藏家之间或者藏家和商人之间也会组织和会相互交换,当然有时也直接购买,在具体情况中也难以严格地区分。董其昌在收藏中就参与过许多的和会,在跋《国诠书善见律》(图 3-31)中言:

> 余为史官时,友人以此卷求题,爱其楷法道媚,与和会不可得,已于黄坐师学

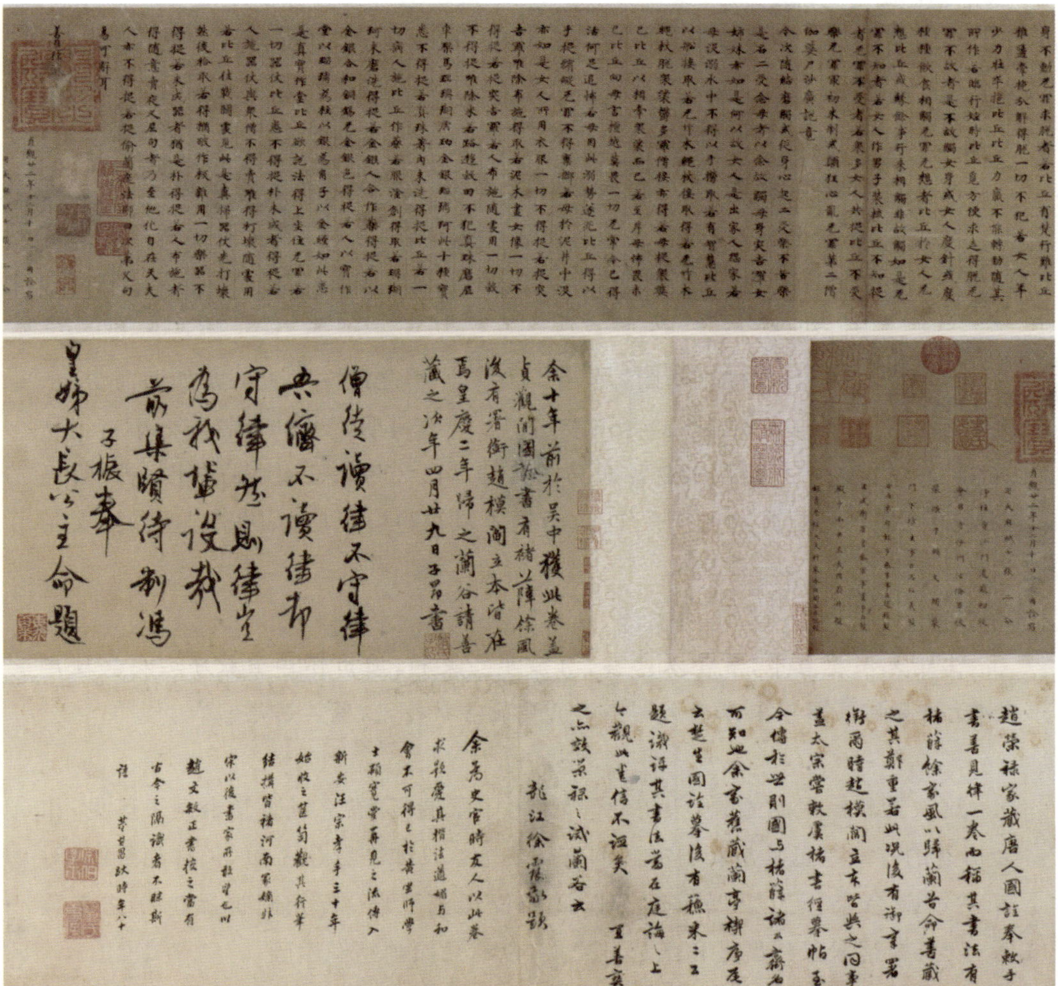

图3-31　唐·国诠《善见律》(局部)　纸本　22.6×468.8厘米　北京故宫博物院

士'硕宽堂'再见之，流传入新安汪宗孝手，三十年始收之箧笥。观其行笔结构，皆褚河南冢嫡，非宋以后书家所敢望也。以赵文敏正书校之，当有古今之隔，识者不昧斯语。董其昌跋，时年八十。⑩

从题跋可知，董其昌早年就见过此法书，但当时和会不可得，其后该作品几经辗转，最后终于还是被董其昌收入箧中。在跋赵孟頫《春郊挟弹图》时又说：

赵吴兴挟弹走马图，余以丙申岁得之武林。是时又有支遁洗马图，亦吴兴笔。今皆与好事者相易古画，盖予好山水，于画马非所习，我用我法耳。董其昌戊申重题于雪浪轩。⑩

其中赵孟頫的《挟弹走马图》是"余以丙申岁得之武林"，究竟是如何而得，从大估手中购买？与人相易？或是朋友送得？没有言明，又云"今皆与好事者相易古画"，很显然，此处提及的赵孟頫马图董其昌已经易出，又换得了什么古画，仍不可知。相互易画时换到什么作品，有时董其昌也会说明，如在跋赵孟頫《头陀寺碑》中言：

生平见赵承旨书，皆不及此卷，有右军之灵和，迥出怀仁圣教序远矣。过广陵，予友婴能吴君以宋张瑞衡卷易去。婴能善护持之，董其昌志。⑩

这次董其昌用赵孟頫《头陀寺碑》换得了张瑞衡⑩卷。以上几个例子可见，和会相易的方式是董其昌获得书画的方式之一。又如在题赵孟頫《长林绝壑图》时言："初藏余家，己巳中秋，越石以设色倪迂画易归，皆元画神品也。玄宰重题。"⑩可知这次董其昌是和王越石交换，以赵孟頫画易倪瓒画。

彼此交换相易是当时比较常见的方式，可以推想，这种交换或者是预期的，或者并没有预期，一般是一些同道中人相约聚会，各自出示所藏，相互赏鉴，如果看到对方有自己心仪的作品，便可以相互协商。又或者是就某一个系列的藏品进行有主题的和会，大概类似今天就某个主题的展品交易会，如对赵孟頫的马图，董其昌似乎就打算进行一场以马为主题的和会，尝言："余尝欲和会三赵画马为一家。三赵者,赵令穰、千里、子昂也。"[122]可见藏家也会有预期地进行和会,有一定的主题并且是有组织地进行。

预期的和会自不必说,随机的和会,也许就发生在一次雅集或聚会上,张丑就曾记录一次聚会中和友人相易书画的事:

岁丁巳之夏五,新安王仲交以伯时书画《慈孝故实》八则见示,初意盖欲得余跋,以为传家清玩耳。及余徐阅之,见其画较《九歌》卷尤细润而古雅,每则伯时亲书其事迹,且澄心纸本也,末用"伯时""龙眠"印章二,押字一,皆奇伟,亦雅胜其平时。私心拟购之以自快,卒难发诸口。居倾之,余亦出书画纵观焉,属有天幸,仲交极喜余家赵子昂画卷,把玩至不忍去手。比时余欲得李图,王欲得赵画,坐客为之和会,彼此竟相易。自是御李斋名若益著,而伯时妙迹从此无双成有双矣。[123]

从张丑的记录,本来新安王仲交携古画来意欲求跋,张丑见图后便想收藏,归为己有,但又不好直言,便出示自己的藏品,相互赏玩中,对方又中意自家赵孟頫作品,于是和会相易,促成了张丑的愿望。

和会交易在董其昌的日常鉴藏中大概是极寻常的,有时甚至还不免遣书问询,如下一封手札就提到相互通告约会之事:

倪玉川令小仆寻之,云在常州,常州不知在何处,今不佞以十五日至常州矣,倘玉川在无锡得其来会,同观吴氏书画,甚便交易,幸足下遣人到其家问之,其昌生顿首。[124]

信札中董其昌正在询问好友对方的位置,并告知自己到常州的时间,约定时间,为同观吴氏书画进行和会交易,可以想象,又是一场雅集交易等待开始。

和会的进行和开展,董其昌有时是组织者,有时是参与者。事实上,即便是在多种形式的和会中,董其昌也不是每次都可以顺利地交换到心仪的作品,易画双方需要协商一致,其间也有很大的随机性。因此,易画不得也时常发生,《珊瑚网》中就记董其昌想得沈周《阳冈图》却没有易得,汪砢玉有跋:

启南之画，故法大痴，亦是其本色，乃所图阳冈亭子，独作老米笔，苔点更圆活生动。尝闻翁积画盈箧，俱未点苔。语人曰："须清明澄澈时为之"盖山水林石家以点苔为眉目，古人极不草草，时董太史欲以子久山水相易而未果。乐卿记。⑫

可以想见，雅集和会如同小型的书画赏鉴交流会，参与者多是文人、藏家或从事书画交易的文化人物，如果足够风雅，必然会在优雅的空间中进行，也许还会有燕乐歌舞，既是一场高雅的艺术博古会，也是一种商业活动，而此举也更符合文人身份和品位。在和会鉴赏之余，有时也会进行笔会，对董其昌来说，见到新鲜藏品后，也往往会临写一番。癸丑年（1613 年）中秋，董其昌自家的书画船停泊在镇江，时有新安人黄中舍携惠崇《春江图》与董其昌相见，董其昌也拿出了他所认为的王蒙绝笔《青卞隐居图》，黄中舍瞠目叫好，于是二人两画相易，董其昌当下即临《春江图》，还没有临好之时，又有好友朱敬韬来，见其所临，便要抢夺。事见《大观录》卷十九《董香光仿惠崇册》⑬。今天从董其昌在题跋中的记录，依旧可以想见当时文人雅士共同赏玩的畅怀。

日复一日，拜访收藏或大估上门、赏鉴作品、参与和会、组织交易，似乎是董其昌的日常。揣摩董其昌易画时候的心情，也并不执着于物、不愿出手，如在题自画《秋兴八景图》第一幅时言：

余家所藏赵文敏画有《鹊华秋色》卷、《水村图》卷、《洞庭两山》二轴、《万壑响松风，百滩渡秋水》巨幅及设色《高山流水图》，今皆为友人易去，仅存巨轴，学巨然《九夏松风》者，今日仿文敏笔并记。庚申八月朔前一日。玄宰。⑭

这也不由使人发问，既好之甚深，一旦收于箧中，又何故转出？不执着于物，这种态度其实不仅表现在董其昌身上，不少其他藏家往往也会频繁地相互交易。考其原因，不免要观察此时文人和书画的关系，从经济角度来看此问题，似乎不能排除其中盈利的目的，但谋生之需要和收藏人数众多的原因外，文人对书画的态度也是值得注意的，此时的文士和藏家似乎更多是为了赏鉴，而不仅是束之高阁的收藏。米芾曾言：

书画不可论价,士人难以货取,所以通书画博易,自是雅致,今人收一物与性命俱,大可笑。人生适目之事,看久即厌,时易新玩,两适其欲,乃是达者。⑲

从董其昌的行为看,他显然是米芾的追随者。赏玩大于占有,所谓自古无不累心之物,而有为物所乐之心,赏心雅事一直是文人对精神愉悦的追求和表达。就书画的赏、鉴、藏而言,赏、鉴的意义在某种意义上大于单纯的藏,是故此时书画的流转畅通而精彩。从如上题跋可见董其昌曾经拥有不少赵孟頫画作,但几乎都不断易出,也可以说,正是书画交换的频繁,获观书画才会相对容易,董其昌能经眼见众多赵孟頫书画才成为可能,而多次的把玩深究,也使董其昌自信地自言可以与赵孟頫相较:"吾於书似可直接赵文敏,弟少生耳。而子昂之熟,又不如吾有秀润之气,惟不能多书,以此让吴兴一筹。画则具体而微,要亦三百年来一具眼人也。"⑳

九、购买购卖

和会毕竟是要双方合作和协商,对于获得一件作品,最直接的方式还是购买,因此交换之外,在获得藏品的过程中,董其昌也直接购买。《妮古录》中曾记:

董玄宰买龚氏江贯道《江山不尽图》,法董巨,是绢素,其卷约有二三丈,后有周密、林希逸跋。贯道负茶癖,叶少蕴常荐之,故周跋云:恨不乞石林见也。㉑

另在董其昌题跋黄公望《富春山居图》(图3-32)时云:

大痴画卷,予所见若嘉兴项氏家藏《砂碛图》,长不及三尺,娄江王氏《江山万里图》可盈丈,笔意颓然,不似真迹。惟此卷规摹董巨,天真烂漫,复极精能,展之得三丈许,应接不暇,是子久生平最得意笔。予获购此图,藏之画禅室中,于摩诘雪江共相映,发吾师乎,吾师乎,一丘五岳,都具是矣。丙申十月七日书于龙华浦,董其昌。㉒

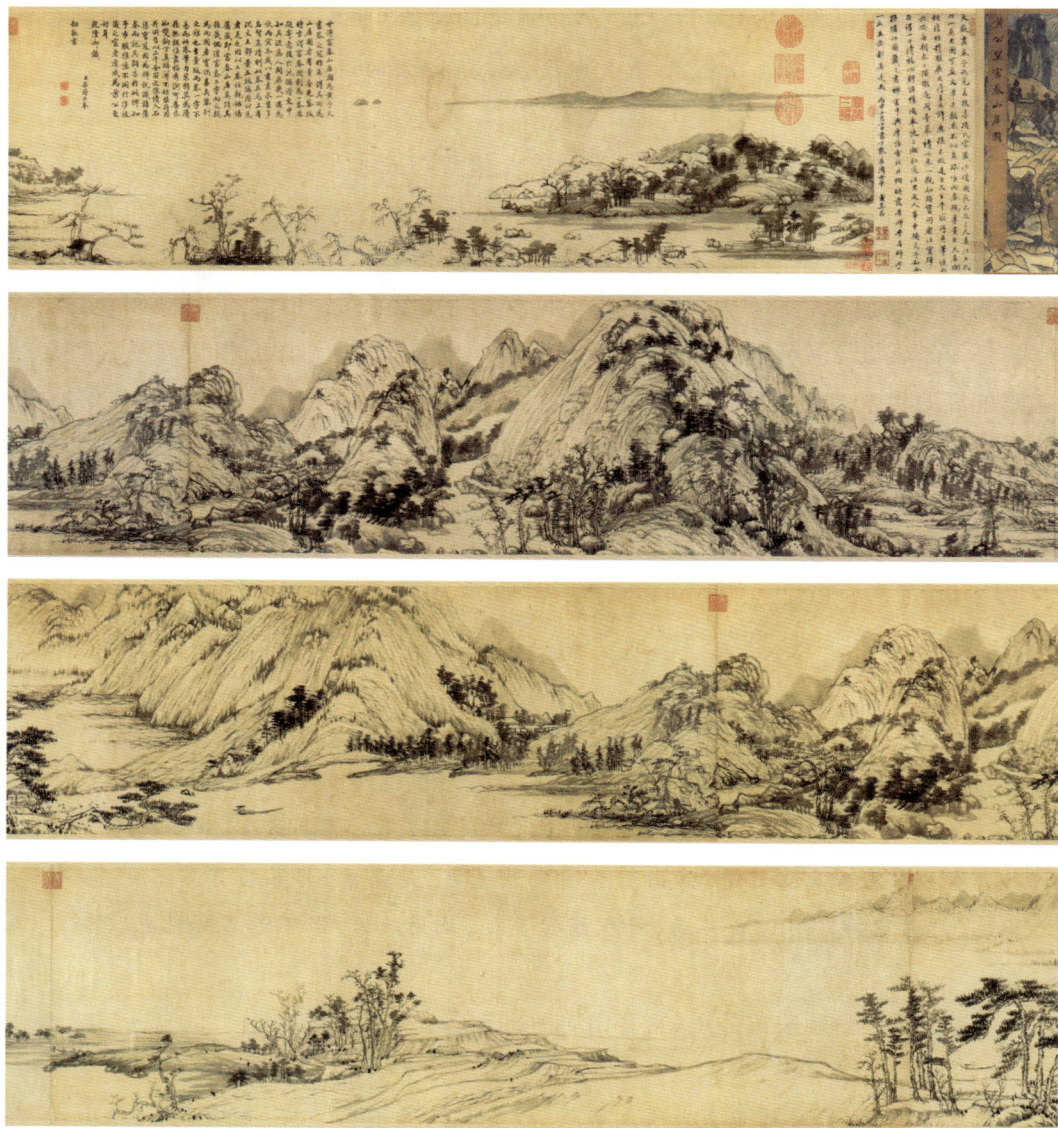

图3-32　元·黄公望《富春山居图》　纸本淡设色　33×636.9厘米　台北故宫博物院

可见江贯道《江山不尽图》和黄公望《富春山居图》都是董其昌购买得到,这卷《富春山居图》即无用师卷,沈周曾拥有,今藏台北故宫博物院,当然此后董其昌又再次转手出让了。从题跋看,当时董其昌对此卷评价甚高,也极是喜欢,认为"是子久生平最得意笔""于摩诘雪江共相映,发吾师乎,吾师乎,一丘五岳,都具是矣"。现在无法得知此卷董其昌是从谁的手中购买到,其卖主很可能是书画商人或者所谓大估。

董其昌大概最早买画,是在京城做庶吉士的时候,购买画在团扇上的李伯时《西园雅集》,有米襄阳细楷,对此董其昌也不确定是何本。此后购买到的有董源的《溪山行旅图》,是从吴廷处得到。另有《褚河南临褉帖白麻墨迹一卷》,董其昌在自书《临兰亭序一册》中言:

> 唐褚河南临褉帖白麻墨迹一卷,曾入元文宗御府,有天历之宝及宣政绍兴诸小玺,宋景濂小楷题跋。吾乡张东海先生观于曹泾杨氏之'衍泽楼',盖云间世家所藏也。笔法飞舞,神采奕奕,可想见右军真本风流,实为希世之宝。余得之吴太学,每以胜日展玩,辄为心开,至于手临不一二卷止矣……⑬

这本兰亭似乎颇得董其昌喜爱,"实为希世之宝","每以胜日展玩,辄为心开",但从董其昌的语气,此作品似乎也是买到的,而不是用藏品交换到的。董其昌还买过关仝《秋峰耸秀图》,跋言:"关迹近代绝少,不啻凤毛麟角。余购得之,真如拱璧,因装诸册首,以为秘玩,甲子夏五,董其昌。"⑭言语间对得到这幅关仝作品喜不自持,珍为秘玩。

董其昌的信札中,有两封短札,从内容看都是在讲书画交易和价格事宜:

> 为欲持此往嘉兴,舣舟相待,兄既不便,即发册来,待至彼中,别处亦不必相质矣。万万!公觐老兄。其昌弟顿。⑭
>
> 鸿堂帖未裱者,壹两半。此画一价,惟兄所损,然勿得令他人知也,即令人清理之。弟其昌顿首。⑮

第一封短札中董其昌似乎正在与人就交易事宜作交代,大概董其昌本想与对方在嘉兴相见做交易，但对方可能此时不方便相见，从信中所言，董其昌是希望对方不要再去与其他人相质。这里的质，很可能是对方要把画册抵给董其昌作质，不知是否如上文汪砢玉所说的将书画作为当品。第二封中则是董其昌在和对方商量戏鸿堂帖的价格，类似于买卖中的讨价还价，看董其昌的语气，此时似乎是便宜卖给了对方。

董其昌得到的藏品，赏玩后会不断地转手出让，卖给其他藏家，正是这种不断的购进卖出，才可能有丰富的阅画经历，事实上，董其昌的爱好似乎使其极尽所能，视力所及搜罗不遗，如《宋元名家画册》的各家作品，就是长时间不断搜寻和购买集成，题跋中言：

> 李成小卷，得之光禄潘云凤；赵大年对幅，得之刘金吾禧；荆浩一幅，得之靖江朱光禄在明；郭忠恕二幅，得之顾中舍正谊；赵吴兴垂钓图，得之朱司成象玄家，名大韶。余最爱吴兴公及伯驹小景，皆闻而购之，共得百幅，拔之众尤，得此廿幅。尤欲去朱锐曹云西，未有可易者，二十年结集之勤，亦博得闲中赏玩，人间清旷之乐，消受已多。东坡云，我薄富贵而厚于画。岂人情哉，然授非其人，能不新。周瑞生有画才，少年笃嗜，非耳食者。因以归之，他日画道成，为余图五岳，不负传衣佳话。庚戌十月，其昌题。⑩

从此跋文，足见董其昌对书画的搜罗之勤快，对自己喜欢的作品闻而购之，大概那些不是通过交换而得到的作品，不少都是通过购买得到。晚明书画交易中，直接兜售外，也有居间的牙人，受人所托去寻找书画。董其昌直接和书画商交易外，也会托人找寻书画，董其昌就曾托万金吾为其找寻董源作品，因万金吾经常找董其昌鉴定书画，万金吾大概是好古但赏鉴眼光还不够高超，因此来求鉴定的人群也是董其昌收藏中的助力。这其中涉及到不少藏家和不易考的人物，如其在王绂《万竹秋深图》（图3-33）跋云：

> 坡翁论画竹，独推文与可，谓有成竹在胸中，此可谓得势矣，而未及于神。国朝画竹，王中秘为开山手。此卷余得之元池家，先贤题跋甚多，一展卷而含烟喷雾，拔石迸天，飒飒然真不翘蛟龙起而风云集也。画皮画骨兼画神，坡翁亦必以

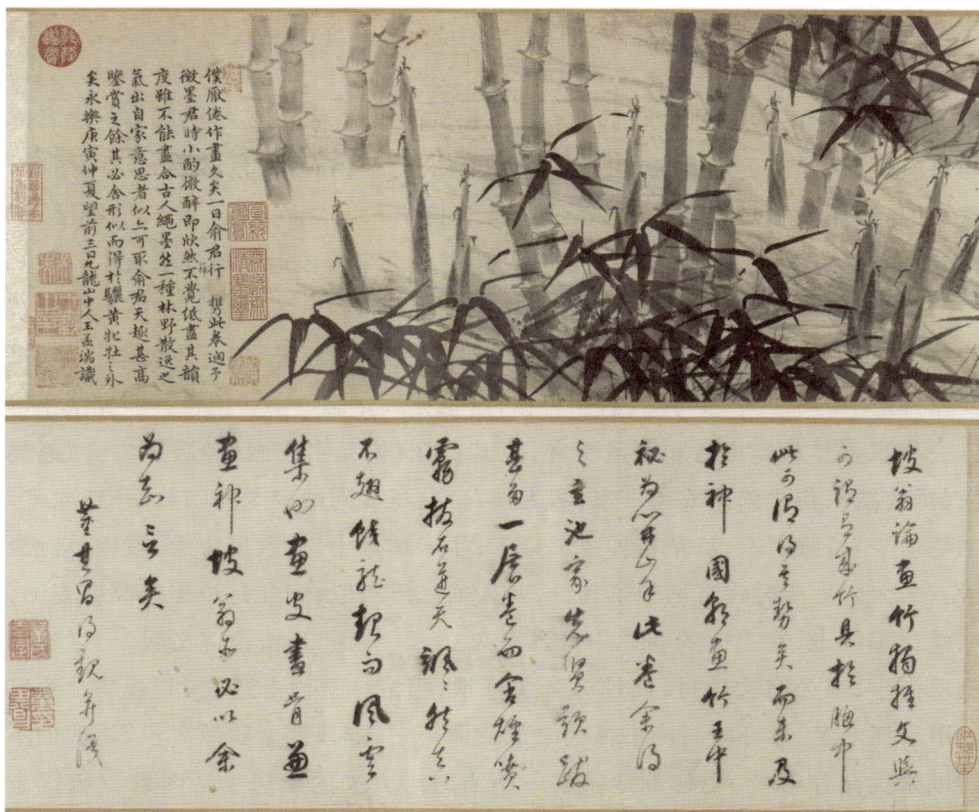

图3-33　明·王绂《万竹秋深图》(局部)　纸本水墨　26.1×847厘米　美国弗利尔美术馆

余为知言矣。董其昌得观并识。⑱

又如王蒙《松路仙岩》(唐宋元明画大观),跋云:"此钤山堂藏画也,余得之娄水周将军,盖是山樵仿燕文贵笔,盈尺间,有千岩万壑,林木郁茂,楼阁缥缈,当命之仙山图,其昌。"其中提到的元池和娄水周将军是何人,俟考。出现在董其昌的题跋中,书画交易相关的人物有如张慕江、王越石、程季白、潘光禄云凤、刘金吾禧、朱在明、万金吾、高明水、朱大韶,等等。

十、董其昌的日常

　　和会雅集和买卖书画，似乎也不足以使其能眼阅万卷，实则因其鉴赏之名的与日俱盛，往往也更多人来求其鉴定题跋，如董其昌在题跋巨然的一幅雪图时，款跋即是"董其昌鉴定"。董其昌没有像李日华和冯梦祯一样，有日记留世，但同处一个时期，可以猜想，董其昌的生活中书画之事应该远远超过二人。

　　董其昌的文献中，很少有提及自己的平常生活，也从不对自己的藏品作系统的梳理记录，虽然从题跋中可想见日常中赏鉴之事的频繁，但远不如李日华、冯梦祯日记中的那么形象可观、有据可循，这也让人略感遗憾。但也并非完全不可以去构想董其昌的生活和鉴藏事宜，董其昌在《宋元名家画册》跋中尝言"赵吴兴《垂钓图》，得之朱司成象玄家，名大韶"。这里提到的朱大韶（1517—1577 年）也是华亭人，藏书家，嘉靖癸卯乡试第二，丁未称进士，后改庶吉士，授翰林院检讨。朱大韶生活时代略早于董其昌，两人的经历相似，同样是进士后改庶吉士，在翰林院行走，在当时的朝堂中也没有久立，返乡后"筑精舍辟文园，一以吟咏燕乐为事，盖公有文翰材，而性亦豪侠轩举，第宅林泉酒肴声妓，其奢华壮丽可称甲于江南者，然亦籍有尚书溪公之故业而拓之，非以寒素骤致者也"。我们不妨以朱大韶作参考，更详细地了解一下当时士大夫的家居生活图景。《云间志略》中记录的朱大韶日常的一天是这样的：

　　……公晨起郎科头坐快阁上，用五色笔批点古书数叶，侍儿进清茶一瓯，点心一二，品即，下楼梳洗，梳洗毕进早膳，小菜亦多佳味，所盛碟皆宣窑成化窑，膳毕始出燕超堂见宾客，凡四方游士，挟荐牍而来，及以古玩绮币诸物求售者，公一一应之，各厌所欲而去。至午中饭后，即把玩古彝鼎，展名画法帖，或临帖或赋诗，或书扇或游览后园，视儿童浇花灌竹，如是者率以为常。至下午则设席欸客，盛陈犀玉酒具于宴前，令家乐演戏登场，燕舞娇歌无所不备。虽性不能饮，而喜人饮，留恋彻夜终不见其倦色惰容也。即是日偶不设客，而清士骚人至，亦未尝不为欸留，真所谓座上客常满，尊中酒不空者矣。⑨

　　作为一个在家闲居的士大夫，朱大韶的生活可称得上闲雅，上午接待宾客，午饭后把玩古彝鼎,展名画法帖,雅赏游园。下午设席待客,直到晚间,可谓是日日欢宴,夜夜笙歌。朱大韶也收藏古玩书画,董其昌可能曾经就是其宴席中的坐上客。日常中董其昌有时也"一晌而接数士,一日而发数十函书"。正如朱大韶每日要接待的人中有"以古玩绮币诸物求售者",董其昌的客人中也不乏有人持图求鉴求售,如《倪瓒仿李成笔意》中跋言:"偏头关万金吾持李丘营真迹至长安,萧疏淡荡,政如是笔意,乃知云林不独师北苑。"⑨又如在孙过庭《书谱》卷中云:"今日兴化李组修持王维雪图视余,古雅秀绝,并记。"⑩此类持图的来客,也许是求鉴定,或求题跋。当然有时对方是通过书信求鉴定,董其昌在回信中说:

五画皆具品非能妙就,中马扶风犹有士气,数金之物耳。朝来颇凉,今又郁热,蝌蚪散放卧看小说书亦是山叟之适。正恐兄翁为世所急,明年暑热挥汗朝班不复得野人之适也。弟其昌顿首。⑪

此信应是日常为朋友鉴定书画后的意见,并作品的价值,信中所言挥汗朝班,可推测收信人应该是官场中的朋友。当然以董其昌的盛名,日常也有人直接赠送作品,如王蒙《谷口春耕图》(图3-34)就是别人赠得,在跋中云:"癸亥四月十一日,晋陵唐君俞持赠,元人题此图,有老董风流尚可攀,谓吾家北苑也……"⑫为朋友鉴定书画外,借观书画也是董其昌的鉴赏日常,如下两封信札所言:

又承借画,俱以臆定。惟朱锐、张择端、冯觐、董源四图,自信不误。余尚俟尊鉴。圣教序宋揭缺四字者,内出二字时帖所少。可称上中品。淳化帖纸墨犹未精,然亦非南宋以后所翻刻,但在原本阁帖之下耳。今俱奉纳,尚有明日之暇,不妨多付,以开尘沙乍醒之目。其昌顿首。⑬

所求翁致牍李翁者,为欲求观《澄清堂帖》。此帖第有五卷,皆右军书,不知尚有大令否。又不知首尾作何题识,但得於高斋一阅,因作法帖考异。以广陶南村《辍耕》阁帖谱系耳,奈何。弟其昌顿首。⑭

信中董其昌在向对方借阅书画,或托人求观法帖,第一封借观的有朱锐、张择端、冯觐、董源作品,以及《圣教序》《淳化帖》。第二封中欲借观《澄清堂帖》,

图 3-34
元·王蒙《谷口春耕图》
纸本水墨
124.9×37.1厘米
台北故宫博物院

此帖是董其昌比较推崇和重视的法帖。董其昌曾屡次提到,如下一封信中:

> 日以丈所刻诸帖盘桓一过,便觉羲之鬼在头目间迸出,因叹刻帖具眼有功,书学必不可付之庸手也。孺仲丈来再传雅惠及托埋志,当即属董。适失行状更需补录一本,仍自孺仲丈寄来。为望《澄清堂》五卷通刻传世,此世所闻名而未及见者,此帖刻行,为墨池盛事矣,惟丈图之。子月十九日,名正肃,左冲。⑭

此信是就碑帖的搜寻摹刻和对方交流,据内容,信可能是写给邢侗,邢侗曾刻《来禽馆帖》,以王羲之书法为主,董其昌称"便觉羲之鬼在头目间迸出"所指应是此帖,邢侗书法与董其昌有"北邢南董"之称。邢侗曾购入《澄清堂帖》并再刻,与信中"为望澄清堂五卷通刻传世"内容相符,此时《澄清堂帖》应还没有刊刻,董其昌对此似乎颇为期待。这里又提到了《澄清堂帖》,关于此帖的发现和鉴定,下一节会详细展开。在这里我们不妨再感受一下董其昌在日常中的鉴赏交流:

> 今吴中缚笔俱不中书,不佞为之搁笔,久不附尺牍相候。不知新帖更增一二种否?褚遂良《西升经》在崇睦坊汪氏家,仁丈可一访之。汪孝廉善卷处令善摹者钩填,传者亦墨苑风流勿失之也。……⑮

信中董其昌询问对方"不知新帖更增一二种否",同时介绍找寻方向,不难推测对方也是书画同道,正在互通有无,书信商略。晚明文士生活中,为人润笔实为常态,冯梦祯日记中多次记录为人润笔,《容台集》中多录有董其昌写的序言和墓志铭,其中有些应该是为他人的润笔之文。关于董其昌的润笔费,不妨看一封信札(图3-35):

> 顷承。枉驾,为阍子所误,倒屣而出,已不可追矣。得汪招,知绳老与杨弱水皆向来讹传,甚以为喜,想仁丈必已见之。佳稿日已篇篇读过,愿附拙序,此等何折枝之役,而敢拜南金之贶,待序成果有当,以文太史画为润笔可耳。……⑯

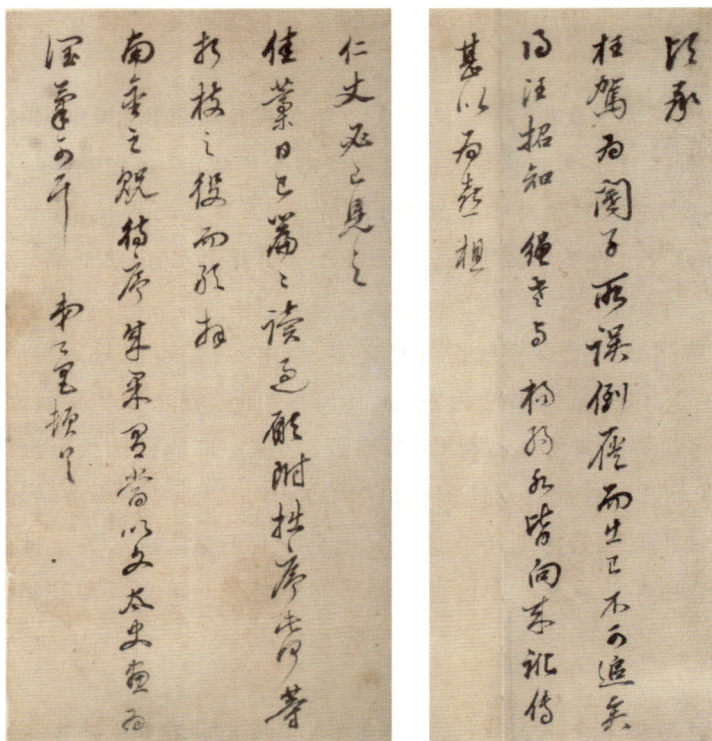

图3-35 明·董其昌手札《明代明贤尺牍集》

此收信人现在已经难考，信是回复对方，董其昌说愿意为对方书稿作序，并提出"以文太史画为润笔可耳"。信中提到的杨弱水即杨鹤，号弱水，万历三十二年（1604 年）进士，是董其昌的好友，董其昌亦有题画赠之。从这封信看，董其昌获得书画似乎又多了一个途径。

随着鉴赏日久，藏品增多，董其昌也会向朋友推荐自己的藏品和朋友，如下信中（图3-36）所说：

弟昌客舍至新安，见唐人书老杜诗，后注杜甫，相沿谓是杜书，谛视之实徐浩笔。因摹刻一本，久欲附上。翁兄入玉烟堂帖中，未得便羽。今因吴廷之奉寄，试品之以为如何？弟曾于元微之集见有刻法华孤山寺记乃去杭。旧曾贮石本法华不知何年废去。闻翁兄尚有此意，多劫前定为法侣，因果不虚。第经中尚有脱误，数段要得翁兄令，僧弥再为细展注明，及弟眼目犹能细书，可以改正，免令读

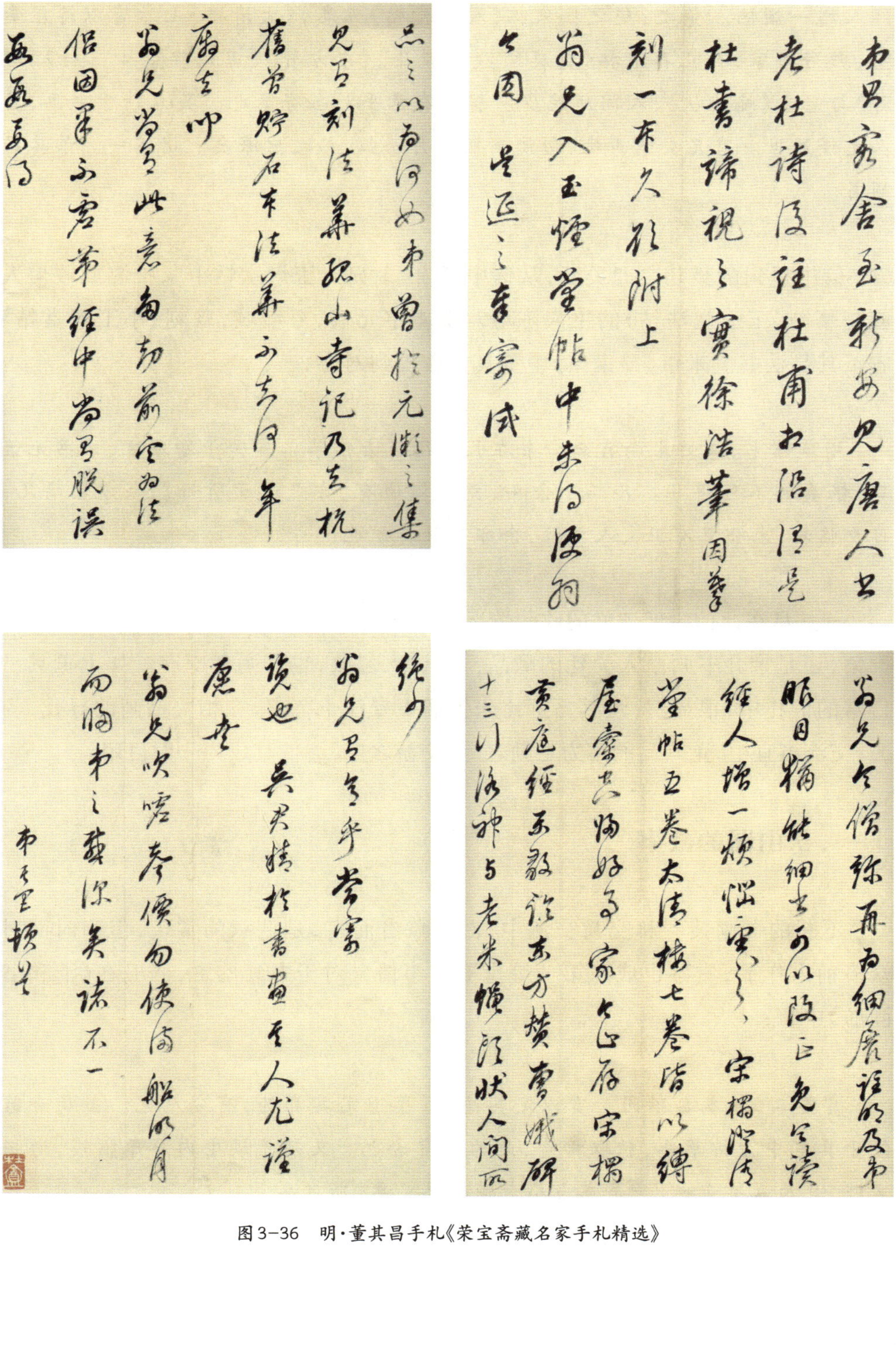

图 3–36　明·董其昌手札《荣宝斋藏名家手札精选》

经人增一烦恼。望之,望之! 宋拓《澄清堂帖》五卷,《太清楼》七卷皆以缚屋橐空,归好事家,今止存宋拓《黄庭经》《乐毅论》《东方赞》《曹娥碑》《十三行》《洛神》与老米《蝇头状》,人间所绝少。翁兄有意乎? 当寄览也。吴君精于书画,其人尤谨愿世。翁兄吹嘘声价,勿使满船明月而归,弟之感深矣。诸不一。弟其昌顿首。⑩

信中提到的吴廷之即吴廷,从信中所言"翁兄入玉烟堂帖中",推测此收信人应是摹刻《玉烟堂法帖》的主人陈瓛。陈瓛字元瑞,号增城,曾刻《小玉烟堂帖》收董其昌法书。米芾《蜀素帖》中董其昌曾提到对方,言:

增城嗜书,又好米南宫画。余在长安得蜀素帖摹本。尝于增城言,米书无第二,恨真迹不可得耳。凡二十余年,竟为增城有,亦是聚于所好。今方置棐几,日夕临池,米公且有卫夫人之泣,余亦不胜其妒也……⑩

董其昌在此信中就碑帖的收藏情况与之交流,同时介绍自己的藏品,是向对方推销,还是推介书画商人吴廷的藏品? 颇让人想象,也许两者都有。如上董其昌日常的信札中,很显然,董其昌远比朱大韶更专注于艺事,在相关书画的寻找、沟通、交流事宜中,董其昌的用力之勤之专、交游之广,终使其成为一时巨眼。

十一、秋山图的故事

不断的书画搜寻和交易交流中,对鉴藏者而言,是惬意的赏玩,但同时面对众多前人作品,赏鉴也成了第一等重要的事情。对于书画鉴赏,张丑在《清和书画舫》中言:

赏鉴二义,本自不同。赏以定其高下,鉴以定其真伪,有分属也。当局者苟能于真笔中力排草率,独取神奇,此为真赏者也。又须于风尘内屏斥临模,游扬名迹,此为真鉴者也。⑧是在当局者顾名思义焉,斯可矣。

　　赏和鉴之间的关系可说错综复杂，赏者的眼力高下不等，自然也就会使鉴的结果不一，同一作品出现不同的鉴定观点也不足为怪，由鉴而赏，或者说是赏而鉴之，如张丑言，实须真鉴者。但张丑所言更是在相对纯粹的书画层面来考量其鉴赏之难。除此外，书画鉴赏也是发生在一定情景中的社会行为和活动，全面观察书画的鉴赏行为，自然也需要将其放置于当时的社会情景之中，也因此，如果说书画鉴赏之中一定会涉及作品真伪的问题，那么，如果还原其发生的情景，似乎更不仅是真伪之辩那么简单，且不说真伪之辩已经尚属不易。

　　在附庸者广、耳食者众的情况下，书画鉴赏中似乎更是难辨真假，真相假象恍惚迷离，甚至有时也无法言其真假，因为不少时候真相假象之间的变化光怪陆离，归其根源，大概主要是缘于书画鉴赏者的状态和心情，以至于时间环境都在其中发挥着作用。最能描绘出这种状态的莫过于清初恽南田在瓯香馆中记载的《记秋山图始末》，如下：

　　董文敏尝称，生平所见黄一峰墨妙在人间者，惟润州修羽张氏所藏《秋山图》为第一，非《浮岚》《夏山》诸图堪为仲伯。间以语娄东王奉常烟客，谓君研精绘事，以痴老为宗，然不可不见《秋山图》也。奉常惧然，向宗伯乞书为介，并载币以行。抵润州，先以书、币往，比至门，阒然。虽广厦深间，而厅事惟尘土鸡鹜，粪草几满，侧足越趄。奉常大诧，心语是岂藏一峰名家迹耶？已闻主人重门启钥，僮仆扫除，肃衣冠，揖奉常，张乐治具，备宾主之礼。乃出一峰《秋山图》视奉常。一展视间，骇心动目。其图乃用青绿设色，写丛林红叶，翕霞如火，研朱点之，甚奇丽。上起正峰，纯是翠黛，用房山横点积成。白云笼其下，云以粉汁淡之，彩翠烂然。村墟篱落，平沙丛杂，小桥相映带，丘壑灵奇，笔墨浑厚，赋色丽而神古。视向所见诸名本，皆在下风，始信宗伯绝叹非过。奉常既见此图，观乐忘声，当食忘味，神色无主。明日，停舟使客说主人，愿以金币相易，惟所欲。主人哑然失笑曰："吾所爱，岂可得哉？"不获。已而眈眈若是，其惟暂假，携行李住都下，归时见还。时奉常气甚豪，谓终当有之，竟谢去。于是奉常已抵京师，亡何。出使南还，道京口，重过其家，阍人拒勿纳矣。问主人，对以他往。固请前图一过目，使三反，不可。重门扃钥，粪草积地如故。奉常徘徊淹久而去。奉常公事毕，昼夜念此图，乃复诣董宗伯定画。宗伯云："微独斯图之为美也，如石田

《雨夜止宿》及《自寿图》，真缋苑奇观。当再见之。"于是复作札与奉常。乃走使持书、装橐金，克期而遣之，诚之曰："不得画，毋归见我。"使往奉书。为款曲乞图，语峻勿就。必欲得者，持《雨夜止宿》《自寿图》去，使逡巡归报。奉常知终不可致，叹怅而已。

虞山石谷王郎者，与王奉常称笔墨交。奉常咨论古今名迹，王郎为述《沙碛》《富春》诸图云云，奉常勿爱也，呼石谷君知《秋山图》耶？因为备述此图。盖奉常当时寓目间，如鉴洞形，毛发不隔。闻所说，恍如悬一图于人目前。其时董宗伯弃世久，藏图之家，已更三世。奉常亦阅沧桑且五十年，未知此图存否何如，与王郎相对叹息。已石谷将之维扬，奉常云："能一访《秋山》否？"以手札属石谷。石谷携书往来吴、阊间，对客言之。客索书观奉常语，奇之，立袖书言于贵戚王长安氏。王氏果欲得之，并命客渡江物色之。于是张之孙某悉取所藏彝鼎法书，并持一峰《秋山图》来。王氏大悦，延置上座，出家姬合乐享之，尽获张氏彝鼎法书，以千金为寿。一时群称《秋山》妙迹，已归王氏。王氏挟图趋金阊，遣使招娄东二王公来会。时石谷先至，便诣贵戚，揖未毕，大笑乐曰："《秋山图》已在橐中。"立呼侍史于座取图观之。展未半，贵戚与诸食客皆睨视石谷辞色，谓当狂叫惊绝。此图穷，惘恍若有所未快。贵戚心动，指图谓石谷曰："得毋有疑？"石谷唯唯曰："信神物，何疑？"须臾传王奉常来。奉常舟中，先呼石谷与语："惊问王氏得《秋山》乎？"石谷诧曰："未也。"奉常曰："赝耶？"曰："是亦一峰也？曰："是亦一峰也？"曰："昔者先生所说，历历不忘。今否否。焉睹所谓《秋山》哉？虽然，愿先生毋遽语王氏以所疑也。"奉常既见贵戚，展图，奉常辞色一如王郎气索，强为叹美。贵戚愈益疑。又顷，王元照郡伯亦至，大呼《秋山图》来，披指灵妙，缅缅不绝口。戏谓王氏非厚福不能得此奇宝。于是王氏释然安之。

嗟夫！奉常曩所观者，岂梦耶？神物变化耶？抑尚埋藏耶？或有龟玉之毁耶？其家无他本，人间无流传。天下事颠倒不可知，以为昔奉常捐千金而不得，今贵戚一弹指而取之，可怪已。岂知既得之而复有涓讹舛误。而王氏诸人，至今不寤。不亦更可怪耶？王郎为予述此，且订异日同访《秋山》真本，或当有如萧翼之遇辩才者。南田寿平灯下书，与王山人发笑。⑧

《秋山图》的故事曾在日本作家芥川龙之介的笔下演绎成带有神秘色彩的文

字,通过这个故事,我们也可以更好地去了解书画鉴赏的意义,以及其中的社会性面向,也可以一睹书画鉴藏发生的情景如何。不妨先看故事中出现的人物,董宗伯即董其昌,王奉常即王时敏,叙述者王郎石谷即王翚,记录者瓯香馆主恽南田。简单来看,围绕《秋山图》和故事主人王时敏,其情节可概括为两个部分,王时敏初次得见《秋山图》和五十年后再见《秋山图》。两次得见《秋山图》的时间不同,情景不同,出现的人物不同,其结果自然不同。先是王时敏在董其昌处得知《秋山图》之名,董其昌称其为黄公望存世作品第一,并建议前去观赏,在董其昌的引介下,王时敏去京口张修羽家赏看,如愿一见,自此"昼夜念此图"。但《秋山图》和王时敏似乎只有一面之缘。五十年后第二次得见,"奉常一如王郎气索",虽未直言道明,但可推测前见为真后见为赝。且看王奉常初次见《秋山图》,"一展视间,骇心动目"。及观后,"观乐忘声,当食忘味,神色无主"。随之便有"愿以金币相易"的行为,然不获,此时奉常年少气盛,又拒绝主人借观的好意,以为"终当有之",然此后意欲再观再得,已不可,最后"终不可致,叹怅而已"。《秋山图》此时成了奉常的遗憾。

五十年后,对此图的念念不忘使其再动心念,托王石谷再访,此次便有了戏剧性的发展,此后的情节可称为:名画遭遇耳食。贵戚王长安氏听闻名画,自是要附庸之,比起奉常之前的寻访不得,此次寻画颇为顺利,须臾间便已得手,自然不免得意,"招娄东二王公来会",然图穷,"石谷唯唯",奉常因有石谷"愿先生毋遽语王氏以所疑也",只得"强为叹羡",贵戚虽疑,然又有附庸者"披指灵妙",也就释然安之。故事到此戛然而止,留下无穷的想象,石谷为何不欲道破?奉常为何听从石谷意见?贵戚此后是否已窹?真迹《秋山图》究竟在何处?也只得如南田文末所感叹"天下事颠倒不可知",岂梦耶?

今日再看《秋山图》的故事,其中更多让人回味之处,从奉常而言,不难看出,一幅名画对痴迷此道中人是如何演绎出一见倾心,以至于魂牵梦绕,念念不忘几十年的热切。而对于贵戚,闻声而随,挥金如土,须臾得之,却又难辨真伪,难赏佳物。就《秋山图》作品而言,如果要结论,不难推测奉常第一次所见自是真迹,贵戚所收应为赝品。从奉常第一次得见的过程,又不难看出传世名画不仅是鉴赏者追寻并意欲拥有,也是藏家的珍秘至宝,不轻易出示,也不是人人可以得见。但《秋山图》真如奉常所言如是绝妙?是否是因宗伯推荐,奉常想再观却不得，此后的几十年《秋山图》便在奉常的记忆中越发酝酿出其神奇来？抑或贵戚所收也未必真赝？只能引人想象……

　　恽南田用传奇的笔法记录这个看似缥缈诡怪、近乎传说的故事，却也没有掩盖《秋山图》故事就发生在晚明，考董其昌的题跋文字，不曾见此幅秋山图的影子，如若是黄公望存世第一，董其昌何以不曾提及？虽然《秋山图》人间无流传，但这仍是一个古画流布的时代，无秋山有它图，也许正是《秋山图》无流传，才更让后人想入非非，倾力求之。于是后来者众多，做梦者众多。从此故事，也可很明显的看到：其一，作为潜在因素，鉴藏者对书画的感性经验和记忆在其鉴赏过程的影响不容小觑。其二，书画鉴藏发生过程中的社会因素和关系会给鉴藏笼罩更多的迷雾，究其源则是鉴藏行为本身的社会性致使。另外，鉴藏中对一幅作品的见与不见、得与不得都有很大机缘和不可预测的情况。

十二、尴尬和超脱

　　如果说《秋山图》的故事还无法实证，但其实类似的事情也发生在董其昌身上，沈德符《万历野获编》中曾记载这样的故事，故事的人物有三：董其昌、韩胄君古洲、沈德符。其时，董其昌舟过吴门，移其书画船至虎丘，与另一同道韩古洲出书画相角，董其昌出示陈眉公藏颜真卿《朱巨川告身》一卷，被沈德符指出伪作之处，根据是此书中有细楷云"中书侍郎开播"。沈认为："唐世不闻有姓开，自南宋赵开显于蜀，因以名氏，自析为两姓，况中书侍郎乃执政大臣，何不见之唐书，此必卢杞所荐关播，临摹人不通史册，偶讹笔为开字耳，鲁公与卢关正同时，此误何待言？"董急应曰："子言得之矣，然为眉公所秘爱，姑勿广言。"⑯这本伪作颜书，据沈德符记录，后来入了新安富家。

　　乍看此故事中董其昌的形象，似乎为其声名带来不少负面评价，以为董其昌的书画鉴赏水平颇让人质疑，或其在赏鉴中不乏自愚愚人之举，因为无论是董其昌根本没有察觉颜书中的"开""关"之别，还是明之其伪而佯装不知，在整件事情的叙述中，董其昌都是处于颇尴尬之状，毕竟朋友藏品当众被人质疑，且论说又有理据，但有趣的是在结尾，此藏品最终归了新安富家。而沈德符若干年后又忆之，又深悔当时妄发，是因为妄发让董其昌当众尴尬，还是其他原因？似乎很

难猜测。可见在当时书画鉴赏之中更多社会因素所产生的隐晦之处。回头再看董其昌在颜鲁公《朱巨川告身》卷中所跋:

> 鲁公此书,古奥不测,是学蔡中郎石经。平视钟司徒,所谓当其用笔,每透纸背者。仲醇得此,自题其居曰"宝颜堂"。昔米襄阳得王略帖,遂以宝晋名斋,颜书固不减右军王略,而仲醇鉴赏雅意,又不独在纸墨间也。壬辰春二月董其昌题。⑤

若没有沈德符的记载,后人自然也不会了解其间有此故事。但正如启功先生所言,董其昌的鉴赏之名是瑕不掩瑜。虽然其言行,后人看来,似乎亦不免有荒唐之处。对此需要还原当时情景,张丑在《清河书画舫》中有言:

> 评定书画,今人多以款识为据,不知魏晋字迹,唐宋画本,有款者十无一二。间有出后人蛇足者,在慧眼自不难辨。有如近年启南、子畏二公,往往手题他人画笔为应酬之具,倘非刻意玩索,徒知款识,雅士亦为其所炫矣。似反不如无款真迹,差为可重耶。⑤

对于张丑这样的鉴赏者而言,无款真迹反而是更值得去关注的对象,因为这不仅考验鉴赏者的眼光,也是身为鉴赏者要去面对和解决的问题。但对于一般的好事和耳食者,或者说非是张丑这样的藏家而言,款识则更有明确的说服意义。在古画多不注明作者、仅留下作品、隐去作者的情况下,一时后来之人,纵如沈周、文徵明辈亦不免"往往手题他人画笔为应酬之具",就当时情景而论,这种做法实则是满足了很多人渴慕名画的心理需求,作为文、沈的后来人,可以推想,董其昌在鉴赏时也不免会有应酬之具。

不妨再去回顾一下著名东南的《江山雪霁图》之事,董其昌使书向冯梦祯借观,长篇题跋,为之定为王维真迹,使此图一下成为聚焦之处,此作品早已消失在历史中,董其昌在另外一幅王维作品《江干雪意图》中提及此事,言语之间却颇有不同,那是董其昌此后在海虞严文靖家见《江干雪意卷》(图3-37)时题跋:

> 右丞山水入神品,昔人所评,云峰石色,迥出天机,笔意纵横,参乎造化。李

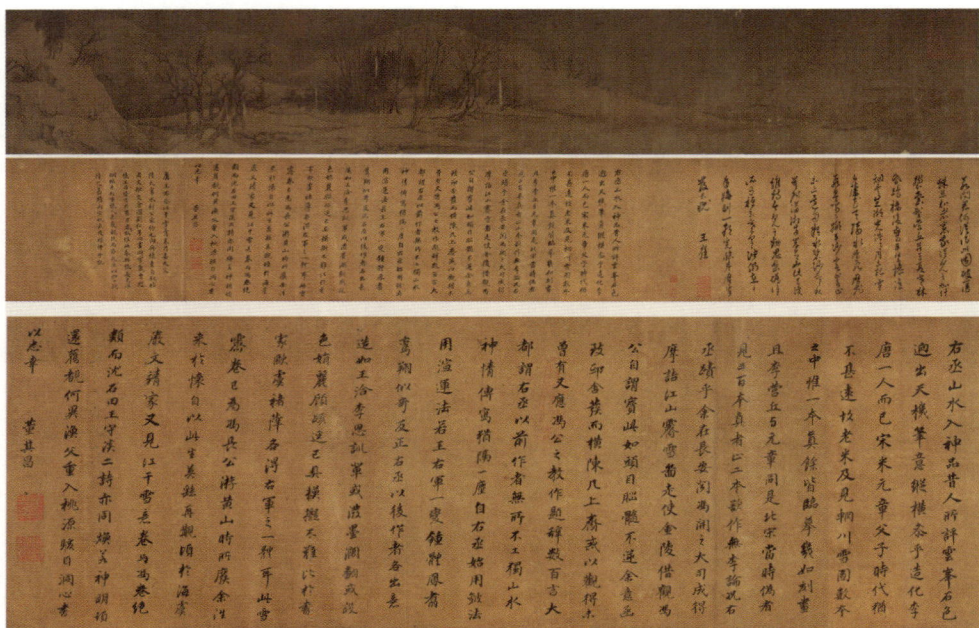

图3-37 唐·王维《江干雪意图》 绢本设色 24.8×162.8厘米 台北故宫博物院

唐一人而已。宋米元章父子时代犹不甚远，故米老及见辋川雪图，书本之中惟一本真。余皆临摹几如刻画，且李营丘与元章同时北宋，当时伪者见三百本，真止二本。欲作无李论，况右丞迹乎？余在长安闻冯开之大司成得摩诘《江山霁雪图》，走使金陵借观。冯公自谓宝此如头目脑髓，不违余意，致函邸舍，发而横陈几上。斋戒以观，得未曾有，又应冯公之教，作题辞数百言。大都谓右丞以前作者无所不工，独山水大帧传写犹隔一尘，自右丞始用皴法用渲晕法，若王右军一变钟体，凤翥鸾翔，似奇反正，右丞以后作者各出意造。如王洽李思训辈，或泼墨澜翻或设色娟丽，顾蹊径已具，模拟不难，此于书家欧、虞、褚、薛各得右军之一体耳。此雪霁卷已为冯长公游黄山时所废，余往来于怀，自以此生莫要再观，倾于海虞严文靖家又见江干雪意卷，与冯卷绝类，而沈石田，王守溪二诗亦同，焕若神明，顿还旧观，何异渔父入桃源，骇目动心，书以志幸。董其昌题。⑬

如不见此题跋，仅看董其昌在《江山雪霁图》的中长篇之论，难免不会为董当时的喜悦心情所感染，董其昌在《江山雪霁图跋》中言及得见此图时：“余用时自喜,且夙世缪词客,前身应画师,余未曾得睹真迹,但以心想取之,果得与真有合,岂前身应入右丞之室,而亲览其磅礴之致,故结习不昧乃尔耶……"⑱当时的惊喜之状可以说溢于言辞,而在《江干雪意卷》云:"当时伪者见三百本,真止二本,欲作无李论,况右丞迹乎?"言及得见《江山雪霁图》后,"又应冯公之教,作题辞数百言,大都谓右丞以前作者无所不工……",其前后的心态可谓差矣。是因为时间不同,是时《江山雪霁图》"已为冯长公游黄山时所废",董其昌已经不愿再回忆,还是再次回忆,又往来于怀?还是若干年后,董其昌对王维作品又有了更深入的了解和认知,已没有初见的热情?还是真如跋中所言,其时作辞数百言不过是应冯公之教?还是眼下题跋的《江干雪意卷》也是为了应酬之具?考虑到董其昌自谓有右丞画癖,也许各种心情都有,虽然前后不一,却是展现出董其昌在鉴赏中那些不同心情杂糅一起时的真实状况。这不免让人忆起前文汪砢玉千里追回李成《山水寒林》,对痴迷其中的鉴赏者而言,找到梦寐中的作品可能是鉴藏中最大的诱惑和吸引。

《江山雪霁图》外,董其昌也曾为向传为大李将军的山居图重新定名。陈继儒说"向相传为大李将军,其拈出为辋川者,自玄宰始"⑲,很明显,一向传为李昭道的作品,董其昌在赏鉴后,欣然为其定名为王维,为想象中作品找到可见的依据并为之名,这似乎是董其昌又一次找到王维的作品。如果定要追问果然是王维画否,似乎也颇有值得商榷之处。

晚明书画藏家众多,他们对书画所持的观点虽大同,但也有小异。如张丑(1577—1643年),和董其昌是同道亦是朋友,张丑有米芾癖好,其父张应文"搜讨古今书画甚勤",家族中更有不少书画爱好者,张丑少年已经接触书画,可谓耳濡目染,后以此为好,精鉴赏,有《清河书画舫》《真迹日录》《南阳法书表》《南阳名画表》等书画鉴藏书录存世,与韩是能父子交谊。董其昌曾为张丑题"米庵",在《清河书画舫中》张丑亦不止一次提及董其昌的藏品,对其有肯定,但也不乏有对其的鉴赏观点持异议。如对张僧繇《星宿图》,张丑认为:"星宿图是张僧繇真迹,故松雪翁极推之,董太史评为吴道子笔,非也。吴笔放逸,不似此图之沉着。"⑳在《真迹日禄》中,张丑又指出他所认为的董其昌赏鉴中的孟浪之事,可能就张丑来看,董其昌甚至也不乏在鉴赏时草草结论、信口所言。

对于赏鉴,最有争议和有意思的地方,是不同的赏鉴者对同一作品会有不同的认识和结论。在董其昌另外一个好友王肯堂的记录中，董其昌的赏鉴也是颇值得商榷，甚至出现了混淆的错误。这便是关于《澄清堂帖》的赏鉴，王肯堂曾记：

余丙戌秋七月至吴江，得观《澄清堂帖》十余卷，皆二王书字画流动，笔意宛然，乃同年王大行孝物。后余在翰林时，有骨董持一卷视董玄宰，玄宰绝叫，以为奇特。余告以吴江本，玄宰乃亟就王君求之，王君遂珍秘不复肯出，无何王君物故，闻近亦归太仓王荆石先生。丁未秋，过先生斋中出以见示，则已亡失太半矣。玄宰钩数十行附戏鸿堂帖末，无复笔意，后跋以为贺鉴手摹南唐李氏所刻。按《东观余论》云：世传《十七帖》别本，盖南唐后主李煜得贺知章临写本，勒石置澄心堂者，而本朝侍书王著又将勒石势殊疏拙。盖玄宰误以《十七帖》为此帖，又误以澄心堂为澄清堂也。李后主尝诏徐铉以所藏古今法帖入之石，名《昇元帖》，是又在阁帖之先矣，昨晤汪仲嘉，谓淳化帖即翻刻昇元帖，不知何据。当又是误以为《十七》为《昇元》耳，博洽之难如此。[59]

王肯堂记录中提到的《澄清堂帖》，即前文董其昌书信中反复提及的法帖。如王所言，董其昌在《戏鸿堂帖》末尾曾选部分《澄清堂帖》刻入，作如下题跋：

澄清堂，宋人以为贺鉴手摹，南唐李氏作刻，余见五卷皆大王书，出《淳化帖》之上，亦如贺八清真下视王著，此间可容数等，真法帖之祖也。余探其尤异者为一卷，以殿《戏鸿堂》之末，亦欲使宋元以后右军再出耳。[60]

《澄清堂帖》所刻皆右军书，按依照王肯堂的记述和逻辑，董其昌当时是把见到的《澄清堂帖》误以为是流传的王羲之《十七帖》(图3-38)，王的依据是《东观余论》中"世传《十七帖》别本，盖南唐后主李煜得贺知章临写本"。贺鉴即贺知章，从董其昌如上题跋看，如按《东观余论》所言，董其昌好像的确是弄混淆了，才有王肯堂"盖玄宰误以《十七帖》为此帖，又误以澄心堂为澄清堂也"。但这里让人疑惑之处在于，董其昌在戏鸿堂帖题跋中始终也并未提及《十七帖》，那么他是否看过《东观余论》所言《十七帖》别本？事实上，董其昌并非没有谈及《十七帖》，尝言："书楷当以黄庭怀素为宗，不可得则宗女史箴，行书以米元章、颜鲁

图3-38　晋·王羲之《十七帖》　册页　纸本墨书　24.4×12.7厘米　美国大都会艺术博物馆

公为宗，草以《十七帖》为宗。"自己也曾临过《十七帖》，并跋文：

> 《十七帖》硬黄本，宋时魏泰家藏，《淳熙秘阁续帖》亦有刻。余在都下，友人汝阳王思延得硬黄本，曾借临一卷。已于济南邢子愿同卿所刻石，即王本也。余以临卷质之，子愿谬称合作，弟谓"赵吴兴临十七帖，流落人间，尚不下数十本，请多为之，足传耳"。余自是时写此帖，以懒故，终不能多也。

可见董其昌并非不重视《十七帖》，应该也并没有和《澄清堂帖》混为一谈，这里王肯堂的说法似乎也不尽然可信。王肯堂在记述中还提到了《淳化帖》《昇元帖》，王肯堂这里所说的大概是当时鉴藏圈广泛关注的焦点问题，即对阁帖一系的赏鉴，其中谁为祖帖的问题。自宋以后流行的法帖中最热门的是《淳化阁帖》，此帖是宋太宗命侍书王著临拓而成，常被称为祖帖，但翻刻版本众多，正所谓"非精于鉴赏者莫能辨其真伪"[⑱]。而不认同其为祖帖的观点也一直存在，如邢侗就认为南唐徐铉摹刻的《昇元帖》在《淳化帖》之前，故名祖帖[⑲]，王肯堂如上记述中的"汪仲嘉谓《淳化帖》即翻刻《昇元帖》"，也是和邢侗观点一致，而持此观点者在元代就有陆友仁等人[⑳]，可以说关于谁是祖帖的争论是由来已久。但自

《澄清堂帖》出，以董其昌为首，认为此帖也许才是祖本，尝言：

> 陶九成《辍耕录》，《淳化帖》谱分支甚多，皆宋太宗时王著所摹，如火传于薪，皆凡火也，惟南唐《澄清堂帖》，乃贺知章所摹，又为阁帖祖本，《辍耕录》亦载之，世无见者。临邑邢少卿有两卷，吴用卿曾为翻拓，兹得五卷右军书，观其姿态横出，神气飞动，宛如临池用笔，阁帖遂无复位次，信非仙手不及此，可谓九转丹火矣。第不知尚有几卷意至二王乎？[64]

这段话中，董其昌对《澄清堂帖》比较推崇，认为是"九转丹火"，好过所有的版本，董其昌判定的依据是这里的王书"姿态横出，神气飞动，宛如临池用笔"。可以看出董其昌是以临池的标准或者说笔墨作为标准来判断的。法帖摹刻入石，最难以保留的是书写中笔墨本身的神韵姿态，因此往往会仅得形似欠缺神似，多次翻刻后，很可能会远失真迹神貌。对这一点，董其昌可能是深知的，之所以会对《澄清堂帖》大加赞扬，便是因为在这些作品中看到宛若临池的神韵姿态。这种判读当然是最符合董其昌临池者的身份，但这与王肯堂的判读就大不一致。

从这次赏鉴，可以看到在当时对阁帖聚讼不已的多种版本和流传考据中，董其昌并未像王肯堂，纠结于不同的版本之说，虽然那也是鉴定中很重要的一环，董其昌尝言"凡古人真迹，必以态胜，此片言居要耳"[65]。显然是以作品本身笔墨、神态、气韵来作为鉴定的首要依据。同时也可以明显看到两种不同的赏鉴风格，对王肯堂而言，必要有确实的考据记录，对不同记录和版本梳理清楚，才可以做出结论，正是其言"博洽之难如此"。王肯堂的鉴赏可以说代表了一类的鉴赏方法和态度，如其曾记对《游春图》的鉴定：

> 韩先生出示一卷，宋徽宗题云：展子虔《春游图》，余谓是唐之以后人笔，先生不怿。问子何知之，曰：子虔北齐人，何得作唐衣冠。先生乃服。今《宣和画谱》亦未载。[66]

很显然，王肯堂偏重考据派风格，对画中人物的服饰道具进行鉴定，这也是最可信的方法。对比起来,董其昌的鉴定则是着眼在书画风格,如上对《澄清堂帖》的判读中,显然在意的远非众多的翻刻临本,而是以书家的敏锐,对作品风格、神韵、笔墨等方面进行更为直接的判读。从这点而言,董其昌的鉴赏也颇具一超直入的观念。

虽然,社会人际中复杂的人情因素加之人性中的虚荣、逐利心态,使本来纯粹的书画赏鉴似乎蒙上一层隐晦之色,真相假象扑朔迷离,在这样的环境中,董其昌在赏鉴中自然不乏应酬之具、迂回掩饰的行为,如为人题跋中多言藏品的优点,这里我们似乎看到的是一个厚道的长者。但在判读作品时,董其昌则是以画家的敏锐、超脱的艺术眼光来寻找和赏鉴作品,他并不在意会和传统常规有所抵牾,可能那本来就是他愿意去做的事,为闻名而未流传的作品找到可能的风格依据,这其中当然不乏有些自负的心理,可这正成其赏鉴风格。

如果说苏轼早提出寓意于物的态度,主张神游其间,在此时,不妨说书画鉴赏对此道中人来讲,更像是在做一个不可捉摸的梦,在进行一场亦幻亦真的精神游戏。他们游戏得认真,也时而率性,其间充满了不可言说,更充满了精神的想象和感性的印记。虽然他们时时也探本求源,解析考证,但展卷的欣喜、神会的惬意、雅玩的舒乐,这些心情似乎远远超越了真伪之辩,他们描绘和书写的是书画本身永恒固存的魅力。因此,笔者感觉,对此时的书画鉴藏,对其间的人物,遑论以真伪之见去观照他们的判断,以真相假象去结论他们的言行,似乎也还没有触及书画于他们的意义和价值。就董其昌而言,他不乏矛盾十足的心理,会言不由衷,不时狡黠,却乐于分享,不时迂腐却也宽厚,不时张狂却直指灵妙,享受书画带来的精神愉悦,同时追求自己着的趣味。也许他并不在意后人的评说,正如董其昌对好友陈继儒尝言:"吾曹无他觊,博得一活胜人足矣。"⑩

本章注释

① 据封治国《与古同游：项元汴书画鉴藏研究》中的考察，以文氏为代表的吴门书画趣味对项氏藏品有明显的影响，另肖燕翼的研究中也指出项元汴所购藏的古书画，很多就是文氏兄弟作为中介人或者直接售于项氏的。

② ［明］董其昌：《容台集》，邵海清点校，西泠印社出版社，2012年，第600页。

③ ［明］董其昌：《容台集》，邵海清点校，西泠印社出版社，2012年，第337页。

④ ［明］董其昌：《容台集》，邵海清点校，西泠印社出版社，2012年，第481页。

⑤ ［明］董其昌：《容台集》，邵海清点校，西泠印社出版社，2012年，第720页。

⑥ 黄朋：《吴门具眼：明代苏州书画鉴藏》，上海书画出版社，2015年，第364—370页。

⑦ 此处项元度是项元汴五子项德弘，字玄度（元度），精鉴赏，在鉴藏事宜中和董其昌有交往。

⑧ ［清］王杰等编：《秘殿珠林石渠宝笈续编》，北京出版社，2004年，第3320页。

⑨ 项鼎铉（1575—1619年），项元汴侄子项德桢的长子，初字稺玉，又字孟璜，万历辛丑进士，选庶吉士，好收藏，与董其昌有交往。

⑩ ［明］项鼎铉：《呼桓日记》，北京图书馆古籍珍本丛刊20册，书目文献出版社，1988年，第441页。

⑪ ［清］张照等编：《秘殿珠林石渠宝笈初编》，北京出版社，2004年，第998页。

⑫ 项晦伯即项德明（约1573—1630年），字晦夫，号鉴台，项元汴四子。见汪世清《董其昌的交游》一文。

⑬ ［明］董其昌：《容台集》，邵海清点校，西泠印社出版社，2012年，第636页。

⑭ 见封治国：《与古同游：项元汴书画鉴藏研究》，家系一章。

⑮ ［明］董其昌：《容台集》，邵海清点校，西泠印社出版社，2012年，第710页。

⑯ 见项圣谟作品《招隐图》中董其昌题跋，作品现藏美国洛杉矶艺术博物馆。

⑰ 朱省斋《省斋读画记：海外所见中国名画录》中记录是图的题跋，新锐文创，2021年，第102-104页。

⑱ ［明］陈继儒：《妮古录》，华东师范大学出版社，2011年，第56页。

⑲ ［清］张廷玉：《明史》，清乾隆武英殿刻本，第218页。

⑳ 见《四库全书总目200卷》，韩世能《云东拾草十四卷附录一卷》提要，清乾隆武英殿刻本，314页。

㉑ ［清］张照等编：《秘殿珠林石渠宝笈初编》，董其昌《颜真卿书摩利支天经》，北京出版社，2004年，第86页。

㉒ ［清］沈德符：《万历野获编》，上海古籍出版社，2012年，第176页。

㉓ ［明］张丑：《清和书画舫》，上海古籍出版社，2011年，第34页。

㉔ ［清］张照等编：《秘殿珠林石渠宝笈初编》，北京出版社，2004年，第166页。

㉕ ［明］张丑：《清河书画舫》，上海古籍出版社，2011年，第300页。

㉖ ［清］钱谦益：《列朝诗集传》，上海古籍出版社，1983年，第637页。

㉗ ［明］陈继儒：《妮古录》，华东师范大学出版社，2011年，第1页。

㉘ ［清］卞永誉：《式古堂书画汇考》，卢辅圣主编《中国书画全书》修订版第九册，上海书画出版社，2009年，第742页。

㉙ ［明］董其昌：《画禅室随笔》，华东师范大学出版社，2012年，第102页。

㉚ [明]董其昌:《画禅室随笔》,华东师范大学出版社,2012年,第95—96页。

㉛ 见台北故宫博物院藏董源《龙宿郊民图》中董其昌的题跋。

㉜ 见汪世清在《董其昌和馀清斋》一文中的考证,《汪世清艺苑查疑补证散考》上卷,河北教育出版社,2009年,第153—162页。

㉝ [明]董其昌:《容台集》,邵海清点校,西泠印社出版社,2012年,第456页。

㉞ 关于二人相交时间,汪世清在《董其昌和馀清斋》一文中认为两人的交往为1591年,引据是年董其昌《董华亭书画录潇湘白云图》中吴廷跋云:"与庚寅之春入都门,得与董玄宰太史周旋往还……辛卯(1591年)秋,以庶常请告南归,余得尾其舟……"任道斌在《董其昌年谱》一书中认为此图为伪作,引据为是年董其昌并未有渡黄河之举。

㉟ [清]卞永誉:《式古堂书画汇考》,卢辅圣主编:《中国书画全书》修订版第九册,上海书画出版社,2009年,第669页。

㊱ [清]陆心源:《穰梨馆过眼录》卷三《范宽溪桥雪霁图》董跋:"泊舟江口,守风八日。吴用卿出城,持此图见示。观其笔势奇崛,气吞荆、关,非范华原不能而,咄咄叹赏,不枉风伯之贶。丙寅正月廿七日,其昌识。"卢辅圣主编:《中国书画全书》第十三册,上海书画出版社,1992年,第16页。

㊲ 据汪世清《董其昌和余清斋》一文,吴廷当生于嘉靖三十五年丙辰(1556年),天启丙寅(1626)尚在世。

㊳ [明]唐伯虎:《唐伯虎全集》,中国书店,1985年,第28页。

㊴ [明]董其昌:《容台集》,邵海清点校,西泠印社出版社,2012年,第676页。

㊵ [明]沈德符:《万历野获编》,上海古籍出版社,2012年,第552页。

㊶ [明]董其昌:《画禅室随笔》,华东师范大学出版社,2012年,第111页。

㊷ [明]汪砢玉:《珊瑚网》,卢辅圣主编:《中国书画全书》修订版第八册,上海书画出版社,2009年,第448页。

㊸ [清]张照等编:《秘殿珠林石渠宝笈初编》,《苏轼书前赤壁赋一卷》董跋:"东坡先生此赋,楚骚之一变,此书,兰亭之一变也。宋人文字俱以此为极,则与参参,知所藏名迹虽多,知无能逾是矣,万历辛丑携至灵岩村观,因题。"北京出版社,2004年,第899页。

㊹ [明]汪砢玉:《珊瑚网·法书题跋》卷二十一,董其昌跋《鼎帖》:"今年春正,在吴阊得王伯毂所藏《绛帖》。"卢辅圣主编:《中国书画全书》修订版第八册,上海书画出版社,2009年,第899页。

㊺ 董其昌在《容台集》云:"此帖在《淳熙秘阁续刻》,米元章所谓绝似《兰亭序》,昔年见之南都……怀素有言:'豁然心胸,顿释凝滞',今日之谓也。时戊申十月十又三日,舟行洙泾道中,日写《兰亭》及此贴一过。以《官奴》笔意书褉帖,尤为得门而入。"西泠印社出版社,2012年,第617—618页。

㊻ [民国]裴景福:《壮陶阁书画录》卷二十一《宋拓心太平本黄庭经卷》,董其昌跋:"黄庭俱七字成文,右军首书四言,惟此帖独异。又如'弃捐摇俗',作'弃捐淫欲'……又昔人论右军黄庭尚存钟法,今他本不元常结构,似钟亦惟此本。余在长安闻此帖有年,曾游新安访之,乃南羽从留都购得,信希世之珍,墨池为放光,因记岁月如此。壬子又十一月廿七日,董其昌观于金阊门舟次。"学苑出版社,2006年,第740页。

㊼ [明]李日华:《味水轩日记》卷七:"东坡书尺牍五种,皆有徐季海、李泰和风致。叔党三绝句,谨守家法,咄咄逼人……甲寅十月,观于吴阊舟次。董其昌。"上海远东出版社,2011年,第536页。

㊽ [清]卞永誉:《式古堂书画汇考·画考》卷十二,李公麟《毗耶问疾图》董其昌跋。卢辅圣主编:《中国书画全书》修订版第九册,上海书画出版社,2009年,第693页。

㊾ [清]青浮山人:《董华亭书画录·天平山图》款:"百叠松篁饶画楹,羊肠峻岅划然平。愚公践华差如意,金母升天亦有行。访天平范学宪长倩'偕隐山房',赋此并画。董玄宰。丁巳三月初识。"《历代书画录辑刊》,北京图书馆出版社,2007年,第71页。

㊿ [清]陆心源:《穰黎馆过眼续录》卷九《董文敏楷书六种册乐志论》款:"戊午三月十有八日,书于吴门舟次。其昌。"卢辅圣主编:《中国书画全书》第十三册,上海书画出版社,1992年,第312页。

(51) [清]陆心源:《穰黎馆过眼录》卷九《黄大痴陡壑密林轴》董跋。卢辅圣主编:《中国书画全书》第十三册,上海书画出版社,1992年,第55页。

(52) [清]安岐:《墨缘汇观》名画上卷《王蒙青卞隐居图》董跋:"笔墨精妙王右军,澄怀观道宗少文。王侯笔力能扛鼎,五百年来无此君。倪云林赞山樵诗也,此图神气淋漓,纵横潇洒,实山樵第一得意山水,倪元镇退舍宜矣。庚申中秋日,题于金阊门季白文舟中。董其昌。"卢辅圣主编:《中国书画全书》第十册,上海书画出版社,1992年,第382页。

(53) [明]汪砢玉:《珊瑚网·名画题跋》《王蒙破窗风雨记》董跋:"王叔明画卷有听雨楼,与此卷绝类,此图更觉清润,有赵吴兴法,尤可宝也。跋者十余人皆名士,铁崖语甚奇,惜不传于遗集,丙寅仲春望日,董其昌观于金阊官舫因题。"卢辅圣主编:《中国书画全书》修订版第八册,上海书画出版社,2009年,第382页。

(54) [明]董其昌:《画禅室随笔》,华东师范大学出版社,2012年,第105—106页。

(55) 见台北故宫博物院《鹊华秋色图》董其昌题跋。

(56) [清]王杰等编:《秘殿珠林石渠宝笈续编》,《钱选画维摩像一卷》,董其昌款:"己巳中秋,观于阊门舟次。董其昌。"北京出版社,2004年,第84页。

(57) [清]安岐:《墨缘汇观》,卢辅圣主编:《中国书画全书》第十册,上海书画出版社,1992年,第367页。

(58) [明]汪砢玉:《珊瑚网·法书题跋》卷六《米南宫草书九帖》董其昌跋。

(59) [清]卞永誉:《式古堂书画汇考》,卢辅圣主编:《中国书画全书》修订版第八册,上海书画出版社,2009年,第699页。

(60) [清]卞永誉:《式古堂书画汇考》,卢辅圣主编:《中国书画全书》修订版第八册,上海书画出版社,2009年,第16页。

(61) [明]汪砢玉:《珊瑚网·名画题跋》卷八,赵孟頫《《春郊挟弹图》》董跋:"赵吴兴挟弹走马图,余以丙申岁得之武林,是时又有支遁洗马图,亦吴兴笔,今皆余好事者相易古画,……"卢辅圣主编:《中国书画全书》修订版第八册,上海书画出版社,2009年,第页。

(62) [明]张岱:《西湖梦寻,陶庵梦忆》,上海古籍出版社,2001年,第109—110页。

(63) [明]冯梦祯:《快雪堂日记》,凤凰出版社,2010年,第211页。

(64) [明]汪砢玉:《珊瑚网》,卢辅圣主编:《中国书画全书》修订版第八册,上海书画出版社,2009年,第289页。

(65) [清]吴履震:《五茸志逸》,四库未收书辑刊:拾辑第十二册,北京出版社,1998年,第13页。

(66)《行书东方朔答客难并自书诗》中的诗文:"大远江南信,先标水部师。名花真瓶见,帝力本无时。香挟湘兰发,清含塞角吹。仙家惭幻术,官阁动吟思。何事蝉号露,偏欣雀啅枝。金飙从劲厉,玉树独华滋。骤讶园丁报,将谋驿使驰。生萸差足拟,离叶未为奇。姑射神如下，孤山鹤也疑。白华宜皙补，黄落失骚悲。积素临枫岸，飞英堕槿篱。催妆殊早计，起陇异恒期。冷艳心堪许，幽芳众岂知。冰壶舒夜蕊，黍谷变春姿。调鼎征天瑞，濡翰共料之。"诗中既感叹梅花盛开时间之异常，也赞美梅花冷艳幽姿。落款戊辰八月，是年董其昌七十四岁，此卷书写洒脱奇秀，游刃有余，轻灵多变，是董其昌晚年作品。

㉖ ［清］胡敬：《西溪劄记》卷四《无名氏云间高绘图》董其昌跋中有"余年七十有七，泽年七十有六，仲醇年其实有四，惟朱太常年止六十有一。"中朱太常即朱国盛，董其昌题跋落款年为崇祯四年（1631年），以此年推算，朱国盛生年应为隆庆四年庚午（1570年）。

㉘ ［清］邹漪：《启祯野乘二集》卷六，四库禁毁书丛刊：史部第四十一册，北京出版社，1998年，第182页。

㉙ ［清］邹漪：《启祯野乘二集》卷六，四库禁毁书丛刊：史部第四十一册，北京出版社，1998年，第182页。

㉚ 见北京故宫博物院藏董其昌书法《潇路马湖记》。

㉛ ［明］董其昌：《画禅室随笔》，华东师范大学出版社，2012年，第49页。

㉜ ［明］韩昂：《图绘宝鉴续编》卷二，《画史丛书》第二册，上海人民美术出版社，1963年，第24页。

㉝ ［明］董其昌：《容台集》，邵海清点校，西泠印社出版社，2012年，第65页。

㉞ ［清］曹家驹：《说梦》，四库未收书辑刊，拾辑第十二册，北京出版社，1998年，第268页。

㉟ ［清］邹漪：《启祯野乘二集》卷六，四库禁毁书丛刊：史部第41册，北京出版社，1998年，第182页。

㊱ 徐朔方：《晚明曲家年谱》第二卷，浙江古籍出版社，1993年，第464页。

㊲ 光绪五年《丹徒县志》卷三十五，隐逸十，《中国地方志集成，江苏府县志》，江苏古籍出版社，1991年，第689页。

㊳ 光绪五年《丹徒县志》卷三十四，书画十九，《中国地方志集成，江苏府县志》，江苏古籍出版社，1991年，第675页。

㊴ ［清］张丑：《清河书画舫》，上海古籍出版社，2011年，第95页。

㊵ ［明］吴升：《大观录》记《京口张氏所藏画册》："翁遭家难时避地丹徒张修羽家，张氏古迹最多，翁乃临摹其精粹者与之，故其所得多且佳也。"可见董其昌和张修羽的交往不在少数。

㊶ ［明］董其昌：《容台集》，邵海清点校，西泠印社出版社，2012年，第635页。

㊷ ［清］王杰等编：《秘殿珠林石渠宝笈续编》，北京出版社，2004年，第279—281页。

㊸ ［明］朱谋垔：《画史会要》，清文渊阁四库全书本，第151—152页。

㊹ ［清］庞元济：《虚斋名画录》卷十一《沈周东庄图》董题："白石翁为吴文定写东庄图，原有二十四幅，亦不可见矣。辛酉八月，京口重观，记此以俟访之，董其昌。"卢辅圣主编：《中国书画全书》第十二册，上海书画出版社，1992年，第532页。

㊺ ［清］安岐：《墨缘汇观》法书卷下《明董其昌法虞永兴徐季海书册》（与《状陶阁书画录》为《桃花赋册》题跋相同），董款："戊午三月昆山道中以虞永兴法书此赋。今年八月从京口张太学修羽观永兴庙堂碑真迹，叹赏之次，更有悟入，因重书一通。虞师永禅师以永师千文意为伯施书。如菩萨应原做梵天主也，天启元年岁在辛酉十月八日。其昌。"卢辅圣主编：《中国书画全书》第十册，上海书画出版社，1992年，第359页。

㊻ 见张长虹：《品鉴与经营：明末清初徽商艺术赞助研究》一书附录，汪珂玉一门鉴藏大事记，汪珂玉《珊瑚网》中的记录止于清顺治三年（1646年）。

(87) [明]汪砢玉:《珊瑚网》,卢辅圣主编:《中国书画全书》修订版第八册,上海书画出版社,2009年,第297—298页。

(88) [明]汪砢玉:《珊瑚网》,卢辅圣主编:《中国书画全书》修订版第八册,上海书画出版社,2009年,第340页。

(89) [明]汪砢玉:《珊瑚网·名画题跋》卷八,《玩花仕女图》汪砢玉跋:"是图为项又新家物,董玄宰尝共余过之,时悬画于读易堂之松轩,玄宰玩赏不已。"卢辅圣主编:《中国书画全书》修订版第八册,上海书画出版社,2009年,第343页。

(90) [明]汪砢玉:《珊瑚网》,卢辅圣主编:《中国书画全书》修订版第八册,上海书画出版社,2009年,第356—357页。

(91) [清]顾复:《平生壮观》,上海古籍出版社,2011年,第328页。

(92) 高道素,字玄期,号明水,嘉兴人,官历工部屯田郎中,善鉴古,工字学。《嘉兴县志》。

(93) [明]汪砢玉:《《珊瑚网》,卢辅圣主编:《中国书画全书》修订版第八册,上海书画出版社,2009年,第343页。

(94) [明]汪砢玉:《珊瑚网·名画题跋》卷三,卢辅圣主编:《中国书画全书》修订版第八册,上海书画出版社,2009年,第307页。

(95) [明]汪砢玉:《珊瑚网·法书题跋》卷十九,卢辅圣主编:《中国书画全书》修订版第八册,上海书画出版社,2009年,第165页。

(96) [明]汪砢玉:《珊瑚网·名画题跋》卷二,卢辅圣主编:《中国书画全书》修订版第八册,上海书画出版社,2009年,第299页。

(97) [明]汪砢玉:《珊瑚网·名画题跋》卷十九,卢辅圣主编:《中国书画全书》修订版第八册,上海书画出版社,2009年,第452页。

(98) [明]汪砢玉:《珊瑚网·名画题跋》卷十九,卢辅圣主编:《中国书画全书》修订版第八册,上海书画出版社,2009年,第454页。

(99) [清]张照等编:《秘殿珠林石渠宝笈初编》,北京出版社,2004年,第577—585页。

(100) [清]王杰等编:《秘殿珠林石渠宝笈续编》,乾清宫藏戴文进《达摩至慧能六代像一卷》曹勋跋"此卷向在程季白家。……"北京出版社,2004年,第141页。

(101) [清]花村看行侍者:《花村谈往》,民国适园丛书本,第45—46页。

(102) 张长虹:《品鉴与经营——明末清初徽商艺术赞助研究》一书中关于徽商对艺术品的赞助和经营有详细展开。

(103) [明]张丑:《清河书画舫》,上海古籍出版社,2011年,第563页。

(104) [清]吴升:《大观录》卷十六,《赵孟頫长林绝壑图》董其昌跋。卢辅圣主编:《中国书画全书》第八册,上海书画出版社,1992年,第469页。

(105) [清]王杰等编:《秘殿珠林石渠宝笈续编》,北京出版社,2004年,第2058—2061页。

(106) [明]李日华:《六研斋笔记》四卷,卷三,明刻清乾隆修补本,第52页。

(107) [清]钱谦益:《列朝诗集小传》,上海古籍出版社,1983年,第659页。

(108) [清]张照等编:《秘殿珠林石渠宝笈初编》,北京出版社,2004年,第938—941页。

(109) [清]张照等编:《秘殿珠林石渠宝笈初编》,北京出版社,2004年,第999页。

(110) 于锵,字中甫,号季鸾。庠生,为武卫经历,画入能品,得诸名家笔意。

(111) [明]张丑:《清河书画舫》,上海古籍出版社,2011年,第322页。

(112) [明]汪砢玉:《珊瑚网》,卢辅圣主编:《中国书画全书》修订版第八册,上海书画出版社,2009年,第326页。

⑬ 董其昌在《仿鹊华秋色图》中题跋："余家有赵荣禄鹊华秋色图，为同年吴光禄易去，追想笔意写此。"

⑭ ［明］汪砢玉：《珊瑚网》，卢辅圣主编：《中国书画全书》修订版第八册，上海书画出版社，2009年，第304页。

⑮ ［明］汪砢玉：《珊瑚网》，卢辅圣主编：《中国书画全书》修订版第八册，上海书画出版社，2009年，第298页。

⑯ ［明］林有麟：《素园石谱》四卷，明万历刻本，第3页。

⑰ ［清］王杰等编：《秘殿珠林石渠宝笈续编》，北京出版社，2004年，第56页。

⑱ ［明］汪砢玉：《珊瑚网》，卢辅圣主编：《中国书画全书》修订版第八册，上海书画出版社，2009年，第344页。

⑲ ［清］吴荣光：《辛丑消夏记》，卢辅圣主编：《中国书画全书》第十三册，上海书画出版社，1992年，第885页。

⑳ ［明］朱谋垔：《画史会要》记载："张瑞衡，画木石有名，以进士调句容县尉。"清文渊阁四库全书本，第75页。

㉑ ［清］顾复：《大观录》，卢辅圣主编：《中国书画全书》第八册，上海书画出版社，1992年，第469页。

㉒ ［明］张丑：《清河书画舫》，上海古籍出版社，2011年，第659页。

㉓ ［明］张丑：《清河书画舫》，上海古籍出版社，2011年，第385页。

㉔ ［清］金瑗：《十百斋书画记》，卢辅圣主编：《中国书画全书》第七册，上海书画出版社，1993年，第674页。

㉕ ［明］汪砢玉：《珊瑚网》，卢辅圣主编：《中国书画全书》修订版第八册，上海书画出版社，2009年，第405页。

㉖ ［清］吴升：《大观录》卷十九，《董香光仿惠崇册》中题跋"癸丑中秋舟泊南徐，新安黄中舍以惠崇春江图见示，余亦携王叔明青卞图乃山樵绝笔，中翰瞪目叫好，因共易一观，余为临分作七帧未就，适朱敬韬亦至，夺予所临，今年又补一帧，已失真卷遂不复能似矣，乙卯立秋日，董其昌识。"卢辅圣主编：《中国书画全书》第八册，上海书画出版社，1992年，第555—556页。

㉗ ［清］顾文彬、孔广陶：《过云楼书画记，岳雪楼书画录》，上海古籍出版社，2011年，第488页。

㉘ ［宋］米芾：《画史》，卢辅圣主编：《中国书画全书》第一册，上海书画出版社，1992年，第984页。

㉙ ［明］董其昌：《画禅室随笔》，华东师范大学出版社，2012年，第8—9页。

㉚ ［明］陈继儒：《妮古录》，华东师范大学出版社，2011年，第20页。

㉛ ［清］张照等编：《秘殿珠林石渠宝笈初编》，北京出版社，2004年，第1241页。

㉜ ［清］张照等编：《秘殿珠林石渠宝笈初编》，北京出版社，2004年，第312—313页。

㉝ ［清］卞永誉：《式古堂书画汇考》，卢辅圣主编：《中国书画全书》修订版第九册，上海书画出版社，2009年，第538页。

㉞ 梁同书：《明人尺牍》卷二，《明代名人尺牍选粹》，国家图书馆出版社，2008年，第633页。

㉟ 《董其昌尺牍》，《故宫历代法书全集》第二十七册，1987年，第134—136页。

㊱ ［明］汪砢玉：《珊瑚网》，卢辅圣主编：《中国书画全书》修订版第八册，上海书画出版社，2009年，第454页。

⑬ ［清］张照等编：《秘殿珠林石渠宝笈初编》，北京出版社，2004 年，第 1019 页。

⑬ ［明］何三畏：《云间志略》，学生书局印行，1987 年，第 1128—1130 页。

⑬ ［明］汪砢玉：《珊瑚网》，卢辅圣主编：《中国书画全书》修订版第八册，上海书画出版社，2009 年，第 368 页。

⑭ ［清］吴升：《大观录》，卢辅圣主编：《中国书画全书》第八册，上海书画出版社，1992 年，第 326 页。

⑭ ［清］金瑗：《十百斋书画录》，卢辅圣主编：《中国书画全书》第七册，上海书画出版社，1994 年，第 536 页。

⑭ ［清］张照等编：《秘殿珠林石渠宝笈初编》，北京出版社，2004 年，第 795 页。

⑭ 徐邦达：《古书画过眼要录·元明清书法》，第七册，紫禁城出版社，2005 年，第 1218 页。

⑭ 徐邦达：《古书画过眼要录·元明清书法，》第七册，紫禁城出版社，2005 年，第 1219 页。

⑭ ［民国］裴景福：《壮陶阁书画录》，学苑出版社，2006 年，第 394 页。

⑭ 《董香光手札》，《上海图书馆藏明代尺牍》第九册，上海科学技术文献出版社，2002，第 1—40 页。

⑭ 石守谦、杨儒宾主编：《明代名贤尺牍集》，何创时书法艺术基金会，2013 年，第 170—171 页。

⑭ 《荣宝斋藏名家书札精选：董其昌》，荣宝斋出版社，2012 年，第 26 页。

⑭ ［清］王杰等编：《秘殿珠林石渠宝笈续编》，北京出版社，2004 年，第 1519—1521 页。

⑮ ［明］张丑：《清河书画舫》，上海古籍出版社，2011 年，第 17 页。

⑮ ［清］恽寿平：《瓯香馆集》，吕凤棠点校，西泠印社出版社，2012 年，第 356—358 页。

⑮ ［明］沈德符：《万历野获编》，上海古籍出版社，2012 年，第 553 页。

⑮ ［明］汪砢玉：《珊瑚网》，卢辅圣主编：《中国书画全书》修订版第八册，上海书画出版社，2009 年，第 18 页。

⑮ ［明］张丑：《清和书画舫》，上海古籍出版社，2011 年，第 610 页。

⑮ ［清］卞永誉：《式古堂书画汇考》，卢辅圣主编：《中国书画全书》修订版第九册，上海书画出版社，2009 年，第 640 页。

⑮ ［明］汪砢玉：《珊瑚网》，卢辅圣主编：《中国书画全书》修订版第八册，上海书画出版社，2009 年，第 289 页。

⑮ ［明］陈继儒：《妮古录》，华东师范大学出版社，2011 年，第 91 页。

⑯ ［明］张丑：《清和书画舫》，上海古籍出版社，2011 年，第 85 页。

⑯ ［明］王肯堂《郁冈斋至牍》四卷，明万历三十年王懋琨刻本，第 111 页。

⑯ ［明］董其昌：《容台集》，邵海清点校，西泠印社出版社，2012 年，第 658 页。

⑯ ［清］倪涛：《六艺之一录》《文渊阁四库全书》833 册，台湾商务印书馆，1983 年，第 229 页。

⑯ ［清］倪涛：《六艺之一录》，《文渊阁四库全书》833 册，台湾商务印书馆，1983 年，第 322 页。

⑯ ［元］陶元仪：《南村辍耕录》三十卷，卷六，四库丛刊三编景元本，第 43 页。

⑯ ［明］董其昌：《容台集》，邵海清点校，西泠印社出版社，2012 年，第 671 页。

⑯ ［明］董其昌：《容台集》，邵海清点校，西泠印社出版社，2012 年，第 650 页。

⑯ ［明］王肯堂：《郁冈斋至牍》四卷，明万历三十年王懋琨刻本，第 47 页。

⑯ 李善强：《董其昌著述序跋辑佚》，严文儒、尹军主编：《董其昌全集》第八册，上海书画出版社，2013 年，第 584 页。

第四章　把玩

一、下真迹一等

一旦置入社会环境的错综复杂，简单的动机行为也会抹上一层不可捉摸的隐秘。纵然在不少时候，董其昌也会言不由衷、口是心非，但其对书画的真切之情也瑕不掩瑜，也如他自己所说，"余性好书"，但在当时真伪并存、鱼目混珠的情况下，董其昌对书画的鉴藏选择也面临着种种的挑战。汪砢玉在《珊瑚网》中称："则善鉴画者，应先鉴书。"董其昌自身的书画研习顺序，也是先学书，后习画，如其所言："吾十七岁学书。"此后，在漫长的追寻研习体悟当中，不断的过眼经历，逐渐形成自己的趣味。不妨看看董其昌在不断的鉴赏中对法书的鉴赏趣味和选择，所谓言者心之声也，董其昌赏阅时的态度和阴晴喜好，也多呈现在题跋中。

查阅董其昌的题跋，"下真迹一等"常常出现在对法书的评判中，如下所列：

陆继之摹禊帖跋：唐摹下真迹一等耳，此卷得唐摹遗法。赵吴兴所谓专心学之，遂可名世者。宋时聚讼可谓多事，天启四年九月晦日。董其昌观于苑西因题。[1]

欧阳询九成宫醴泉铭跋：欧阳率更书，米海岳称其真到内史。石刻惟《醴泉铭》、《化度寺》二碑特妙，《化度》缺其半，《醴泉铭》文字可读者，皆后人重摹。此本虽有缺文，乃宋搨至佳，下真迹一等者也。董其昌观于墨花阁。因题。[2]

唐摹王献之元度来迟帖跋：唐摹下真迹一等。余所见二王帖，凡二十种，皆双钩廓填。然与手书了不异，虽米海岳亦谓莫可识别。此元度帖其一也，用卿善获之。董其昌题，戊戌至前五日。[3]

米芾临王羲之疗疾帖跋：台州二守黄邻初，余同年同坐主友也。丁酉余典试江右，黄为分考，谈及此卷，恨无缩地术得一寓目。己亥春正，忽走旧属，余作跋乃摹本耳，然所谓下真迹一等，即唐人双钩填廓者也。余为黄道破，不复作跋，及擢守福州以此卷相寄,余摹刻之戏鸿堂帖。④

如上董其昌对法书的赏鉴品论中,其中有一句重复频率较高的话,即言其为下真迹一等。所谓下真迹一等,即虽非真迹,但仅次于真迹,亦为佳观,从以上几条跋文也不难发现,所言下真迹一等者,大都为后人摹刻或者临摹的晋唐人书。对书家而言,二王所代表的魏晋风流与唐人法度自然是宗法的先要,但这些早期所遗留的真本大概早已寥若晨星,或早就不复再见。也因此,后代出现大量的摹刻拓本,摹刻法帖在宋代开始盛行,明代江南地域出版刊刻的发展使私家刻帖大为风行,不少士夫文人和藏家参与其中,如以《阁帖》祖本为首所翻刻的有泉州知府所刻的《泉州帖》,另有周宪王以《阁帖》为主,又增添宋元人所书的《东书堂帖》。文人士夫和藏家所刊刻的如:梁溪藏家华夏所刻《真赏斋帖》、文徵明所刻《停云馆帖》、章简甫刻《墨池堂帖》、莫如忠父子所刻《崇兰馆帖》、邢侗刻《来禽馆帖》、董其昌刻《戏鸿堂帖》、吴廷刻《余清斋帖》、王肯堂刻《郁冈斋帖》、陈继儒所刻《晚香堂帖》和《来仪堂帖》、蒋一先刻《净云枝帖》、陈元瑞所刻《玉烟堂帖》,等等,可谓多家版本。董其昌在题跋《玉烟堂帖》时言:

宋时内府既刻官帖,而士大夫亦家刻一石,如戏鱼、宝晋、星凤楼、群玉堂诸帖,更仆莫数。故书家辈出,蔡、苏、黄、米之外,风流不尽。本朝惟文氏停云馆、予家戏鸿堂二帖耳。予友陈元瑞,博雅好古,深于书学,各体俱工,就中楷法盘旋钟太傅令公祖孙间,吴兴尚退三舍,余子无论也。兹所结集历代名迹与石刻佳本共如千卷,虽网罗千载,而鉴裁特精,黄长睿之余论,米元章之书史,元瑞或离或合,以意衷之,无取耳食,此帖出,而临池之家有所总萃矣。岁在癸丑暮春之初,董其昌题并书。⑤

董其昌在其中说明了刻帖的刊行流通之广,也说明了刻帖对临池者的重要,对自家的《戏鸿堂帖》颇是自信,并极赞陈元瑞所刻《玉烟堂帖》。《玉烟堂帖》刻于万历四十年(1612年),汇集汉、魏至宋、元各家名迹及石刻佳本,编次为四十卷。

尽管有众多摹刻法帖,其摹刻拓印之功却会高低参差不齐,在其中要寻得能还原真本神貌的佳本,更需要鉴赏者的具眼。同时,后代书家对前代名作的再次临写,也使得风格面貌相似的作品会重复出现。在这种情况下,准确的赏鉴判读,对鉴藏者而言,自然是极大的挑战,董其昌也面对同样的情况。如对《鼎帖》的判断,在其跋中言:

> 今年春正在吴阊,得王伯毂所藏宋拓《绛帖》,顷携以自随。疑为《醴州帖》,观其每数十行,辄有武陵二字,又疑为《鼎帖》。及入常武署中,翻阅第一卷,以宋太宗为弁,跋曰太宗皇帝御笔,在绛州摹,为诸帖之首,后款名曰鼎州提举,曰沅辰判事,常武为鼎州,而武陵其附城邑也,乃定为鼎帖。特为绛州二字所误,而世人只知有《绛帖》,遂误名为绛州帖耳。《绛帖》《鼎帖》《星凤楼》《群玉堂》《黔江》《醴州》《淳熙秘阁续帖》,世皆无传,至有对面不识者。余乏具眼,犹知床头捉刀为真魏武耶,志此。俟他日语伯毂了一公案也。乙巳六月七日,舟次武陵矶,时自常荆校士还武昌书。⑥

《鼎帖》刻于南宋年间,稍晚于《绛帖》(图4-1),是鼎州太守张斛刊刻,鼎州旧为武陵郡,因此此帖又称为《武陵帖》,是以《阁帖》《绛帖》等前帖为基础的再次翻刻翻印,现有上海图书馆藏宋拓本,故宫博物院藏残本,此处董其昌几番推考后认为王伯毂所藏《绛帖》应是《鼎帖》,并颇自信。就董王相较,董其昌的眼力应该高于王伯毂,也许就可了一公案。

有时出现难以判断的情况,董其昌也会误判,如在跋《俞子中书黄庭经》时言:"俞紫芝临黄庭经,仍似赵吴兴用笔,若无印款,便命之赵书矣。"⑦俞紫芝即俞和,有《临定武禊帖》(图4-2)传世。黄庭经是王羲之小楷代表作品,经过后人不断地摹刻临写,此时面对似赵孟頫笔法而是俞和⑧所临的黄庭经,董其昌也出现了犹豫,可见面对风格相近之作,依靠感性经验,并非时时都能确切鉴定判。而有时,董其昌也会相当肯定地做出判断,不管是否客观正确。如对张旭草书的判断,在跋中说:

> 项元度出示谢客真迹,余乍展卷,即命为张旭。卷末有丰考功跋,持谢书甚坚。余谓元度曰:"四声定于沈约,狂草始于伯高。谢客时都无是也。且《东明》二诗,乃庾开府《步虚词》,谢安得预书之乎?"元度曰:"此陶景弘所谓元常老骨,

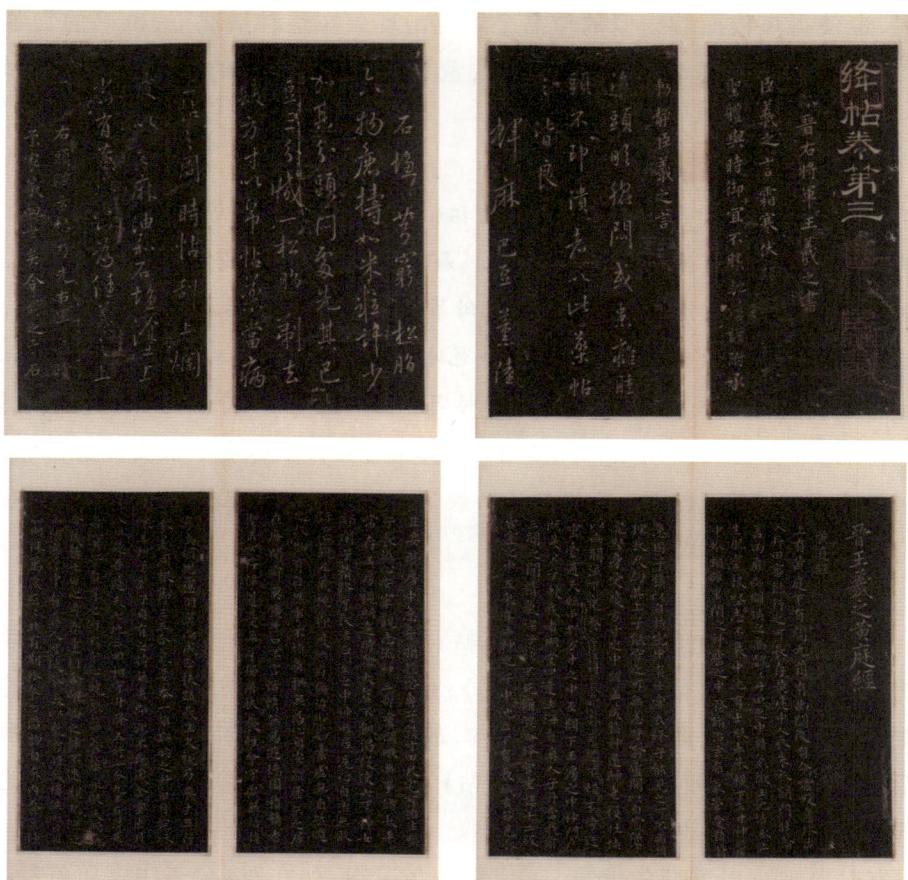

图 4-1 宋·潘师旦《绛帖》 日本国立图书馆

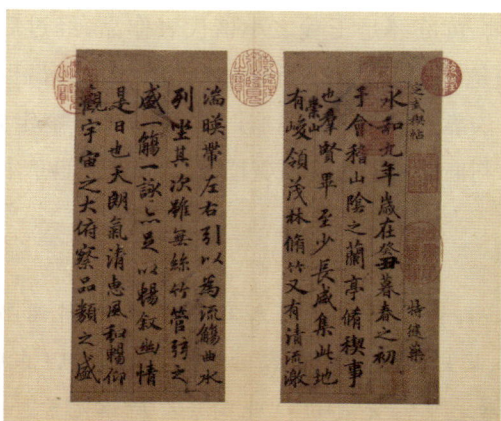

图 4-2
元·俞和《临定武禊帖》
纸本 册
25.4×11.1厘米
台北故宫博物院

更蒙荣造者矣。"遂为改跋,文繁不具载。其昌。⑨

这段跋语是董其昌在《戏鸿堂法帖》中的题跋,所说的法帖乃是张旭所书《古诗四帖》(图4-3),现存辽宁省博物馆,董其昌曾收入《戏鸿堂帖》中。在辽博所藏此帖后有丰坊的跋,还有董其昌的另一段长跋:

唐张长史书庾开府《步虚词》、谢客、王子晋、衡山老人赞,有悬崖坠石急雨旋风之势,与其所书《烟条诗》《宛溪诗》同一笔法。颜尚书、藏真皆师之,真名迹也。自宋以来,皆命之谢客,因中有谢灵运王子晋赞数字误耳。丰考功、文待诏皆墨池董狐,亦相承袭。顾《庾集》自非僻书,谢客能豫书庾诗耶?或疑卷尾无长史名款,然唐人书如欧、虞、褚、陆自碑帖外,都无名款,仅《汝南志》《梦奠帖》等历历可验。世人收北宋画,政不须名款乃别识也。或曰安知非醉素,以旭肥素瘦,故知为长史耳。夫四声始于沈约,狂草始于伯高,谢客时皆未之有。丰人翁不深考而以《宣和书谱》为证。宣和鉴书如龙大渊辈,极不具眼。且谱只云古诗,不云步虚词云云也。阁帖二卷,张芝知汝帖,米元章犹以为伯高书,此诚不随人看场者。余故为项玄度正之,且刻之《戏鸿堂帖》中。万历壬寅中元日董其昌跋。⑩

对此帖是否张旭所书,观点不一。丰坊在跋文中也提出了疑问,认为非是谢安所书,并提出可能是贺知章所书,认为"唐人如欧、孙、旭、素皆不类此,唯贺知章千文、孝经及敬和上日等帖,气势仿佛"。但也并没有完全持肯定的态度,"则余有未敢必其为贺书矣,俟博雅者定之"。有趣的是,董其昌在跋文中的语气甚是肯定,认为是张旭书,自己纠正了之前的误判。主要依据是此书"有悬崖坠石急雨旋风之势,与其所书《烟条诗》《宛溪诗》同一笔法",且"旭肥素瘦"。可以说董其昌仍是从笔法的相似和延续性上做出的判读。启功先生对此做了有根据的批评⑪,指出董其昌不仅无中生有捏造了丰坊"持谢书甚坚",而且仅根据"狂草始于伯高(张旭字伯高)"便为此帖冠名张旭过于鲁莽。今日看,董其昌的确是误会了丰坊的意思,不过董其昌在此处的跋文亦代表了其个人的观点,毕竟此帖究竟为谁,至今难为结论。有意思的是,我们今天也依旧沿用了董其昌的观点。从"余乍展卷,即命为张旭",足见董其昌在鉴赏书画时极为感性自信的一面,这也往往成为后人对其诟病之处。

这种自信又感性的鉴赏是否就为不妥，笔者认为应该以理解的眼光来看待。因为这种情况在董其昌的赏鉴中是常有的，我们在看到一个自信的赏鉴者的同时也禁不住追问，董其昌为何有时会如此的确定和自信？这其中很大一部分原因大概是董其昌自己就是书家，长久临池养成对笔法的敏锐，对不同书家风格的熟悉可能是其他人望尘莫及的，这点上董其昌是自信甚至有些自负的。另

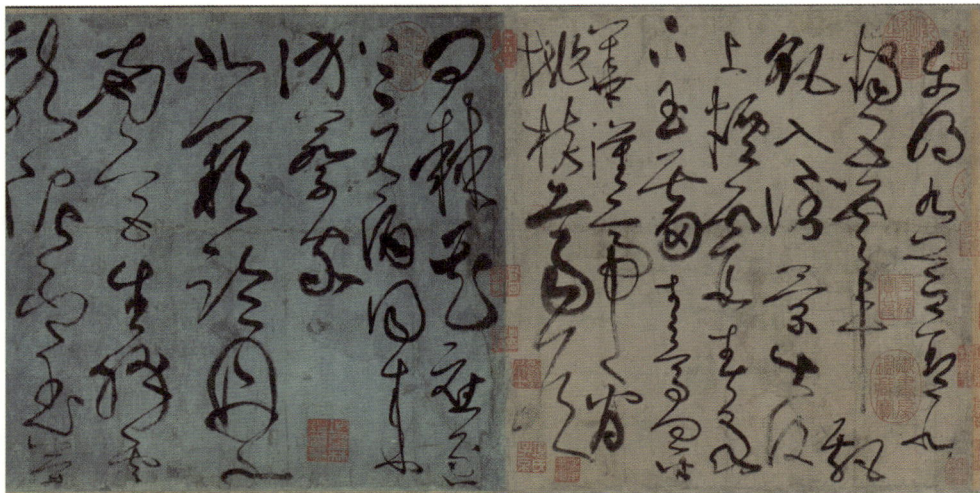

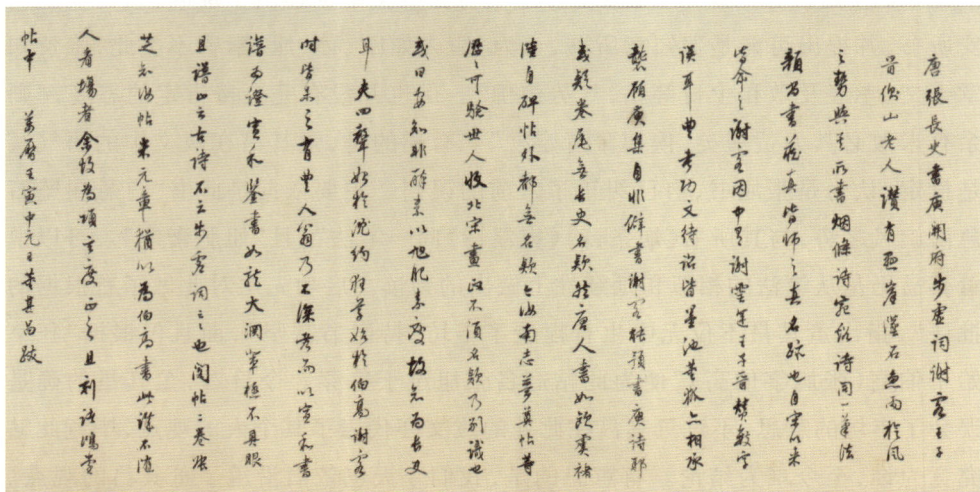

图4-3　唐·张旭《古诗四帖》（局部）　五色笺墨书　29.5×603.7厘米　辽宁省博物馆

外，如前所述，书画的鉴赏收藏对当时多数藏家而言，赏的过程实则远远胜过对作品作出最终结论，或者说在面对不具名的作品，或有疑问的作品，提出自己的观点无可厚非。在某种意义上，只有提出各自的观点，鉴藏交流才会更加有效地展开。如汪砢玉、张丑辈对自己过眼藏品也皆有各自的领悟、判读，更遑论是董其昌。

细读董其昌的跋语，不难发觉，董其昌在不断的赏鉴中追寻着的是自己喜爱的风格，同时也创造性地发挥对风格和往昔的想象和重构，并不遗余力地为一些远古的作品找到确切的依据，虽然很多时候似乎在自圆其说，当然自圆其说是作为一个带着些许理性的旁观者的看法，对董其昌而言其所言也代表其判断。对一些已经定名的作品，董其昌也会提出新的观点。他不仅对张旭《草书四帖》重新定名，在跋孙过庭《草书千言》中也曾说：

> 唐人书都不款，如褚之《哀册》，虞之《汝南公主志》，徐浩之《道德经》皆尔。此卷尾'过庭'二字，亦类续凫，第"渊"字"民"字亦不避讳，而字形笔法亦在虞礼之上，岂怀素书耶，世外之人，当不知有过讳耳。董其昌题。⑫

董其昌这里所说的孙过庭《草书千文》（图4-4-1），见于清代《墨妙轩法帖》另有辽宁省博物馆藏孙过庭纸本《千字文》（图4-4-2）。《墨妙奸法帖》这篇不太引人关注，从跋文看，董其昌对是否是孙过庭所书，是存有怀疑的，认为可能是怀素的临仿本，理由是其中对渊""民"字的不避讳，只有怀素这样的"世外之人，当不知有过讳耳"。从董其昌的语气来看，可以说是好奇的质疑，或者说有一些推测和假想。可见在赏鉴中，董其昌并不执着于已有的说法，而是会提出自己的意见。那么此书究竟是谁所书呢？孙过庭还是怀素呢？杨仁恺先生曾指出此本并不是孙氏原作⑬。值得注意的是，董其昌此处对作品判读的主要依据仍旧是字形笔法，这可以说是董其昌的根本鉴定依据。

对作品的怀疑和推测在董其昌的赏鉴中常常出现，甚至不乏有难以让人理解的思路。如果以今日科学的真伪鉴定之学来看董其昌的赏鉴，有时可能会失之千里。但回观董其昌的鉴赏依据，对书画临池者而言，却大有裨益，因为在看似矛盾、不合常理的推测判断中，实则启发了人的思维。如上对《俞子中书黄庭

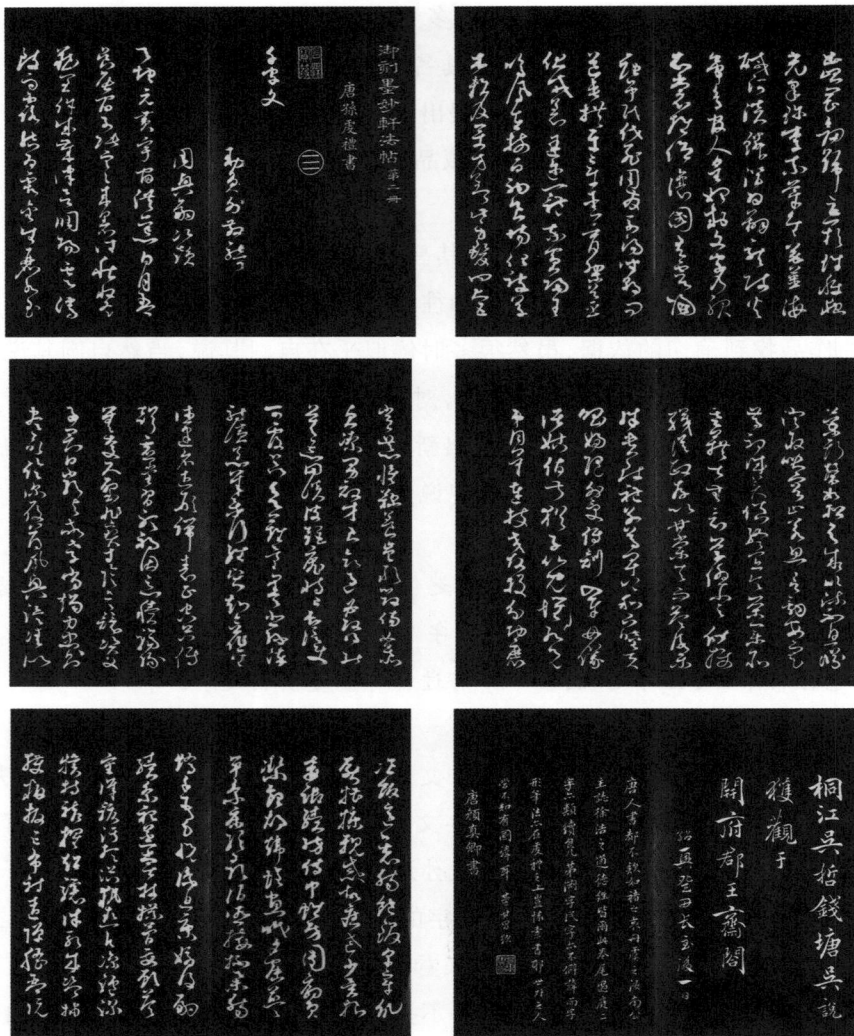

图4-4-1 唐·孙过庭《千字文》,《墨妙轩法帖》拓本 单幅30.6×35.6厘米 台北故宫博物院

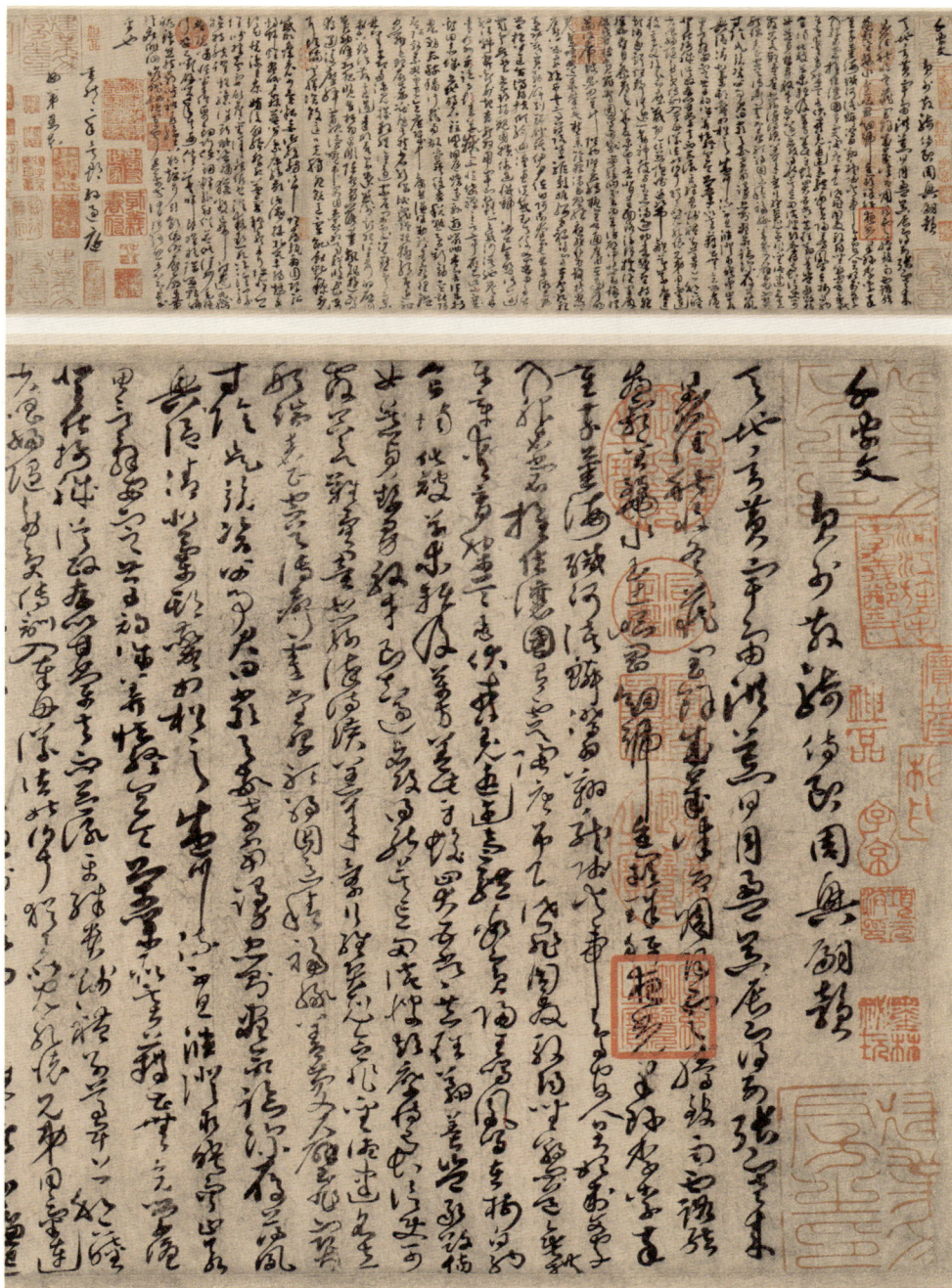

图4-4-2　唐·孙过庭《草书千字文》　纸本　25.7×82.5厘米　辽宁省博物馆

经》的判读，"仍似赵吴兴用笔"其实也道出了赵书和俞书的高度相似。历代流传的作品某种程度上可以说是感性经验积累延续的痕迹，其中不仅有内容、技法等显性的呈现，也有隐藏在书家笔下蛛丝马迹的情绪起伏，其中自然并非尽是理性的推理和考证。对赏鉴者而言，更需要对形态、笔墨、习惯、经验本身十分的敏锐，逻辑的不通有时也不能说明即是风格上的不可行。尽管董其昌会毫不客气地为不能确定作者的法书冠名，或者提出质疑，也往往用"似""岂"等带有推测性质的语气来表示自己的推测假想成分，有点此作待定的意思。如果从书画流传的实际情况考察，这种赏鉴其实也更加契合事实，毕竟古人远矣，在面对只有作品而乏款识的情况，或者不同书家风格类似的作品，如不从具体的形态面貌上进行比较辨析，进而对作品风格进行依近推远的推测判断，也难以追根溯源，厘清其大略。

董其昌对法书的鉴赏，从其频频的"下真迹一等"的说法中，也会感到董其昌对这些作品的珍惜之状、包容之怀。除了如上阁帖的翻本《鼎帖》外，董其昌也经眼了众多阁帖翻本，如《泉州帖》。《泉州帖》是比较闻名的阁帖翻刻，董其昌在题跋中言：

淳化官帖，宋时已如星凤。今海内止传一本，是周草窗家物，在项庶常所。时往索观，咨嗟叹赏，以为神物，下真迹一等此耳。秘阁之本甚多，世亦无复存。惟泉刻较祖本稍瘦，而摹镌特为潇洒有生气。买王得羊，不失所望是耶。吾闻项本初在华东沙、史明古家，华得其九，史得其一，文待诏为之和会，两家各称好事。连城不吝，延津终合，其难致如此。弟得泉本，日夕临池，助以笔意，亦是快事，岂其食鱼，必河之鲂。董其昌观因题。[14]

这里的题跋是为别人而题，董其昌在其中讲述了《泉州帖》的收藏过程，可谓几经周转，最后到了对方手中。另如阁帖一系的《武冈帖》，董其昌在题跋中多有称赞："武冈、武陵帖，皆淳化之冢嫡，世不多见，今遂至二十卷，实为奇绝。"而在见到吴廷携来的《淳化阁帖无银锭本》时，则更是极为兴奋，"何幸晚生，见此奇宝"[15]。认为此本比项氏所藏之《泉州帖》要好。

自宋开始，阁帖一出，便有不同样的翻刻，或依照原样，或又加增添，在世流行各种版本不在少数,董其昌所见应该是更多。虽然也不时大赞见到的不同版本,但董其昌更多时候是从书家的视角,对阁帖持有所保留态度,尝言:

> 阁帖赝者居半,自宋时已采集多舛,黄常睿论之详矣,然长睿非专门书家,每以文字古今为辨,间有淆讹。余只以书理作断案,凡古人真迹,必以态胜,此片言居要耳。
>
> 书家好观阁帖,此正是病,盖王著辈绝不识晋唐人笔意,专得其形,故多正局,字需奇宕潇洒,时出新致,以奇为正,不主故常,此赵吴兴未尝梦见者,惟米痴能会其趣耳。今当以王僧虔、王微之、陶隐居《大令帖》几种为宗,余俱不必学。⑯

董其昌在这里对阁帖的态度可谓严肃,可见其对法书的赏鉴始终糅合书家的意志在其中,所谓"凡古人真迹,必以态胜"即着重从书理来判读,重视法书的笔法形态,不仅是表面的形似。当然,对阁帖的质疑,在当时也不仅是董其昌,王肯堂也曾说:

> 世以淳化帖为法书之祖,然皆王著临书,非从真迹响搨双钩者,何以知之?余见宋时御府所藏晋人真迹及唐摹右军帖多矣,凡阁帖所载,仅得其仿佛,甚则并点画形似尽失之,岂有摹脱真迹,而舛误如是者。至于赏鉴不精,真赝并收,连缀虫蚀不成文理,又其小小者也,学书者欲据之而希踪钟王不亦远乎。近世盛行长洲文氏停云馆帖,皆作待诏父子手脚而小楷尤为失真之极,不特晋法尽亡,既褚、虞、欧、颜笔意荡然无遗矣。吾友董玄宰刻戏鸿堂帖,亦一色,自书即双钩亦甚草草,石工又庸劣,故不能大胜停云。玄宰书家能品,作此欲传百世,乃出新安吴用卿余清堂帖之下,甚可惜也。⑰

王肯堂的说法似乎有些苛刻了,把《停云馆帖》和《戏鸿堂帖》都批评一番,可见当时法帖的参差不齐,王肯堂甚至还批评了《戏鸿堂帖》的草率。董其昌在万历三十一年(1603年)辑成《戏鸿堂法帖》(图4-5),摹刻上石行世。《戏鸿堂法帖》共十六卷,从晋代杨羲到元代赵孟頫,对晋、唐、宋元重要书家的作品都有所收录。《戏鸿堂帖》有"用大斋本",据用大斋主人说,《戏鸿堂帖》初刻时纸墨榻工

图4-5　明·董其昌《戏鸿堂帖》十六卷（卷十一十三）　纸墨　拓本
27.8×14厘米　哈佛大学图书馆

各极其妙,四方争赏,以高价购之而不易得,在董其昌督学楚中后,就不得其人,开始速就射利,价格也顿减。董其昌督学楚中在万历甲辰(1604年),从时间上看,《戏鸿堂帖》在刚行世不久就走了下坡路。

二、诸家法帖

在阁帖之外,还有更让董其昌为之倾心的各家法帖,如王羲之父子的法书,不仅是董其昌的师法对象,二人所流传下来的法帖也是董其昌搜罗把玩的主角。首当其冲的便是《兰亭序》,《兰亭序》后人也称其为禊帖,各种拓本和临写多样,董其昌曾言其"所见定武本不胜纪",董其昌题跋过几个不同的兰亭本,有《唐拓怀仁集字本》《隋开皇刻王羲之兰亭诗序》《宋拓定武兰亭》《定武五子损本兰亭卷》。另有虞世南、褚遂良、柳公权、赵孟頫等人所临本。其中让其珍若脑髓的是《唐拓怀仁集字本兰亭袖珍本》,董其昌得到此本的时间比较早,可能是因为在早年,董其昌对得到此本兰亭极是欢喜得意,在跋中言:"《兰亭》帖宋元人纷纭聚讼,止定武石刻一种耳。此本从高丽使人购得,乃怀仁集字本,的系唐椠。余幸获之,装为小册,秘诸枕中,虽千金不与人一看也。万历二十一年岁在癸巳五月。"⑱中言"秘诸枕中,虽千金不与人一看也"。此本俨然成了董其昌最可宝贝的珍宝秘玩。董其昌得到此本,时三十九岁,从朝鲜使者处得,以后不断地为之题跋,至有十二跋之多,今存五跋。其中言:

> 与《圣教序》的是一家眷属,《圣教序》翻刻既多,此系唐石宋拓,宜其奕奕神采也。
>
> 赵文敏一生学《兰亭》,此种笔意惜未梦见。
>
> 余每至禊日写《兰亭序》,先将此帖展看,所得不少。若吴兴日日临摹,不脱本家笔意,此不可解。其昌。

从题跋可见对此帖董其昌应该是反复地学习体悟,其喜爱之状溢于言表。按时间顺序,万历丁酉(1597年)董其昌四十三岁时又得见了《隋开皇刻王羲之兰亭诗序》,此本在杭州高濂处见得,从跋文仍可见其惊喜状,认为"尤延之王顺伯诸公见此，必不聚讼於定武，赵子固见此，必不舍命於昇山；子昂见此，必不盘旋于独孤东屏之二本，而十三、十七题跋不置"⑲。此本在六十一岁时，董其昌又重观并跋，可见对此本也颇为重视。

同在丁酉这年，董其昌也得见了《虞世南临兰亭帖》（图4-6），对此虞本，在题跋中详写了其来龙去脉：先是"万历丁酉观于真州吴山人孝甫所藏"，"后七年甲辰元日，吴用卿携至画禅室，时余已摹刻此卷于戏鸿堂帖中"。虽冠名为虞世南，但董其昌对此本的判断还是有些许不确定和怀疑，在第二次跋中言："此卷似永兴所临，曾入元文宗御府，假令文敏见此，又不知当若何欣赏也，久藏余斋中，今为止生所有，可谓得所归矣，戊午（1618年）正月董其昌题。"⑳"似永兴所临"，究竟是否永兴？从题跋中纪年可知董其昌四十三岁那年初见此帖，五十岁已经在吴廷处，吴廷携来给董其昌，可能此后就一直在董其昌这里。但在过了十四年后，六十四岁时董其昌再跋此本，仍然是不甚确定的态度㉑。如上文所言，董其昌的不确定有时候反而提供更多的观看和思考视角，也可见书画鉴赏中对作品的鉴别实为难事，需长久地浸淫研究。

但有时董其昌又要颇为自信地为之确定，如其在跋《梁摹乐毅论真迹》时言："余所见乐毅论宋拓本，及唐贞观摹真迹，二本皆无'付官奴'三字。独此有之，初甚完好，闻吴氏购时，主人故漫之，殊可惋惜。智永跋所云梁世摹出，天下珍之，即此帖，自余定为梁摹，以俟知者。董其昌题。"㉒"自余定为梁摹"但仍要"以俟知者"，董其昌其实也是谦虚如此，此帖现存有宋拓本（图4-7）。

此外董其昌亦在题跋《兰亭八柱帖》中大谈对法帖的师承之法，言：

柳公权书兰亭诗，书法与右军禊帖绝异，自开户牖，不倚他人庑下作重儓，此所谓善学柳下惠者也。或曰陶縠书，恐縠未能特创乃尔，且君谟、长睿已审定矣。董其昌。

又：书法自虞、欧、褚、薛，尽态极妍，当时纵有善者，莫能脱尽窠臼。颜平原始一变，柳诚悬继之，于是离坚合异为主，如哪吒拆肉还母，拆骨还父，自现一清净法身也。米老反诋诚悬，不足称具眼人。若诚悬所书兰亭，要须无一笔似右军兰亭始快，恨予不能无一笔不似诚悬耳。止生过余墨禅轩论书，因一拓之。戊午正月廿二十日，董其昌自题。㉓

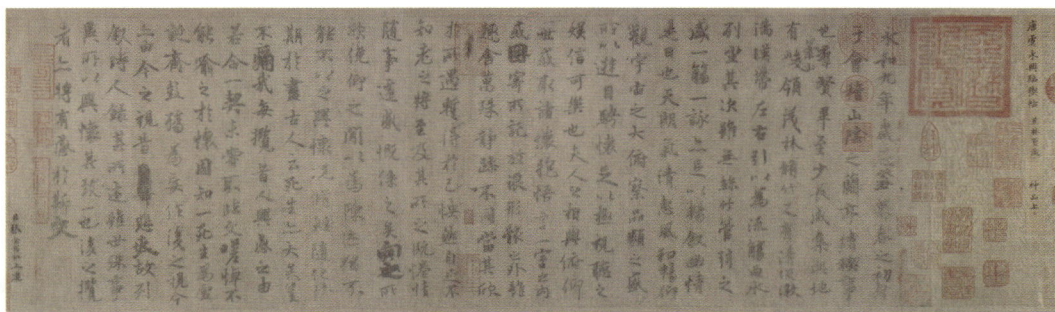

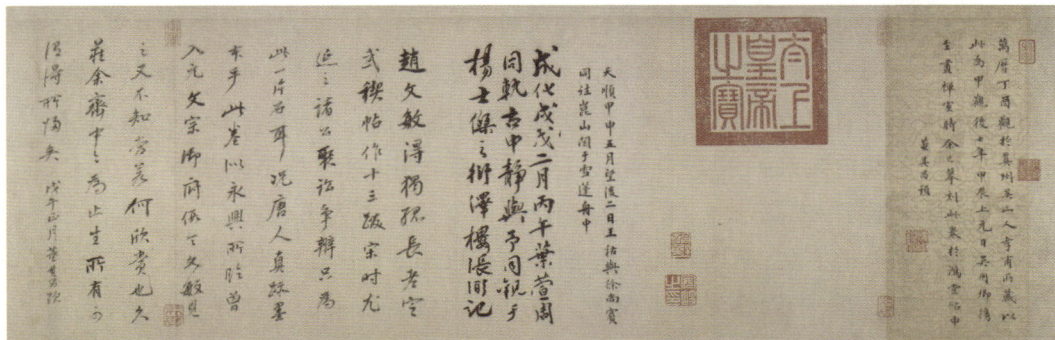

图4-6　唐·虞世南 摹兰亭序卷（天历本）　纸本　24.8×57.7厘米　北京故宫博物院

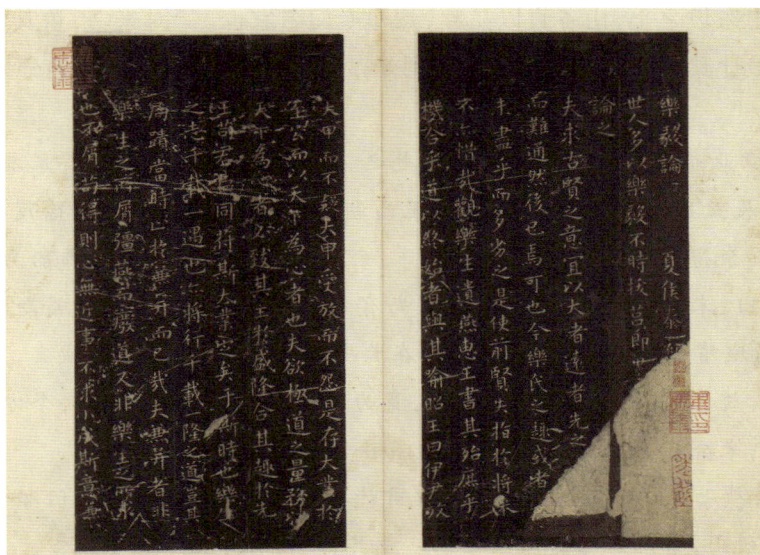

图4-7　晋·王羲之《乐毅论》宋拓越州刻晋唐小楷册　33.5×37厘米　台北故宫博物院

此语可谓董其昌的临池所悟,认为唐代书自颜真卿为一变,柳公权继之,提出不似之似才是善学者,柳公权正是在这一点上得到董其昌十分的认可。所谓"要须无一笔似兰亭使快",董其昌虽然在赏鉴师法历代书家,同时,也一直在尝试摆脱前人的窠臼。除了如上诸本兰亭,董其昌所过眼的亦有二王书《官奴帖》《气力帖》,王献之《洛神赋十三行》《鸭头丸帖》《送梨帖》《中秋帖》等。

董其昌学书时初师颜真卿,因此,董其昌对颜真卿也一直关注,曾题跋的颜书有《唐拓颜真卿麻姑仙坛记》《宋拓颜鲁公争座位帖》《莫利支天经》《自书告身》《朱巨川告身真迹》《与刘中使帖》《鹿脯帖》《与兄书》等,其中《宋拓颜鲁公争座位帖》《颜书与刘中使帖》已摹刻入《戏鸿堂帖》。《戏鸿堂帖》共十六卷,晋、唐、宋、元闻名的书家皆有收录。十六卷的大概内容如下:第一卷是晋人小楷,有杨羲小楷《黄庭内景经》,褚遂良摹王右军书乐毅论等;第二卷是梁武帝、唐太宗、唐明皇、宋徽宗、宋高宗书、宋妃杨氏书;第三卷是晋唐人书,有索靖、王羲之、王献之书,智永千字文;第四卷至十卷则是唐代书家;十一卷到十四卷是五代至宋的书家;第十五、十六卷为赵孟頫书。董其昌对魏晋法书的推崇是明显的,但从《戏鸿堂帖》的收录看,其实是比较全面的。

宋人法书中董其昌对米芾有着别样的感情,曾言:"吾尝评米书,以为宋朝第一,毕竟出东坡之上,山谷直以品胜,然非专门名家也。"㉞对米书,董其昌是极推崇,其中最让其心仪的是从吴廷处得到米芾《蜀素帖》(图4-8),上有三跋:

米元章此卷,如狮子捉象,以全力赴之,当为生平合作。余先得摹本,刻之鸿堂帖。甲辰五月,新都吴太学携真迹至西湖,遂以诸名迹易之。时徐茂吴方诣吴观书画,知余得此卷,叹曰:已探骊龙珠,余皆长物矣。吴太学书画船为之减色,然复自宽曰:米家得所归。太学名廷,尚有右军官奴帖真本。董其昌题。

又:增城嗜书,又好米南宫书。余在长安得蜀素摹本,尝与增城言,米书无第二,但恨真迹不可得耳。凡二十余年,竟为增城有,亦是聚于所好,今方置柴几,日夕临池,米公且有卫夫人之泣,余亦不胜其妒也,董其昌题。

又:崇祯七年,岁在癸酉子月。申甫计携入都门,再观于东华门邸中。一似老米重观研山,第无玉蟾蜍泪滴之恨。董其昌识,时年七十九岁。㉟

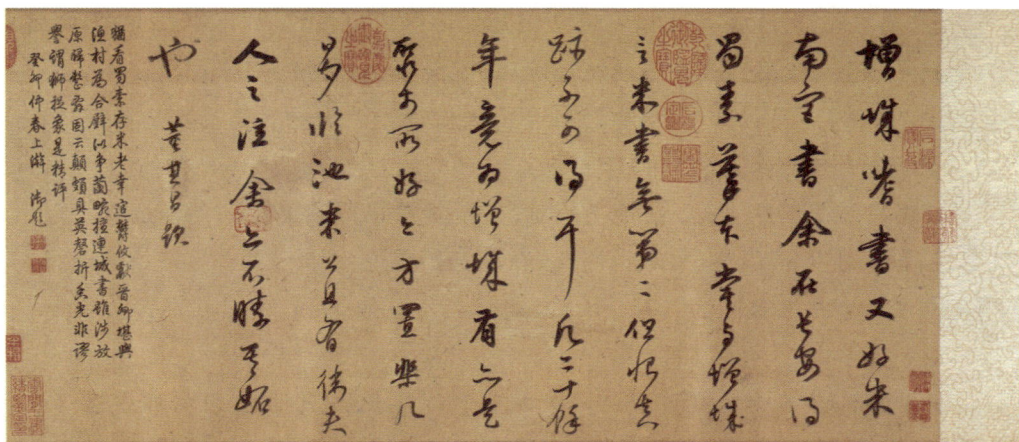

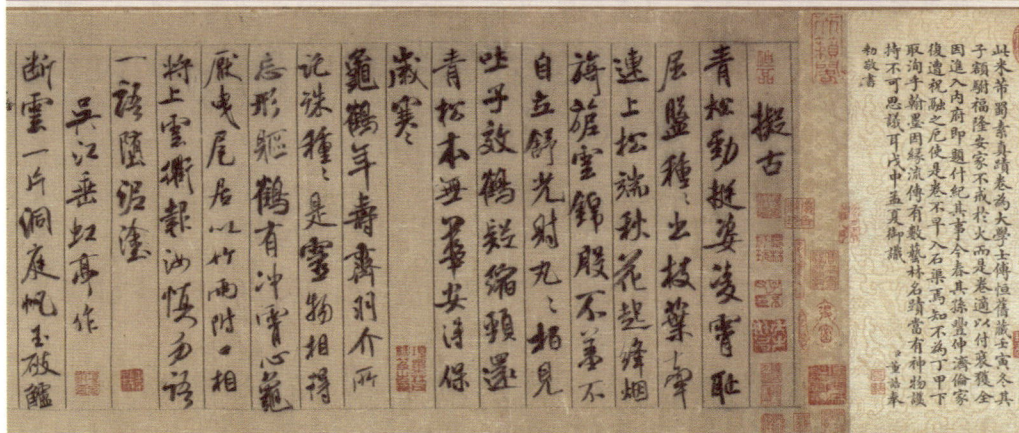

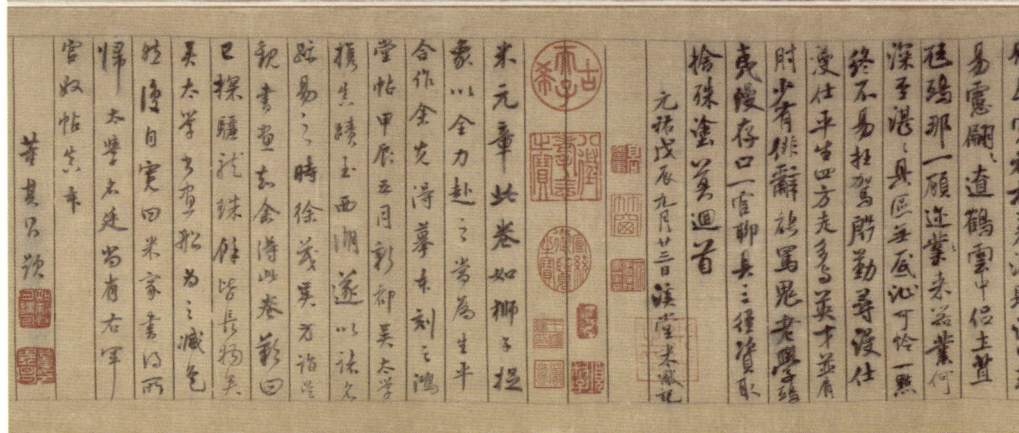

图 4-8　宋·米芾《蜀素帖》（局部）　绢本　29.7×235厘米　台北故宫博物院

　　此《蜀素帖》是董其昌用诸名迹从吴廷处易得,甲辰年董其昌年五十岁,此后大概又再次转出,第二跋中的增城是陈瓛,字元瑞,号增城,海宁陈氏家人,摹刻《玉烟堂法帖》。可见陈瓛也收藏过此帖,大概也转手出让。第三次是董其昌在京城又见到此帖,感叹不已,再次题跋。

　　董其昌过眼的法书是不胜数的,对此,董其昌也择其重要的记录过,见张丑《真迹日禄》中所录董书《书载记略》。在一开始曾说:"米元章有宝章待访录,列亲见与所闻者法书名画为二等,今仿其略。"其记录如下:

　　小楷:杨羲《黄素黄庭内景经》,见赵子昂诗禁长歌,今在吴门韩郡守家。余馆师韩宗伯所藏凡四千言,书类郗超,右军之外别有异趣,当为天下第一。《曹娥碑》真迹卷,有高宗跋,是北宋物。元文宗命柯九思鉴定御府书画,因赐之,以旌其劳。赵承旨题云:如岳阳楼亲见吕仙听吹笛,可以称量天下之书矣。在娄江王文肃公家。《灵飞六甲经》,钟绍京书,为玉真公主写,进御明皇,有徽庙标题。后有倪云林、虞集跋,全仿《黄庭经》。赵子昂师之,十得其三耳。海宁陈太常次公所藏。《黄庭外景经》真迹,此卷未见,据友人云,与《内景经》同一绢素,同一笔法。又有云似宋高宗临者。在吴江吴宪副家。顾恺之《女史箴》不全本,在嘉禾项家。其书类大令十三行《洛神赋》,古劲可爱。

　　行草:《兰亭序》褚河南本,白澄心堂纸,米元章跋,在海宁陈家。缺三行。又《兰亭》褚临墨迹绢本,王弇州家藏,后归新安汪太学。有米元章小行楷跋,今在广陵。

　　《兰亭》唐标第七本,绢素奕奕,无题跋,亦似褚笔,今在新都王氏书画舫。

　　《兰亭》白麻本,张金界奴进真迹,在余家,今为茅元仪将军所藏,其细君名宛者日临石刻兰亭,故以归之。

　　《兰亭》石刻有隋开皇本,在唐太宗命萧翼取之辩才摹刻传世之前,余家有之,今归京师友人,此外定武本不胜纪。

　　颜鲁公《祭季明文》真迹,鲜于伯机所藏,跋云:吾家无第一,天下无第二。今在新都吴太学家。停云馆所刻乃米临,余刻之《戏鸿堂帖》者是此本也。

　　颜鲁公《送刘太冲序》,乌丝笺书,北京国学刻石。其真迹奇宕,为辽东李帅如松所藏。李故物,其家图书皆散,今不知所在。

李怀琳《绝交书》真迹,安福张司马家藏。武林杨侍御曾属余跋,缺一"鸢"字,《停云馆帖》亦然。余以《行穰帖》较之乃绝相似。《行穰》,右军笔也。思其故,当是萧齐时摹右军书,萧齐避祖讳,故缺"鸢"字耳。遂改跋右军。后为朱吏部世守所藏,朱被盗,余意此卷必投之水火矣。韩古洲郡守乃于长安得之,又质于来大参复,实天下行草第一。

王右军《官奴小女玉润帖》真迹,新安许少师家藏本,得之王元美,后落飞兔手,今闻转入粤东。王大令《东山松帖》真迹《送梨帖》真迹,皆曾见之,今不知归何人。右军零落数字成卷者甚多,不能殚述。虞永兴《汝南公主志》,王元美家物,后归汪景纯,今仍在新都。丁卯四月望书。其昌。㊱

与上面这些记录相同的内容也出现在清代金瑷所编《十百斋书画录》中,名曰《法书纪略册》,对比《真迹日禄》所记,《法书纪略册》所记的内容多于上述《书载记略》,《法书纪略册》不仅记录了以上《书载记略》所记,更多出如下记录:

褚河南《哀册》,亦王元美家物,其冢孙以质于吴太学,太学即其懿亲索连城之偿,无应者。亦有赵子昂书《枯树赋》,精甚。

杨凝式少师《韭花帖》,宣和谱载正书,今在嘉禾项氏。略有带行体,萧散有致,比少师他书欹侧取态者有殊。然欹侧取态者故是杨书佳处。

徐浩书《道德经》上卷,在无锡华学士家。黄花绢精薄,乍见似纸素,谛视知为绢本,全用钟元常法,世传苏玉局学徐季海,若以此卷品之,苏乃全不相似,以苏用偃笔,此卷皆正锋。下卷不知落何所,若得半卷,临写经月,可补其缺,此惟梦求之。

怀素《枯笋帖》只二三行二十余字,天真淡薄,最近右军,绝无平昔怒张之气,素书当为第一。

谢太傅六十五字真迹,后有米元章行楷百余字。米自贵其小楷,云:"不轻为人写,惟跋古帖与前贤墨迹用之。此跋如狮子捉象,必全其力,尽在嘉禾项晦伯家。若右军《奉橘帖》、《小女》、《腾载》等真迹,皆项氏之传赏者。

张长史《宛陵帖》,有李建中、苏舜钦、易简三公题跋,郁屈瑰玮,气吞欧虞。长史虽以醉继颠,终无此精妙,然所谓不可无一,不可有二。吾师韩宗伯所藏,以为甲观。

米元章《天马赋》有摹窠大字本，嘉禾黄中丞所购，后以归吴功甫太学。太学故物，为金坛于氏所收。又有中样一卷学颜行，余同年王简讨所藏，乃得之吴康虞，康虞即寒叔之父。故寒叔刻此迹于京师，今闻亦在金沙，吾松亦有一卷，尚未见也。

米元章行书《离骚》，宜兴吴氏所藏。乃吴文甫尚书之冢孙，其未弟，靳固不出示人，近始装潢成册。米书鲜有二千余言，珪玛夜光，烂漫抵鹊，真海内奇观。方当令人摹取米氏之书，观止于此。

苏文忠公书画为吾友陈眉公所收，入晚香堂。今披集犹如齐王鸡脍，未见其正，然海市诗、寒食帖，乃其至者。近又有青溪之松醪赋，余迹更仆不数。山谷有范宽《钓雪图歌》，极为奇伟。学《鹤铭》不失尺寸，几二百余言。又有《琵琶行》狂草，学醉素。吾郡蔡太学所藏。与梁溪华氏之书太白诗，皆纵横狂怪，鲜于太常所呵，然山谷自谓得长沙三昧，此亦独行天地之间者。

蔡君谟《谢宸翰表》，后有米芾小楷跋六行，致佳。乃常熟赵文毅公第二子权度之物，转如玉峰张氏，不复得见，今令人为桃源渔夫矣。他如赵吴兴、鲜于太常之名迹亦甚多，不胜纪。南宋时有吴琚，号云壑居士，书逼元章而清峭过之，收藏家时有尺牍，余得其书《归去词》，竟复失之，恨不摹入石耳。

右跋语是余丙寅岁游梁溪，船窗多暇，随意书此，今又六年所矣，笔法似昔，未有增进，只为好闲习懒，又不及前，一艺之成，谈何容易，壬申上元后二日，题于宝应舟次。㉗

对比两者的记录，从内容看，《书载记略》略不完整，似乎未完，《法书纪略册》则相对完整，如果不是在二者中的落款日期不同，实没有什么过多的疑问。在《书载记略》中董款为"丁卯四月望书"，而在《法书纪略册》中言："右跋语是余丙寅岁游梁溪，船窗多暇，随意书此。"按董其昌此时所言为丙寅年书写，而非为丁卯，丙寅后一年即丁卯，考其行踪，丁卯、丙寅都曾有无锡之行，《法书纪略册》中的所说六年后的壬申年也曾舟次宝应，于是似乎出现了难以解释之处，为何在张丑的记录中款为丁卯？张丑与董其昌同处一时，张丑的记录应该更准确一些，董其昌也应该确有此书而非伪作，而《法书纪略册》中的丙寅落款却也语气肯定,应该是更为完整的版本。对此,可推测,也许董其昌曾两次书写完成也未可知,张丑所见为其中一部分,或者董其昌在第二次落款纪年时,时隔六七年,记忆有所出入？当然也有一种可能是第二次所书是后人的作伪。

若不论其书写时间的差异,从内容看,董其昌是把记忆中过眼的法书刻帖如数家珍般地一一道来,所涉书家从魏晋至元代,我们无法估量出董其昌经眼的法书的数量究竟有多少,不难发现所列皆是历朝书法之代表者,按朝代排列有王右军父子、谢安、杨羲、颜真卿、褚遂良、李怀琳、杨凝式、徐浩、怀素、张旭、米芾、苏轼、蔡襄、黄山谷、吴琚、赵吴兴、鲜于太常。其中"赵吴兴、鲜于太常之名迹亦甚多,不胜纪"。按其所说,船窗多暇,随意所书,其中对藏家和流转也有所记录,可见对这些法帖非常熟悉,才能提笔就能逐一写出。但也可以推想,除却这些记录,还应有不胜纪的过眼经历,从"下真迹一等"的各种拓刻摹本到真迹佳作,把玩中也使其眼追手摹,终集大成,以至影响到举笔落墨。

三、宋元名家画册

赏鉴收藏不可避免地体现藏家的旨趣爱好,这对董其昌而言也不例外,依据自己的兴趣,董其昌赏鉴法帖时而推测怀疑,时而笃定确信。不断的过眼收藏,对历代绘画,董其昌其实也在不自觉中依兴趣选择喜欢的画家。与其他收藏者明显不同,董其昌收藏的初衷是师法学习的目的。因此,其收藏主要是山水画,对历代山水画家,董其昌的喜好似乎是很明确的。我们不妨先看看董其昌收藏的集古图册,这其中董其昌的趣味选择是比较清晰的。在天启元年一个严寒的冬日,李日华在题跋中记述了这样的一次雅集：

天启二年壬戌元日至十有三日,无日不阴雨冰雪,戚友相过,皆嘘和瑟缩,无少欢绪。因发猛思,拉徐润卿、汪玉水同儿子过程季白斋楼,煮茗团坐,出观董氏画册,一一评赏。营丘古淡萧瑟,赵大年对幅,一作近景,林樾环绕,一陂陀冈,拾级而上,做苔莪廊,房通高阁,可以眺望,而下止沙岸平桥,不知何适。其一作远景,平林漠漠之下,有三子母牛,一饮水,一伸颈垂胡瞪视,一蔽翳丛薄间,极有态,而隔水仍是半边圯桥。或云二幅相凑,然无接纫处,盖迹分而意合……伯驹花溪渔隐，设色鲜润。子昂青山白鹭，意象高华。朱瑞雪中鲈网，种种纤备。黄子久苍率浑成，董玄宰疑为北苑，余谓未必。番覆谛视间，遂令神情酣畅，如昔人暮春修禊，清夜游园，各各满志，无复阴寒凝冱之叹……㉘

李日华记述的是和二三书画同道在程季白家赏鉴董其昌所集《宋元名家画册》，此跋前亦有董其昌跋：

李成小卷，得之光禄潘云凤；赵大年对幅，得之刘金吾禧；荆浩一幅，得之靖江朱光禄在明；郭忠恕二幅，得之顾中舍正谊；赵吴兴垂钓图，得之朱司成象玄，家，名大韶，余最爱吴兴公及伯驹小景，皆闻而购之，共得百幅。拔之众尤，得此廿幅。尤欲去朱锐、曹云西，未有可易者，二十年结集之勤，亦博得闲中赏玩，人间清旷之乐，消受已多。东坡云："我薄富贵而厚于画"，岂人情哉！然授非其人，能不靳。周瑞生有画才，少年笃嗜，非耳食者，因以归之。他日画道成，为余图五岳，不负传衣佳话。庚戌十月，其昌题。㉙

综上两个题跋，可以看出这个集古册是董其昌早年收藏的一个集中呈现，所谓"拔之众尤"，中言"二十年结集之勤"，按题跋纪年，万历庚戌（1610年）年董其昌五十六岁，可见这些收藏是董其昌从进士后就开始了。此册中所选的画家是比较全面的，有李成小卷、赵大年对幅、王诜画、荆浩一幅、郭忠恕两幅、赵孟頫垂钓图、赵伯驹花溪渔隐图以及朱锐画、黄子久、曹云西、王蒙、倪瓒等人的作品。其中宋代画家有李成、赵大年、王诜、郭忠恕、赵伯驹、朱锐；元代画家有赵孟頫、曹云西、元四家；另有五代荆浩。元代画家是董其昌在京做庶吉士就着意收藏的，其中的宋代画家，郭忠恕、赵伯驹皆是精工一路的画法，董其昌说最爱吴兴与伯驹小景，"伯驹花溪渔隐，设色鲜润"，可见早些时候董其昌也并不排斥精工艳丽之作。当然对赵伯驹的作品，董其昌一直是青眼以待的。题跋中董其昌正在把此册转让给有画才的周瑞生，李日华跋在天启壬戌（1622年），时隔十二年，此册也早不在周瑞生处，已经流转入程季白手中。

此集古册也收录在汪砢玉《珊瑚网》中，汪砢玉共记录董其昌汇集的三个集古册，排在第一的是《唐宋元宝绘》大册，共二十板，作品二十幅，在此后的影响更大。第二便是李日华在程季白这里赏的《宋元名家画册》,《珊瑚网》中仅录了题跋,没有说有多少幅,从上面董其昌的题跋看,也是二十幅。另有第三个《董氏集古册》,共十四幅,此外还有一册经董其昌鉴定的《唐宋元人画册》十六幅。据汪砢玉所记,《唐宋元宝绘》为高头大册,李日华所赏《宋元名家画册》则减半,"向在董处,有大小册之称"。在过眼的众多前代名迹后,董其昌反复甄选着,确定自己喜欢的作品,拔之众尤,选出合其心意的画家和作品汇集一处。这对董其昌而言,似乎也是自然的事情,鉴赏的过程某种意义上也是对画家和作品反复筛选的过程,这种选择往往也在不自觉间形成,其间不可避免地带有赏鉴者的主观趣味。在题跋《唐宋元宝绘》高册时,董其昌说:

> 宋以前,大家都不作小幅,小幅自南宋以后始盛。又僧巨然笔绝少丈余画卷,长卷亦惟院体诸人有之。此册皆北宋名迹及吴兴赵文敏之笔也,余与马、夏、李唐性所不好,故不入选佛场。[30]

这里对马远、夏圭、李唐的态度是很明确的,称其为性所不好也。我们不妨看看此册究竟有那些作品:王维《雪溪图》、李成《晴峦萧寺图》、赵孟頫《西洞庭》二图、关仝《雪图》、米芾《云山》、倪瓒《设色图》、倪瓒《六君子图》、王蒙《秋林书屋图》、曹知白《吴淞山色》、王安道《苍崖古树》、赵元山水、商德符画、陆天游《丹台春赏》、巨然山水、范宽《江山萧寺图》、郭忠恕《摹王右丞蜀山图》、黄公望横幅、黄公望《姚江图》、高克恭山水、吴镇画。

汪砢玉在跋中言:"万历丁巳春仲,董太史玄宰携至吾地。"万历丁巳(1617年),是年董其昌六十三岁,正是遭遇家变后一年,据汪砢玉记录,此集古册后来也归程季白所有,此后又几经辗转,最后入王时敏手中,其中的画大概经过其他藏家的添换,清代书画录中记录只有十四幅,董其昌在王时敏处见之而为其长跋,感叹"时流易趋,古意难复"。

董其昌的集古画册也是了解其赏鉴趣味的重要资料,比起《宋元名家画册》,这册《唐宋元宝绘》可能更凝练了董其昌的山水史观。当然首先要说的是,按上章汪砢玉所记,此册最初并没有王维《雪溪图》,《雪溪图》是程季白后来添加,另王蒙《秋林书屋图》也是后补入。最初的第一开应为李成,也就是说,去掉的两幅是元代画家马琬作品和一幅元人著色樱桃白头翁图,那么此册最初在董其昌处时,实则也是宋元宝绘,其中所选画家赵孟頫、高克恭、商琦、曹知白、元四家、陆广都是元代人,王履是元末明初人,米芾、李成、郭忠恕、范宽是宋人,米芾自不必说是董其昌的心头好。

比较有意思的是其中两幅作品,都带有王维的影子,郭忠恕的《摹王右丞蜀山图》,自不必说是摹王维作品。李成《晴峦萧寺图》,大概董其昌自己也知,陈继儒也曾指出,实则非是李画,按陈继儒所说,是董羽所作,此图是大青绿,"全法王维"[③]。另外关仝《雪图》也是和王维相关的一幅作品,董其昌跋曰:"因观王右丞雪溪图,始知此图为王维伯仲。"另外一幅值得一提的是赵元山水,董其昌收藏第一幅董源时三十九岁,说明很早就关注董源作品,集古册中与董源相关的有赵元山水,董其昌在跋中说:"赵善长画,师董源,仅见于此。"另有巨然入选。

全册仅有的一幅北宋山水是范宽《江山萧寺图》,也是唯一一件董其昌没有题跋的作品,颇耐人寻味。细查此集古册,其实是以元代画家为主,以及王维、董源风格的摹品或近似之作。宋代画家不仅马、夏、李唐为董其昌不喜,范宽似乎也没有让董其昌很青睐。总跋中所言北宋名迹,似有英雄欺人之嫌,当然所言之众尤,似乎只可理解为在特定时间里部分地呈现了董其昌的审美趣味选择,但从中可以明显看到董其昌对元画的偏爱,元画应是其收藏中数量最多的,或者说是着意收藏的。宋代画家对米芾、李成有所偏爱外,以描绘高山大川等北方山貌为主的画家,如范宽似乎并没有得到董其昌十分的器重。另外也可以感觉到,此集古册中和王维、董源相关的作品,或者说王维、董源在董其昌观念中的重要性已经有所体现。

此外的集古图册还有《董氏集古画册》共十四幅,其中董其昌题跋者五幅,其中所选画家有:五代周文矩、南唐顾闳中、宋赵伯骕、夏圭、赵千里、赵希远、马远、刘松年、马麟。在其后总跋:

> 靖江朱光禄得娄江王敬美家藏画册九十二幅,余购之先后七年,始得合并。又汰其纸素渝损者,及画品不甚超者,与夫楼台鞍马,花卉禽鱼之非余所习者,仅存十有四幅,皆唐宋名手,神采奕奕。然余所见海内收藏家画册甚多,然非众尤之尤也,此本或无愧焉。董其昌题。[⑳]

董其昌虽言此册或无愧众尤之尤,但此集古册不能看作代表董其昌的喜好,不然何故性所不好的马、夏、李唐皆出现在此中,此集似乎只是选取其中佳本而集之。从这个集古册中的画家看,董其昌所选主要是五代至宋时期画家,内容也比之前的册子要全面,看来董其昌在收藏的时候,有时会有比较明确的选择和趣味,有时候也会比较广泛,毕竟只要是上品佳作,任何一个藏家都不想拒绝。

大概此时收藏,多有收集众多古画后集结成册的做法,董其昌在五十五岁时游新安,就曾给新安藏家吴翼明的《宋元明集绘》题跋,而董其昌也做同样的事情。其实更早一点,董其昌的一个同乡金文鼎就已经开始集古,这大概和当时书画鉴藏圈中的风尚相关,金文鼎在自己汇集的《胜国十二名家》中说:"宋人不如元人之文采,绢本不如纸本之绵远,卷轴不如册页之便览。今好事者所收,册页皆绢本,即马夏刘李之辈,难脱画院习气,余耽之者,盛国名家,恨不多得。"金文鼎是永乐间人,从跋语可推测,明代中期的江南收藏界,已经流行纸本和册页作品。其中还有一个信息是,当时的元画似乎并不多,或者说能拔之众尤的作品并不多,董其昌庶吉士进京后嘱托陈继儒为其搜家乡元四家作品,是否可推测,在董其昌生活的嘉万时期,对元画的收藏开始流行。董其昌在题跋《胜国十二名家》时言:

画册以元季四大家为难,余家藏百幅。仅拔其尤物十八幅耳,又有沈纯甫司马之子久二十幅,汪太学景纯,嵇太学冲凡二册,宋元各半,皆为画院之奇宝。今又见此册,原为我乡金文鼎所藏。文鼎画入能品,宜其具择法眼,差觉盛子昭柯丹丘未能作诸公把臂入林侣耳,然已海内不再得也。董其昌题。③

此《胜国十二名家》中所集画家有赵孟頫、管道升、赵雍、王蒙、黄公望、倪瓒、吴镇、曹知白、柯九思、马琬、方从义、盛懋。从跋文中,大概董其昌也曾汇集过元画画册。此时藏家在手中藏品日多的情况下,便会择尤而汇,在没有图像流通的条件下,也许正如各种法帖的摹刻拓印一样,这种集古画册一则成为师法的范本,一则可以对画法源流进行梳理,所谓众尤之尤。当然,在赏鉴活动普遍的晚明,藏家的集古册也可以全面展示藏家的鉴赏趣味和收藏实力。董其昌晚年,八十一岁时,在王时敏家赏画,题跋王时敏所买的《宋画典型册》,在其中言:"宋人画册收采甚艰。此十九页,如集翠裘,无非惊炫夺目者,宜宝藏之,见画苑当时典型具在。"㉞道出了集古画册所具有的图录收集意义。

四、找寻王维

不断的赏鉴,比起选出的众尤之尤,在董其昌看来,当然还需要追溯其源,其实王维和董源在早期就进入了董其昌的视线。对王维,董其昌认为"画家右丞,如书家右军"。对董源,则是在大搜元四家之后,认为"久之当溯其源,一以北苑为师"。董其昌也在反复找寻和确定可见的王维、董源作品。

王维的作品,董其昌所见有《唐宋元宝绘》中的《雪溪图》,是程季白后补入,添换在《唐宋元宝绘》中。董其昌后来也再次题跋,说:

> 沈启南先生题江山雪霁图有曰,平生所见沙溪孙氏所藏雪渡图,盈尺而已,正此图也。或笔误以溪为渡耳,有徽庙御题,有历代小玺,无复遗论,当为希世之宝。此册开卷,右丞营丘,便足压一世收藏鉴藏家,知其不朽。玄宰题。㉟

跋文应是应程季白之请所题,其中"此册开卷,右丞营丘,便足压一世收藏鉴藏家"。不难推测,把王维作品添加在其中,为画册增加了不少分量,董其昌充分肯定了《雪溪图》,认为是沈周曾见过的雪渡图,是否真实如此,已不可知。

在董其昌过眼或者收藏过的王维画中,让其对王维画风画法得出确切认识的是《江山雪霁图》,董其昌见此图在万历三十二年(1595年),时四十一岁。此图已经不见流传,时至今日流传的有藏日本京都小川家族传为王维的《江山霁雪图》,还有藏美国檀香山艺术科学院传为王维所作的《长江雪霁卷》。据汪世清先生考证,这两幅传为王维的作品和当时冯氏所藏《江山雪霁图》无任何关系㊱。因此,董其昌究竟从此图中得出了对王维画风的什么认识,也仅能从文字上认知。

在了解董其昌对王维画的认知前,不妨看看前代对王维画的认识。在古代难以很好保存图录的情况下,对画家风格画法的了解只能从文字中得以揣测,文字的多意和模糊性,也限制了在描述作品时的准确性和具体性,古人对艺术的形上追求，又使其对画家和作品的描述往往注重精神层面的描述，缺乏具体的着落，这尤其表现在时间久远的作品中。在唐代，朱景玄在《名画录》中描述王维画为："踪似吴生，而风致标格特出。"㉙大概王维画应该在技法上与吴道子相类，但"风致标格特出"，让人无法具体得知。张彦远在《历代名画记》中，则这么描述：

> 工画山水，体涉今古，人家所蓄多是右丞指挥工人布色。原野缓成，远树过于朴拙，复务细巧，翻更失真。清源寺壁上画辋川，笔力雄壮。常自制诗曰："当世谬词客，前身应画师。不能舍余习，偶被时人知。"诚哉是言也。余曾见破墨山水，笔迹劲爽。㉚

在张彦远的记述中，王维作画似乎是偶尔为之，又"笔力雄壮"，似乎并非吴道子辈，其中又说王维有破墨之作，可见王维画应该有两种风貌，类吴道子和破墨之作，擅画山水，曾画过辋川。再看宋代《宣和画谱》对王维的描述：

> 维善画，犹精山水，当时之画家者流，以谓天机所到，而所学者皆不及，后世称重。亦云："维所画不下吴道元也。"观其思致高远，初未见于丹青，时时诗篇中已自有画意。由是知维之画出于天性，不必以画拘，盖生而知之者。㉛

此中已经更重视王维诗画的关系，且认为王维的画出于天性，不能以画拘，盖生而知之。对王维作品的内容基本没有具体的解释，很显然，对王维的画不能以画工画相类。为随后苏东坡的"味摩诘之诗，诗中有画。观摩诘之画，画中有诗"，开了标榜文人画的端倪。宋代藏家大概已经对王维画开始关注找寻，米芾在《画史》中说："世俗人又多以江南人所画雪图命之王维，但见笔清秀者即命之。"㉜对于那些命之王维画者，米芾也言"谅非如是之众也"。米芾曾记录王维画小辋川（图4-9）的摹本，言其"笔细"，和世俗所谓王维画全不相类，这和张彦远说的"笔力雄壮"已经有不小的差异，米芾还认为"笔细"是真实的王维作品的面貌，但此本已是摹本。可见王维作品在宋代已难寻，只能从摹本想见真迹，更增添了神秘性。

董其昌受米芾的影响甚大，在对王维画的认识上，却更加甚之，所谓有"右丞

图4-9 唐·王维《辋川图卷》(明拓本·局部) 纸本
31.75×825.5厘米 美国芝加哥东方图书馆

画癖"。终于,在之前所见其他王维作品的基础上,至见到《江山雪霁图》,似乎满足了董其昌对王维作品全部的想象和猜测,认为此就是王维真迹。董其昌的题跋如下:

> 画家右丞,如书家右军,世不多见。余昔年于嘉兴项太学元汴所见《雪江图》,多不皴染,但有轮廓耳。及世所传摹本,若王叔明《剑阁图》,笔法大类李中舍,疑非右丞画格。又余至长安,得赵大年临右丞《林塘清夏图》,亦不细皴,稍似项氏所藏雪江卷,而窃意其未尽右丞之致。盖大家神上品,必于皴法有奇。大年虽俊爽,不耐多皴,遂为无笔,此得右丞一体者也。最后复得郭忠恕辋川粉本,乃极细谨,相传真本在武林,既称摹写,当不甚远。然余所见者庸史本,故不足以定其画法矣。惟京师扬邮州将处有赵吴兴雪图小幅,颇用金粉,闲远清润,迥异常作,余一见而定为学王维。或曰,何以知是王维,余应之曰,凡诸家皴法,自唐及宋,皆有门庭,如禅灯五家宗派,使人闻片语单词,可定为何派儿孙。今文敏此图行笔,非僧繇,非思训,非洪谷,非关仝,乃至董巨李范皆所不摄,非学维而何? 今年秋,闻金陵有王维《江山雪霁》一卷,为冯开之宫庶所收,亟令人走武林索观。宫庶珍之如头目脑髓,以余有右丞画癖,勉应余请。清斋三日,始展

阅一过,宛然吴兴小帧笔意也。余用时自喜,且夙世缪词客,前身应画师。余未曾得睹真迹,但以心想取之,果得与真有合。岂前身应入右丞之室,而亲览其磅礴之致,故结习不昧乃尔耶。庶子书云,此卷是京师后宰门拆古屋,于折竿中得之。凡三卷,皆唐宋书画也。余又妄想彼二卷者,安知非右军迹,或虞褚诸名公临晋帖耶。傥得合剑还珠,殊足办吾两事,岂造物妒完,聊畀予于此卷中消受清福耶。万历廿三年,岁在乙未十月之望,秉烛书于长安客舍。董其昌。⑪

　　题跋中,董其昌一一列出了之前所见王维画或风格相似者,大致为项太学家《雪江图》——《赵大年临右丞林塘清夏图》——《郭忠恕摹本辋川图》——《赵孟頫小幅雪图》——《江山雪霁图》。细查董其昌题跋,其中自言自语的成分似乎居多,感性的推测居多,所依据的是"凡大家神品,在皴法上必定有奇"。在《江山雪霁图》之前,董其昌曾见的一些类似王维风格但大多是后人临摹的作品,可以说董其昌是从临本来推测王维的画风面貌,但都不是其理想中的王维,只有赵孟頫《小幅雪图》,董其昌认为"颇用金粉,闲远清润,迥异常作,余一见而定为学王维"。这里出现董其昌常用的句式"一见而定为",又依据非此即彼的逻辑,即:"文敏此图行笔,非僧繇,非思训,非洪谷,非关全,乃至董巨李范皆所不摄,非学维而何?"排除法是否适合此处的判读和结论,似乎还有很多待议的空间。《江山雪霁图》"宛然吴兴小幅笔意",自然应该是真迹。但无论是吴兴小幅雪图,还是

《江山雪霁图》，董其昌都没有言明该画面具体是何种皴法、景致如何、笔意如何、意境如何，也仍让人无法具体。也许董其昌的确从此图中意会出了王维画的特征也未可知。但仅从题跋看，对观后感受的叙述远远多于对具体画面的描述。此后董其昌对王维画的评论似乎就很确定了，如在六十四岁，跋宋徽宗《雪江归棹图》（4-10）时言：

> 宣和主人写生花鸟，时出殿上捉刀，虽著瘦金小玺，真赝相错，十不一真。至于山水，惟见此卷。观其行笔布置，所谓云峰石色，迥出天机，笔意纵横，参乎造化者，是右丞本色。宋时安得其匹也，余妄意当时天府收贮维画尚多，或徽庙借名，而楚公曲笔，君臣间自相唱和，为翰墨场一段籧弄，未知可耳。王元美得之，若遇溪上吴氏，出右丞雪霁图长卷相质，便知余言不谬。二卷足称雌雄双剑，瑞生莫生嗔妒否。戊午夏五，董其昌题。㊷

此时距离见《江山雪霁图》已经是二十三年后，董其昌认为宋徽宗《江雪归棹图》和王维画相类似，猜测其为君臣相唱和之作，其中所言"云峰石色，迥出天机，笔意纵横，参乎造化"，是董其昌对王维画的惯用评语，在提到王维画时董其昌往往以此四句形容，以致于给人留下极大的想象空间。

有趣的是，比起前文所述，对作品多留有余地的判读，以及适度怀疑推测，甚

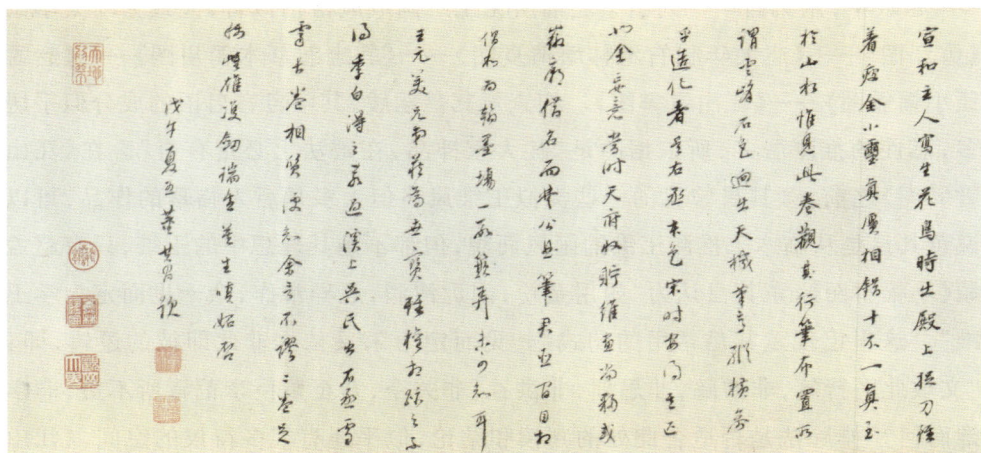

图4-10 宋·赵佶《雪江归棹图》董其昌跋 绢本浅设色 北京故宫博物院

至对已具名作品提出不同意见,董其昌对王维作品的赏鉴判读中,显然是一种更愿意相信和确定的态度,甚至还做出一些君臣唱和的想象。这里其实也隐现出董其昌对王维的喜欢和执着,或者说,董其昌潜意识中意欲为自己观念中的作品找到可见的依据,这种赏鉴心理无疑是带有很大主观性的。

也许是受宋代苏轼文人画观念的影响,也许是晚明浮动的世风,董其昌虽然没有过多解释王维画的具体画法,却仍对王维极为推崇。我们是否也可以猜想,也许王维并不能在画法上为董其昌所崇尚的文人画提供许多技法和意境的支

图4-10　宋·赵佶《雪江归棹图》　绢本浅设色　30.3×190.8厘米　北京故宫博物院

持,但王维的文人身份,其"当世谬词客,前身应画师。不能舍余习,偶被时人知"的文人游戏作画态度,以及其归隐的身世经历,才是让董其昌欣赏和肯定,并有强烈精神共鸣的所在。

五、董源风格

如果说王维在精神、态度,包括身份上契合董其昌所推崇的文人画,那么董源,则是更具体地在画面上给董其昌观念中的文人画提供了师法的依据。由元四家而上溯董源,董其昌对董源画的追寻比起王维画似乎是容易得多,而在不断的找寻中,董其昌也的确达成其心意,收藏多张重要的董源画作,其收藏和所见的顺序大致如此:万历二十一年(1593年)三十九岁,在京收第一张董源画《溪山行旅图》,此图从吴廷处得来;万历二十五年(1597年)四十三岁,分别于六月得《潇湘图》(图4-11),九月得《龙宿郊民图》(图4-12);天启二年(1622年)和天

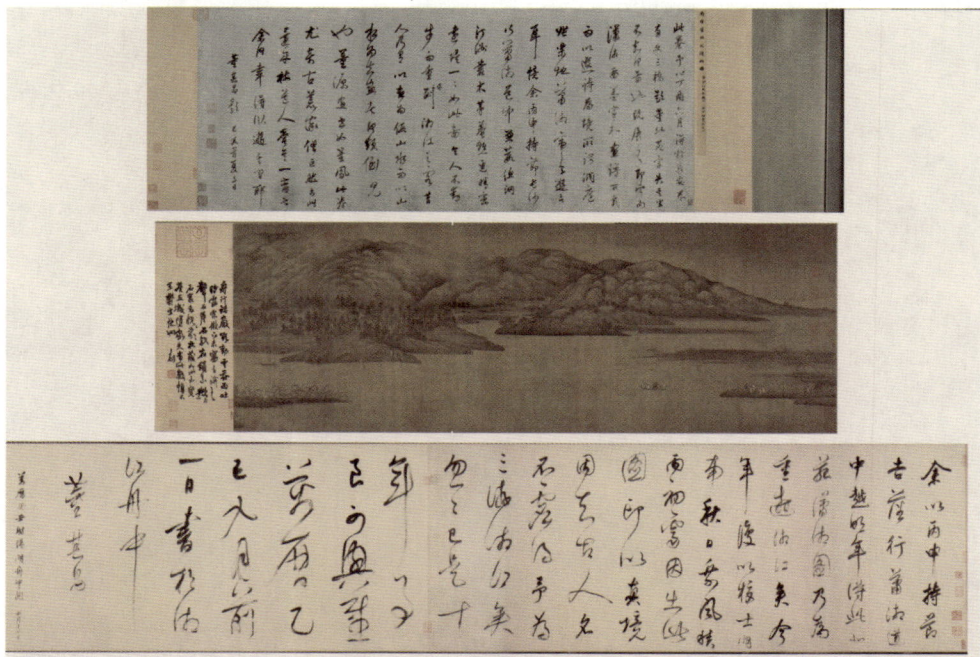

图4-11 五代·董源《潇湘图》 绢本浅设色 50×141.4/50×612厘米 北京故宫博物院

图 4-12 五代·董源《龙宿郊民图》 绢本青绿 156×160厘米 台北故宫博物院

启四年（1624 年），两次在京见《夏景山口待渡图》（图 4-13）；最后在崇祯五年（1632 年），是年董其昌已七十八岁，又得《夏山图》（图 4-14）。此外所见和所收亦有不具名但类似董源画法的作品，董其昌以"四源堂"名其斋，对董源作品的找寻研究伴随其整个鉴赏生涯。

但董源在绘画史中被接受认可的过程，也伴随着一次次的再认知、再确定。宋代，《图画见闻志》中记录董源"善画山水，水墨类王维，着色如李思训，兼工画牛、虎……有沧湖山水、着色山水、春泽牧牛，牛虎等图传世"[43]。但此说并没有流行，

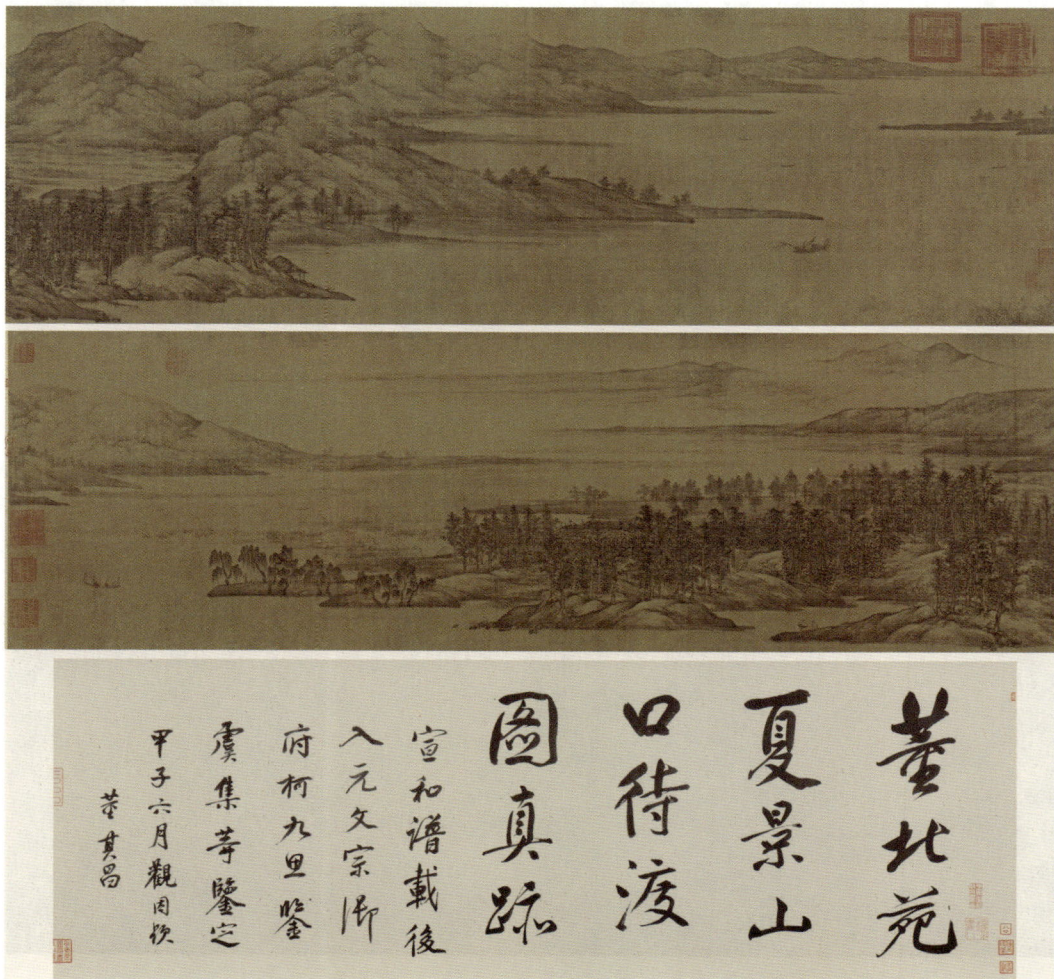

图 4-13　五代·董源《夏景山口待渡图》　绢本　50×319.8 厘米　辽宁省博物馆

图4-14　五代·董源《夏山图》　绢本　49.4×313.2厘米　上海博物馆

或者说并没有引起广泛的关注。同在宋代，米芾在《画史》中所描述的董源为：

> 平淡天真多，唐无此品，在毕宏之上，近世神品，格高无与比也。峰峦出没，
> 云雾显晦，不装巧趣，皆得天真。岚色郁苍，枝干劲挺，咸有生意，溪桥渔浦，洲
> 渚掩映，一片江南也。[44]

米芾此说几乎奠定了对董源风格的确定和认知[45]，在米芾看来，董源的画面
"峰顶不工，绝涧危径，幽壑荒迥，率多真意"[46]。同时代的沈括和米芾几乎一样，
对董源山水画多有推崇，称其"多写江南真景，不为奇峭之笔，画面其用笔草草，
近视几不类物，远观则景物粲然，幽情远思，如睹异境"[47]。在米芾和沈括的概念
中，都着重董源作品中一片江南山水的状貌，平淡天真的品格。

经米芾的发现，董源在元代已被广泛地接受，并且是当时山水画家主要的师

法对象,陶元仪在《南村辍耕录》中说:"近代作画多宗董源、李成二家,笔法树石各不相似,学者当尽心焉。"对董源的画法还有详细的记述:"董源坡脚下多有碎石,乃画建康山势,董石乃为披麻皴,坡脚先向笔划边皴起。然后用淡墨破其深凹处,著色不离乎此,石著色要重。"⑱在黄公望《写山水诀》中也有同样的记录。元代汤垕对董源的记述更全面,评价也更高,认为"唐画山水,至宋始备,如元又在诸公之上"。又"宋世山水超绝唐世者,李成、董源、范宽三人而已。尝评之:董源得山之神气,李成得山之体貌,范宽得山之骨法。故三家照耀古今,为百代师法"⑲。可见,元代山水画家和评论家对董源的接受和评价已经很高。在此基础上,董其昌对董源的情结似乎也不难理解,董其昌曾在《夏山图》题跋中回忆自己所见和所藏的董源作品,言语间颇多感慨:

> 董北苑画,为元季大家所宗,自赵承旨、高尚书、黄子久、吴仲圭、倪元镇各得其法,而自成半满,最胜者赵得其髓、黄得其骨、倪得其韵、吴得其势。余自学画凡五十年,尝窥寐求之。吴中相传沈石田、文衡山仅见半幅,为《溪山行旅图》,岁癸巳入京得之吴用卿,又于金吾邯郸张公得巨轴一。至丁酉夏,同年林检讨传言长安李纳言家有《潇湘图》卷,余属其和会,复得之。而上海潘光禄有董源《龙宿郊民图》,其妇翁莫云卿所遗,并以售余,余意满矣。比壬戌,余再入春明,于东昌朱阁学所见《夏口待渡图》,朱公珍之,不轻示人。余始妄意别有良觏,迨壬申应宫詹之召,居苑西邸舍,是时收藏家寥落鲜侣,惟偏头关万金吾好古,时时以名画求鉴定。余因托收三种,此卷与巨轴单条各一,皆希世之宝,不胜自幸。岂天欲成吾画道,为北苑传衣,故触着磕着乃尔,然又自悔风烛之年,不能恳习,有负奇觏也。乙亥中秋书。

此跋是董其昌八十一岁时所写,回忆了一生所收藏的董源作品,其中说:"赵得其髓,黄得其骨,倪得其韵,吴得其势。""余自学画凡五十年,尝窥寐求之。"在董其昌看来,元代诸家学得董源一部分就已然名家,足见对董源地位的高度肯定。显然,董其昌的眼中心中,董源在山水画史具有开宗立派的地位,属于源头活水,后代的画家皆是从董源而出。也因此,董其昌在庆幸能收藏到董源作品,又有"不胜自幸","岂天欲成吾画道"的感慨。

大概董其昌每次题跋董源作品中都是满心欢喜,在收藏第一幅《溪山行旅图》跋中言"惊喜不自持",在《潇湘图》中说"余何幸得卧游其间耶",又"复得《龙宿郊民图》于上海潘光禄,自此稍称满志"。八十一岁再次题跋《夏山图》,中言:"余自壬申出山,三载宦游,往返八千,所得清旷赏心之乐,惟此最胜。"可能在董其昌的鉴藏生涯中,只有董源才让董其昌有如此的惬意和满足感。

今天再看董其昌对董源的钟爱,若从赏鉴的角度看,乃是在承继米芾和元人认知的基础之上,又加以深化的结果。以至于董其昌经常把"吾家北苑"挂在口边。在收藏董源作品时,董其昌也经常充满了理想化的描述,如在《潇湘图》中的题跋:

此卷予以丁酉六月得于长安,卷有文三桥题北苑字失其半,不知何图也,既展之即定为潇湘图。盖《宣和画谱》所载,而以选诗为境,所谓洞庭张乐地,潇湘帝子游者耳。忆余丙申持节长沙,行潇湘道中,蒹葭渔网,汀州丛木,茅庵樵径,晴峦远堤,一一如此图。令人不动步而重作湘江之客,昔人乃有以画为假山水,而以山水为真画者,何颠倒见也。董源画世如星凤,此卷尤奇古荒率,僧巨然于此还丹,梅道人尝一变者,余何幸得卧游其间耶。董其昌题,己亥首夏三日。[60]

其中"既展之即定为潇湘图",这一熟悉的句式又一次出现,董其昌在鉴赏中的感性和想象力可以说是随手拈来,此无名的作品,董其昌定名其为《潇湘图》,以《宣和画谱》记载为据为此作品找到了文献的解释。不可否认,这种笃定的判断建立在丰富的赏鉴经验中,对董其昌而言,此图当然是董源作品,无可置疑。但对旁观者而言,此图是否是董源作品,似乎某种程度上是建立在对董其昌鉴赏能力的信服上,于是再次地,痴迷在董源梦里的董其昌也把更多人带进梦中。《潇湘图》曾是张大千的藏品,现藏北京故宫博物院,自董其昌后流传有序,民国时鉴藏家朱省斋对此图的评价也颇高,认为是董源真迹。

对自己所藏的董源作品,董其昌曾言:"董北苑《蜀江图》《潇湘图》,皆在吾家,笔法如出二手。又所藏北苑画数幅,无复同者,可称画中龙。"其实对董其昌而言,只要此图是自己想象中的董源之作,哪怕笔法如出二手,哪怕无复同者,也只是更说明其画中龙的变幻莫测。

不难发现，董其昌在赏鉴判读作品时，类似“既展之即定为潇湘图”的句式，自信的充满感性化的个人想象和推测常常可见，其跋语往往会出现“乍见之”“乍披之”的感性印记。如在跋夏圭《钱塘观潮图》中言：

此幅画钱塘江观潮，乍见之，即定为阎次平。及谛视，始得细款于树梢，则夏圭也。又复展之，于石角中亦注夏圭名。意禹玉自爱，不欲以姓名籍客者与，然次平之去夏圭乃不盈咫尺矣。丁酉秋九月廿一日，龙游舟中书，玄宰。(51)

又如跋赵孟頫《谢幼舆丘壑图》（图 4-15）：

此图乍披之，定为赵伯驹。观元人题跋，知为鸥波笔。犹是吴兴刻画前人时也。诗书画成名以后，不复模拟，或见其杜撰矣。董其昌观因题，己酉九月晦日。(52)

再如之前所提到的董其昌在跋钱选《临顾恺之列女图》时乍看疑为马和之，又觉似赵吴兴，最后看到题跋方知为钱选。这些例子中，董其昌展卷后“乍见”之下的判断最后看来都是失误的判断。启功先生曾言，凡有时肯说或敢说自己有“不清楚”“没懂得”“待研究”的人，必定是一位真正伟大的鉴定家。董其昌这种颇见真性情的鉴赏记录，其实也正体现出十足的自信，当然也可见董其昌也乐在其中，很受用这份清福。

董源之外，董其昌对巨然的画也颇是留心，经常董巨并称，巨然在董其昌看来自然是董源嫡传，现存台北故宫博物院巨然作品《层岩丛树图》（图 4-16）上有董其昌题跋：“僧巨然真迹神品。观此图始知吴仲圭师承有出蓝之能，元四大家自本自能，非易易也。”其实，对董源的顶礼膜拜下，董其昌对董源一系的画家也相当关注，又找到了所认为专师巨然，并得北苑三昧的画家江参。董其昌曾收藏江参《千里江山图》（图 4-17），数次题跋：

江贯道，宋画史名家，专师巨然，得北苑三昧。其皴法不甚用笔，而以墨气浓淡渲运为主。盖董、巨画道中绝久矣，贯道独传其巧，远出李唐、郭熙、马、夏之上，何啻十倍。此卷曾经柯九思鉴定，乃元文宗御府所藏。后有宋三名公题咏，

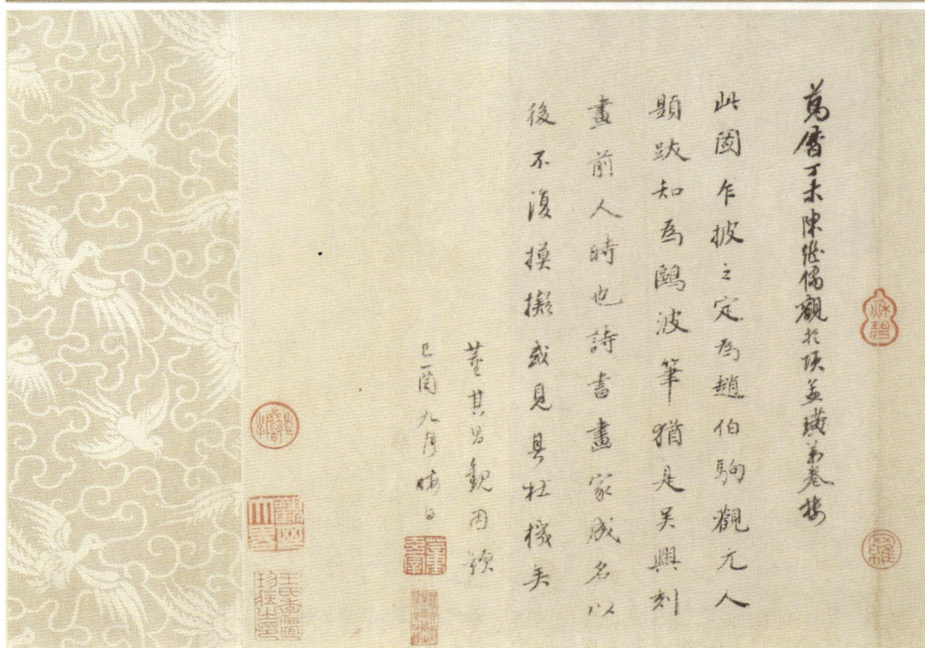

图4-15 元·赵孟頫《谢幼舆丘壑图》(局部) 绢本青绿 20×116.8厘米 美国普林斯顿大学美术馆

图 4-16
五代·巨然《层岩丛树图》
绢本设色
144.1×55.4 厘米
台北故宫博物院

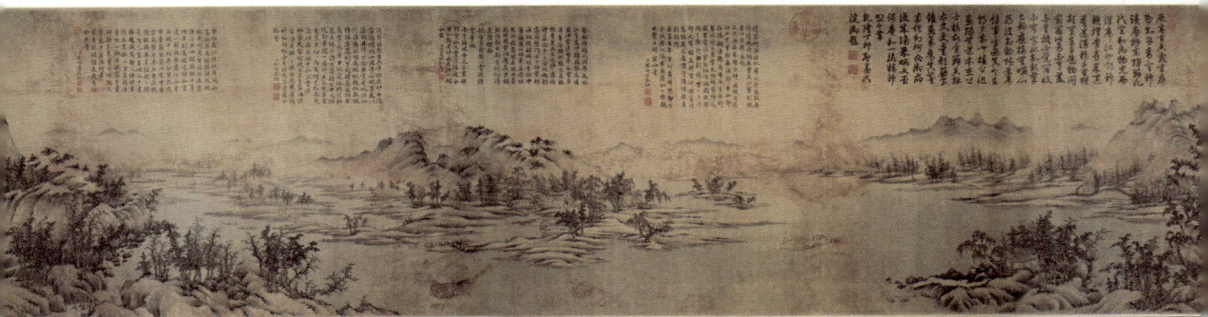

图4-17　宋·江参《千里江山图》(局部)　绢本水墨　46.3×546.5厘米　台北故宫博物院

当时贯道生平最得意笔。严分宜时,一巨公有求世蕃,世蕃属购此卷,既得之,世蕃败,遂不复出。凡三十五年,而其家售之于余,夫世蕃之揽括,钜卿之营购与其子孙之护持,盖若为余地者,岂非数耶。虽然使此一卷入豪门,将与上河图等俱归御府,世间永不见江贯道画,即贯道一生苦心,竟泯没无传矣。贯道画有神,其必择予为主人也夫。万历丙申冬得之海上,丁酉秋九月甘二日还自江右,于兰溪舟中展观,因记之。时奉命校士毕,船窗晴霁,各手卷都勘阅一过,至乐也,其昌。

又云:宋邓椿公寿作画继,自熙宁至乾道,百年间,分为数品。其最高者为冠冕才贤,岩穴上士,而江参在上士之列。邓公赞其画法:董源豪放过之,盖南宋人未有在贯道之右者也。邓所著《铭心绝品》于赵千里、李希古辈皆所不取。独有江贯道《飞泉怪石图》与《江居图》耳,贯道当时已为名流所赏鉴如此。

又云:贯道以香茶为生,叶道蕴左丞荐之宇文时中、季蒙龙图,宇文欲多取其画,江被召去,宇文以为恨。及刘季高侍郎再寄《江居图》,作无尽景,始慰意云。今此卷意即江居图也。㉞

　　江参为北宋画家,再三题跋可见对江参的看重,董其昌甚至认为"贯道画又神,其必择余为主人也夫",颇带有神秘宿命论的看法,为这次收藏带上了几分神仙气质。这幅《千里江山图》董其昌是喜爱极了,也满意极了。此图得之于万历丙申(1596年),从题跋的落款,在万历丁酉(1597年)和万历戊戌(1598年)又再次题跋。可见,在得到此图后的两年,董其昌一直沉浸其中,应是反复研究。

六、米家山水

宋代米氏父子也是董其昌在董源之后找到的一脉相承者,在董其昌看来,米氏父子的云山也是宗法董巨,但稍删其繁复,只画云山而已。对米氏父子,董其昌首肯的是墨戏的创作状态,米芾、米友仁的云山可谓是董其昌收藏和赏玩大项。大概当时米芾画也并不常见,董其昌过眼收藏的米友仁山水作品是比较多的,从题跋看当时广为流传的小米山水董其昌都曾经眼或收藏过。现藏故宫博物院米友仁《潇湘奇观》(图4-18)中有董其昌的数次题跋:

余家藏倪迂遗集,有与陈书方书云:《海岳庵图》旦晚临毕,即全璧以归。而集中复载陈书云:《海岳图》谨授山甫卢君。以云林胸次清旷,笔意萧远,当咄咄逼真矣。暇日能寄小帧,如对可人也。因展观录之。其昌。

小米墨戏,余所见有《潇湘白云图》,沈启南跋云:三十年耳闻,求一见而主人靳不出,晚岁始得观,则无及矣。其珍重如此,此卷亦潇湘流亚也。壬寅至日,

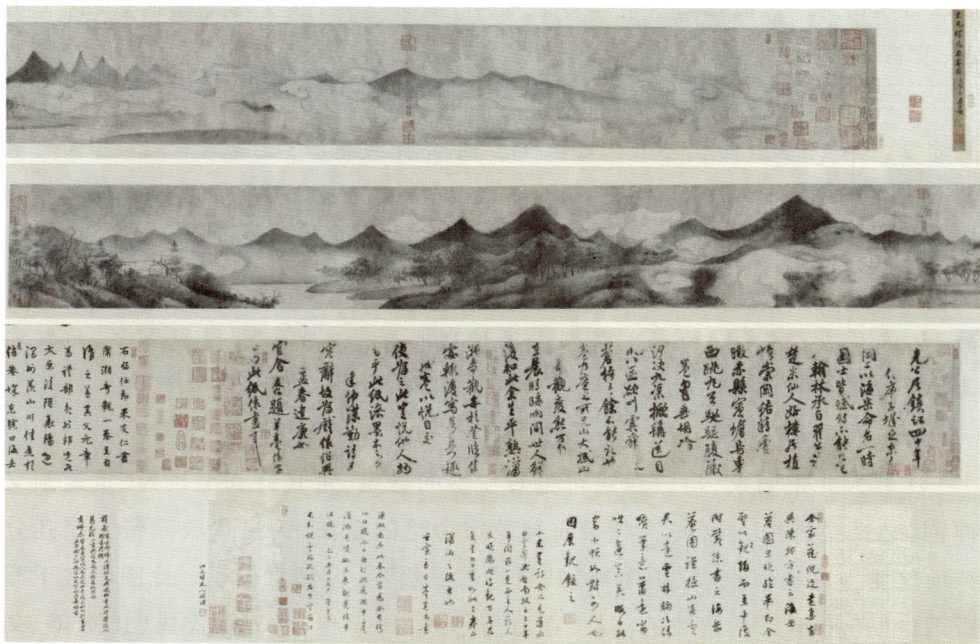

图4-18　宋·米友仁《潇湘奇观图》　纸本水墨　20.5×289厘米　北京故宫博物院

董其昌。

又：潇湘图与此卷今皆为予有，拟以自随。今日舟行洞庭湖中，正是潇湘奇景，辄出展观，觉情景俱胜也。乙巳五月十九日，董其昌书。不知倪云林所临安在，定当佳。玄宰。㊾

这是董其昌四十八岁时的题跋，对心仪作品的再三咏叹和想象是董其昌的赏鉴常态，其中提到之前所见过的另外一幅米友仁《潇湘白云图》，这幅作品在当时颇有名声，沈周在晚年才得见，以为憾事。董其昌在题跋中也说到此事。按董其昌所说，《潇湘白云图》后来也被董其昌收入箧中。那是两年后，董其昌在杭州又见到小米山水《楚山秋霁图卷》（图4-19）中题跋道："万历甲辰八月廿日，观于西湖之昭庆禅房。董其昌。此米侍郎在临安时作，山色空濛，当亦西湖之助。吾家所藏潇湘白云，差足当之。是日书于雨窗。"㊶可见此时《潇湘白云图》已经是董其昌的家藏。

董其昌这里所说的《潇湘白云图》应是《潇湘图》（图4-20），从项元度处得到㊻。此作品现藏上海博物馆，上有董其昌题"米友仁潇湘图"，"董其昌画禅室旧藏"，是小米作品代表作，画面一片云海，混沌虚幻，变幻莫测。此图中有前人题跋甚多，董其昌也在跋中认为：

此米侍郎潇湘图，自题再三，及宋名公跋甚多，后有沈启南跋，惟拈出朱夫子及钱子言，以为能尽斯图之妙。启南精画道，余恨其不能下一转语，一似悠悠审定者，何也。凡米家山，必著沙坡陀桥舍，断续聚散以为境。此卷混混沦沦，一片云海，是为最难处。试以他卷并参，得之矣。宋人以此卷为当代第一，不虚耳。董其昌藏，因题。㊼

略有遗憾的是，此卷有所残损，董其昌虽然在跋中也多是溢美之词，但晚年对此卷还是提出了质疑。另台北故宫博物院藏米友仁《云山得意图》（图4-21）卷中也有董其昌的题跋：

米元晖画，自负出王右丞之上，观其晚年墨戏，真淘洗宋时院体，而以造化为师，

图4-19-1 宋·米友仁款《楚山秋霁图》 纸本 23×231.9厘米 美国弗利尔美术馆

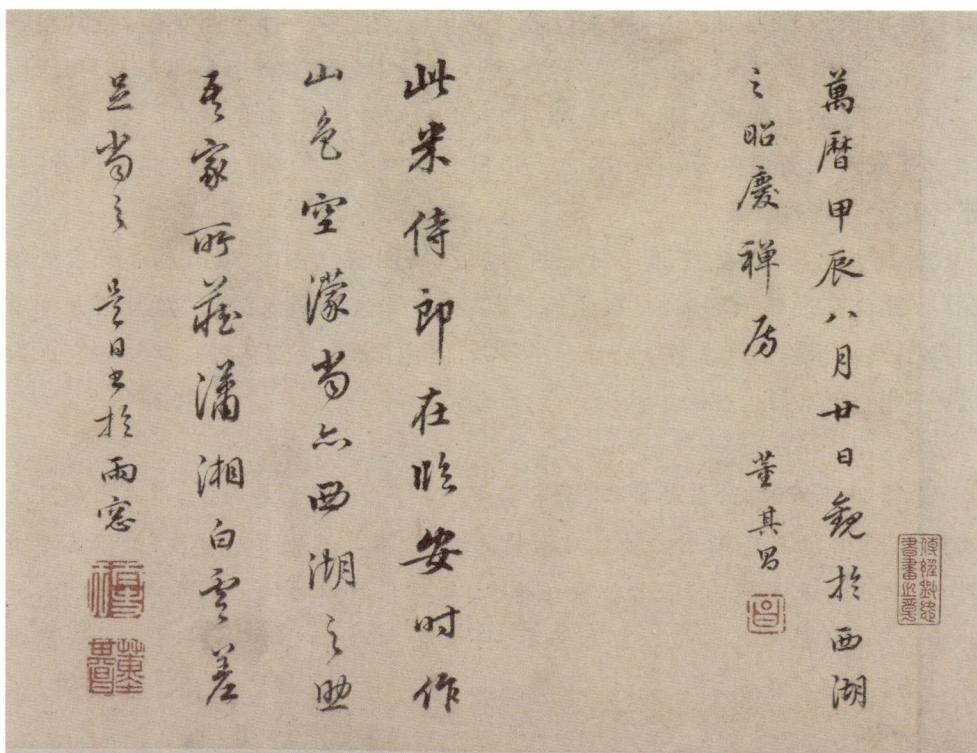

图4-19-2 宋·米友仁款《楚山秋霁图》董其昌跋

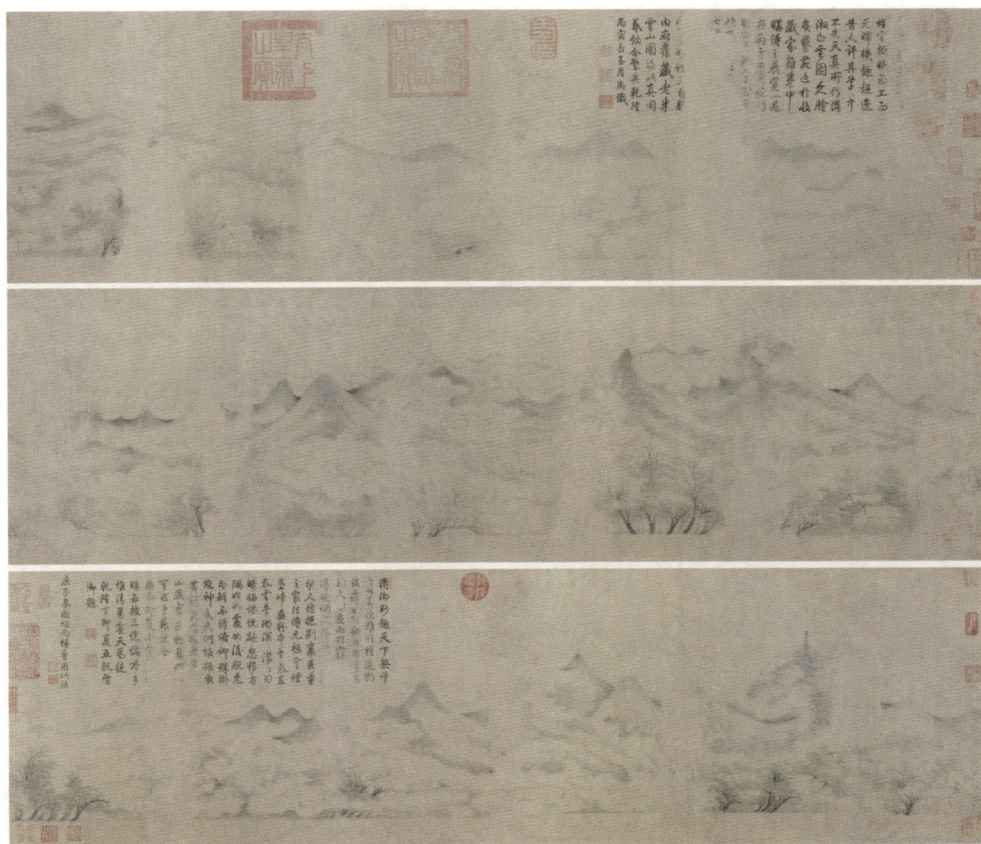

图4-20　宋·米友仁《潇湘图》　纸本水墨　28.5×293.5厘米　上海博物馆

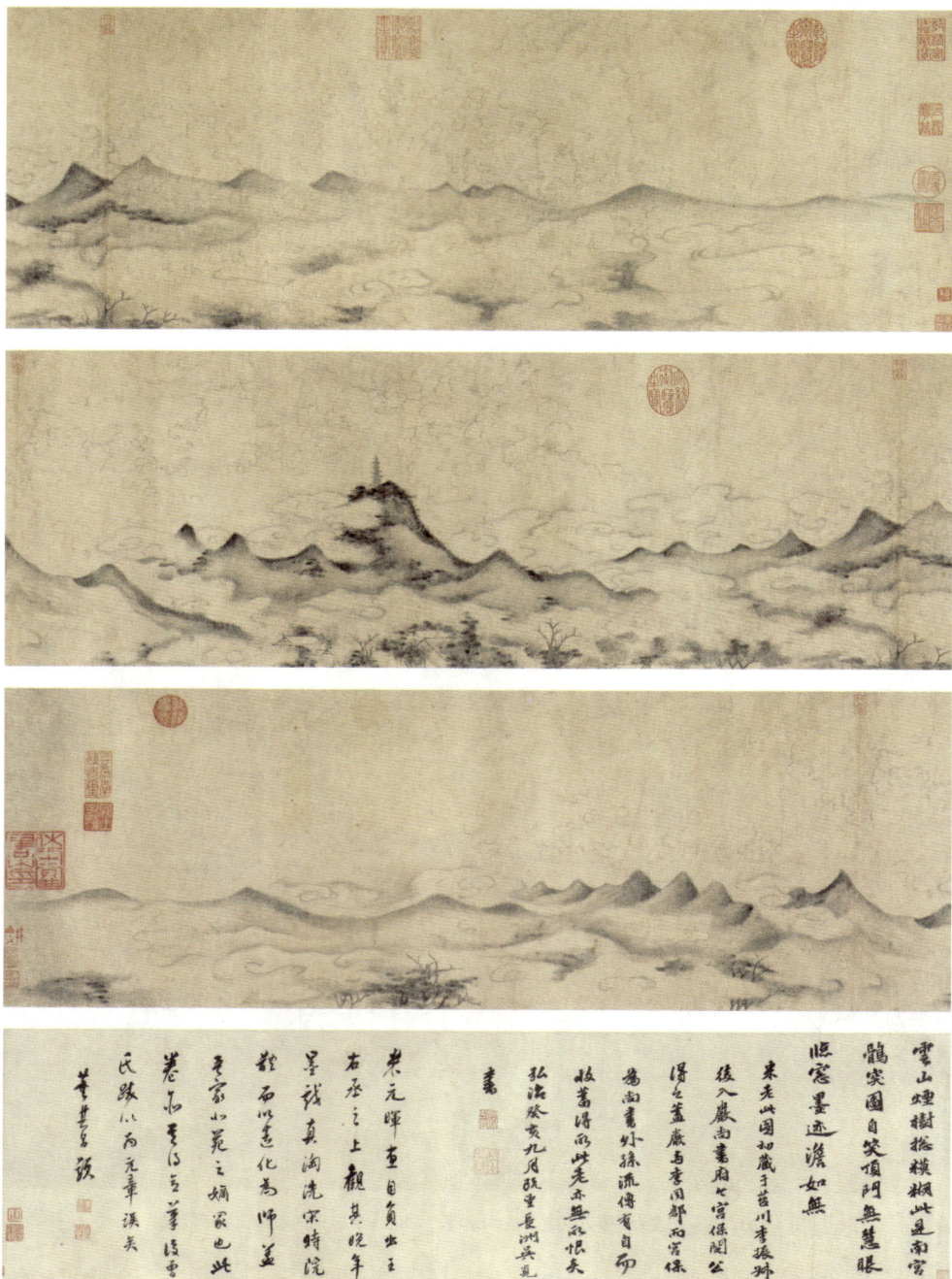

图4-21 宋·米友仁《云山得意图》 纸本水墨 27.2×212.6厘米 台北故宫博物院

盖吾家北苑之嫡冢也。此卷亦其得意笔,后曾氏跋,以为元章,误矣。董其昌题。⑱

　　这幅作品大概是米友仁的晚年作品,董其昌在跋中把米友仁归源于董源嫡传,这可以说董其昌的个人观点,也是董其昌的一贯观点。在得见众多的米家山水后,董其昌认为小米山水有两种不同的风格,尝言:"米元晖有细谨如营丘者,有疏宕如北苑者,不专以突兀冥濛为奇。而后人失之,乃信手点抹,自谓米家山,此如仿颠张之草圣,而不从《郎官壁记》入门,真无本之学也。"⑲对米家山水,董其昌也曾说:"米氏父子气韵,不可学也。"⑳可谓是知者言。

　　此外,董其昌所见过的小米山水有可称为神品的《水墨云山》㉑,足称一时之最的《五洲烟雨图》㉒,另有《云山墨戏图》㉓、《米元晖云山短卷》㉔。赏鉴之余,米家山水也是董其昌的师法对象,曾在《仿米法八图册》中题跋:

追凉泖湖塔院,写夏云奇峰八册,大都用米元章父子法,而兼吾家北苑与赵大年笔意。今世多伪余画者,以此称量可也。董其昌题。㉕

　　米芾的山水,大概当时传世极少,董其昌说曾见《竹溪峻岭图》㉖,但并没有得到,心中念念,此后在冒襄那里见到高克恭仿米长卷,董其昌认为是临仿的米芾作品,感叹"若还旧观",这时董其昌已经八十岁。在八十二岁这年,董其昌还在米友仁《云山墨戏图》(图4-22)中跋:

米元晖山水卷皆为元高尚书所混,即余收汉湘白云长图,宋元明公题咏甚富,沈石田以晚年始观为恨。余尤疑题咏虽真,似珠椟耳,神物或已飞去,不若此卷之元气淋漓,布景特妙也。丙子六月三日,其昌题。㉗

　　此中所说的白云长图就是之前有多家题跋的长卷《潇湘白云图》,董其昌在晚年对这本长卷还是提出了怀疑,足见对米家山水的在意。米家云山不仅是董其昌赏鉴的重点,也成为董其昌在古人和造化之间相互印证的纽带。董其昌尝言:"画家之妙,全在烟云变灭中。"这一认知和观点可以说是赏鉴米家云山最具体的心得。

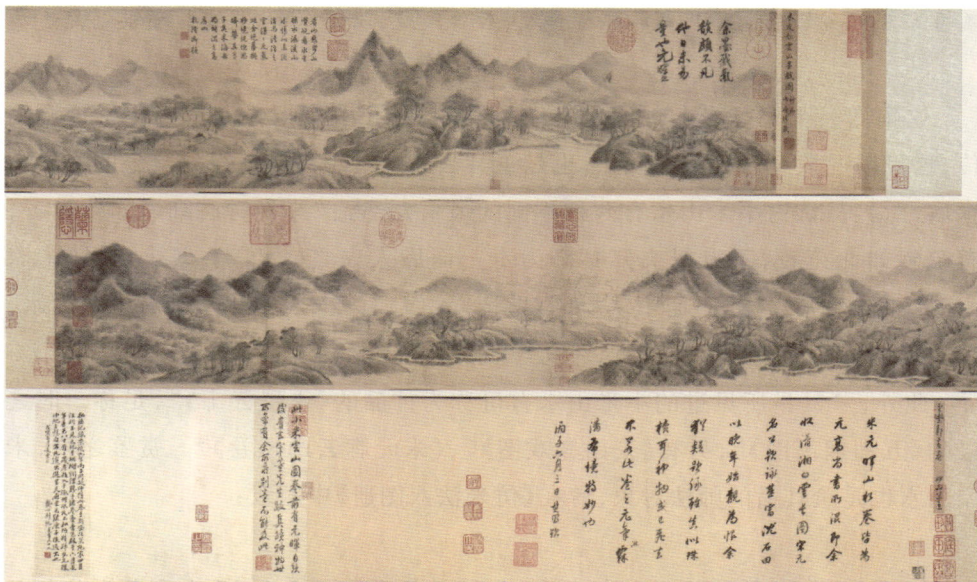

图4-22 （传）宋·米友仁《云山墨戏图》 纸本水墨 21.8×195.8厘米 北京故宫博物院

七、倪瓒和黄公望

董其昌习画之初，受同乡顾正谊的影响，从元画入手，早年在庶吉士结束后，曾嘱好友陈继儒为其大搜元四家山水。如上文所言，元代画家是董其昌收藏的大宗，其中元四家是其主要的收藏对象。从董其昌的题跋看，大概董其昌收藏过不少四家山水，在四十二岁这年的题跋中说"余见山樵名画多矣"，就在这年还收藏了黄公望的《富春大岭图》⑥，可推测在四十二岁前，董其昌过眼的四家山水和元代画家作品已经不在少数。

四家作品中，倪瓒是题跋中出现次数较多的一位，也是董其昌反复临仿的对象。对倪瓒画，董其昌曾声称是其癖好，董其昌收藏和经眼的倪瓒作品中，最让其称道的是为之取名"荆蛮民"的作品，因为这幅作品是倪瓒罕见的有人物出现的一幅⑦，董其昌认为可为倪瓒画之冠。此外《六君子图》董其昌曾收藏过，选入《唐宋元宝绘册》⑧，已经不见流传。现上海博物馆藏倪瓒《六君子》（图4-23）中也有董其昌的题跋，对比唐宋元宝绘中题跋，可知是两幅作品。倪瓒作品，江南藏家以有无论清俗，可推测当时倪瓒的伪作是不少的，同名作品也是存在的。另

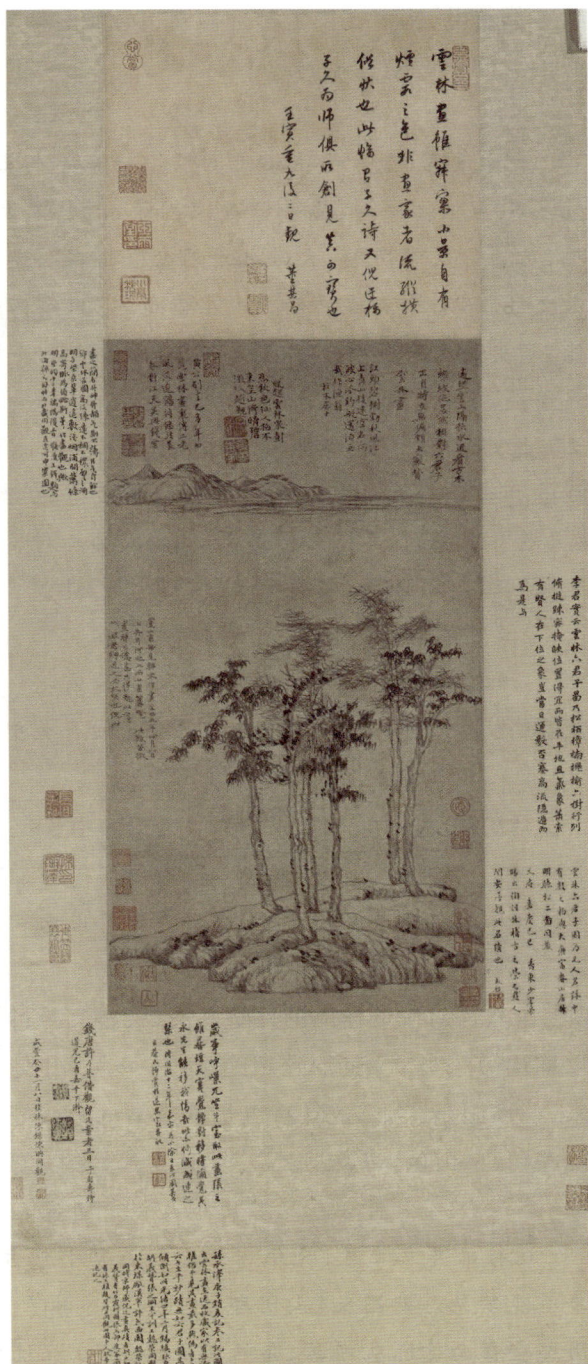

图 4-23
元·倪瓒《六君子图》
纸本水墨
61.9×33.3厘米
上海博物馆

据王世贞说,当时江南流传的倪瓒设色画有两幅,其中一幅即《雨后空林图》(图4-24),董其昌曾在上题跋:

> 云林设色山水,平生惟见两幅。一在娄水王敬美家,后归乌程潘氏,予未之见。其二即此幅,旧为吾松黄氏所藏,后归宋太学安之。予为诸生时尝就宋索观,已为徐太常所购,太常之婿刘金吾得之。新都汪太学复得之金吾,予以为楚人之弓,不靳十五城之偿。人生贵适志,假令落好事家手,予五十年借观宋氏不能,须臾谢主人为此情事历历在眼,几作桃源渔夫,可便忘否。⑦

此外,董其昌收藏的倪瓒作品还有《鹤林图》⑫、《溪山图》⑬、《秋林图》⑭。题跋的亦有《松坡平远图》⑮、《倪瓒仿李成笔意》⑯、《狮子林图》⑰、《倪瓒画谱》⑱、《吴淞春水图》⑲、《倪瓒王蒙合作山水》等。对于倪瓒的作品,董其昌也逐渐把其归源到董巨一脉上,在跋倪瓒《林石小景》中说:

> 云林画以'荆蛮民'为第一,前人品题有据。盖学董北苑惟见于此,他幅无印款,此尤异云。董其昌题于戏鸿堂庚子四月之望。⑳

另在跋倪瓒《松林亭子图》(图4-25)中云:

> 云林松林亭子尤是董源的派,为中年用意笔,董其昌题。㉑

董其昌对倪瓒作品的评价甚高,尝言其"画妙在幽澹天真,妄加一笔,不得是以称逸品㉒,并且"其韵致超绝,当在子久、山樵之上。"毫不例外地,在董其昌看来,倪瓒画是董源的嫡传,也是董其昌的心头好。在五十岁这年,董其昌在题跋倪瓒《秋林山色》中,提到了自己认为最好的几幅倪瓒作品:

> 迂翁画吾家北苑,晚年一变遂有关家小景古宕之致,尝自谓合作处,非王蒙辈所能梦见。此图及《山阴邱壑》《荆蛮乔林古木》《渔庄秋霁》可为绝调矣。(山阴邱壑在南徐陈从训家,乔林在余家,渔庄在陈仲醇家)癸卯十月夜宿周季良清

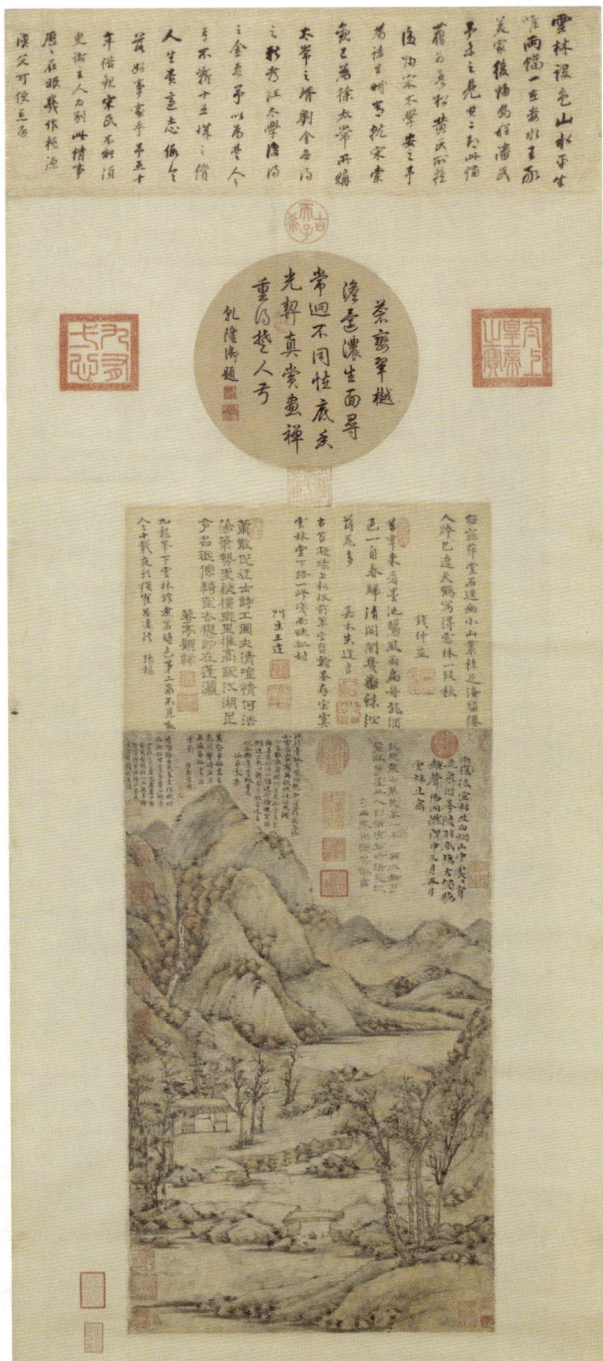

图4-24
元·倪瓒《雨后空林图》
纸本浅设色
63.5×37.6厘米
台北故宫博物院

图 4-25
元·倪瓒《松林亭子图》
绢本水墨
83.4×52.9厘米
台北故宫博物院

鉴阁观因题。董其昌。⑬

这里董其昌提到的作品中,《山阴丘壑图》藏在京口陈从训家,董其昌曾借观不得,遗憾之余,认为自家藏关仝《雪溪图》足为倪瓒粉本,并作《仿云林山水图》聊以自娱⑭。又荆蛮民乔林古木是董其昌的收藏,渔庄在陈继儒家,似乎只有那幅《山阴丘壑图》还不曾见过。对倪瓒的作品,董其昌在赏鉴后也常会当即临摹,在画中题跋:

此倪元镇画,余于海上顾氏见之。书作欧阳信本体,画作董北苑体。亭中着两人,有小印云林字,皆与他云林画不类,今日姜神超以粉本见示,遂临之。

倪瓒外,在董其昌的山水画作品中,仿大痴笔意是经常出现的,黄公望是董其昌山水画最初的师法对象,也是董其昌每每见到就着意临摹的,曾从项玄度处借过黄公望《浮岚暖翠图》,认为是元画第一。尝言:

黄子久《浮岚暖翠图》,南徐靳氏所藏,为元画第一,后归项氏。余从项玄度借观,阅半岁,懒病相仍,仅再展而已。今日将还玄度,似渔父出桃源,约略仿之。癸丑秋,董玄宰。⑮

台北故宫博物院藏董其昌《仿宋元人缩本画及跋册》,其中一开便是黄公望这幅作品的缩小临本。黄公望是元四家之首,在当时是普遍的观点,董其昌也曾说:"元季四大家以黄公望为冠,而王蒙、倪瓒、吴仲圭与之对垒,此数公评画,必以高彦敬配赵文敏,恐非偶也。"⑯有意思的是,对比倪瓒,董其昌对黄公望似乎还是略有微言,即便是足称元画第一的《浮岚暖翠图》。董其昌又说:"黄子久画以余所见,不下三十帧,要之浮峦暖翠为第一,恨景碎耳。"又"纵横习气即黄子久未能断,幽淡两则则赵吴兴犹逊倪翁,其胸次自别也"⑰。显然,幽淡天真才是董其昌更欣赏和追求的,倪瓒更得董其昌青睐。

赏鉴的同时,董其昌也常常临写,如果说米家山水提供了古人和造化相互印证的契机,倪瓒、黄子久则是董其昌画面笔墨语言比较直接的师法来源。从拔之众尤的唐宋元名家画册,到反复找寻验证的王维、董源,董其昌不断的赏鉴中,可谓枝枝叶叶总关情,由王维到董源,再至元四家,依稀可以看到董其昌所认定的山水画的脉络,其中无时无刻不体现董其昌的主观意志,当然也包含着真切的喜爱。随之,展卷而来的灵光一闪,疑之似之的反复揣测,最后即定之的实至名归,在赏鉴中,董其昌游戏得认真也恣情任性。

八、偏爱和博爱

张丑在《清河书画舫》中曾言:"董玄宰太史,生平不喜马、夏画本,及观《松泉图》卷,则又赏其清劲,为之敛衽赞赏不能已。"⑰董其昌曾自言不喜马、夏、李唐,乍看似乎是如此的矛盾,一边不喜,一边又为之敛衽赞赏,其实这矛盾态度也并非不可理解,所谓春兰秋菊,各擅名场,喜爱春兰不一定就意味着要无视秋菊之美。董其昌其实已经说得明白,不喜马夏,并非否定马夏,更并非马夏就无佳作,董其昌对其佳作仍然是认同的态度。对董其昌所推崇的,张丑曾言:"玄宰公品画,首推王维、李成、荆、关、董、巨、大小米,以迄高、赵、大痴、元镇,凡十二家。不惜饼金悬购也。"其实在这些人中,对不同的人,董其昌的态度也是略有差异的,其中对王维、董源,自然是极偏爱的。

对王维的作品,董其昌曾不遗余力地找寻,并会为之定名,正如陈继儒在《妮古录》中曾记:

> 京师杨太和大夫家所藏晋唐以来名迹甚佳,玄宰借观,有右丞画一幅,宋徽宗御题左方,笔势飘举,真奇物也。检《宣和画谱》,此为《山居图》,察其图中松针石脉,无宋以后人法,定为摩诘无疑。向相传为大李将军,其拈出为辋川者,自玄宰始。⑱

尽管向传为李将军,董其昌还是从此开始认为,此为王维画。对董源,这种偏爱体现在上述对董源画的不断研究找寻,不管其是否确是董源,同时,也体现在董其昌反反复复不断的"吾家北苑"和"董巨"的不离口。查阅董其昌的过眼的作品,如下面题跋:

米友仁云山得意图董跋：米元晖画，自负出于右丞之上，观其晚年墨戏，真淘洗宋时院体，而以造化为师，盖吾家北苑之嫡冢也，此卷亦其得意笔，后曾氏跋以为元章，误矣，董其昌题。⑧

米元晖水墨云山图董跋：米元晖自称有设色袖珍卷为生平第一。当时已为瞿伯寿所豪夺，此卷在水墨游戏中深入北苑三昧，可称神品矣，董其昌题。⑨

其中，认为米友仁为"吾家北苑之嫡冢"和"深入北苑三昧"，事实上，在董其昌在看来，岂止是米友仁。如下题跋：

黄子久骑马看山图跋云：此黄子久学董北苑之笔，某家有铁崖图似之。其昌。⑨

黄子久山水跋云："子久论画，凡破墨须淡入浓。此图曲尽其致，平淡天真，从巨然风韵中来。余家藏富春山卷正与同参也，甲寅春三月。董其昌题。⑨

一峰道人秋山林木跋云："大痴学北苑，多作森梢劲挺之树。老杜云，请君放笔为直干。此图是矣。玄宰观于东雅堂因题。⑨

倪瓒松林亭子图跋云：云林《松林亭子》尤是董源的派，为中年用意笔，董其昌题。⑤

王蒙多宝塔院图跋云：叔明画为元季四大家之冠，笔墨秀润，得董巨嫡脉，此卷精细雅逸，则又入右丞之室矣，当为其平生甲观。庚申八月董其昌鉴定。⑥

吴镇清溪垂钓图跋云：元时梅花道人、盛子昭俱工画，望衡对宇，求子昭绘者屡相接，梅花道人之居闲如是也。子弟以为言，梅花道人曰：待之二十年。及二十年，盛氏之门闲如也，而梅花之名始振。至今称四大家，此卷乃其得意时笔，苍劲有董巨遗意。昔沈启南先生云：梅花庵里客，端的是吾师，信然。丙寅夏五董其昌识。⑦

梅道人画跋云：吴仲圭学巨然，自称梅花和尚，为已得其衣钵，如曹溪一派，自许不小，观此图非妄也。其昌。⑧

高彦敬山水董跋云：此高尚书真迹，师大米而以吾家北苑法参合之者，君俞年任深于此道，知有同鉴也。董其昌丁卯长至日观因题。⑨

以上随便拈来的这些跋语中，无论是"学董北苑之笔""从巨然风韵中来"，还是"大痴学北苑""董巨嫡脉""董巨遗意",对各家过眼赏鉴后,在董其昌看来,米家山水、高克恭、元四家皆无一例外从董源、巨然而来,这个过程,董其昌其实已经自觉不自觉中划定他所认定的山水画流脉。比较有意思的是,后代的画家似乎总是叠加师法了前代画家,如高克恭"师大米而以吾家北苑法参合之者"。董源之外的画家,董其昌大概认为他们皆是学董源或受其影响,因为善学,才有各自的风格。尝言:

> 巨然学北苑,元章学北苑,黄子久学北苑,倪迂学北苑,一北苑耳,各各不相似,他人为之与临本同,若之何能传世也。[⑩]

正如"要须无一笔似兰亭使快",在此处,我们又看到了相同的说法,"他人为之与临本同,若之何能传世也"。董其昌是如此地接近古人,又是如此通透地要摆脱古人,不可不谓之善学者。

这里也要提到赵孟頫,这位让董其昌定为坐标的画家,就董其昌存留的题跋看,无论是赵孟頫的书法还是绘画,董其昌都过眼很多。也许在当时,赵孟頫的作品还相对较多,如在跋赵孟頫书《麻姑仙坛记一册》时说:"赵文敏小楷,余所收有《内景》《黄庭经》《过秦论》三篇,所见王奉常家藏《法华经》,项太学家《汲大夫传》,今又见此卷,观止矣。其昌。"[⑩]而对赵孟頫的作品,董其昌在跋中也往往会详细言其特征。如在跋赵孟頫书《千字文》时言:

> 赵文敏正书,得右军衣钵。此千文蝇头小楷,春容婉畅,兼李北海法。文太史刻之停云帖中,自米南宫西园雅集序扇书小楷外,无复与抗行者,慎其宝之。庚申八月望前一日,董其昌跋。
>
> 又:米元章云:小字如大字,世亦有之大字如小字,未之见也。盖自许云,若子昂此千字,舒之寻丈,正复奇伟。所谓宽展有余,结密无间,殆兼之矣。其昌又题。[⑩]

对赵孟頫,董其昌在溢于言表的欣赏后,更多的是对其画法师承的剖析和研究。"舒之寻丈,正复奇伟,所谓宽展有余,结密无间,殆兼之矣",这些具体的解

析多出现在对赵孟頫作品的题跋中,董其昌对赵孟頫可谓是深知。又如跋赵孟頫《鹊华秋色图》:

> 吴兴此图兼右丞北苑二家,画法有唐人之致去其纤,有北宋之雄去其犷。故曰师法舍短。亦如书家以肖似古人,不能变体为书奴也。[⑩]

跋《水村图》时又说:

> ……为子昂得意笔,在《鹊华图》之上,以其萧散荒率脱尽董巨窠臼,直接右丞,故为难耳。[⑩]

对自己欣赏的画家,董其昌总能把他们的师承归源到董巨或王维身上,在董其昌看来,赵孟頫就是集董源和王维于一身的成功的例子,从赵孟頫身上,董其昌似乎可以更清晰地看到师法古人的榜样和启发,对同样具有复古思想的董其昌,赵孟頫也有了坐标的意味,也因此,董其昌会不时地把自己和赵孟頫相较,认为自己也足可以与之对垒。

对于元四家山水,董其昌虽然认为其皆出自董巨一脉,也多加赞扬。如在跋吴镇《渔夫图》时称其为"奇品",在跋王蒙《仿巨然山水》时称其"此幅置吴兴画中不可复辩也",却又说:

> 元时画道最盛,惟董、巨独行,此外皆宗郭熙。其有名者,曹云西、唐子华、姚彦卿、朱泽民辈出,其十不能当黄、倪一。盖风尚使然,亦由赵文敏提醒,品格、眼目皆正耳。余非不好元季四家画,直诉其源委,归之董、巨,亦颇为时人换眼。

在董其昌看来,元代画道之盛,主要是因为师法董源、巨然,嫡传一脉的倪、黄是宗法郭熙一路的画家不能相比的,另赵孟頫又有提醒引导风尚之功。大概因此,董其昌充分肯定元四家后,敏锐地提出,应当溯源至董、巨。董其昌似乎一直在为山水画确定和树立一个真正的前代宗师,这位宗师足够的丰富博大,让后人得其神、气、韵之一便足以名世,在董其昌看显然是非董源莫属。当然也可

201

以看出，董其昌并不喜趋于时流，可谓是坚持自己的别有洞见，依其在书画圈的声名地位，这里大概也有想提醒当时风尚的愿望，为正时人品格、眼目。也可见，董其昌虽是忠实的师古者，却能常常不执于定见，走在观念的前缘，时时有跳脱逆向的思维，所谓妙在能合、神在能离，也许正基于此，才成其风格。

如本节开始，董其昌尽管偏爱着他所认为的王维、董源一脉，但对于非此脉的画家，如他所不喜的马、夏之流，也常不由自主地发出赞叹。对精工一路的画法，如赵伯驹，董其昌就是极爱的，尝在赵伯驹的《汉宫图》(图4-26)中称其："赵千里学李昭道宫殿，足称神品。"最爱其小景。对于李昭道的山水，董其昌其实也是肯定和欣赏的。如跋李昭道《洛阳楼图》时言：

> 囊从京师，见唐小李将军画洛阳楼图，纵横盈尺，其中楼阁交互，台榭参差，朱帘绣幕，掩映深秀，人物山川，皆细如发，方寸之间，极江云变化之致……⑩

另外跋李唐《江山小景》时又说：

> 宋高宗以李唐比李思训，李唐字晞古，徽宗时画苑博士，南渡犹仍故官，年八十余，画史灵光，无出其右。萧照、马远、夏圭皆师之，此卷为江山小景。馆师韩宗伯得之朱太尉希孝。予为庶常，尝借观信宿，叹其精绝不能下手。及韩长公朝延游武林，有所惑溺，质之好事，家力不能复，告予取归。又以右军行穰帖真迹十五字还长公，足所未书，画则在箧也。而武林金屋，已成尘矣，因重付装潢纪之。岁在癸亥九月，其昌识。⑩

其中也不免要"叹其精绝不能下手"，这幅作品董其昌曾收藏，后来送给了太师傅挹斋周老先生，这也是为数不多的董其昌收藏的李唐作品。其实对这些所谓其不喜的画家作品，董其昌也会收藏把玩。如夏圭《山水卷·十二景》(图4-27)跋云：

> 夏圭师李唐更加简率，如塑工所谓减塑者，其意欲尽去模拟蹊径，而若灭若没，寓二米墨戏于笔端，它人破觚为圆，此则琢圆为觚耳。天启丁卯六月，董其

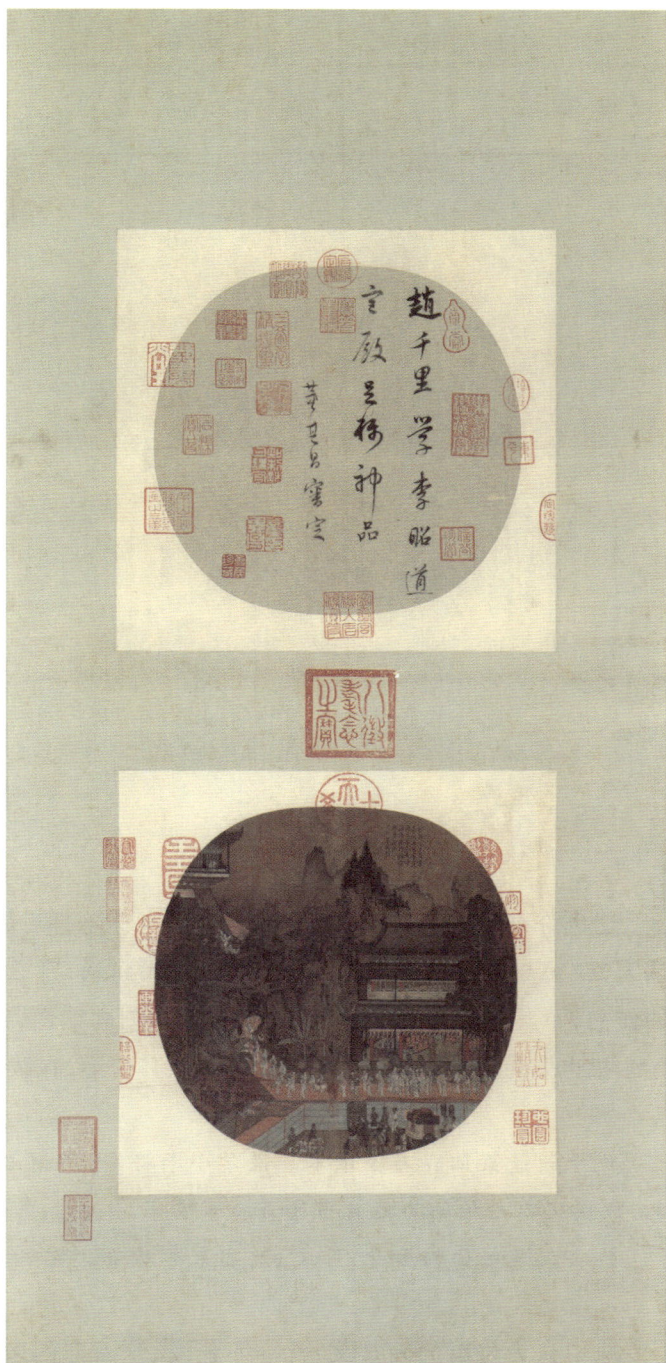

图 4-26
（传）宋·赵伯驹《汉宫图》
团扇　绢本设色
24.5×24.5厘米
台北故宫博物院

图4-27　宋·夏圭《山水十二景图》　绢本水墨
28×230.8厘米　美国纳尔逊-阿特金斯艺术博物馆

昌题。[107]

这也许是董其昌执拗和矛盾所在,在声称不喜后,面对着夏圭作品,竟然也认为其"寓二米墨戏于笔端"。如果说宋代尚远,那么就在董其昌身边,对仇英的作品,董其昌仍是一边认为其画法"至如刻画细谨,为造物役者,乃能损寿,盖无生机也",绝不可学;一边也不得不感叹其精绝,在跋仇英《仙弈图》时言:

仇十洲蓬莱仙弈乃冷谦本。谦学小李将军,所谓心死方得神活,仙家之秘藏也,仇实父以赵伯驹为之自当逊肖。董玄宰。

仇实父是赵伯驹后身,即文、沈亦未尽其法。玄宰又题。[108]

跋中认为仇英的画是文、沈亦不能及,这看似的矛盾,可能却是董其昌的真实心理,偏爱博爱集于一身,才是生命本来的喜爱憎恶。另如本章第一节,董其昌认为米芾所书"以为宋朝第一,毕竟出东坡之上",巧合的是,在跋《苏轼尺牍》时却又说:

> 东坡先生此卷乃海外书,不复作徐季海圆秀态。将以颜清臣之劲,王僧虔之淡,收因结果。山谷所谓挟以文章忠义之气,当为宋朝第一者不虚也……⑩

米芾已是第一,此时苏轼俨然也是第一,到底谁更胜出呢?似乎董其昌自己也难以判断了。如果这时,便认为是董其昌难以判别或是逻辑矛盾,大概也并不确实,也许,不同时间面对同等的佳作,董其昌实在不知如何是好,于是第一成了表达赞赏感叹的常用词汇。

除此,对鞍马,按董其昌所言,自然也是其不习,但也同样过眼收藏不少此类作品,并多有为之题跋。如跋所收藏的李公麟《三马图》言:

> 东坡先生三马图赞,文似班孟坚,书如徐季海。杜工部诗之,画手看前辈,吴生远擅场,为是耶。董其昌藏于宝鼎斋。
>
> 又:李伯时画三马,居然曹霸风格。不知画成时,此三马者,曾为画家取神骏归帝闲否。董其昌题。⑪

虽爱山水,但看到精工的《三马图》,却又禁不住地赞叹和收藏。在董其昌的赏鉴中,我们能很明显地感觉到,其所说的不喜欢大概主要是因其不习,何故不习,则是因其不合自己的性情所向,或者不是其能力所在,董其昌作为画者的感性和随性可见,甚至其执着又不自觉的主观性,在鉴藏题跋中可谓俯仰皆是。

痴迷此道,且眼阅千卷,不断地收藏把玩,使其依着自己的爱好重新梳理前代山水画,不觉中也重新构建他所认为的山水流脉。董其昌对王维和对文人画的推崇,符合其士大夫身份的趣味追求,把董源确定为山水画师法的源头,以及对米芾、元四家的赏鉴,既受前人的影响,很大程度上也是董其昌本身的艺术性情所向。在任何时候,我们也无法否认王维和董源自然天真的品格,这触及自宋代苏东坡为开端的文人对审美的终极追求,同时也无法否认院体的宏大和精工,如清水芙蓉和错彩镂金，一者趋于天然，一者偏于人为，两者实则又有千丝万缕的联系，就董其昌个人的喜好而言，自然会偏向内在精神的天然之作。

由于董其昌的影响力，南北分宗论左右清初对山水画的认识，也成了后人聚讼不断的问题，在评断其是非的同时，我们似乎也不应忽视一个基本的前提，董其昌凭借个人趣味的鉴赏是否正确和应该的问题，董其昌是否要为其观点负责呢？作为历史中的个体，答案其实很明显，是无法做到也不需要的。就历史文化的发展而言，书画附庸与社会、阶层或个人趣味基础上的特性，也意味着这时期的主导趣味代表着一个阶段大多数人的趣味，如与南北宗相似的论调也出现在莫如忠的《画说》之中。董其昌代表代言了晚明一部分士大夫精英文化阶层的艺术追求和趣味，想来也是极其自然和无可厚非。

观点之外，让人记忆深刻的，是董其昌在赏鉴中溢满惊喜、赞叹、遗憾的记述，如王奉常对《秋山图》的记忆一样，董其昌在鉴赏中的愉悦是显而易见的，每次展卷的惊喜，神游的满足，探寻中的猜测，甚至是想象和梦想，可能是董其昌和同道中人所共同追求的，董其昌想象中的王维、董源，还有那罕见的倪瓒画的人物，才是他的清旷之乐所在。

本章注释

① [清]张照等编:《秘殿珠林石渠宝笈初编》,北京出版社,2004年,第472—474页。

② [明]汪砢玉:《珊瑚网》,卢辅圣主编:《中国书画全书》修订版第8册,上海书画出版社,2009年,第174页。

③ [清]王杰等编:《秘殿珠林石渠宝笈续编》,北京出版社,2004年,第1903页。

④ [清]王杰等编:《秘殿珠林石渠宝笈续编》,北京出版社,2004年,第2701页。

⑤ 李善强:《董其昌著述序跋辑佚》,严文儒、尹军主编:《董其昌全集》第八册,上海书画出版社,2013年,第326页。

⑥ [明]汪砢玉:《珊瑚网》,卢辅圣主编:《中国书画全书》修订版第八册,上海书画出版社,2009年,第187—188页。

⑦ [明]张丑:《清和书画舫》,上海古籍出版社,2011年,第693页。

⑧ 俞和(1307—1382年),字子中,号紫芝,晚号紫芝老人。浙江桐江人,寓居钱塘,书法酷似赵孟頫。

⑨ [明]张丑:《清和书画舫》,上海古籍出版社,2011年,第199页。

⑩ 辽宁博物馆藏张旭《古诗四帖》中董其昌跋文。

⑪ 启功《从戏鸿堂贴看董其昌对法书的鉴定》一文中认为董其昌跋文中所言并不诚实。《董其昌研究文集》,上海书画出版社,1998年,第628页。

⑫ [清]王杰等编:《秘殿珠林石渠宝笈续编》,北京出版社,2004年,第2621页。

⑬ 杨仁恺在《对孙过庭千字文第五本及其他的诸作的初步考察》一文中指出此卷宋人题跋俱赝,元人陆行直与董其昌、冯梦祯的跋为真,董其昌和冯梦祯皆认为此为孙氏真迹,这种看法并不能令人信服,因文中亦有避宋讳之处。《文物》1979年10期,第71-77页。

⑭ [明]汪砢玉:《珊瑚网》,卢辅圣主编:《中国书画全书》修订版第八册,上海书画出版社,2009年,第186页。

⑮ 李善强:《董其昌著述序跋辑佚》,严文儒、尹军主编《董其昌全集》第8册,上海书画出版社,2013年,第337页。

⑯ [明]董其昌:《容台集》,邵海清点校,西泠印社出版社,2012年,第650页。

⑰ [明]王肯堂:《郁冈斋笔麈》卷四,明万历三十年汪懋琨刻本,第108页。

⑱ [民国]裴景福:《壮陶阁书画录》,学苑出版社,2006年,第733页。

⑲ [清]王杰等编:《秘殿珠林石渠宝笈续编》,北京出版社,2004年,第1126—1127页。

⑳ 李善强:《董其昌著述序跋辑佚》,严文儒、尹军主编《董其昌全集》第八册,上海书画出版社,2013年,第392页。

㉑ 李慧闻在《董其昌所见所评唐临摹本〈兰亭序〉及其1618年赠人的一本〈兰亭〉:关于鉴定学的一项个案研究》一文中认为董其昌一开始认为这本兰亭为唐摹本,后认为是褚遂良临,后又为此书冠名虞世南(永兴)临,其中发生三次变化。揣摩董其昌的语气,其实也并未十分确实是虞世南临,只是很大程度上的推测,这是董其昌在鉴赏中的常用语气。

㉒ [明]汪砢玉:《珊瑚网》,卢辅圣主编:《中国书画全书》修订版第八册,上海书画出版社,2009年,第11页。

㉓ 李善强:《董其昌著述序跋辑佚》,严文儒、尹军主编:《董其昌全集》第八册,上海书画出版社,2013年年,第281页。

㉔ [明]董其昌:《画禅室随笔》,华东师范大学出版社,2012年,第7页。

㉕ [清]王杰等编：《秘殿珠林石渠宝笈续编》，北京出版社，2004年，第1519—1521页。

㉖ [明]张丑：《清和书画舫》，上海古籍出版社，2011年，第702—703页。

㉗ [清]金瑗：《十百斋书画录》，卢辅圣主编：《中国书画全书》修订版第九册，上海书画出版社，2009年，第653—655页。

㉘ [明]汪砢玉：《珊瑚网》，卢辅圣主编：《中国书画全书》修订版第八册，上海书画出版社，2009年，第454页。

㉙ [明]汪砢玉：《珊瑚网》，卢辅圣主编：《中国书画全书》修订版第八册，上海书画出版社，2009年，第454页。

㉚ [明]汪砢玉：《珊瑚网》，卢辅圣主编：《中国书画全书》修订版第八册，上海书画出版社，2009年，第451页。

㉛ 此图并非是现藏纳尔逊-阿特金斯艺术博物馆的李成作品《晴峦萧寺图》，陈继儒：在《昵古录》中提及此图，是"文三桥售之项子京，大青绿山全法王维，今归董玄宰，余细视之其名董羽也。"可见此图很可能不是李成作品，俟考。

㉜ [明]汪砢玉：《珊瑚网》，卢辅圣主编：《中国书画全书》修订版第八册，上海书画出版社，2009年，第455页。

㉝ [明]汪砢玉：《珊瑚网》，卢辅圣主编：《中国书画全书》修订版第八册，上海书画出版社，2009年，第469页。

㉞ 李善强：《董其昌著述序跋辑佚》，严文儒、尹军主编：《董其昌全集》第八册，上海书画出版社，2013年，第450页。

㉟ [明]汪砢玉：《珊瑚网》，卢辅圣主编：《中国书画全书》，修订版第八册，上海书画出版社，2009年，第452页。

㊱ 汪世清先生在《〈江山雪霁图〉归尘土，鱼目焉能混夜珠?》文中指出今藏美国檀香山艺术科学院《长江雪霁卷》是一幅构图完成的作品，台北故宫博物院藏《江干雪意卷》是其较晚的仿本，但缺少前半部分，日本小川家族藏《江山霁雪图》则是《江干雪意卷》的前半部的晚明或清初的仿本。三幅作品和冯梦祯所藏《江山雪霁图》皆无关系。《汪世清艺苑查疑补证散考》，河北教育出版社，2009年，第163—171页。

㊲ [唐]朱景玄：《唐朝名画录》，卢辅圣主编：《中国书画全书》第一册，上海书画出版社，1992年，第166页。

㊳ [唐]张彦远：《历代名画记》，浙江人民出版社，2011年，第156页。

㊴ [宋]《宣和画谱》，江苏美术出版社，2007年，第233页。

㊵ [宋]米芾《画史》，卢辅圣主编：《中国书画全书》第一册，上海书画出版社，1993年，第979页。

㊶ [清]卞永誉：《式古堂书画汇考》，卢辅圣主编：《中国书画全书》修订版第九册，上海书画出版社，2009年，第638—639页。

㊷ [清]王杰等编：《秘殿珠林石渠宝笈续编》，北京出版社，2004年，第1504—1505页。

㊸ [宋]郭若虚：《图画见闻志》六卷，卷三，明津逮秘书本，第20页。

㊹ [宋]米芾：《画史》，卢辅圣主编：《中国书画全书》第一册，上海书画出版社，1992年，第979页。

㊺ 尹吉男《董源概念的历史生成》一文中对董源在山水画史中地位的形成过程作了详细的梳理，认为宋代米芾对董源概念的确定有决定意义。

㊻ [宋]米芾：《画史》，卢辅圣主编：《中国书画全书》第一册，上海书画出版社，1993年，

第 988 页。

㊼ [宋]沈括：《梦溪笔谈》卷十七，四部丛刊续编景元本，第 71—72 页。

㊽ [元]陶元仪：《南村辍耕录》三十卷，卷七，四部丛刊三遍景元本，第 54—55 页。

㊾ 俞剑华：《中国古代画论类编》，人民美术出版社，2005 年，第 691—692 页。

㊿ [清]英和等编：《秘殿珠林石渠宝笈三编》，北京出版社，2004 年，第 1380—1381 页。

51 [明]汪砢玉：《珊瑚网》，卢辅圣主编：《中国书画全书》修订版第八册，上海书画出版社，2009 年，第 326 页。

52 [明]汪砢玉：《珊瑚网》，卢辅圣主编：《中国书画全书》修订版第八册，上海书画出版社，2009 年，第 341 页。

53 [清]张照等编：《秘殿珠林石渠宝笈初编》，北京出版社，2004 年年，第 1239 页。

54 [清]吴升：《大观录》，卢辅圣主编：《中国书画全书》第八册，上海书画出版社，1994 年，第 432 页。

55 [清]庞元济：《虚斋名画录》卷四，卢辅圣主编：《中国书画全书》第十二册，上海书画出版社，1992 年，第 515 页。

56 故宫博物藏董其昌《仿古山水册》第六开，对题"米元晖潇湘图余得之项玄度，有宋人题跋甚夥。朱晦翁亦一再见。后有王宗常叙诸跋卷人出处之概，书品亦佳，沈石田自题七十五岁方得一观，以快生平，为米卷第一。图不作点，只用墨破凹凸之形，树木屋宇皆精工，都画勾云亦变体也。元晖凡再题数百字。"

57 [清]张照等编：《秘殿珠林石渠宝笈初编》，北京出版社，2004 年，第 1230 页。

58 [清]王杰等编：《秘殿珠林石渠宝笈续编》，北京出版社，2004 年，第 304 页。

59 [明]李日华：《味水轩日记》卷八，万历四十四年二月二十一日，见米元晖云山卷董其昌题跋。上海远东出版社，2011 年，第 331 页。

60 [清]蒋光煦：《别下斋书画录》卷五，《董其昌仿米山水卷》跋："宿雨初霁，晓烟未泮，则其状类此。此米元晖自题墨戏语也。高彦敬亦为之，更趁姿媚，方方壶少变其法，一以简古奇崛为宗趣，余子仿效，但得皮肉。故知米氏父子气韵，不可学也。玄宰识。"卢辅圣主编：《中国书画全书》第十一册，上海书画出版社，1992 年，第 434 页。

61 [清]卞永誉：《式古堂书画汇考》，《米元晖水墨云山》董跋："米元晖自称有设色袖珍卷，为生平第一，当时已为翟伯寿所豪夺，此卷在水墨游戏中深入北苑三昧，可称神品矣。董其昌题。"卢辅圣主编：《中国书画全书》修订版第九册，上海书画出版社，2009 年，第 723 页。

62 [清]卞永誉：《式古堂书画汇考》，《五洲烟雨图》董其昌跋："米虎儿居京口，因想楚山远天长云，与潇湘绝类，当时有潇湘白云卷，海岳庵图卷与此五洲图，为墨戏之，赫有名者。此卷独不用本家笔，皴染用吾家北苑法，尤可宝也。本黄美之所藏，收藏赏鉴，为一时最。董其昌观，因题。"卢辅圣主编：《中国书画全书》修订版第九册，上海书画出版社，2009 年，第 727 页。

63 [清]卞永誉：《式古堂书画汇考》画卷四《历代名画大观高册》十三幅米元晖《云山墨戏图》董跋："此幅余见之海上顾中舍家，墨气淋漓，气韵生动，元晖自谓墨戏，足正千古谬习相，信不诬也。甲戌仲春既望，其昌。"卢辅圣主编：《中国书画全书》修订版第九册，上海书画出版社，2009 年，第 553 页。

64 [清]卞永誉：《式古堂书画汇考》画卷十四，《米元晖云山图为短卷》董跋："米元晖自言所至为人墨戏几千万亿，今传世寥寥如星凤，余所藏潇湘白云，差为烂漫。沈启南借观七十五年不可得，晚而见之，自叹无益画道，如晚进然，其重如此。因观此图及之，董其昌。"卢辅圣主编：《中国书画全书》修订版第九册，上海书画出版社，2009年，第723页。

㉕〔清〕吴升：《大观录》卷十九，卢辅圣主编：《中国书画全书》第八册，上海书画出版社，1992年，第555页。

㉖〔清〕冒襄：《同人集》卷三，书画题跋，董其昌跋高房山仿米长卷："此卷乃房山仿米南宫者，非仿元晖之作，盖米家父子虽一洗宋人法，就中微有辨，谓于烟云缥缈中，着精工楼台屋宇，如李思训，正是元章奇绝处，余曾见《竹溪峻岭图》于胡宗宪中丞之孙，不惜五十城之偿，竟不可得，梦想至今，乃得披图，若还旧观也，甲戌（1634年）季夏，同辟疆快赏于邗江舟中。"凤凰出版社，2014年，第896页。

㉗〔清〕王杰等编：《秘殿珠林石渠宝笈续编》，北京出版社，2004年，第949页。

㉘《容台集》："予以丙申冬得黄子久《富春大岭图》卷，丙寅秋得沈启南仿痴翁《富春》卷，相距三十一年，二卷始合。"《容台集》，邵海清点校，西泠印社出版社，2012年，第707页。

㉙《容台集》："云林生平不画人物，惟龙门僧有一幅有之，亦罕用图书，惟"荆蛮民"一印者，其画遂名荆蛮民，今藏余家。"《容台集》，邵海清点校，西泠印社出版社，2012年，第701页。

㉚倪瓒《六君子图》董其昌跋："余家有荆蛮民乔林古木图，为天下倪画之冠，晚得六君子图，亦堪斗胜也，玄宰题。"见《唐宋元宝绘》第七版，汪砢玉《珊瑚网》，卢辅圣主编：《中国书画全书》修订版第八册，上海书画出版社，2009年，第452页。

㉛〔清〕王杰等编：《秘殿珠林石渠宝笈续编》，北京出版社，2004年，第4030页。

㉜〔明〕张丑：《清河书画舫》，张丑：记："倪高士鹤林图卷，为周玄真作，旧藏华文伯家，今在董玄宰处，款云鹤林图，为元初画，瓒。后有元镇《灵鹤词》并郑洪、来见心、胡若思、文徵仲等诗赞，而董玄宰跋之甚详，前后凡十有八人云。其画前作远山一带，中作疏林七株，复有方坛一鹤一，虽萧疏小笔，而逸趣无涯，真仙品也。"上海古籍出版社，2011年，554页。

㉝〔清〕张照等编：《秘殿珠林石渠宝笈初编》，倪瓒《溪山图》董其昌记语："倪元镇溪山图真迹董元宰家藏笫二幅，十六字。"北京出版社，2004年，第645页。

㉞见《容台集》别集卷四题跋：云林画，江东人以有无论清俗，余所藏《秋林图》有诗云：云开见山高，木落知风劲。亭下不逢人，夕阳澹秋影。《容台集》，邵海清点校，西泠印社出版社，2012年，第701页。

㉟〔明〕汪砢玉《珊瑚网》名画题跋卷十，倪瓒《松坡平远图》董跋："九滩在荆溪，倪迂游踪多在也焉。此图当时其中年所作，以书法最工，晚年则字不称画矣，董其昌观。"卢辅圣主编：《中国书画全书》修订版第八册，上海书画出版社，2009年，第360页。

㊱〔明〕汪砢玉《珊瑚网》名画题跋卷十，《倪瓒仿李成笔意》董其昌跋："偏头关万金吾持李营丘真迹至长安，萧疏淡荡，政如是笔意，乃知云林不独师北苑。其昌。"卢辅圣主编：《中国书画全书》修订版第八册，上海书画出版社，2009年，第368页。

㊲张丑在《狮子林图》有录"后有董玄宰太史跋尾，弗及录云。"《清河书画舫》，上海古籍出版社，2011年，第554页。

㊳〔清〕王杰等编：《秘殿珠林石渠宝笈续编》，《倪瓒画谱》董跋："余阅迂翁此册，至所云庸人终不取，雅士终不弃，霍然大悟，是意中语，其昌题。"北京出版社，2004年，第1584—1589页。

㊴〔清〕庞元济：《虚斋名画录》卷七，《倪云林吴淞春水图轴》董其昌跋："倪元镇题子久画，常称为老师，盖以子久善谈空玄，为三教之人所宗尚，非谓其画品足执弟子礼也。然

此图则模仿咄咄逼人矣,潇洒古淡,仍是本家笔法。董其昌。"卢辅圣主编:《中国书画全书》修订版第十二册,上海书画出版社,2009年,第479页。

⑧ [清]张照等编:《秘殿珠林石渠宝笈初编》,北京出版社,2004年,第426页。

⑧ [清]张照等编:《秘殿珠林石渠宝笈初编》,北京出版社,2004年,第1111—1112页。

⑧ [清]王杰等编:《秘殿珠林石渠宝笈续编》,《倪瓒叶湖别墅图》董跋,北京出版社,2004年年,第3240页。

⑧ [清]王杰等编:《秘殿珠林石渠宝笈续编》,北京出版社,2004年年,第3242页。

⑧ [清]安岐《墨缘汇观》名画上,《董其昌仿云林山水图》题跋:"云林《山阴丘壑图》在京口陈从训家,余尝借观不获,临写粉本。第云林自谓得笔于关仝,余家有关仝《雪溪图》足为云林粉本耳,玄宰画。乙丑上元日。"卢辅圣主编:《中国书画全书》第十册,上海书画出版社,1992年,第391页。

⑧ [清]王杰等编:《秘殿珠林石渠宝笈续编》,北京出版社,2004年,第3320页。

⑧ [明]董其昌:《画禅室随笔》,华东师范大学出版社,2012年,第71页。

⑧ [明]董其昌:《画禅室随笔》,华东师范大学出版社,2012年,第81页。

⑧ [明]张丑:《清河书画舫》,上海古籍出版社,2011年,第504页。

⑧ [明]陈继儒:《妮古录》,华东师范大学出版社,2011年,第91页。

⑨ [清]顾文彬,孔广陶:《过云楼书画记,岳雪楼书画录》柳向春点校,2011年,上海古籍出版社,第332页。

⑨ [明]汪砢玉:《珊瑚网》,卢辅圣主编:《中国书画全书》修订版第八册,上海书画出版社,2009年,第316页。

⑨ [明]汪砢玉:《珊瑚网》,卢辅圣主编:《中国书画全书》修订版第八册,上海书画出版社,2009年,第355页。

⑨ [明]汪砢玉:《珊瑚网》,卢辅圣主编:《中国书画全书》修订版第八册,上海书画出版社,2009年,第356页。

⑨ [明]汪砢玉:《珊瑚网》,卢辅圣主编:《中国书画全书》修订版第八册,上海书画出版社,2009年,第356页。

⑨ [清]张照等编:《秘殿珠林石渠宝笈初编》,北京出版社,2004年,第1111页。

⑨ [清]张照等编:《秘殿珠林石渠宝笈初编》,北京出版社,2004年,第409页。

⑨ [清]张照等编:《秘殿珠林石渠宝笈初编》,北京出版社,2004年,第777页。

⑨ [明]汪砢玉:《珊瑚网》,卢辅圣主编:《中国书画全书 》修订版第八册,上海书画出版社,2009年,第454页。

⑨ [清]卞永誉:《式古堂书画汇考》,卢辅圣主编:《中国书画全书》修订版第九册,上海书画出版社,2009年,第554页。

⑩ [明]董其昌:《画禅室随笔》,华东师范大学出版社,2012年,第78页。

⑩ [清]张照等编:《秘殿珠林石渠宝笈初编》,北京出版社,2004年,第309页。

⑩ [清]王杰等编:《秘殿珠林石渠宝笈续编》,北京出版社,2004年,第979页。

⑩ [清]张照等编:《秘殿珠林石渠宝笈初编》,北京出版社,2004年,第999页。

⑩ [清]张照等编:《秘殿珠林石渠宝笈初编》,北京出版社,2004年,第577—585页。

⑩ [清]王杰等编:《秘殿珠林石渠宝笈续编》,北京出版社,2004年,第2622页。

⑩ [清]王杰等编:《秘殿珠林石渠宝笈续编》,北京出版社,2004年,第3622页。

⑩ [清]卞永誉:《式古堂书画汇考》,卢辅圣主编:《中国书画全书》修订版第九册,上海书

画出版社,2009年,第749—750页。

⑩⑧ ［清］卞永誉:《式古堂书画汇考》,卢辅圣主编:《中国书画全书》修订版第十册,上海书画出版社,2009年,第193页。

⑩⑨ ［清］张照等编:《秘殿珠林石渠宝笈初编》,北京出版社,2004年,第530—531页。

⑩⑩ ［清］张照等编:《秘殿珠林石渠宝笈初编》,北京出版社,2004年,第299页。

第五章　通变

一、因得闲仿此帖

　　作为一时的集古大成者,董其昌对清初画坛影响甚远,后人步其后尘似乎却再难望其项背,一者大概是不曾有董其昌天赋敏锐的悟性和艺术洞察力,一者嘉万以来的书画流通之盛也为其提供了绝好的书画盛宴。个人总是处于历史中,很难想象,如果董其昌不是生在此时,何以能成为一代鉴赏巨眼,但一切都是那么的巧合浑然,董其昌尝自言有书癖、画癖,不断地赏鉴把玩、赏心畅怀之余,也穷究画源,不断地师法古人。如果说同时代的其他博古者,如李日华、汪砢玉、张丑辈,其书画的鉴藏更多是收藏把玩,那么对董其昌而言,鉴藏的过程也是其最佳的师法学习过程,董其昌事实上也是如此做的。

　　古代书画的学习方式多是师徒相传,第一步就是师古人,对董其昌而言,虽然在师朋中也有诸如莫如忠父子、顾正谊等人,在早年对其书画有一定的启发影响。不过可以想象,董其昌开始有意识地接触更多前人书画作品之后,也旋即开始了其师法古人的道路,在不断地得见越来越多前人的书画后,这其中自然不乏清旷之乐的惬意,但作为一个临池者,不断地鉴藏也是董其昌眼阅大量作品得以溯源师法古人的过程。尝言"余少喜绘业皆从元四家结缘,后入长安,与南北宋五代以前诸家血战",鉴藏和临池在董其昌身上可谓一体两面。

　　董其昌的书画面貌中,其蕴藉典雅又神采风流的书风可直溯晋宋,而笔墨精妙的山水画又自成风格,值得一提也让人无法忽视的是,其作品中存在大量的临仿作品,如《仿唐人书一册》《临钟王帖一卷》《仿黄公望山水一卷》《仿古山水》《仿米元章潇湘白云图》等等,不胜枚举。很显然,临仿是其师法古人的主要方式,也构成作品的基本视觉面貌,即便在不以临仿为名的作品中,董其昌在题跋中也经常会说明仿何人笔意。如《云山图卷》中跋:"本拟吾家北苑,已复似巨然笔意,余家藏二卷,想象图之。"[①]董其昌为何如此热衷于临仿前人?这些临仿作品是在什么样的情景和心态下产生的？临仿为何成为其书画的一种样态？回答这些问题，可以了解董其昌的师古过程和策略，也可以解析其作品产生的情景动机，进而全面关照其风格的形成原因。当然，这也需要把赏鉴和临池统一起来考察才能揭开谜底。

董其昌在跋《唐宋元宝绘》中曾对比书画的学习路径：

学书与学画不同。学书有古帖，易于临仿，即不必宋唐石刻，随世所传，形模差似。赵集贤云，昔人得古帖数行，专心学之，遂以名世。或又妙指灵心，不在此论矣。画家不然，要须酝酿古法，落笔之项各有师承。略涉杜撰，即成下劣，不入具品。况于能妙，乃断素残帧珍等连城，殊不易致。元时顾阿瑛、曹云西、倪元镇，皆江以南收藏大家，物聚所好。故黄子久、王叔明、陈仲美、马文璧辈磅礴风流，为一时之盛。近代沈石田去胜国百年，名迹犹富观，其所作卷轴，一树一石，尺寸前规。吴中自陆叔平后画道衰落，亦为好事家多收赝本，谬种流传，妄谓自开堂户。不知赵文敏所言云：时流易趋，古意难复。速朽之技，何足盘旋。[②]

这则题跋出现在《唐宋元宝绘》高横册中，是时此册被王时敏购得，董其昌再次题跋，董其昌在其中感叹学书和学画的不同，学画尤需要广见博闻，解古法，辨流派。其中引用赵孟頫："时流易趋，古意难复。速朽之技，何足盘旋。"可见董其昌对师法古人的重视。在当时，师古是必然的道路，古帖尚属易得，而古画，非是鉴藏大家不能办也。如"近代沈石田去胜国百年，名迹犹富观，其所作卷轴，一树一石，尺寸前规"。这里其实也道出了鉴赏与学习之间的密不可分，有书画癖的董其昌不仅是鉴赏巨眼，也是位勤勉的临池者，当我们把目光集中于后者而忽略其鉴藏者的身份时，似乎也与解析其作品风格失之交臂。检阅董其昌的书画题跋，会惊讶地发现，其相当数量的作品是在鉴赏的场合和情景中完成，也可以称之为鉴赏中的临池，抑或说，其不少作品是在鉴藏的情景和语境中展开的。

如前文所述，当面观看藏家作品或者借观都是得见藏品的途径，当面观看经常会发生在雅集或者和会交易中，借观则是需要向主人借阅，在当时获观一件藏品并不是很轻易的事情，需要有观赏的机会，看过藏品或者归还藏品后，下次得见的机会也并不可预知。当然,如果是自家收藏又当别论。这种情况可以说是鉴藏中的常态,作品归为己有之外,对过眼作品的图像内容进行有效的记录是尤其重要的,不然也真如烟云过眼,难以留下具体的记忆。在没有图像拍摄记录的时代,这其实也是赏鉴者们共同面对的问题。进行图像的临写和记录是董其昌不同于其他藏家的地方,董其昌的作品中,有不少是在朋友或同道家中见过藏品之后的临习,这大概也是一个主要的师古途径。早年便有记录,如二十五岁所书《临破邪论》中说:"偶友人持《破邪论》相示,遂为临此。"③赏鉴书画后进行临仿大概是董其昌的习惯,时常见于题跋中,终其一生,至老不衰,如在八十岁所书《七言律诗一册》中跋:"甲戌夏六月,避暑东佘山庄,观王氏所藏书画,仿其笔意,以志幽兴。其昌。"④又如在乙亥年(1635年)的《行书临阁帖》(图5-1)中跋:

> 乙亥八月廿四日,访同藉李绪岩于其乡居,出王大令笔见视,闻之三十余年矣。绢素自唐物,有'宣和','政和'小玺,必虞、褚所临,虚和萧散,无怒张气,信笔苑之宝也。解帆后聊仿之。⑤

促使这种临仿发生的机缘也各有不同,有时是友人持示书画作品,有时发生在和会交易间,有时又是在某位藏家处得见。如《临十七帖》,便是"新安吴太学以馆本《十七帖》见贻,复以此卷索书,今日凉风乍至,斋阁萧闲,遂临习一过以归之,质之原本,亦可仿佛耳"⑥。可知吴廷以《十七帖》赠送董其昌,并求其书,这大概也带有让董其昌仿作的性质,董其昌此次临摹时间充足,带回家里临习,且是斋阁萧闲,比较轻松舒意的心情下临习,对此临习也颇满意,认为和原本可仿佛耳。

又如《仿巨然笔》的山水则是客人携来见示,董其昌在跋中言:"元正月十九日,为余揽揆之辰。海上客携巨然《松亭云岫图》见示,真快心洞目之观,戏为仿此。"⑦从跋可知,此时正是董其昌的生辰之日,而客人很可能是携作品祝寿而来,董其昌在此刻见到佳作,也比较开心,戏为仿此。

故宫博物院藏董其昌《仿黄公望山水》卷(图5-2),自题:"丙辰首春写黄子久笔意。时有明州闻尚书家藏子久图,客以见授,因略仿之。玄宰。"可见,这幅临仿正是客人带来黄公望山水,董其昌见而临之。

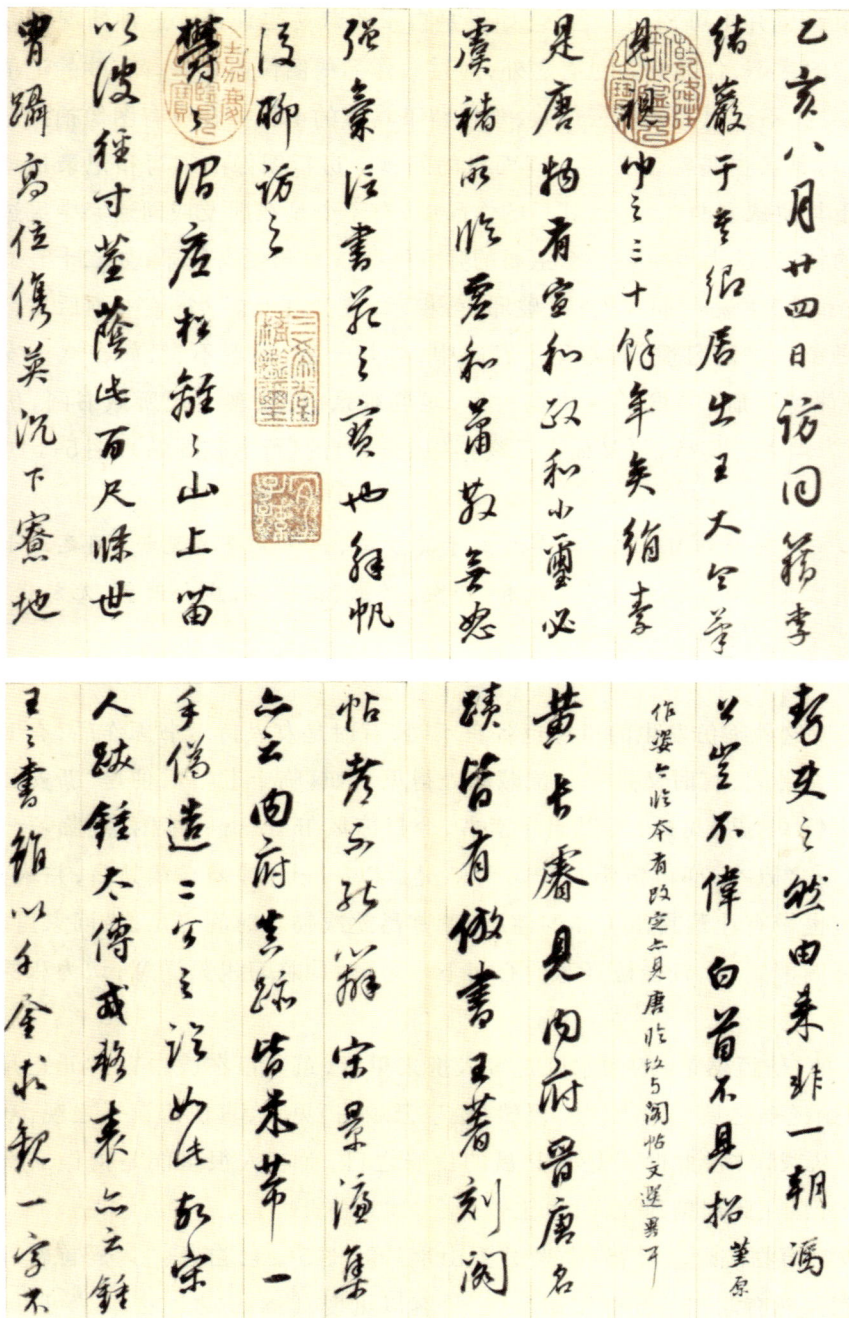

图5-1　明·董其昌《行书临阁帖》　纸本　册页　25.2×29.6厘米　上海博物馆

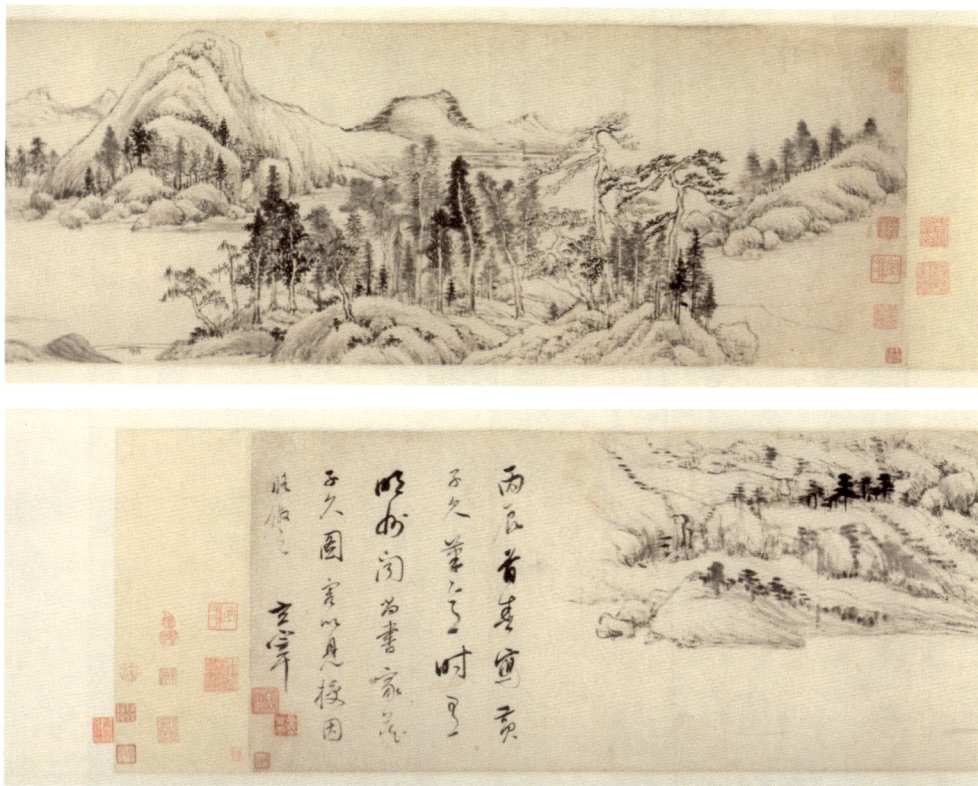

图5-2　明·董其昌《仿黄公望山水》(局部)　纸本水墨　25.7×207厘米　北京故宫博物院

　　不管是应人所求还是以志幽兴,也无论是可与原本仿佛的仿作,还是兴至的戏仿之作,对所见书画,董其昌似乎都是尽可能地提笔落墨进行临仿,曾自言见到洞心快目之作时候,恨不能临习一过⑧。为什么董其昌会乐此不疲地临仿所见作品,如果回到当时,有时在应人之求外,这种临习也多具有临摹性质,从中师法古人之外也有存留副本粉本之用。当然,对于一个赏鉴者来说,对所见藏品每每都要临写一过,长此以往,赏鉴者的眼力可想而知。台北故宫博物院藏《仿倪瓒山阴丘壑图》(图5-3)中董其昌款识:"倪元镇山阴丘壑图,京口陈氏所藏。余曾借观,未及摹成粉本,聊以巨然《关山雪霁图》拟为之,玄宰。"⑨又如在《仿北苑溪山樾馆图轴》(图5-4)中言:"董北苑《溪山樾馆图》,往在北扉,得观朱黄门所,因临粉本箧中,今始成此,颇有肖似。玄宰。"⑩可见,董其昌的确有对所见藏

图5-3
明·董其昌《仿倪瓒山阴丘壑图》
纸本水墨
96.9×45.1厘米
台北故宫博物院

图5-4
明·董其昌《仿北苑溪山樾馆图》
纸本水墨
158.4×72.1厘米
美国大都会艺术博物馆

品进行临摹以成粉本的做法。又如在小楷《千字文》（图5-5）中说：

米海岳行草书传于世间，与晋人几争道驰矣。顾其平生所自负者为小楷，贵重不肯多写，以故罕见其迹。予游京师，曾得鉴李伯时《西园雅会图》，有宋米南宫蝇头题跋，最似《兰亭》笔法。己丑四月，又从唐元初获借此《千文》，临成副本，稍具优孟衣冠。大都海岳此帖全仿褚河南《哀册》《枯树赋》，间入欧阳率更，不使一实笔，所谓无往不收，盖曲尽其趣，恐真本既与余远，便欲忘其书意，聊识之纸尾。是月十八日，董其昌题。

此余己丑所临也，今又十年所矣，笔法似昔，未有增长，不知何年得入古人之室，展卷太息，不止书道。戊戌四月三日。⑪

在跋中董其昌回忆米芾楷书的少见，此千字文便是借来临成的副本，而这次临摹似乎和原本并不太相似，米芾小楷又如此难得，于是便在题跋中对米芾千字文的特征兼做记录，以便记忆，认为此帖"全仿褚河南《哀册》《枯树赋》，间入欧阳率更，不使一实笔，所谓无往不收"。可以说既是赏鉴记录，也有临习所感。此《千字文》写于万历己丑（1589年），时董其昌三十五岁，此年考中进士，正是在京广为游学期间。十年后再见，董其昌便又题跋感叹书道之难。此跋出自张丑《真迹日录》，张丑记录其为"米南宫小楷《千文》真迹"，并录此董跋，很可能是由于米芾小楷之难见，董其昌的临本已经被当作副本流传，后被张丑见到并记录。而此米芾《千字文》，董其昌在晚年也曾再次临习，又发"平生楷法，以此为最"⑫的感叹。

大概在董其昌早年蓄画不多的时候，多有借临作以粉本的作品，如《容台集》中画跋所言：

此余壬辰、癸巳为庶常请告，家居多暇，与顾中舍、宋太学借画临仿之笔，所谓粉本用贮奚囊者，不下数十幅，遗散渐尽，止存此耳。自是蓄画，颇多临摹，反不及前武帝既得相如平平耳，非复读赋诗时，庶几遇之之意也。⑬

其中便提到从顾正谊、宋旭处借画，临作粉本，既是临习也是赏鉴。又如《赵

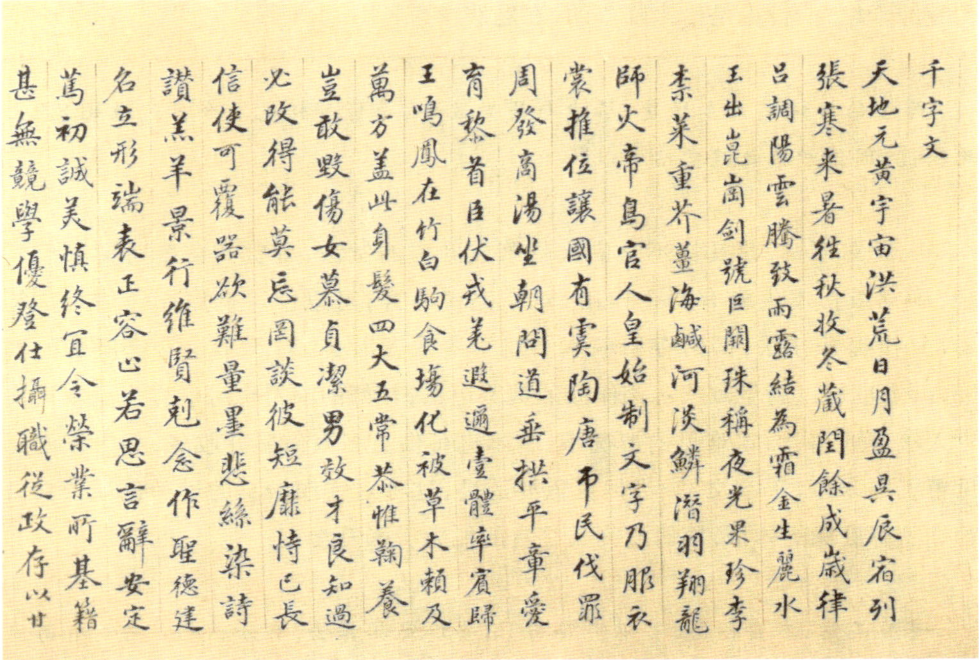

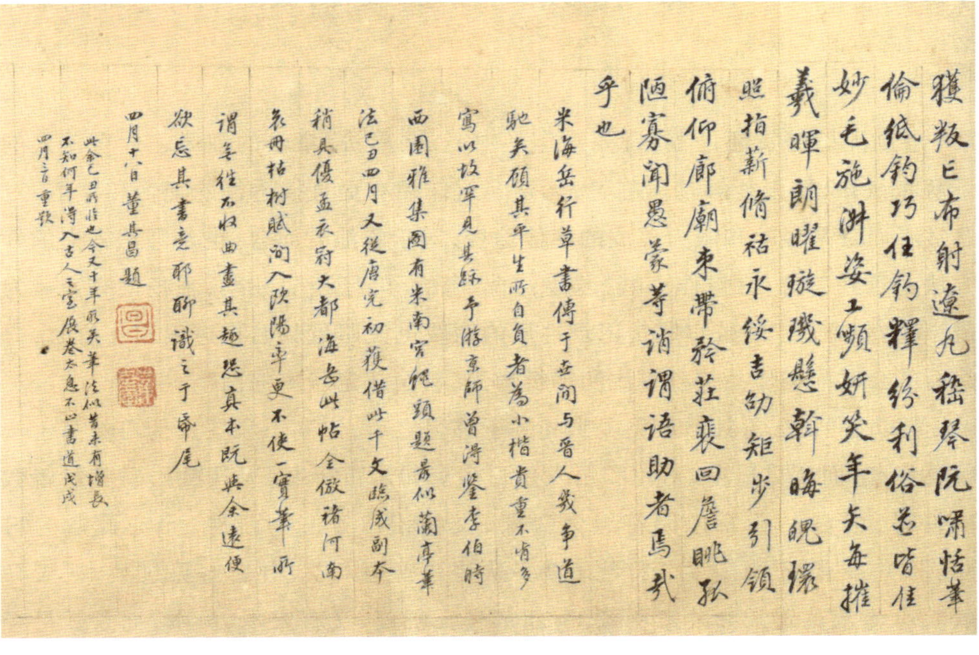

千字文

天地元黄　宇宙洪荒　日月盈昃　辰宿列
张　寒来暑往　秋收冬藏　闰余成岁　律
吕调阳　云腾致雨　露结为霜　金生丽水
玉出昆冈　剑号巨阙　珠称夜光　果珍李
柰　菜重芥姜　海咸河淡　鳞潜羽翔　龙
师火帝　鸟官人皇　始制文字　乃服衣
裳　推位让国　有虞陶唐　吊民伐罪
周发殷汤　坐朝问道　垂拱平章　爱
育黎首　臣伏戎羌　遐迩壹体　率宾归
王　鸣凤在竹　白驹食场　化被草木　赖及
万方　盖此身发　四大五常　恭惟鞠养
岂敢毁伤　女慕贞洁　男效才良　知过
必改得能莫忘　罔谈彼短　靡恃己长
信使可覆　器欲难量　墨悲丝染　诗
赞羔羊　景行维贤　克念作圣德建
名立形端表正　若思言辞安定
笃初诚美　慎终宜令　荣业所基　籍
甚无竟　学优登仕　摄职从政　存以甘

（下段）

玃躁巨布　射辽丸　嵇琴阮啸恬笔
伦纸钧巧任钓　释纷利俗　并皆佳
妙毛施淑姿　工颦妍笑　年矢每催
羲晖朗曜　璇玑悬斡　晦魄环
照　指薪修祜　永绥吉劭　矩步引领
俯仰廊庙　束带矜庄　徘徊瞻眺　孤
陋寡闻　愚蒙等诮　谓语助者　焉哉
乎也

米海岳行草书傅于岳间与晋人殊，事道
驰矣，顾其平生两自负者，为小楷贵重不肯多
写，以故军见其似于游京师，曾借鉴李伯时
西园雅集图有米南宫题者，似兰亭笔
法，巳四月又从唐宽初玃少十文临成蜀本，
稍长，优孟衣冠大都海岳此帖金傲诸河南
其真枯树赋间入欧阳率更不使一实，笔所
谓等杜石收出画其题恐真本既殊余远便
欲忘其书是耶聊聊识之于卷尾
四月十日董其昌题

此卷乙丑于游之全文千羊凤头关羊法似董有讚长
不知何千滂古人之秃宫展太息不以书道戊戌
四月言重秋

图5-5　明·董其昌《千字文》（局部）　纸本　25.3×190.3厘米　台北故宫博物院

孟頫鲜于枢合卷》也是借来临摹的,在题跋中言:

> 鲜于伯机评书天真烂漫,尽力与吴兴敌者,是皆可传也。今日过敬韬兄,出此相视,因借归摹之鸿堂帖中。⑭

从跋文可知,董其昌不乏借来临摹成副本的做法,鉴赏和落墨可谓先后进行,副本或粉本大概有两个作用,对临池者而言,可以学习揣摩原作的章法笔墨,直接提升技法,同时存留稿本。对于鉴藏者而言,对于不是自己所藏的真迹,副本也可以满足藏家对该作品的赏鉴记忆,较好的临本也可能作为副本再次进入流传通道,原本难见的情况下,临本也可供更多人借鉴并收藏,如上张丑所见董氏临米芾《千字文》。当然更重要的是,这种对临和借摹的过程也让董其昌对作品有更深的体悟,同时提高其鉴赏的能力。张丑尝言:

> 赏鉴二意,本自不同,赏以定其高下,鉴以定其真伪,有分属也。当局者苟能于真笔中力排草率,独取神奇,此为真赏者也。又须于风尘内,屏斥临模,游扬名迹,此为真鉴者也。⑮

书画无论是赏还是鉴,皆要对作品中笔法、墨法、章法的细微之处有深入的了解和认知,如果能够辅以临习,无疑会对作品有更直接透彻的记忆和体悟,对鉴赏者而言是经验和眼力养成的绝佳途径,对于临池者而言,也是师法古人的好方法。董其昌曾在《自作小帧》题跋:"倪、黄合作,予所见三帧,独杨太守家藏为最,特为仿之。"⑯此带有鉴赏记录性质的题跋也说明董其昌在过眼和临仿时,自然而然会对同类作品进行对比和辨析异同,甚至评定各本的高下。

可以想见,在董其昌广见多识和勤于临习之后,定高下和鉴真伪自然高于一般鉴赏者,而所见日多,对比和悟入也日多。如米芾所书《天马赋》,董其昌曾数次临写,尝言:"元章以阴符经为日课,文待诏以千文为日课,余亦此赋为日课。"⑰并多有所悟,认为"米元章书多从褚登善悟入"。并言曾见过数本《天马赋》,有嘉禾黄履常参政家所藏,有新都吴氏所藏,又有宋本、吴本,而董其昌经常所临乃是黄履常所藏后转入金沙于比部家的这本,此本乃是擘窠大字。又如其在跋辛酉(1621年)所写的《杂书一册》言:"戊午三月,昆山道中,以虞永兴法书此赋。今年八月,从京口张太学修羽观永兴《庙堂碑》真迹,叹赏之次,更有悟入,因重书一通。"⑱董其昌在这册杂书中书写的是有皮日休《桃花赋》,另有临徐季海书杜甫元皇帝庙诗,跋中所说的赋是皮日休的《桃花赋》,从跋中时间,董其昌六十四岁(戊午)时曾写过一次此赋,六十七岁(辛酉年)赏鉴虞世南《庙堂碑》后,有所悟入后再次书写。

博见后的临习也让董其昌养成开阔的眼光,对历代书画之间的风格差异和特征更敏感,提出自己的意见也成为自然的事情,如其言:"晋人书取韵,唐人书取法,宋人书取意。或曰:"意不胜法乎?不然,宋人自以其意为书耳,非能有古人之意也。然赵子昂矫宋之弊,而己意亦不用焉。"⑲又如其言:"赵吴兴大近唐人,苏长公天骨俊逸,是晋、宋间规格也。学书者能辩此,方可执笔临摹,否则纸成堆,笔成塚,终落狐禅耳。"⑳此时很难分清楚这种见解和思考是鉴赏者的经验之谈,还是临池者的心得,在董其昌身上可谓二者兼之。

有时董其昌也会在自己的临本中对原作进行新的阐释和理解。如《临颜真卿争座位帖》,题跋中说:

唐贤名迹,鲁公最为杰出,而《争坐帖》尤颜书之炬赫者。余既取家藏宋拓勒《戏鸿堂》帖中,惜刻本不称,不能尽传古人笔意。复临此本,略存优孟衣冠,俾后之览者,知颜书于郁屈瑰奇之中,自具柔情绰态,是则鲁公知己矣。乙丑三月望日,董其昌临并题。㉑

跋中可见董其昌不满意刻本,于是自己临习,乙丑年董其昌已经七十一岁,随着所见日多,这时候对颜书也有了更多自己的认识体悟,认为自己所临传达出了颜书柔情绰态的一面,而能知此方为真正了解颜书的真谛。言语中颇为自信,看来对自临本也挺满意。

从题跋中可以想见其在见到藏品或者借来善本临写的情景,赏鉴心态下的对临借摹类作品,构成了董其昌作品中不可小觑的一部分。晚明书画流通相对畅通,如上董其昌也不断地收藏和再次转出易出书画,对于所经眼的书画,临写是最佳的存留样本和师法古人的方式。这类作品不能用今日"创作"一词来笼统言之,事实上,董其昌这种孜孜不倦的带有一些复制意味的临写中,已经渗透对前人作品的自我注解和体悟,正类似于"我注六经,六经注我"。这个过程既是在对前人书画进行再次的师法和解读,也是形成自己书画观念的过程,可以说,正是通过这一方式,董其昌才逐渐养成其一时具眼。

二、兴至辄为此图

对临和借摹之外,作为一个鉴藏者,董其昌的收藏不可谓不富,而流转之便,董其昌也不断丰富自己的藏品,并择尤取之。就山水画而论,曾自言藏有董源《潇湘图》、江贯道《江居图》、赵大年《夏山图》、黄大痴《富春山居图》、董北苑《征商图》《雪山图》《秋山行旅图》、郭忠恕《辋川招隐图》、范宽《雪山图》《辋川山居图》、赵子昂《洞庭二图》《高山流水图》、李成《著色山图》、米元章《云山图》、巨然《山水图》、李将军《蜀江图》、大李将军《秋江待渡图》、王叔明《秋山图》、宋元人册页十八幅,言此"俱吾斋神交师友,每有所如,携以自随,则米家山水船不足羡矣"[22]。其实董其昌在题跋自己集结的《宋元名家画册》中也曾感叹:"二十年结集之勤,亦博得闲中赏玩,人间清旷之乐,消受已多。"[23]

该题跋在万历庚戌年(1610年),是时董其昌五十六岁,从考中进士后就开始广为搜藏书画,到此时,二十年集结和赏玩品析,不仅形成了自己的书画观念,诸如文人画和南北宗论,对临池创作而言,也让其畅游在众多前人书画中,游戏笔墨。在书画题跋中经常说临家藏书画,对自己的藏品,董其昌在言语之间经常颇自信满意,说到藏品犹如在说自己的一位神交密友,而在得到好的藏品时,其喜悦之状也油然而生。如其在跋《临兰亭序一册》中所言:

《褚河南临禊帖白麻墨迹》一卷,曾入元文宗御府,有"天历之宝"及宣、政、绍兴诸小玺,宋景濂小楷题跋。吾乡张东海先生观于曹泾杨氏之衍泽楼,盖云间世家所藏也。笔法飞舞,神采奕奕,可想见右军真本风流,实为希代之宝。余得之吴太学,每以胜日展玩,辄为心开,至于手临,不一二卷止矣,苦其难合也。已酉中秋重题。[24]

跋中可知董其昌所藏兰亭乃是褚遂良所临写,在追溯其流转后认为是"希代之宝",得到后"每以胜日展玩,辄为心开,至于手临,不一二卷止矣"。从得到、展玩至手临,也是从鉴藏到临池的过程,其间高兴愉悦的心情跃然眼前。这种展玩,往往也成为触发其提笔落墨的动机。台北故宫博物院藏《荆泾访古图》(图5-6)董其昌跋:"时同顾侍御自嘉兴归,阻雨荆泾,检古人名迹,兴至辄为此图。"㉖"兴至辄为此图"可以说是董其昌此时作画的一个主要动机。换言之,其之所以胸中勃勃然有书意、画意,很多时候是在赏心畅怀观看众多藏品之后有所感,提笔所作。略举如下:

《仿黄公望山水一卷》跋:"余得黄子久所赠陈彦廉画二十幅,□及展临,舟行清暇,稍仿其意,以俟披图相印有合处否。丙辰九月,昆山道中识,董其昌。"㉖

《山庄清夏图》跋:"小庄清夏,三卧而起,检所藏法书名画,鉴阅一过,极人间清旷之乐,作此图以记事。"㉗

《仿宋元诸家山水》跋:"壬子夏日避暑山庄,午睡初足,随手检阅宋元山水墨迹,略取其意,为此十帧。"㉘

《仿古一卷》跋云:"余于都下郭金吾家见燕文贵、王维、巨然、李成、赵源仿卷。烟云缥缈,布置清脱,因仿其意。"㉙

从以上题跋可见,无论是"得黄子久所赠陈彦廉画二十幅,及展临",还是"检所藏法书名画,鉴阅一过",还是"随手检阅宋元山水墨迹,略取其意",这些作品或是董其昌在一番畅心赏玩后,游戏笔墨,或是在赏鉴不少作品后,欲提笔摹拟,往往也是更放松的状态。跋中重复的关键词是兴和意,"稍仿其意"、"因仿其意"。此种临仿比起副本临本在心态上更有主观意志融汇其中。事实上,董其昌此种临仿虽称临仿,却是变相的自运,因此董其昌多言意临,此时引发其落笔的不仅是现实中的一山一水,更是满目纸绢上的氤氲云山。如果以灵感论,此时触发董其昌提笔的是赏鉴古人笔下丘壑后的快意和愉悦,随之这种愉悦又被其付诸笔下,这种作画动机和心态可以说是其作品产生的主要原因之一,检其书画题跋,几乎有近半的作品因此而来,董其昌自然也十分陶醉沉浸并游戏于其中。

董其昌曾在自己所作的《仿三赵画》中跋言:

图 5-6
明·董其昌《葑泾访古图》
纸本水墨
80×29.8厘米
台北故宫博物院

余家有赵伯驹《春山读书图》,赵大年《江乡清夏图》。今年长至,项晦甫以子昂《鹊华秋色》卷见贻,余兼採三赵笔意为此图,然赵吴兴已兼二子,余所学则吴兴为多也。⑩

从此跋可见鉴赏和临池的融合,同时可见其游戏笔墨方式,"兼採三赵笔意为此图,然赵吴兴已兼二子,余所学,则吴兴为多也"。董其昌在这里关注的重点显然是三家的不同笔意,不是画面山石等物象的描绘,自认为此作品兼取三家笔意,其中又偏重赵孟頫。值得注意的是,如此解构重组,董其昌笔下也远非真实的吴兴笔意,而是其心中吴兴笔意,正如手中之竹非是胸中之竹,董其昌笔下之吴兴也非是口中之吴兴。经此一过,不经意间已经完成了对前人笔墨意趣的重构和组合,形成无一笔无出处,却又具自家风貌的董氏风格。

又如其在书《五言古诗一轴》中跋言:"右储光羲田家杂兴,以徐季海《道德经》笔意书之,兼用颜平原法。"㉛笔法和笔意的不同参合是董其昌实现其重构组合的一个方式。晚年,董其昌自言笔法已融合了诸家之长,在书《金刚经一册》中说:

……余此卷始发愿于壬戌浴佛日。每当清暇及朔望之辰,时书数行,出入钟太傅、王右军、颜平原、杨少师、米海岳诸家。盖余行笔无定踪,故而如此,若赵文敏,则千行一辙,余故不能也。然萧散错落之致,较之文敏,又不无少优耳。甲戌十月三日识。㉜

甲戌年(1634年)董其昌已八十岁,自认"行笔无定踪",出入诸家,笔墨游戏已经炉火纯青。虽然董其昌很擅长游戏在古人笔墨中,但不断的展卷赏鉴,也时常让其披图索景,正如其所言:画家需以古人为师,久之则以天地为师。追溯形成这一认识的来源乃是鉴赏董源山水的启发,在跋自家所藏董源《潇湘图》时言:

余以丙申持节吉藩行潇湘道中,越明年得此北苑《潇湘图》,乃为重游潇江矣。今年复以校士湖南,秋日乘风,积雨初霁,因出此图印以真境,因知古人名不虚得。予为三游湘江矣,忽忽已是十年事,良可与感。万历乙巳九月前一日书于湘江舟中，董其昌。

此卷予以丁酉六月得于长安，卷有文三桥题北苑字失其半，不知何图也，既展之即定为《潇湘图》。盖《宣和画谱》所载，而以选诗为境所谓洞庭张乐地，潇湘帝子游者耳。忆余丙申持节长沙，行潇湘道中，兼葭渔网，汀州丛木，茅庵樵径，晴峦远堤，一一如此图。令人不动步而重作湘江之客，昔人乃有以画为假山水，而以山水为真画者，何颠倒见也。董源画世如星凤，此卷尤奇古荒率，僧巨然于此还丹梅道人尝一变者，余何幸得卧游其间耶。董其昌题，己亥首夏三日。③

跋中可知董其昌在万历丙申年（1596年），当时董其昌四十二岁，时持节吉藩行潇湘道，次年（丁酉）六月得《潇湘图》，可能正是因为有了之前的潇湘之行，董其昌为其定名为《潇湘图》。显然董其昌是把造化与作品相印证的赏鉴者，楚襄之行，潇湘道中的山水实景，成为董其昌为董源山水定名的契机，这些赏鉴心得也为董其昌游戏古人笔墨注入了生机。如其在《洞庭空阔图》（《仿小米潇湘奇境图》）（图5-7）中跋：

巴陵舟中望洞庭空阔之景，写此。乙卯春玄宰识。

又"米老居京口，尝以清晓登北固山眺望烟云之变"，曰：此最似潇湘。虎儿《楚山清晓图》进道君，大都写潇湘奇境也。余尝谓画家须以古人为师，久之则以天地为师，所谓"天厩万马，皆吾粉本"也。虎儿有长图，自题曰："夜雨初霁，晓烟为泮。"则其状有类于此，余亦时仿之。④

又如其在《烟江叠嶂图》跋中言：

云山不始于米元章，盖自唐时王洽泼墨，便已有其意。董北苑好作烟景，烟云变没，即米画也。余于米芾《潇湘白云图》悟墨戏三昧，故以写楚山。⑤

在《仿米元章潇湘白云图》（图5-8）中跋言：

仿米海岳潇湘白云图，此乃余家所藏，尝戏为摹之。董玄宰。⑥

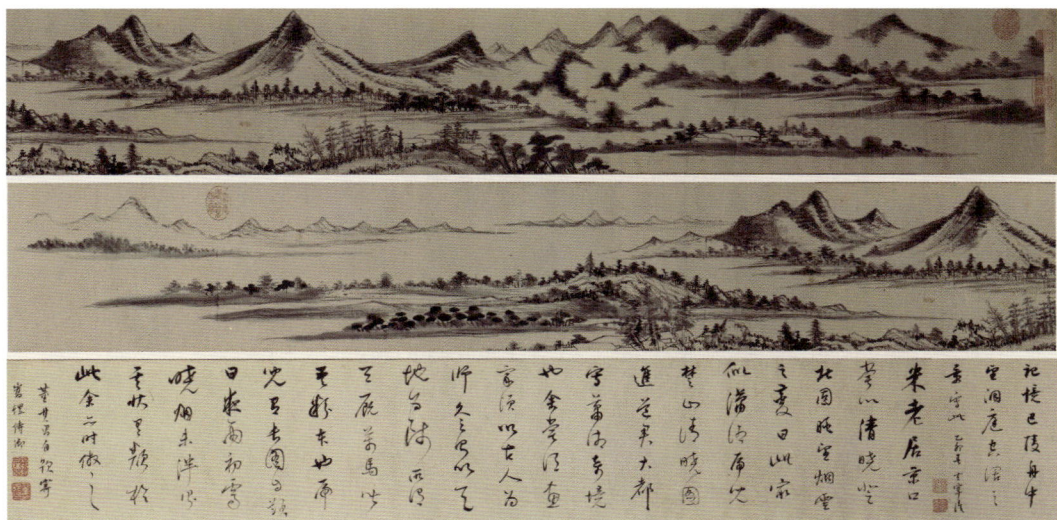

图5-7　明·董其昌《洞庭空阔图》　纸本墨笔　21.3×227.3厘米　北京故宫博物院

从楚襄之行到对董源画的收藏和审定,又到对米家山水的赏鉴和临习心得,最后至董其昌自己笔下的楚山,这一轨迹中,收藏、鉴赏体悟和笔下作品可谓并行往复,师法古人与师法造化两者同举,正如董其昌所言:"不行万里路,不读万卷书,欲作画祖,其可得乎?"⑰如果说不断临仿师法古人让董其昌深谙前人笔墨法度,尽可游戏为之,那么对天地造化的观察体悟又为其笔墨法度注入生机,不至陷入笔墨本身的僵局囹圄之中。这些都融汇在其对书画不断的收藏、赏鉴、对比、溯源和反复的临池之中。正如恽南田在评论董其昌时所言:

……惟文敏用力之久,如瘠者饮药,令举体充悦光泽而已。不为腾溢,故宁恒见不足;勿使有余,其自许渐老渐熟,乃造平淡。此真千古名言,亦一生甘苦之至言,可与知者道也。⑱

同样可以想见,戏鸿堂中所收法帖,或者是其藏品,或是其借临的摹品,正是对法书所阅之博,才使其说:"晋宋人书,但以风流胜,不为无法,而妙处不在法,至唐人,始专以法为蹊径,而尽态极妍矣。"

图5-8
明·董其昌《仿米元章潇湘白云图》
绢本水墨
123.2×51.9厘米
台北故宫博物院

三、追忆和仿作

作为一时巨眼，董其昌所见书画众多，所藏也颇丰，但如前文所述，收藏并非能时时如意，书画流通之快也会使作品在藏家手中须臾流转，董其昌也经常用所藏书画再次交易以获展观更多作品，易出的书画和难求一见的作品时常让其萦绕心头，心心念念，此时却也往往成为其再次落墨的机缘。如其在《孝经一册》跋言：

李龙眠画孝经像，米元章以书副之，凡八章，在宜兴吴光禄家，令人借摹未得，以意为此。其昌。[39]

此时借摹未得，以意为此，也许可以聊慰遗憾。又如让其颇挂怀的王维《江山雪霁图》，董其昌在归还冯梦祯后，曾作《寒林远岫图》以寄怀。跋中言：

昔人评王右丞画，以为云峰石色，迥出天机，笔思纵横，参乎造化。余未之见也。往在京华，闻冯开之得一图于金陵，走使缄书借观。既至，凡三熏三沐，乃长跽开卷。经岁，开之复索还，一似渔郎出桃花源，再往迷误，怅惘久之，不知何时重得路也。因想象为《寒林远岫图》，世有见右丞画者，或不至河汉。[40]

而对于曾收藏过的赵孟頫《鹊华秋色图》，在和人相易之后，也再次追忆临仿，在跋中言：

余家有赵荣禄《鹊华秋色图》，为同年吴光禄易去，追想笔意写此。董其昌。[41]

又在《摹烟江叠嶂图一卷》中言：

王晋卿有《烟江叠嶂图》，甚为海内所传誉，予昔一再见之，梦想不忘，暇日略摹其一角，愧未及其二三也。其昌。[42]

董其昌曾傥写小米山水，因为小米《五洲图》则是"为张修羽所易，见之不取，思之千里，为此傥写"[43]。

在《临黄鹤山樵云山小隐卷》(图5-9)又跋言：

> 黄鹤山樵有《云山小隐》横卷，余得之娄水王司寇家。拟为此图。玄宰，辛酉夏六月八日识。
>
> 此卷弇山家冢孙庆常所藏，余以古画易之。寻与京口张修羽易倪迂、王蒙合作山水，念米老既失研山，更就薛绍彭求一见不可得，有蟾蜍泪滴之诗，又想成为研图，此卷所以作也。崇祯乙亥五月重观，因题。距写图时十五年矣。思翁。[44]

从这些题跋可知，这类作品是董其昌在忆念某些曾见过或收藏过的书画，不能再得再见时落笔遣怀，也可说是其鉴藏之余绪下的作品。在此类追忆仿作中，董其昌既有不能得见原作的遗憾，又有希冀通过临写寄怀的心情。试想，如非是痴迷此道中人，董其昌何以如此怀念失去的作品，董其昌自诩有书癖画癖，究竟到何种程度呢？从董其昌《临倪高士轴》的跋文中可略见一二：

> 长安归之十日，即遣力往四明朱明府家易云林画轴，久不见至，遂令日者筮之。沈启南云：云林画江南以有无为清俗，余则癖矣。玄宰。[45]

跋中四明在今宁波，明府即知县，所言朱明府，应该是宁波藏书家朱勋家族中人。朱勋有"五岳轩"藏书楼，和王世贞友善，此朱明府极有可能是朱勋之子朱陛，曾任安福知县，休宁知县，从跋中可推测董其昌应和朱明府有约在前，或得知其藏有倪瓒画，从京回家即差人去易画，差人久不归，董其昌竟亟不可待，求助于占卜之人，测算是否顺利。董其昌之癖和对画之求之若渴如在眼前，可推测这次应是易到了倪瓒作品，因此在此临本中，董其昌记录并感叹之。这种颇见性情的鉴藏记事也常出现在其跋文中。如在《仿黄子久山水册》中说：

> 沈能甫司马藏黄子久册十二幅，在予家，每有求观者，辄拒不出，非靳一观，以待知者，今日偶临之。玄宰。[46]

图5-9　明·董其昌《临黄鹤山樵云山小隐》(局部)　纸本水墨　30×159厘米　重庆中国三峡博物馆

正如往往借观不得，董其昌对自己的藏品也很珍重，所谓不是知者，不得一见，此跋便是在临子久山水时的感叹。又如在《小楷卷》题跋中又回忆起一次易画经历，中言：

今年游白下，见褚遂良《西昇经》，结构道好，于黄庭、像赞外，别有笔思。以顾虎头《洛神图》易之不得，更偿之二百金，竟靳固不出。登舟作数日恶，忆念不置，然笔法尚可摹拟，遂书此论，亦十得二三耳。使《西昇经》便落予手，未必追想如此也。癸卯八月，舟次云阳。㊽

显然，董其昌这次的交易没有得偿所愿，大概不太愉快，以至于"登舟作数日恶，忆念不置"。无奈之下，便拟其笔意，并认为虽然没有得到，但追想之下，也十得之二三，并自我安慰如果真得到褚遂良《西昇经》，倒未必会如此追想。

书画鉴藏一旦成为癖好，也就成了欲罢不能的事情，如上跋文中多是董其昌伴随着赏鉴而来的临池。可以想见，当鉴藏成为书斋生活的常态，随之而来的临池之作也就自然而然更偏重对古人的师法。同时，作为一个鉴藏者，在鉴定评判书画真伪高下时，对画面笔墨语言、结构章法细致入微的敏锐感和观察力，为董其昌追求玩味笔墨本体语言提供了无限契机和可能，此时再去回顾其所言"以蹊径之奇怪论，则画不如山水；以笔墨之精妙论，则山水决不如画"㊾，似乎也就更加容易理解其语境，这也是在忽略其鉴藏者身份时所不易察觉到的。

类似以上这种追忆背临作品在董其昌作品中为数更多，在那些不标明临仿的作品中，如果查其题跋或笔墨，皆会发现临仿的心态和痕迹。如在《夏山欲雨小帧》中跋：

巨然《夏山欲雨》向藏汪孟明家，今归云间顾中翰处。余曾一再仿之，颇会其趣，夏日复背临，如游山阴道上。玄宰。㊿

在《秋兴八景图》(图5-10)之一中跋言：

余家所藏赵文敏画有《鹊华秋色》卷、《水村图》卷、《洞庭两山》二轴、《万壑

图5-10　明·董其昌《秋兴八景图册》第一幅　纸本设色　53.8×31.7厘米　上海博物馆

响松风,百滩渡秋水》巨轴及设色《高山流水图》,今皆为友人易去,仅存巨轴,学巨然《九夏松风者》,今日仿文敏笔并记。⑨

　　题跋中的鉴藏记事是董其昌跋文的一个特点,在题跋中追忆记录一些曾见过的藏品或者藏品的流转经过,也再次印证了董其昌生活中鉴藏活动的频繁。如果把这些不见原作下的追忆背临之作和之前的对临借摹、兴至而画的作品做一比较,也会发现这时跋文中所提及的藏品更像一个引子,触发其情。当然这时董其昌笔下之作已经不仅是所追忆的那些作品,更多是自己的笔墨风格。因此,如果说之前的对临借摹和以意仿之都还不足以最终成就董其昌的书画风格,那么这些在不见原本追忆下的作品似乎促成了其临仿风格的最终完成。这种风格在不断的赏鉴中孕育,以师法前人为主的临仿开始,最终以无一不笔无出处,"妙在能合,神在能离"的理想完成。

　　以题跋为线索梳理董其昌作品,可见其大部分作品的产生与其书画鉴藏之间直接的关联,也是理解其临仿风格的一个新的面向。格律柯在《雅债》中说:"文徵明那些具有社交目的并依情况而作的作品在他死后迅速转化为商品,这样原本因人情义务并应不同场合而生的书画产物,遂变成自外于创作情景的事物,仅被简单挂上'文徵明所作'的标签。"⑩这种情况同样适用于董其昌,从作品层面来考量,董其昌鉴赏活动和情景中所产生的作品,在忽略其产生的具体动机心态后,也就很难全面地观察作品产生的情景和因缘,这样原本鉴赏活动下的书画产物,遂变成自外于创作情景的事物,仅被简单认为是董其昌的作品而已。

　　从时代而言,董其昌的书画鉴赏和当时鉴藏风气的盛行不无关系,就个人而言,其本身的癖好也值得重视。明人尚癖,张岱说:"人无癖不可与交,以其无深情也。"⑪董其昌自谓有书画癖,书画对其而言可极人间清旷之乐。其所以提笔落墨的根源也正是以书画寄托情怀,正如尝言窗前游戏笔墨,又在题跋中说"待真赏者",这无不透露出一个深谙作品和鉴赏之间关联的画者和赏者的双重角色。对书画家的董其昌而言,书画是托笔墨以写心寄情,作为一个赏鉴者,董其昌自然也是深知书画赏鉴中,意会其中笔情墨意需要全面的艺术修养,同样也需要契机。

四、目击而道存

赏鉴中的师法学习,临仿的风格面貌,两者之间虽然有密不可分的关系,似乎也并不能完全回答董其昌的自家面貌形成的根本原因。董其昌毫不避讳地在作品中言临怀素、临颜书、临大痴、临北苑、临小米,等等,即便是应人所求的作品,也会在题跋中言及其师法渊源,如在《秋林晚翠图轴》中就说:"此余昔年为钦仲作也,画法在摩诘、巨然之间。"⑤于是若仅从题跋看,似乎董其昌一直在古人身边和笔下徘徊,虽然其作品有明显的自家面貌。这是很有意思的现象,追溯起来,董其昌临仿风格中的关键之处,在于其师法的方法。

董其昌在世时,书画鉴赏均俱盛名,嘉扬之言不胜枚举,但比较有意思的品论则是陆以宁所言,谓董玄宰云:"今日生前画靠官,他日身后官靠画。"⑤这个评价似乎完全正确地预判了董其昌生前身后的声名遭遇,董其昌之后的清初"四王"虽没有完全习得其书画精髓,但四王对其书画观念的推崇,使董其昌在清代产生持久的影响力。后世对董书画的评论,实则也毁誉参半,赞叹中不乏否定,否定中又极力赞叹,对其评论可谓忽高忽低。关于董其昌书画的品论,恽南田的一段文字似乎契如三昧,也是最早对董其昌书画进行审视的。南田在《瓯香馆》中尝言:

> 承公孙子尝与余论董文敏书云:"思翁笔力本弱,资制未高,究以学胜,孙与亲近年多,知之深!好之深矣!"其论与予合,非过缪。文敏秀绝故弱,秀不掩弱,限于资地,故上石辄不得佳。孙子谓其不足在是,其高逸亦在是,何也?昔人往往以己所不足求进,服习既久,研练益贯,必至偏重,所谓矫枉者过其正也。书家习气,皆于此生,习气者,即用力之过,不能适补其本分之不足,而转增其习气之有余。而涵养未至,陶铸琢磨之功不足以胜之,是以艺成,习亦随之。或至纯任习气,而无书者。惟文敏用力之久,如瘠者饮药,令举体充悦光泽而已。不为腾溢,故宁恒见不足;勿使有余,其自许渐老渐熟,乃造平淡。此真千古名言,亦一生甘苦之至言,可与知者道也。⑤

恽南田此番剖析,可谓比较全面,如其中言"用力之久,如瘠者饮药,令举体充悦光泽而已"，董其昌中年回忆自己的学书经历也感叹："今将二十七年，犹作随波逐浪书家。翰墨小道，其难如是，何况学道？"⑯对于书道画学，董其昌自己曾不止一次感叹，晚年在《王右军气力帖》中题跋感叹：

> 崇祯七年岁在甲戌修禊前一日，钱长公去非携至苑西邸舍重观。是年八十一岁，学书六十年，三见右军真迹，了无所契。惭愧！惭愧！⑰

对于书画名声，董其昌也甚为开朗豁达，尝言：

> 昔人以为翰墨为不朽事，然亦有遇不遇，有最下而传者，有勤一生而学之，异世不闻声音者；有为后人相倾，余子悠悠，随巨子讥评，以致声价顿减者；有经名人表章，一时慕效，大擅墨池之誉者。此亦有运命存焉。总之，欲造极处，使精神不可磨没。所谓神品，以吾神所著故也，何独书道，凡事皆尔。⑱

在这段话中，足见董其昌对书画翰墨之事通透豁达的态度，其中也道出了董其昌对书画的核心评判认识，即"欲造极处，使精神不可磨没"，"所谓神品，以吾神所著故也"。书画品论中对精神和神韵的重视由来已久，然此处"所谓神品，以吾神所著故也"则是对前人之说进行删繁就简后的全新认知。此神品显然不是黄休复《益州名画记》所言神格"天机迥高，思与神合。创意立体，妙合化权"⑲，也不是陶宗仪所言"气韵生动，出于天成，人莫窥其巧者，谓之神品"⑳。比起这些难以捉摸的"天机迥高，思与神合"和"人莫窥其巧者，谓之神品"，董其昌所言"以吾神所著故也"切实可知，也更强调画者本人的主观精神在画面中的表现和传达。这种鉴赏和品断，也不同于一般的书画赏鉴者，大概是只有书画实践者才可以说出的体悟。细味"以吾神所著故也"，同样是不亲临翰墨不能有的切身体会。对书画中主观精神的重视和追求使其不断频频地感叹，曾言：

> 古人无一笔不怕千载后人指摘，故能成名。因地不真，果招纡曲，未有精神不在传远，而倖能不朽者也。㉑

依旧是对书画中精神的追求,此所言的精神,实则更加着重于书画者自觉自我的精神,以己之精神灌注于笔下所成,这种认知远异于前人对"神"的认识。这似乎是董其昌鉴藏和临池中的主导精神,也是其看似临仿又自成一家风格的精髓所在。

可以说正是不断地鉴赏后,董其昌对"神"形成了带有个人体悟式的认知,并在画面中反正探究验证,尝言:"古人神气淋漓翰墨间,妙处在随意所如,自称体势。"⑩把神具体化为笔墨和画面的体势。同样,在评判前人之作时,往往也以是否得其神为标准。如曾言文徵明作品:

> 文待诏学智永千文,尽态极妍则有之,得神髓概其未有闻也。尝见吴兴临智永,故当胜。⑥

在董其昌看来,文徵明并没有得到智永的神髓,可见董其昌在师法古人时,在意的是对古人作品中的神韵体会和学习。如又尝言:

> 临帖如骤遇异人,不必相其耳目手足头面,而当观其举止笑语精神流露处,庄子所谓"目击而道存"者也。⑥

在这里,我们似乎可以更深刻地理解董其昌所谓的临仿,是"观其举止笑语精神流露处","目击而道存",这是画者在目击古人精神流露时,依然焕发自我精神,两相融合,也即是董其昌的心源所得处。"以吾神所著故也"和"观其举止笑语精神流露处"这些对神的认识,也体现董其昌师法古人时的一个重要观念,即其所言"学古人不能变,便是篱堵间物。去之转远,乃由绝似也"⑥。一面是坚决的师古者,提倡师古,越过皮相师其精神。一面则要焕发自我精神,这对临池者而言,无疑是高标准和高难度,毕竟能做到前者就已非是易事,不过从中可见董其昌对"神"的重视甚与前人。

即便同是提倡"复古",董其昌和赵孟頫的古意之说显然两样,最显著的不同是董其昌对"神"的更加重视,要呈现如董其昌所说之精神,一则须体悟到古人在一笔一墨中所寄之神,以及具化在画面中的笔墨、体势;一则须涵养自我之神,自我之神的涵养,如其所言须是读万卷书、行万里路的功夫。如此,古人与我两者精神相遇,在古人精神的感召下,画者之精神自然激发融合,故此临仿虽名临仿,其实也远非简单的临仿。此间,也许就更容易理解"以蹊径之奇怪论,则画不如山水;以笔墨之精妙论,则山水决不如画"⑥。这里的笔墨自然不仅是单纯的五墨七彩以及笔墨之皮相因素,此笔墨更是已经融入画者精神的精妙之笔墨。

纵观董其昌的书画历程,可说不断的鉴藏既是主要的书画学习方式,也让其一开始便可面对前人作品,从而上下求索,追根溯源,取其所好。鉴赏的过程,也使其不自觉地关注画面笔墨呈现在历代作品中的变迁和异同,进而以绘画的本体语言,如笔墨为考量,寻求其在画中的精神性内涵。与此同时,不断的临仿加上董其昌上佳的悟性,笔墨终于在越过层层的表象后,成为对精神性传达的最佳载体。

五、到家罢问程

书画鉴藏可以说伴随了董其昌一生的书画实践,鉴藏临池的过程中,董其昌也提出了颇有影响的南北宗之说。我们不妨再回顾一下这个经典的论说:

> 禅家有南北二宗,唐时始分。画之南北二宗,亦唐时分也,但其人非南北耳。北宗则李思训父子着色山水,流传而为宋之赵幹、赵伯驹、伯骕,以至马、夏辈。南宗则王摩诘始用渲淡,一变钩斫之法,其传为张璪、荆、关、郭忠恕、董、巨、米家父子,以至元之四大家。亦如六祖之后,有马驹、云门、临济儿孙之盛,而北宗微矣。要之,摩诘所谓"云峰石迹,迥出天机,笔意纵横,参乎造化"者。东坡赞吴道子、王维画壁,亦云:"吾于维也无间然。"知言哉。⑦

这段熟悉的话中,董其昌把南宗溯源到王维,就其中的南北分宗而言,细察董其昌的语气,联系董其昌之前的收藏和赏鉴,南宗和北宗在此说中其实也没有明显的褒贬之意。董其昌更多是借禅之南北宗来说明其观念中两种不同的态度和创作方法,其真正的意图大概是提倡文人画。如其言:

文人之画，自王右丞始。其后董源、僧巨然、李成、范宽为嫡子。李龙眠、王晋卿、米南宫及虎儿，皆从董巨得来。直至元四大家黄子久、王叔明、倪元镇、吴仲圭，皆其正传。吾朝文、沈，则又遥接衣钵。若马、夏及李唐、刘松年，又是李大将军之派，非吾曹易学也。⑧

两者内容联系来看，显然其所说南宗即是文人画一脉，对大李将军一派，认为"非吾曹易学也"，但对大李将军一派虽为其不习，董其昌也并非不给予肯定。如其曾言：

李昭道一派，为赵伯驹、伯骕，精工之极，又有士气，后人仿之者得其工，不能得其雅，若元之丁野夫、钱舜举是已。盖五百年而有仇实父，在昔文太史亟相推服。太史于此一家画，不能不逊仇氏，固非以赏誉增价也。实父作画时，耳不闻鼓吹阗骈之声，如隔壁钗钏，顾其术亦近苦矣。行年五十方知此一派画殊不可习。譬之禅定，集劫方成菩萨，非如董、巨、米三家，可一超直入如来地也。⑨

其中董其昌对大李将军以及仇英作品的态度，不难看出，对"精工之极，又有士气"的赵伯驹、伯骕画，董其昌也认为其佳，但需要耗费精神，因此极精工的一路画法，是其所排斥不习的，因为其术近苦矣，"此一派画殊不可习"。而这种认识，是董其昌在五十岁后才有的认知。

以上三说联系而看，董其昌认为南宗是其所宗，此一派为文人画，此一派画法用禅来形容是一超直入如来地，而不是"集劫方成菩萨"，但稍知佛事便知，佛门八万四千法门，无有分别，只是根据众生的不同根器，随缘而渡。董其昌在这里所类比的禅之顿悟，一超直入，是高难度和非标准的，且不说佛门禅之修习本就须上等根器，顿悟不仅需要一定的机缘，比起渐修更需要上等根底，远非是一般人可修习，如果以此来看董其昌的言论，其所选择的画之道也须上等悟性之人方可为之。

就董其昌自身的经历而言，和禅宗之密切也非是他人可及。董其昌早年便曾接触佛禅。回顾董其昌与佛禅的结缘和参禅经历，最早是在诸生时候，在回忆时言：

达观禅师初至云间,余时为诸生,与会于积庆方丈。越三日,观师过访稽首,请余为思大禅师《大乘止观》序,曰:"王廷尉妙于文章,陆宗伯深于禅理,合之双美,离之两伤。道人于子有厚望耳。"余自此始沉酣内典,参究宗乘,后得密藏激扬,稍有所契。……⑳

青年时期董其昌便已经接触修习佛禅,沉酣内典,参究宗乘,但禅宗契入也非易事,在之后曾言"余始参'行篦子话',久未有契"。在万历乙酉(1585年),"一日于舟中卧念香岩击竹因缘,以手敲舟中张布帆竹,瞥然有省,自此不疑,从上老和尚舌头千经万论,触眼容透"。而在"其年秋,自金陵下第归,忽现一念三世境界,意识不行,凡两日半而复,乃知《大学》所云心不在焉,视而不见,听而不闻,正是悟境,不可做迷解也"㉑。此年,举子业落榜,但对禅却是有了新的悟境。

不得不说董其昌的确是天才俊逸之人,对禅的参悟很快就体现在其举子业的修习和文章写作上,现存董其昌关于举子业的两篇文论《论文宗旨》和《举业蓓蕾》中,皆以禅来论文。如在《论文宗旨》中,言作文之宾主时说:

昔洞山禅立四宾主:主中主,宾中宾,主中宾,宾中主。故曰:"我向正位中来,尔向宾位中接。"又曰:"忌十成死句。"文章亦然。㉒

而在《举业蓓蕾》中,则更是以禅之明心见性之说来论说举子业,开篇便言举子业"首要洗心是无上丹头",提出洗心之说:

心要放得开,多少伶俐汉,只被那卑琐局曲情态耽搁一生。若要做个出头人,直须放开此心,若游九天,眼界大,局面大,一切厚我薄我,顺我逆我等状,尽行容纳,不著色相,是何等度量!放开此心,若坐堂上,高拱临莅,若登泰华,高绝尘埃。高乃明,明乃见,见境即觉,话到即解,不被他欺瞒,不被他遮塞,是何等识见!放开此心,令之至虚,若天空,若海阔。虚乃受,精受粗受,大受小受,断不自满,断不自封,是何等器宇!放开此心,令之极乐,若曾点游春,若茂叔观莲,真是洒落落,一切过去相,见在相,未来相,绝不挂念,是何等襟怀!到此大有入处,便是担当宇宙的人,何论雕虫末技,不工不效。……㉓

其中不着色相,放开此心,一切过去相、现在相、未来相,绝不挂念,对主体心性的向内而求,完全是以佛禅的修习之路来解说,董其昌此段话虽是在说举子业之首要,实则也可见其修心涵养之道和高蹈绝俗的人生观。

高中进士后的九年董其昌基本是在京城度过。这时期董其昌对禅的接触更多是和周围的文人士夫、朋友之间谈禅论佛,游历寺院,抄写佛典。《画禅室随笔》卷四:

袁伯修见李卓吾后自谓大彻。甲午入都,与余复为弹说之会。时袁氏兄弟、萧玄圃、王衷白、陶周望数相过从,余重举前义,伯修竟犹溟滓余言也。[③]

甲午即万历二十二年(1594年),是年董其昌四十岁,此段记载可见在京时董其昌与王图、陶望龄、袁宗道兄弟相过从,谈禅为乐。这几人中,陶望龄生平笃信王阳明"自得于心"的学说,认为这是最切实际的"著名深切之教",中年以后"讲学逃禅"。袁氏兄弟即袁宗道与其弟袁宏道、袁中道。袁氏兄弟诗文以白居易、苏轼为宗,人称"公安派",袁宏道曾著有《珊瑚林》《金屑编》,阐述自己的禅宗思想和参禅心得。萧云举,字允升,号玄圃,广西宣化县(今南宁市)人,明代公安学派创始人之一。几人都是喜好参禅的文人,董其昌与之交往颇深,陈继儒曾言其时董其昌"日与陶周望,袁修伯游戏禅悦,视一切功名文字直黄鹄之笑壤虫而已"。长期的谈禅论道,董其昌也多有心得:

五经《论语》之外,子史文集所有议论,不过互相祖述,改头换面,无甚精微之言凿破混沌者,而内典宗门之书间有之,如僧至德山,曰:久向德山有龙潭,及到德山,潭既不见,龙亦不现。德山曰:子亲到龙潭。又僧问:世界与么热,向何处避沩?山:镬汤炉炭里。僧曰:又与么避沩?山曰:众苦不能到。又玄沙曰:诸方皆说接物利生,有三等人何法可度?假如无眼人,不能拈椎竖拂度,无耳人不能以繙经说偈度,无舌人不能知其所迷所悟,又如何度?若此三种人不度不得,佛法无灵验也。时有一僧出曰:某甲有眼、耳、舌,请师如何度?此等言语,皆非子史诸集所有,觉晋人玄谈敷浅无味矣,正是苏玉局文字得力处。[⑤]

在董其昌看来,很多子史文集都不如禅门内典可以直至本心,对参禅打话头,董其昌颇有体会,有很高的评价。可以说,早期的参禅对董其昌思想的影响比较明显,也为此后以禅论画埋下了伏笔。和文人的论禅谈佛之外,游寺院和抄写佛经也是董其昌参禅和接触禅的方式,而且非常频繁。大致如下:万历十九年(1591年),在护送老师灵柩南下的一路中,曾游历北固山甘露寺⑦。同年,为去世的母亲祈福书写《金刚经》。万历二十年(1592年),返京途中过无锡惠山游惠山寺。

此后,万历二十七年(1599年)游扬州为赵孟𫖯的《头陀寺碑》题跋,翌年为丁南羽白描绘本《罗汉渡海图》题跋⑰,万历三十二年(1604年),题赵孟𫖯楷书《妙法莲花经册》,其中"上下千年,事若相待,无成坏相,无延促相"⑱,显示了对佛理的理解。同年秋在杭州游西湖昭庆寺,并游历南屏山时,应夜台禅师之请,为五台山、峨眉山、普陀山题写牌匾。万历四十一年(1613年)中秋节,行楷写《大佛顶首楞严经册》,题款以"居士"自称,可见对佛法的崇信⑲。

万历四十三年(1615年)五月,用楷书抄写《弥陀经册》,寄杭州贺云栖禅师八十岁生日⑳,万历四十四年(1616年),受友人李乐、朱国桢两佛教徒之托书写《高峰禅师香火碑》㉑,万历四十六年(1618年)四月八日佛陀诞生的日子,以佛弟子身份抄写《金刚经》等,这年十二月又写《白衣大悲陀罗尼经》㉒。

此后,在1620年,天启二年(1622年),董其昌奉命下江南途中为杭州永福寺石壁法华经做记,回京后,书写苏轼的《十八大阿罗汉颂》。天启三年(1623年),为黄庭坚《莲经》作题跋。天启四年(1624年),楷书《金刚经》贺新年,同年行书写《禅悦》一卷。天启五年(1625年)书写《般若婆罗密经册》自娱,此后又几次以楷书抄写此经。《般若婆罗密经册》又名《心经册》,董其昌曾反复抄写此经,可见对佛的信仰㉓。天启七年(1627年)又写《心经一册》㉔。

崇祯元年(1628年),书写《墨禅轩说》,其中提出学书与禅悟在思维方式上的共同之处。次年,在为僧人惠崇的《溪山春晓图》题跋时,用"六度中禅"和"西来禅"对惠崇和巨然二僧画风作比较。诸如此类用禅宗比喻书画的情况很多。崇祯四年(1631年),再次应诏回京,此次是董其昌最后一次任职,三年后告老还乡,更加醉心禅学和书画。崇祯五年(1632年),楷书抄写《白衣大悲陀罗尼经》,以"香光居士"自称㉕。崇祯七年(1634年)孟夏,以行楷抄写《金刚经》,此经董其昌历三年才完成⑩。崇祯九年(1636年)六月,又抄写《清静经》⑩,此年中秋后,董其昌去世。

董其昌一生与禅佛的接触和交往可谓密切,从董其昌可见的经文抄写来看,每当浴佛日或元旦日董其昌总会抄写经文,与佛僧也有广泛持久的交往,每每以佛弟子自称,可见对佛禅的信仰。《容台集》中有"禅悦"多达五十二则,为自己画室命名"画禅室",以禅论文、论书画的例子不胜枚举。正如早年对禅的参悟体现在其举子业的修习上,不同时期和禅佛的接触,加之自我的体悟,禅对董其昌的人生、思想的影响,可能比我们已知的更为深远。从董其昌的言论中不难看出,禅已经内化,成为一种思维方式和惯性的表达。从这个意义上说,董其昌把禅悟引入书画有充分的必然性,这种转化和引入也并非是简单的比拟,而是贯彻于董其昌日常体悟和思考的结果。

六、以禅论画

董其昌早年与曾与当时高僧憨山谈禅,在董其昌的回忆中,达观禅师也尝言"道人于子有厚望耳"。足见在一时高僧眼中,董其昌对禅道也是颇有悟入,可称为上根之人,董其昌以禅论画,如果从其自身的经历和生活来看,也可以说比较自然的事情。此外,书画的习得之路本就有多种路径,艺术之主观性也决定和呈现出画者在习画时所选择道路的千差万别,对董其昌而言,其不自觉所选择的道路可能也是仅适合其一人或一类人。

因此,对董其昌的言论,笔者认为更需要契入其语境和情景方可意会。也缘于此,对南北宗论也需要以其禅思来观照,一旦计较落入言语和词汇的皮相分析与纠结,自然也会显得矛盾又难以理清,于是一向要顿悟,一超直入,董其昌也"与南北宋,五代以前诸家血战"⑱,经年累月的临池,对前人画法进行细究,不断集古人字体,对各家树法尽数搜罗,现存《集古树石画稿》(图5-12),便是集诸家法,以备随时之观摹学习。

可以说南北宗之说的本质和重心实则是以禅论画,如果不纠结于南北宗,在其言论中也会发现,其天才和独一无二的以禅论画的精彩之处,在《画禅室随笔》中,此类言论随处可见。如下:

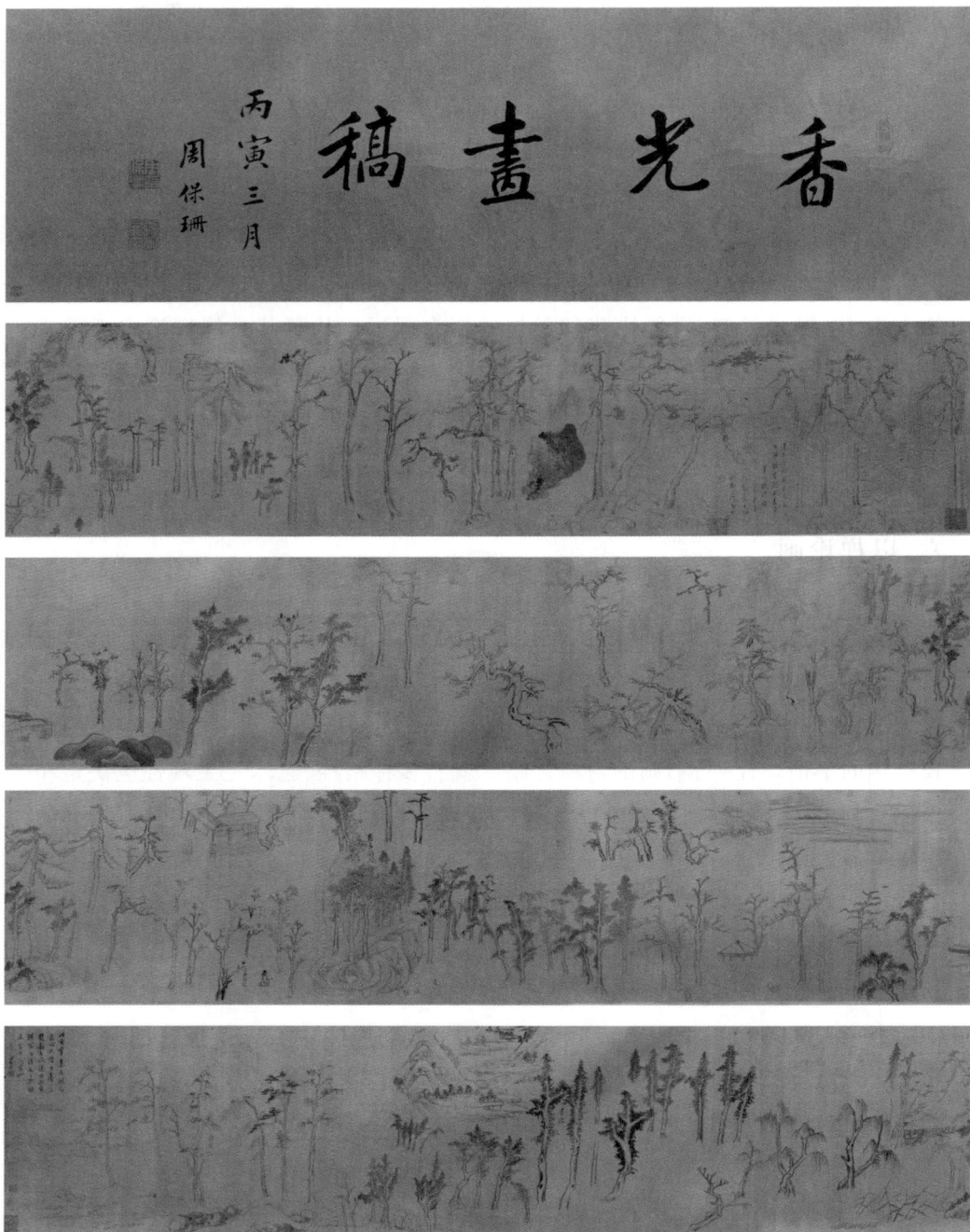

图5-12 明·董其昌《集古树石画稿》 绢本水墨 30.1×527.7厘米 北京故宫博物院

药山看经曰："图取遮眼,若汝曹看牛皮也须穿。"今人看古帖,皆穿牛皮之喻也。古人神气淋漓翰墨间,妙处在随意所如,自成体势。故为作者,字如算子,便不是书,谓说定法也。⑱

吾学书,自十七岁时……比游嘉兴,得尽睹项子京家藏真迹,又见右军《官奴帖》于金陵,方悟从前妄自标许,譬如香岩和尚,一经洞山问倒,愿一生做粥饭僧,余亦愿焚笔研矣。⑲

大慧禅师论参禅云:"譬如有人,具万万赀,吾皆藉没尽,更与索债。"此语殊类书家关捩子。米元章云:"如撑急水滩船,用尽气力,不离故处。"盖书家妙在能合,神在能离。所欲离者,非欧虞褚薛诸名家伎俩,直欲脱去右军老子习气,所以难耳。哪吒折骨还父,拆肉还母,若别无骨肉,说甚虚空粉碎始露全身。晋唐以后,惟杨凝式解此窍耳。赵吴兴未梦见在。余此语,悟之楞严八还义:明还日月,暗还虚空。不汝还者,非汝而谁? 然余解此意,笔不与意随也。甲寅二月。⑳

　　如上的这些体悟中,董其昌时时在用禅的灵悟机锋来解说书画,或者说,董其昌是借助禅来体悟书画之道。如最后一则中所言,书家妙在能合、神在能离。此处的离"非欧虞褚薛诸名家伎俩,直欲脱去右军老子习气",即书家不可囿于前人的技法风格,即便经典如王羲之,也同样不可成为自家的障碍,所谓"虚空粉碎始露全身",书家对曾师法过的前人技法、风格、神韵不再迷恋执着,才可以显露本来的真我性情。这里董其昌强调的还是对自我心性和风格的重视,这无疑是极有难度的,书家能体悟到右军精髓尚且不易,且要能离又能合。董其昌自己也说:"然余解此意,笔不与意随也。"甲寅年,这时董其昌已经六十岁。

　　事实上,随着对禅的逐渐参究和体悟的深入,董其昌认为,参禅对其他方面,如诗文、书画都是有益的,尝言:

苏端明文章妙古今,虽韩、欧当却步,良緐韩、欧皆未精内典,而禅宗最盛于子瞻之时,又有耆宿与相盘旋,是以悟后言语,六通四辟,余如无垢无尽,虽深于禅悦,而笔不及端明,故其文少逊。所谓般若有三,有自性般若,有观照般若,有文字般若,苏公可谓文字般若矣。㉒

此中可见，在董其昌看来，苏轼文章高超之处在于得益其参禅并有所悟，董其昌在谈书论画时频频的禅语，不知是否有试图学习效法苏东波的想法。但长久地接触禅宗，沉酣内典和参究宗门也确让其识见和心性都具有超越性，如曾与之禅悦的袁伯修、瞿洞观、陶周望等人，无论是谈禅时的悟境，还是在现实生活中的实证，似乎都不及董其昌。万历甲辰年（1604 年），和陶望龄在苏州相遇，董其昌在回忆中说：

> 陶周望以甲辰冬请告归，余遇之金阊舟中，询其近时所得，曰："亦寻家耳。"余曰："兄学道有年，家岂待寻？弟如今次吴，岂不知家在越，所谓'到家罢问程'则未耳。"㉚

"到家罢问程"出自禅宗语录，其原话为："言思路绝，方始到家，罢问程途。"讲修行者在觉悟的过程中，需离言去智，禅固然是要修成一念不生之清净心，但一旦有此要生清净心之念想，亦是已经着念，所谓"起心无着，便是有着"。在董陶的对话中，陶望龄还处于要寻家之念中，尚有"家"之执念，董其昌则说其"到家罢问程"则未耳，可见董其昌的了悟显然高于陶望龄。其实，在董其昌看来，甚至是阳明心学，也不过是宗门浅浅之谈。其在谈禅时曾说：

> 知之一字，众妙之门，又有云知之一字，众祸之门，般若无知论，所破者知也。永嘉《证道歌》有云："一念者，灵知之体，是所立者知也。"《心经》云："无智亦无得。"近于《遮坛经》云："转识成智近于表"。阳明先生识此发为良知之说，犹是宗门浅浅之谈，宗之者与辟之者，俱未曾深研法要也。㉛

对于阳明心学，董其昌在谈禅论心体时曾对比禅宗永嘉之"灵知"、阳明之"良知"和朱熹之"虚灵不昧"，深入剖析禅宗和儒家在对心体的认知上存在的区别。此段剖析也甚为精彩，录如下：

> 古人以水喻性，荷泽得法于曹溪，拈出心体曰："水是名以湿为体，心是名以知为体。"最为片言居要，乃永嘉曰"灵知"，王阳明曰"良知"，晦翁亦曰"虚灵不

昧"，其语似有淆讹，若为分析，曰永嘉之所谓灵者，即不生不灭，不垢不净，不增不减，迎之不见其首，随之不见其尾，了了常知，故自言之不及，非以能思算能注想而为灵，《阴符》不神之神也。若朱子之虚灵不昧，则谓其仁义礼智之所自出，如见孺子入井，即起恻隐，闻嘑蹴声，即起羞恶，动于善者机也。阳明之良知，则曰无善无恶者，心之体有善有恶者，情之动知善知恶是良知，为善去恶是致良知，夫无善无恶者，心之体近于禅矣。而知善知恶是良知，与晦翁虚灵不昧何尝相悖，世有宗良知而诋晦翁者舛矣。若以水喻阳明所谓良者，清浊未分之水乎？晦翁所谓灵者，清浊既分，但取其清以为原初水乎？虽然，晦翁固迥异于禅，阳明之禅亦非张无尽、张无垢之禅也。为其认定无善无恶，以为心体即与不垢不净相似，而与不生不灭犹愿，不见《楞严经》耳根圆通三真实，有常真实乎？佛言常光现前，祖言无记昏昧，昭昭契本，真空的的，《法华经》云："佛种从缘起，是故说一乘。"惟此灵知辉天盖地，亘古彻今，岂无善无恶便称了义。至于知善知恶，更落第六识，宗门转识成智，正转此识，何谓良知？永嘉云，法身、般若、解脱，三者一念全具，方为一念相应，此灵知之自性，夫般若解脱，亦有不兼法身者，而《证道歌》又云："法身了却无一物，本原自性天真物。"何耶？粗心衲子，岂可共语话也。宗家有语者显其无语之物，有修者修其无修之初，颜子谒才，方见卓尔，博文约礼，孔子所以竭其才。譬如明珠沉于海底，必涸大海之波涛，然后见之。故沩山云，以思无思之妙，返思灵焰之无穷，思尽还源，立地成佛，若有一毫一丝沾带，则谓之挟带，谓之借借，临济所用，金刚王剑，正谓此等。孔子许颜渊曰："知不善，未尝复行。"夫不善者，岂谓身三口四等不善哉，毫厘系念，三涂业因，瞥尔情生，万劫羁锁是已，他日又曰："拳拳服膺。"是犹有碍膺之物在，故判为三月不违，未见其止，《法华经》云："止止不须说，我法妙难思。"止则罢参矣。⑧

从董其昌的分析中可见，董其昌认为，儒家之心体和禅家所讲之心体不仅不同，也显然不如禅宗之心体更圆融透彻。禅之灵知"辉天盖地，亘古彻今，岂无善无恶便称了义"。知善知恶等说其实还是在六识中打转。晚明禅悦之风甚为流行，文人士夫中也多在家居士，董其昌自号香光居士，从其论禅文字看，董其昌对禅宗的研究修习远远非是浅浅而止，而是深有悟入之处。陈继儒曾言其"不禅而得禅之解脱"，也许董其昌非是不禅，却是不执着其事，所谓到家罢问程耳。

如上所引,董其昌对禅的参悟也终表现在其引禅论画的言论中,禅对董其昌书画赏鉴的影响,是观照的态度和禅主悟的特征。观照即是不偏移的如是态度,如董其昌虽然为南北分宗,其实也并没有对自己所不习的北宗持否定的态度,与其说是在分派,倒不如说是借禅来观照早已存在的两种不同的绘画观念和路径。两种追求也恰如阴阳两面,看似清晰,实则又相互融合。若以精神喻,南宗如酒神精神,但非是迷狂,而是沉浸和游戏,北宗如日神精神,克制而理性。主悟则是对主体心性的重视,如前所言,董其昌在赏鉴和临仿书画中所呈现的对精神的强调和追求、对神的重视,皆是对主体心性的重视,所谓"妙在能合,神在能离",合离之间的功夫也即是"哪吒析骨还父,析肉还母,若别无骨肉,说甚虚空粉碎始露全身"。体貌不存,但神明依旧完好。对此,董其昌也在自己的临池中身体力行,在《自叙帖》中题跋:

> 米元章书,多从褚登善悟入。登善深于《兰亭》,为唐贤秀颖第一,此本盖其衣钵也,摹授清臣,清臣其宝之。余素临怀素《自叙帖》,皆以大令笔意求之,时有似者。近来解大绅、丰考功狂怪怒张,绝去此血脉,遂累及素师。所谓"从门入者,不是家珍",见过于师,方堪传授也。[⑧]

显然,董其昌临怀素自叙帖,皆以大令笔意求之,不可不谓善学者,认为解大绅、丰坊则是从门入者,虽然面貌似之,却失去其精神。

无论是南北宗,还是董其昌在言及书画时常常出现的禅语机锋,禅宗对其观念所产生的影响和意义是毋庸置疑的。从鉴藏到临池的路途中,在溯本求源和心追手摹不断的临仿中,董其昌也不自觉地用禅之态度和体悟来解读和面对前人书画,当书画遇到禅的灵悟,也犹如为龙点睛、为花注灵,生机焕发,正如其称其所学为"一超直入如来地",此语出禅宗,又提出画之道,所谓"宇宙在乎手者,眼前无非生机",此句出《阴符经》,禅和道对董其昌的影响,可谓深远。

本章注释

① 李善强:《董其昌著述序跋辑佚》,严文儒、尹军主编:《董其昌全集》第八册,上海书画出版社,2013 年,第 225 页。

② [清]安岐:《墨缘汇观》画卷下,卢辅圣主编:《中国书画全书》第十册,上海书画出版社,1992 年,第 397 页。

③ [清]王杰等编:《秘殿珠林石渠宝笈续编》,北京出版社,2004 年,第 3310 页。

④ [清]张照等编:《秘殿珠林石渠宝笈初编》,北京出版社,2004 年,第 318 页。

⑤ 李善强:《董其昌著述序跋辑佚》,严文儒、尹军主编:《董其昌全集》第八册,上海书画出版社,2013 年,第 230 页。

⑥ [清]王杰等编:《秘殿珠林石渠宝笈续编》,北京出版社,2004 年,第 1072 页。

⑦ [明]董其昌:《画禅室随笔》,华东师范大学出版社,2012 年,第 98 页。

⑧ [清]张照等编:《秘殿珠林石渠宝笈初编》,北京出版社,2004 年,第 1126—1127 页。

⑨ [清]张照等编:《秘殿珠林石渠宝笈初编》,北京出版社,2004 年,第 801 页。

⑩ [清]顾文彬,孔广陶:《过云楼书画记,岳雪楼书画录》柳向春点校,上海古籍出版社,2011 年,第 501—502 页。

⑪ [明]张丑:《清河书画舫,真迹日录》,上海古籍出版社,2011 年,第 647 页。

⑫ [清]张照等编:《秘殿珠林石渠宝笈初编》,北京出版社,2004 年,第 837 页。

⑬ [明]董其昌:《容台集》,邵海清点校,西泠印社出版社,2012 年,第 691—692 页。

⑭ 李善强:《董其昌著述序跋辑佚》,严文儒、尹军主编:《董其昌全集》第八册,上海书画出版社,2013 年,第 229 页。

⑮ [明]张丑:《清河书画舫》,上海古籍出版社,2011 年,第 17 页。

⑯ [明]董其昌:《画禅室随笔》,华东师范大学出版社,2012 年,第 97 页。

⑰ 李善强:《董其昌著述序跋辑佚》,严文儒、尹军主编:《董其昌全集》第八册,上海书画出版社,2013 年,第 288 页。

⑱ [清]王杰等编:《秘殿珠林石渠宝笈续编》,北京出版社,2004 年,第 3298 页。

⑲ [明]董其昌:《容台集》,邵海清点校,西泠印社出版社,2012 年,第 598 页。

⑳ [明]董其昌:《画禅室随笔》,华东师范大学出版社,2012 年,第 11 页。

㉑ [清]王杰等编:《秘殿珠林石渠宝笈续编》,北京出版社,2004 年,第 2848 页。

㉒ [明]董其昌:《画禅室随笔》,华东师范大学出版社,2012 年,第 83—84 页。

㉓ [明]汪砢玉:《珊瑚网》,卢辅圣主编:《中国书画全书》修订版第八册,上海书画出版社,2009 年,第 454 页。

㉔ [清]张照等编:《秘殿珠林石渠宝笈初编》,北京出版社,2004 年,第 312—313 页。

㉕ 见台北故宫博物院藏董其昌《葑泾访古图》题跋。

㉖ [清]张照等编:《秘殿珠林石渠宝笈初编》,北京出版社,2004 年,第 400 页。

㉗ [明]董其昌:《画禅室随笔》,华东师范大学出版社,2012 年,第 97—98 页。

㉘ 李善强:《董其昌著述序跋辑佚》,严文儒、尹军主编:《董其昌全集》第八册,上海书画出版社,2013 年,第 458 页。

㉙ [清]张照等编:《秘殿珠林石渠宝笈初编》,北京出版社,2004 年,第 398 页。

㉚ [明]董其昌:《画禅室随笔》,华东师范大学出版社,2012 年,第 88 页。

㉛ [清]张照等编:《秘殿珠林石渠宝笈初编》,北京出版社,2004 年,第 1096 页。

㉜〔清〕张照等编:《秘殿珠林石渠宝笈初编》,北京出版社,2004年,第64页。

㉝〔清〕英和等编:《秘殿珠林石渠宝笈三编》,北京出版社,2004年,第1380—1381页。

㉞〔清〕张照等编:《秘殿珠林石渠宝笈初编》,北京出版社,2004年,第1057—1058页。

㉟〔明〕董其昌:《画禅室随笔》,华东师范大学出版社,2012年,第92页。

㊱〔清〕张照等编:《秘殿珠林石渠宝笈初编》,北京出版社,2004年,第662页。

㊲〔明〕董其昌:《画禅室随笔》,华东师范大学出版社,2012年,第82页。

㊳〔清〕恽寿平:《瓯香馆集》,吕凤棠点校,西泠印社出版社,2012年,第277页。

㊴李善强:《董其昌著述序跋辑佚》,严文儒、尹军主编:《董其昌全集》第八册,上海书画出版社,2013年,第240页。

㊵〔明〕董其昌:《画禅室随笔》,华东师范大学出版社,2012年,第94—95页。

㊶李善强:《董其昌著述序跋辑佚》,严文儒、尹军主编:《董其昌全集》第八册,上海书画出版社,2013年,第410页。

㊷〔清〕张照等编:《秘殿珠林石渠宝笈初编》,北京出版社,2004年,第402页。

㊸〔清〕张照等编:《秘殿珠林石渠宝笈初编》,北京出版社,2004年,第336页。

㊹李善强:《董其昌著述序跋辑佚》,严文儒、尹军主编:《董其昌全集》第八册,上海书画出版社,2013年,第528页。

㊺李善强:《董其昌著述序跋辑佚》,严文儒、尹军主编:《董其昌全集》第八册,上海书画出版社,2013年,第447页。

㊻李善强:《董其昌著述序跋辑佚》,严文儒、尹军主编:《董其昌全集》第八册,上海书画出版社,2013年,第460页。

㊼李善强:《董其昌著述序跋辑佚》,严文儒、尹军主编:《董其昌全集》第八册,上海书画出版社,2013年,第446页。

㊽〔明〕董其昌:《画禅室随笔》,华东师范大学出版社,2012年,第129页。

㊾李善强:《董其昌著述序跋辑佚》,严文儒、尹军主编:《董其昌全集》第八册,上海书画出版社,2013年,第511页。

㊿〔清〕顾文彬,孔广陶:《过云楼书画记,岳雪楼书画录》,柳向春点校,上海古籍出版社,2011年,488页。

51〔英〕柯律格:《雅债》,刘宇珍、邱士华、胡隽译,生活·读书·新知三联书店,2012年,第216页。

52〔明〕张岱:《陶庵梦忆,西湖梦寻》,上海古籍出版社,2012年,第72页。

53李善强:《董其昌著述序跋辑佚》,严文儒、尹军主编:《董其昌全集》第八册,上海书画出版社,2013年,第461页。

54〔明〕陈继儒:《妮古录》,华东师范大学出版社,2011年,第41页。

55〔清〕恽寿平:《瓯香馆集》,吕凤棠点校,西泠印社出版社,2012年,第277页。

56〔明〕董其昌:《画禅室随笔》,严文儒、尹军主编:《董其昌全集》第三册,上海书画出版社,2013年,第67页。

57李善强:《董其昌著述序跋辑佚》,严文儒、尹军主编:《董其昌全集》第八册,上海书画出版社,2013年,第390页。

58〔明〕董其昌:《画禅室随笔》,华东师范大学出版社,2012年,第10—11页。

59〔宋〕黄休复:《益州名画记》,卢辅圣主编:《中国书画全书》第一册,上海书画出版社,1992年,第188页。

⑥ ［元］陶宗仪：《南村辍耕录》三十卷，卷十八，四库丛刊三遍景元本，第140页。

⑥ ［明］董其昌：《画禅室随笔》，华东师范大学出版社，2012年，第8页。

⑥ ［明］董其昌：《画禅室随笔》，华东师范大学出版社，2012年，第3页。

⑥ ［明］董其昌：《画禅室随笔》，华东师范大学出版社，2012年，第6页。

⑥ ［明］董其昌：《画禅室随笔》，华东师范大学出版社，2012年，第13页。

⑥ ［明］董其昌：《画禅室随笔》，华东师范大学出版社，2012年，第90页。

⑥ ［明］董其昌：《画禅室随笔》，华东师范大学出版社，2012年，第129页。

⑥ ［明］董其昌：《画禅室随笔》，华东师范大学出版社，2012年，第76—77页。

⑥ ［明］董其昌：《画禅室随笔》，华东师范大学出版社，2012年，第76—77页。

⑥ ［明］董其昌：《画禅室随笔》，华东师范大学出版社，2012年，第82页。

⑦ ［明］董其昌：《容台集》，邵海清点校，西泠印社出版社，2012年，第567页。

⑦ ［明］董其昌：《容台集》，邵海清点校，西泠印社出版社，2012年，第565页。

⑦ ［明］董其昌：《论文宗旨》，严文儒、尹军主编：《董其昌全集》第三册，上海书画出版社，2013年，第25页。

⑦ ［明］董其昌：《举业蓓蕾》，严文儒、尹军主编：《董其昌全集》第三册，上海书画出版社，2013年，第41页。

⑦ ［明］董其昌：《画禅室随笔》，华东师范大学出版社，2012年，第146页。

⑦ ［明］董其昌：《容台集》邵海清点校，西泠印社出版社，2012年，第573页。

⑦ ［明］董其昌：《容台集》邵海清点校，西泠印社出版社，2012年，第578页。

⑦ ［清］杜瑞联：《古芬阁书画记》卷十六，《明丁南羽白描罗汉渡海图卷》，董题：无上法门，董其昌敬题。又跋："闻法最先，事佛亦早。超然众中，是亦长老。薪水井臼，老已不能。摧伏魔军，不战而胜。"丁云鹏款：庚子仲夏日丁云鹏沐手拜写。《中国历代书画艺术论著丛编》二十六册，中国大百科全书出版社，1997年，第592页。

⑦ ［民国］裴景福：《壮陶阁书画录》卷五《赵子昂楷书妙法莲华经全部七册》董跋："裴公造塔，恩公修塔。赵文敏书《法华》镇塔，上下千年，事若相待，无成坏相，无延促相，信矣。予以写经，必有缘起，此经吴兴不曾题破，以未得宿命通政，故余为补题之。董其昌。甲辰四月二十三日。"学苑出版社，2006年，第180页。

⑦ 何煜等编：《内物部古物陈列所书画目录》，上海辞书出版社，2012年，第152页。

⑧ ［清］安岐《墨缘汇观·法书》卷下，《董其昌楷书弥陀经册》款："云栖禅师甲寅正月八十初度，余以师纯提净土，扫彼狂慧，行在《梵纲》，志在《观经》。僧腊最高，居然古佛，乃书此经刻石流布，以广弘愿，以祈大年。自愧笔法弱劣，不能如赵文敏之为中锋书净土一百八诗，足传耳。万历四十三年，岁在乙卯五月廿日，华亭董其昌沐识。"卢辅圣主编：《中国书画全书》十册，上海书画出版社，1993年，第358页。

⑧ 任道斌：《风流蕴藉：董其昌系年》，见万历四十四年年谱，浙江摄影出版社，2019年，第144页。

⑧ ［清］张照等编：《秘殿珠林石渠宝笈汇编》，《董其昌书金刚经二册》跋：岁在戊午孟夏，浴佛日，佛弟子史官董其昌沐手书。"北京出版社，2004年，第64页。

⑧ 何煜等编：《内务部古物陈列所书画目录》，上海辞书出版社，2012年，第153页。

⑧ ［清］张照等编：《秘殿珠林石渠宝笈初编》，《明董其昌书心经》董跋："天启七年岁在丁卯元旦，其昌"。又："写经用正书，以欧颜为法，欲观者起庄敬想。"北京出版社，2004年，第53页。

㉟ [清]张照等编:《秘殿珠林石渠宝笈初编》,《明董其昌书白衣大悲陀罗尼经》董跋:"香光居士董其昌敬书壬申八月廿六日"。北京出版社,2004年,第53页。

㊱ [清]张照等编:《秘殿珠林石渠宝笈初编》,《明董其昌书金刚经一册》董跋:"余此卷始发于壬戌浴佛日,每当清暇及朔望之晨始,时书数行,出入钟太傅、王右军、大令、颜平原、杨少师、米海岳诸家……甲戌十月三日。"北京出版社,2004年,第64页。

㊲ [清]张照等编:《秘殿珠林石渠宝笈初编》,《明董其昌书清静经一册》董跋:"丙子六月,祈雨有应,信宿清阴,展读杜诗,书七律二首。八十二翁玄宰。"北京出版社,2004年,第164页。

㊳ [明]董其昌:《画禅室随笔》,华东师范大学出版社,2012年,第102页。

㊴ [明]董其昌:《画禅室随笔》,华东师范大学出版社,2012年,第3页。

㊵ [明]董其昌:《画禅室随笔》,华东师范大学出版社,2012年,第9页。

㊶ [明]董其昌:《画禅室随笔》,华东师范大学出版社,2012年,第14页。

㊷ [明]董其昌:《容台集》,邵海清点校,西泠印社出版社,2012年,第572页。

㊸ [明]董其昌:《容台集》,邵海清点校,西泠印社出版社,2012年,第567页。

㊹ [明]董其昌:《容台集》,邵海清点校,西泠印社出版社,2012年,第572页。

㊺ [明]董其昌:《容台集》,邵海清点校,西泠印社出版社,2012年,第580—581页。

㊻ [明]董其昌:《画禅室随笔》,华东师范大学出版社,2012年,第23页。

第六章　启示

一、风雅的消费

董其昌的鉴藏究竟为我们带来什么启示呢？晚明时期的消费特征，或者说艺术品消费的存在和流行是学界普遍的结论，在考察董其昌的书画鉴藏时，这是一个不可以忽略的事实。当时好古博雅之风盛行，书画古董成为文化商品，在社会中的流通也相对频繁，文人在生活中对书画、古董等风雅物品的收藏、购买成为日常化行为。晚明书画著录，尤其是私人藏家编撰的书画著录也普遍增多，当时参与到书画赏鉴、收藏的人群激增。文人士夫和书画的天然联系，使其成为书画鉴藏的主要人群，在一定程度上也左右并影响了当时的鉴定、收藏风潮。可以说，正是对风雅的追求，诱发了艺术品消费的普遍性，参与书画经营、消费的人群也丰富多样，鉴藏圈中出现了鉴赏者、好事者和耳食者等层次不齐的分类。

同大多数好古者一样，董其昌早年接触书画后，即好之习之，书画流通之畅和藏家之众，为其提供了相对便利的环境。随之，修习赏鉴，收藏之路也开始，同其他藏家不同，董其昌一开始搜古寻画便依托在自己对书画的临习和兴趣的追求上，在京看到大量宋画后，感叹"惟宋人真迹马、夏、李唐最多，元画寂寥也。"于是大搜元四家山水，在临习颜真卿若干后"以为唐书不如晋、魏"，在见到右军《官奴帖》后，又悟从前妄自标许。大搜元画后，又"久之当溯其源"，于是，由元四家而上溯至王维、董源，二人在意趣和技法上成为董其昌终生追求和师法的对象，并不遗余力地找寻研究二人作品，尽管王维、董源的作品已经寥如晨星，董其昌却依然为其所认定的王维、董源作品冠名，由临池研习进入赏鉴，从赏鉴实证于临池，以赏鉴为乐，以书画为寄的心态清晰呈现在董其昌的赏鉴中。

长久的经眼和临池，董其昌不仅选集历代法书摹刻成《戏鸿堂帖》，也逐渐形成了自己的体悟，认为"晋人书取韵，唐人书取法，宋人书取意"。"余每谓晋书无门，唐书无态，学唐乃能入晋"，等自家的过眼临池所得。如果说《戏鸿堂帖》是对法书的集之众尤，随着鉴赏收藏之富，不自觉中，董其昌对历代山水画也进行梳理和总结，《唐宋元宝绘》和《宋元山水画册》等集古画册，凝聚着董其昌的审美趣味和意志。可以推测，元代山水画家的作品是董其昌赏鉴和收藏数量最多的，也是其临池中的最具体直接的师法来源，赵孟頫、倪瓒、黄公望屡次出现在其作品题跋中。对宋代诸家，董其昌的选择也比较明确，米家山水外，最喜赵伯驹小景，李成、赵令穰也颇得其青眼，对于范宽、郭熙之作，董其昌虽然从画史角度给与高度认可，却并不常见于收藏和言论，马远、夏圭、李唐则不入其选佛场。最让其心心念念的王维、董源，在董其昌看来，是文人画的开宗之人，也是山水画宗法的源头，董源作品更是可以牵引其情绪，"四源堂""吾家北苑"都可见董其昌对董源近乎膜拜的推崇。

值得一提的是，在追求着王维、董源的平淡天真外，对非是自己所习之作，董其昌也是先受而后识，究其画法，源其画理，并没有完全排斥，这其中可见其包容性，相比同时代其他的文人、藏家喜对作品有褒贬的态度，董其昌可谓是一个温和的赏鉴者，在题跋中很少读到过激偏颇言论。当然，这可能与其思想、经历相关，从董其昌的经历来看，和禅宗的接触、修习对其思想和艺术观念的形成有不可忽视的意义。禅对心性的重视和向内而求的修行方法影响之下，董其昌在书画中追求精神的至上和愉悦性，以禅来解说书画，南北宗论和文人画之说自然而成。眼阅千卷的过程，无疑让其远远超越单纯的书画修习者，见之既广，阅之者众，自然不为一家一派一时所拘，赏鉴中的溯本求源，又使其取法乎上。赏鉴与临池，过眼书画和笔下作品的互文同构，成就了董其昌的书画风格。

晚明风雅消费流行，董其昌是否和消费市场发生了关系？抑或说董其昌在书画鉴藏中，是否也经营买卖艺术品，这个问题是笔者阅读材料时的疑问，当然这里说的参与书画市场，并不是指董其昌根据个人兴趣在收藏书画时进行的各种交易事宜。在第二章中，我们可以看到董其昌收藏书画的途径是多样的，和同道间的和会交易，从书画商人手中的直接买卖，托人找寻购买，润笔的报酬，友人的赠送等。我们能很明显看到，董其昌在得到藏品后会不断地再次出手转让，这不免让人疑问，不断的收藏和再次转让之间，董其昌是主动有意而为，还是仅仅是出于交流的藏品交换。鉴于书画在当时消费市场中流转的普遍，董其昌是否也主动收购收藏并再次的转手，进而从中获利呢？虽然没有直接的文献，但还是可以看到一些蛛丝马迹,如程季白关于白定炉的故事中,董其昌就是其中的买卖者,一个价值一金的古董,几经转手,董其昌卖出时已经是银二百五十两,最后炒作成天价珍宝,程季白也因此惹祸上身。可见在古董书画转手交易中,存有比较大的升值空间和获利的可能,也是基于此,董其昌在收藏和转手之间,是否也有某些文化商人的行为呢? 当然这也会引出一些更深入的话题,如与董其昌的收入相关的问题。

在董其昌的书画鉴藏往昔中,以董其昌为中心延展开,我们同样可以窥见晚明文人日常生活的状态,对当时大多数文人而言,书画的赏鉴和收藏几乎是日常生活的一部分,用常态来说似乎也不为过。为什么晚明文人士夫会呈现出这种生活状态呢? 从当时人们对风雅生活的追逐中,我们也会感到一些特殊的世风倾向,如竞奢之风的流行①,好古之人和收藏中的耳食者们不仅是奢侈品的消费者,也是试图通过一掷千金来显示自己身份和地位,或者与众不同的文化趣味。又如士夫在出仕和归隐之间的纠结,董其昌送好友吴澈如的《荆溪招隐图》正是二人官宦生涯中的仕隐情愫记录在画面上的表现;还有在雅俗之间徘徊的文化商人,以书画寄托高雅的生活品位和情致,但过于追逐风雅本身也是一俗,程季白、王越石这样的人物,都可谓是雅中有俗、俗中带雅。

无论是文人、鉴者、收藏者,还是书画商人、耳食者,在极尽奢侈精雅的文化生活追求中,艺术商品化后,又为书画带来什么变化呢? 当然,这会给艺术消费市场带来繁荣,或者说正是社会化的消费和对风雅的追逐,艺术品得以更广泛地商品化。值得注意的是,艺术商品化的同时,对艺术品本身的肯定和追求并没有湮灭,换言之,我们可以看到,无论是董其昌还是汪砢玉、张丑、李日华、冯梦祯、陈继儒等人,在赏鉴中的诉求仍是书画带给人的精神愉悦,在他们心中眼中,书画仍旧是慰藉人心、享用清福所在。董其昌尝言"三载宦游,往返八千,所得清旷赏心之乐,惟此最胜",说的正是董源《夏山图》,汪砢玉千里追回自己认为的李成作品《寒林图》,嘘呵瑟缩的严寒中,李日华赏鉴过董其昌的《宋元名家画册》后,神情酣畅,如昔人暮春修禊,清夜游园。可以说,书画对这时的藏家而言仍旧是极乐国所在。

也许正是晚明浮躁不安的世风中,书画带来了片刻清旷之乐,如驳杂社会中的一片桃花源地,让众人痴迷其中。从这个意义上说,对风雅的追求和晚明艺术品消费的盛行,并没有使风雅完全的庸俗化,对大多数乐此不疲的人而言,他们期望在书画、古董等艺术品中获得的仍旧是其最本质的审美愉悦和精神惬意。当然,这种追求中也伴随着蔚为大观的赝品与作伪,自欺与愚人,不过换一个视角来看,他们又何尝不是在缔造一个琳琅满目,经典遍布的艺术世界,给自己也给后世,带来了如此多的遐想与痴狂。

二、感性大于理性

董其昌六十岁时,陈继儒在《寿玄宰董太史六十序》中说:

远近竖锦羞璧,谋介寿于公。而公预敕门者无内客,无献廷实,曰:"我将与陈子探梅山中,或放而至于三泖五湖,犊车渔舫,不得而迹也。"②

同样,董其昌自己也说:

余与仲醇以建子之月,发春申之浦,去家百里,泛宅淹旬,随风东西,与云朝暮。集不请之友,乘不系之舟。壶觞对饮,翰墨间作。吴苑酹真娘之墓,荆蛮寻懒瓒之踪。固已胸吞具区,目瞠云汉矣。夫老至则衰,倏来若寄。既悟炊粱之梦,可虚秉烛之游。居则一丘一壑,惟求羊是群;出则千峰万壑,与汗漫为侣。兹余两人,敦此夙好耳。③

可能对董其昌而言,同老友一起泛宅淹旬,随风东西,放舟三泖五湖,壶觞对饮,翰墨间作,胸吞具区,目瞠云汉,便是夙好,也是至乐。这时的董其昌,俨然是一介隐者。董其昌在生活中是感性大于理性,还是理性大于感性呢?董其昌是个什么性格的人呢?钱谦益尝言其"和易近人,不为崖岸"。同为松江人,吴履震说其"性极坦率,善滑稽"。书画是其一生所好所求,也是寄散怀抱的所在,在感叹画道之难的同时,董其昌也孜孜不倦地赏鉴、临池、感悟。那么,董其昌的赏鉴风格如何?董其昌对书画的鉴赏是否准确无误呢?他的鉴定依据是什么?赏鉴中,是感性还是理性呢?这些问题在董其昌的鉴藏中同样重要,不少学者屡次指出董其昌在鉴定中的误判,这可能是董其昌让人诟病的原因,在文末,越来越感到这并不是容易直接回答的问题。

王季迁先生在谈鉴画之道时,提出鉴者大概不外下列数种:以印章为判断者,此类大都属于研究金石、刻印之人;以款书、题跋为依据者,此类多属于文学家;以气息及纸质为依据者,此类都属于古玩商;以画之笔法优劣为判断依据者,此类大都属于画家。能于各点抓得住依据任何一点,则可谓虽不中亦不远。但真论鉴赏,则终须具备以上各条,缺一不可。^④书画鉴赏需要全面的修养不言而喻。纵观董其昌的鉴赏评断,以法书、画面本身的笔法画法为主要判读依据是很明显的,但这也并非是说其缺乏理性考证的一面。事实上,董其昌在汪砢玉家火眼金睛般地指出一画析为两画的赏鉴实例,说明董其昌对画面、材料十分敏锐。这一方面固然是因为书画者的感性经验本能在起作用,另一方面也可见董其昌所见名迹数量之多。因此,如果一定要回答此问题,可以说董其昌的感性经验大于理性的考证推理。这一结论乍听起来,似乎不是那么的科学,不过作为一个临池者的感性经验在董其昌的鉴赏中是无法回避的。董其昌在赏鉴中并不掩饰对作品乍一看下的误判,也说明,其极度敏锐的视觉判断是在过眼大量作品后养成的。

当然,董其昌在鉴赏中,自然也不乏分析和推理,但大部分时候是基于对画面语言如笔墨风格的推溯和分析,这一点与其书画观念可谓一以贯之。值得注意的是,这种感性经验的积累在董其昌身上是惊人的,在整理其过眼书画这部分文献时,其经眼作品的数量之多令人惊讶。可以推想,正是建立在如此庞大的阅画量上,感性经验和直觉的判读对董其昌来说远超过逐一的考证。又或者说,当感性赏鉴经验积累达到一定程度后,理性的推理考证已经内化其中。

此外,从董其昌对前人作品的评断中,在某种程度上,似乎也提示我们不应只用科学求真的态度去分析和苛责,用心感受,跟随其情绪的起伏变化,让心灵随着作品流动,从笔墨、形态乃至其中传达的精神、情感去感受作品,是董其昌在鉴赏中最大的特点。董其昌在收藏到心仪之作时那些充满情绪的记述如"秘诸枕中,虽千金不与人一看也"。在展卷后"乍一看"的惊喜,又"珍为秘玩"的喜悦。显然,对作品,董其昌怀抱着十分的热情与诚挚。赏鉴中的爱憎之心,或者说对某种风格的喜好与选择,是任何一位赏鉴者无法回避的,也是董其昌不曾回避的。真伪之辨对董其昌而言似乎只是赏鉴中的一部分内容,并不是全部的诉求。探究的乐趣,展卷的惊喜,对过眼作品的怀疑、猜测、推想是董其昌在鉴赏中值得注意的面向。这些如艺术家一样充满感性的行为、表达和语言,其实也恰恰说明,董其昌才是一位深谙书画之道的鉴者。比起朋友王肯堂和其他藏家,董其昌那看似带着冲动的判读,有时不太靠谱的说法,不时出尔反尔的行为,都在隐隐告诉我们,书画更需要妙悟的心去体验,而非是时时有案可稽的判断和结论。

三、社会中的人

近年,随着学术研究中跨领域视角的展开,学科之间的交融成为学界研究的新趋势,这似乎也是更能接近真相的一种方法。艺术作为文化的结晶,把作品和画家置于文化史、社会史中,往往也会给人耳目一新和豁然开朗之感。在单纯的艺术层面无法最终回答的问题,在多元视角的聚光灯下,常常让人有新的发现。如对董其昌身份的多种认识,一向我们以书画家来认识董其昌,如果从社会角度考察董其昌的身份,董其昌是早年的一介书生,高中进士后居庙堂之上,成为宦场中人。如果考察其人际交往,会很快发现董其昌社会交往的丰富,不时出现在师友同道的诗文中,与袁中郎在书信中谈世俗小说,同汤显祖论世,向冯梦祯借画,与憨山及禅友论禅……不一而足。因此,即便是作为个案,董其昌也是如此的丰富多彩,如果只察其一面,似乎如盲人摸象,难以窥见全貌。书画家?藏家?文人?禅者?还是礼部侍郎?这是反复盘旋在笔者脑中的问题,若以单一的面向去观察,似乎难以接触到那个音容笑貌宛在眼前的董其昌。当多重身份叠加在一起时,董其昌的轮廓才会有逐渐清晰的可能。

以董其昌的鉴赏为例,从单纯的艺术层面而言,鉴赏要关注的是作品的真伪、高下,鉴赏的方法、趣味的辨别等方面,这虽然可以解决艺术层面的疑问,却无法回答全部的问题。董其昌是在何种情况下得出如此的鉴赏评断,赏鉴时的态度和心理如何?如果把其赏鉴评判设定为一个观察和研究对象,我们还需要弄清楚的是该评判的推论过程如何,发生的情景如何,鉴者得出此评判的背景知识,其中既涉及艺术层面的考量,同样也不能忽略社会层面和历史视野的观察。这时,我们也会发现割裂和脱离人物的社会环境、事件发生的情景去讨论,如身在空中楼阁一般的自言自语。

因此,在艺术层面,鉴赏是对作品本身的充分观照,对真伪高下的判读,对笔墨细微的观察和辨析;在社会层面,赏鉴又是牵涉众多人物的社会活动,其间所涉及的也有世故人情。启功先生曾特别提出鉴定中的人情世故,即在不同的情况下,鉴赏也会出现不能直言以告的的状况。"皇威,挟贵,挟长,护短,尊贤,远害,忘形,容众"。这些都是鉴赏中可能出现的让鉴者不能如实相告的社会因素。因此,从社会层面考虑,对董其昌赏鉴中的言行需要全面的观察,其应人所求题跋的时候,应酬之具是难以避免的。

另外,值得注意的是,在鉴赏发生的时候,艺术层面的赏鉴和社会层面的行为、活动并非是分离的状态,而是一体两面,由前者引发,后者展开,或者由后者引申前者,由此我们才知道一幅作品完成的赏、鉴、藏的始末。如果说我们不能回避董其昌鉴藏中的感性化,我们也同样无法忽略其鉴赏行为的社会性。作为社会活动,书画鉴藏之中势必会受诸多社会因素的影响,如董其昌在与同道的交流中不乏应酬之言,不时也言不由衷,更会在难以判断作品归属时堂皇之,可能在同行眼中,也不乏轻率之举。因此,阅读董其昌的赏鉴评断,尤需要注意那些是出于应酬之具,那些是真实的判读,那些是他心仪的作品,那些又是委婉的夸赞。

在晚明这个社会文化发生变动的时期,如果把镜头拉得更远一些,把视野再扩大一些,也会发现很多有趣的背景和议题。如果从社会视角审视,晚明士商趋同的背景中,社会文化资本的概念在这里否适用讨论董其昌鉴赏中的行为和心理?很明显可见,董其昌很多时候是应人所求的鉴定,这时,似乎也就不能苛求,其所言一定是真实。从董其昌的赏鉴交游中,可以看到,收藏中的同道,宦场中的同好,世家子弟、书画大估都与其交,爱与其交。今日流传的诸多经典作品常见其题跋,董其昌在当时的影响力和名声可以从一个情景中得见。《五茸志逸》中曾记:

> 己巳春,董元宰留湖上一月。时李和仲、陈仲醇因日夕侍侧,见求书者盈坐,铁限几穿。时先生年将八十矣,运笔如飞,应接不暇。墨汁淋漓袍袖间,真神仙中人也。一时楮扇价涌贵十倍,市肆为之一空。此亦湖上一段佳话。[5]

　　董其昌的作品显然会造成一时洛阳纸贵的效应,可以推测,这种名人效应也同样适用其书画赏鉴,还记得汪砢玉十六岁时,董其昌过访嘉兴,其父亲汪继美让董其昌为其藏品题跋,董其昌因应酬未来得及,就在此年,《戏鸿堂帖》辑成,一时争相购买,时年董其昌四十九岁,可见在此时,董其昌的书画之名,赏鉴之名已盛。

　　由此可以推想,上门求鉴、求跋、兜售、交易的人是极多的,既是书画名家,又是一时具眼,且为朝堂士夫,重重身份的叠加,让董其昌拥有权威的地位,也是文艺界中最具话语权的一位。正如冯梦祯请求其题跋《江山雪霁图》,很难想象,如果此作没有董其昌的题跋,会是什么样的遭遇。同样,程季白的《雪溪图》,经其鉴定题跋,《唐宋元宝绘》的价值应该是大有提升。显然,董其昌在当时拥有丰沛的文化资本,这也许在一定程度上会反向影响或制约其赏鉴行为。

　　庄子《齐物论》:"而独不见之调调、之刁刁乎?"与董其昌同时的憨山德清在注解时言:"调调、刁刁,乃草木摇动之余也,意谓风虽止,而草木尚摇动而不止,唱者已亡,而人人以绪论各执为是非者"。⑥董其昌已消逝在属于他的时代,再回头走进他的鉴赏世界,只能想象昔日董其昌在书画中的徜徉,而又往往不免"各执为是非者"。董其昌的丰富性,为走近和认识他增加了很大的难度,在不断受后人的评说和再接受的过程中,也出现了不同的观点。但正如其所言,师学舍短,我们可能更需要在意的是其可供人借鉴之处。在董其昌留下的诗文、题跋、书画言论中,尤其可见其对心性的重视,不论是"观其举止笑语精神流露处",还是"得其神髓",还是"闲窗游戏笔墨",皆不外对心性的重视和涵养修习。平日言语中也多有禅机,如"人心自真文章,多被残篇断简封固了;人心自有真鼓吹,都被妖歌艳舞湮没了。"又云:"性既喜淡,雅好清谈。正闻客至,忽报花开,倒屣迎之。向泉对弈,一局未了,家人出醑,止一古碗,品无兼味,任意所如。清歌觞咏,有琴在床,有酒在尊,有麈在手,有榻在旁。"⑦董其昌高寿八十二,毕生以书画寄乐,追求可以让人适意的书画风格,直到去世的那年。

本章注释

① 商传:《走进晚明》,商务印书馆,2014 年,第 249-283 页。

② 李善强:《董其昌著述序跋辑佚》,严文儒、军主编:《董其昌全集》第八册,上海书画出版社,2013 年,第 583-584 页。

③〔明〕董其昌:《画禅室随笔》,华东师范大学出版社,2012 年,第 110 页。

④ 王季迁:《王季迁书画过眼录》,上海书画出版社,2021 年,第 17 页。

⑤〔清〕吴履震:《五茸志逸》,上海市松江区华亭印刷厂,1998 年,第 244 页。

⑥〔明〕释德清:《庄子内篇注》,华东师范大学出版社,2009 年,第 21 页。

⑦〔清〕吴履震:《五茸志逸》,上海市松江区华亭印刷厂,1998 年,第 445 页。

董其昌书画鉴藏编年事辑

万历五年（1577）丁丑，二十三岁

始学画，于顾正谊家多观元四家山水。

《过云楼书画记续记》卷五《画类三·董文敏对题山水巨册》跋："余学画自丁丑四月朔日，馆与陆宗伯文定公之家，偶一为之。昨年二十三岁，今七十九人矣。"

万历七年（1579）己卯，二十五岁

六月，从友人处见虞世南《破邪论》。秋，得观王羲之《官奴帖》唐摹本。

《秘殿珠林石渠宝笈》续编《董其昌临破邪论一册》，跋："余少时学虞书，忽于临写时得其用笔之诀，横斜曲直，无不合者，他书则不尔，已复去而学《黄庭内景》，绝无虞法矣。偶友人持《破邪论》相示，遂为临此。近代王雅宜，一生学永兴书，独于发笔不似，若其形模，已十得六七矣。固知古人长处，须悟后可学也。己卯六月望日。"

《画禅室随笔》卷一《跋自书临官奴帖》："右军《官奴帖》，事'五斗米道'，上章语也。己卯秋，余试留都见真迹，盖唐冷金笺摹者，为搁笔不书者三年。此帖后归娄江王元美。予于己丑询之王澹生，则已赠新都许少保矣。此帖类《楔叙》，因背临及之。"

万历十年（1582）壬午，二十八岁

是年，见赵孟頫《鹊华秋色图》。

《秘殿珠林石渠宝笈》初编，《元赵孟頫鹊华秋色图》董其昌于万历三十年（1602年）跋："余二十年前见此图。"

万历十三年（1585）乙酉，三十一岁

九月，于西湖观《米南宫草书九帖》，并跋。

《珊瑚网·法书题跋》卷六《米南宫草书九帖》董跋："此卷刻于文氏停云馆，文太史鉴定，所谓众尤之尤也。昔从石本想见真迹，今如叶公好龙，真龙下室矣。乙酉九月晦，董其昌观于西湖舫斋。"

万历十六年（1588）戊子，三十四岁

此年秋，南京乡试及第。董其昌与项元汴父子往来，得观项氏所藏书画，应在此之前。

《容台集》文集卷八《项墨林墓志铭》："忆予为诸生时，游嘉兴，公之长君德纯实为凤学，以是日习于公，公每称举先辈风流及书法绘品，上下千载，较若列眉。余永日忘疲，即公亦引为同味，谓相见晚也。"

万历十七年（1589）己丑，三十五岁

此年春会试，中进士。四月，在京赏鉴李公麟《西园雅集图》，从友人处借米芾《千文》卷，临成副本。

《壮陶阁书画录》卷十二《明董香光临西园雅集记册》董款："余游京师，得鉴米元章题李伯时《西园雅集图记》，甚似《兰亭》法，案头偶得高丽精茧纸，因背临此本，稍具优孟衣冠耳。己丑四月朔并识。"

《画禅室随笔》卷一《临海岳千文跋后》：米海岳行草书传于世，与晋人几争道驰矣。顾其平生所自负者为小楷，贵重不肯多写，以故罕见其迹。予游京师，曾得鉴李伯时《西园雅集图》，有米南宫蝇头书题跋，最似《兰亭》笔法。己丑四月，又从唐元初获借此《千文》临成副本，稍具优孟衣冠。大都海岳此帖，全做褚河南《哀册》《枯树赋》，间入欧阳率更，不使一实笔。所谓无往不收，盖曲尽其趣。恐真本既与余远，便欲忘其书意，聊识之于纸尾。"

是年，借韩世能藏王羲之《兰亭序》"定武缩本"，临摹珍藏。

《画禅室随笔》卷一《跋禊帖小本》："定武《禊帖》，唯贾秋壑所藏至百余种，令其客廖莹中缩为小本。或云唐时褚河南已有之。此本余己丑所书,亦从馆师韩宗伯借。褚摹缩为蝇头体,第非定武本耳。"

注:沈德符在《万历野获编》中说董其昌曾借《黄庭内景》,韩世能以双钩应之。

万历十八年(1590)庚寅,三十六岁

在京作庶吉士,观宋人《桃花源图》,据董其昌庚申年临米芾《天马赋》,可知此年曾见米芾《天马赋》。

《容台集》别集卷四《画旨》:"宋赵千里设色《桃源图》卷,昔在庚寅见之都下,后为新都吴太学所购,余无十五城之偿,唯有心艳。"

《秘殿珠林石渠宝笈》初编《明董其昌书天马赋一卷》跋:"此分宜家米迹也。朱太保以勋奉得之尚方。岁庚寅,余见之中丞黄履常所,后转入高孝廉明水。途闻为金沙于太学所购矣。因有石刻,复为临之。米书此赋,余见三本,学㰘窠大字,仅有此本,字字皆可为榜署,米公自言'大字如小字,以势为主者'。庚申正月廿七日。"

万历十九年(1591)辛卯,三十七岁

三月,在京,观韩世能藏陆机《平复帖》,《曹娥碑》,王献之《洛神》十三行。

《墨缘汇观》法书上,陆机《平复帖》董跋:"余所题签在辛卯春。时为庶吉士。韩宗伯方为馆师,故时时得观名迹,品第甲乙。"

《画禅室随笔》卷一《临王右军曹娥碑》跋:"余为庶常时,馆师韩宗伯出所藏《曹娥碑》真迹绢本示余,乃宋德寿殿题。元文宗命柯九思鉴定书画,赐以此卷。赵孟𫖯跋记其事甚详,且云见此如岳阳楼亲听仙人吹笛,可以权衡天下之书矣。当时馆师严重,不敢借摹。亦渝敝难摹,略可仿佛於非烟非雾间耳。"

《画禅室随笔》卷一《临十三行》跋:"此韩宗伯家藏子敬《洛神》十三行真迹。予以闰三月十一日登舟,以初八日借临。是日也,友人携酒过余旅舍者甚多,余以琴棋诸品分曹款之,因得闲身仿此帖。既成,具得其肉,所乏神采,亦不足异也。"又:"文氏二王帖有《洛神赋》,称为子敬,非也。此李龙眠书,《宣和谱》所云出入魏晋,不虚耳。又龙眠摹古则用绢素,《洛神》卷是绢本,或唐人书,李

临仿之，乃尔道隽耶！要以《十三帖》称量之。"

四月，在颖上得宋拓《黄庭经》《兰亭记》，并题之。

《容台集》别集卷三《书品》："颖上县有井，夜放白光如虹恒天。县令异之，乃令人探井中，得一石，六铜罍，其石所刻《黄庭经》《兰亭记》，皆宋拓也。余得此本，以较各帖所刻，皆在其下，当时米南宫所摹入石者，其笔法颇似耳。辛卯四月舟泊徐州黄河岸书。"

十月，观韩世能藏品李唐《文姬归汉》。

《秘殿珠林石渠宝笈》三编《宋李唐文姬归汉》韩跋："十八拍图，阎立本画。虞世南书，世藏天府，历代流传有绪者也。观其山水树石，师王右丞。（失四字）人物、宫殿、帷帐、牛马，设色画法，全师恺之、僧繇，计五百余人。种种气韵生动，精妙入神。非假之以屡年精工，奚能办此。永兴书全师王右军《兰亭》，烂漫有余字、绢素精密，精神煜如。诚称天下法书名画之冠，古今之美萃于此矣，真稀世之珍也。余每携至公署，教习督课之余，常披玩之。是同观者，门人陶望龄、焦竑、王肯堂、刘日宁，为余和墨作字者黄辉，焚香从事者董其昌，执笔者世能也。时万历辛卯十月十五日，礼卿学士韩世能书于翰林院之瀛洲亭。钤印二，云东生，韩世能。"

此年冬所见韩世能藏品有唐拓钟繇《戎辂表》。

《容台集》别集卷二《书品》："钟太傅书，余少而学之，颇得形模。后得从韩馆师借唐拓《戎辂表》临写，始知钟书自有入路，盖犹近隶体，不至如右军以还，姿态横溢，极凤翥鸾翔之变也。《阁帖》所收，惟《宣示表》《还示帖》皆右军之钟书，非元常之钟书，但观王世将宋儋诸迹，有其意矣。辛卯冬，因临《宣示表》及之。"

万历二十年（1592）壬辰，三十八岁

二月，与陈继儒同观《颜鲁公真书朱巨川告身真迹卷》并跋。此帖亦有王锡爵同月跋。

《珊瑚网·法书题跋》卷二《颜鲁公真书朱巨川告身真迹卷》董跋："鲁公此书，古奥不测，是学蔡中郎石经，平视钟司徒。所谓当其用笔，每透纸背者。仲醇得此，自题其居曰'宝颜堂'。昔米襄阳得王略帖，遂以'宝晋'名斋，颜书固不减右军王略,而仲醇鉴赏雅意,又不独在纸墨间也。壬辰春二月董其昌题。"

夏,观陈继儒所藏王羲之《月半帖》,吴道子《观音变相图》,宋版《华严经》《尊宿语录》。

《画禅室随笔》卷三《记事》:"余倾驱车彭城,不胜足音之怀,又有火云之苦,回驭谷水塔上,养疴三月。而仲醇挟所藏木廔炉、王右军《月半贴》真迹、吴道子《观音变相图》、宋版《华严经》《尊宿语录》示余。丈室中惟置一床,先对而坐,了不蓄笔砚。"

按:此年董其昌奉命为使臣,出使武昌册封楚王,完成后已经五月,途中中暑得病,告病回松江,是时陈继儒携画来。

九月,过嘉禾,观褚遂良临《兰亭序》,徐季海《少林诗》,颜鲁公《祭豪州伯父诗文稿》,赵文敏《道德经》小楷众帖,虞世南《汝南公主志》。

《容台集》别集卷二《书品》:"壬辰九月过嘉禾,所见有褚摹《兰亭》,徐季海《少林诗》,颜鲁公《祭豪州伯父诗文》稿,赵文敏《道德经》小楷,皆真墨也。是日仲醇又借得王逸季、虞永兴《汝南公主志》适到,余为手摹之。"

在京作庶吉士时,董其昌也曾得见张僧繇《翠岫丹枫图》。

《虚斋名画录》卷八《明董文敏仿张僧繇翠岫丹枫图轴》跋:"余为庶常时,于都门见张僧繇所绘《翠岫丹枫图》致佳。忽忽已二十余年矣,至今不能去诸怀也。今春为陈徽君作没骨山小景,尚未惬意。因忆向所见者,仿佛摹此,虽未能追踪晋唐,亦不落赵吴兴后也。玄宰。"

万历二十一年(1593)癸巳,三十九岁

五月,从朝鲜使臣处获《唐拓怀仁集字本兰亭袖珍册》,此帖存董氏五跋。是年,收藏董源《溪山行旅图》。

《壮陶阁书画录》卷二十一《唐拓怀仁集字本兰亭袖珍册》,董跋:"《兰亭》帖,宋元人纷詙聚讼,止定武石刻一种耳。此本从高丽使人购得,乃怀仁集字本,的系唐榻。余幸获之,装为小册,秘诸枕中,虽千金不与人一看也。万历二十一年岁在癸巳五月,董其昌题。"

又:"使臣所藏禊帖共二本,均系怀仁集字镌石。一本高三米许,惜裱工割裂

破碎,不见完璧。幸摹拓精好,字形宛然耳。余介译使,欲以货购,使者不可,索余书册而去。东诸侯为本朝荒服职贡,最谨临轩策,遣郑重以之,而使臣亦贤而有礼,可为能专对者矣。使臣李姓,彼国中鼎元,今官侍郎云。其昌又题。”

又:“与《圣教序》的是一家眷属,《圣教序》翻刻既多,此系唐石宋拓,宜其奕奕神采也。”

又:“赵文敏一生学《兰亭》,此种笔意惜未梦见。”

又:“余每至禊日写《兰亭序》,先将此帖展看,所得不少。若吴兴日日临摹,不脱本家笔意,此不可解。其昌。”

《江村消夏录》卷一《五代董北苑溪山行旅图》董跋:“余求董北苑画于江南不能得。万历癸巳春,与友人饮顾仲方弟,因语及之。仲方曰:公入长安,从张乐山金吾购之,此有真迹……比入都三日,有徽人吴江村持画数幅谒见,余方肃客倦甚,未及发起画,首叩之曰:君知有张金吾乐山否?吴愕然曰:其人已千古矣,公何谓询之亟也?余曰:吾家北苑画无恙否?吴执图以上曰:即是。余惊喜不自持,展看之次,如逢旧友,亦有冥数云。”

万历二十三年(1595)乙未,四十一岁

秋,观巨然《长江万里图》,并跋。

《穰梨馆过眼录》卷二《长江万里图》董跋:“余尝见李伯时《长江图》于陈太仆子有家。笔法精绝,及观记此卷,乃宣和御府所收,小玺具在。定为北宋以前名手,非马夏辈所能比肩。后有吾乡陆文裕题跋,书法秀整,足与画为二绝,殊可宝也。乙未秋后五日,董其昌。”

十月,在京,写信给冯梦祯,借观王维《江山雪霁图》并跋。从此跋中可知,董其昌此前曾收藏赵大年《临右丞林塘清夏图》和郭忠恕《辋川》粉本,此事若干年后,董其昌在题跋《江干雪意图》中再次提到,言语略有差异。

《珊瑚网·名画题跋》卷一《王右丞江山雪霁图》董跋:“画家右丞,如书家右军,世不多见。余昔年于嘉兴项太学元汴所见雪江图,多不皴染,但有轮廓耳,及世所传摹本,若王叔明剑阁图,笔法大类李中舍,疑非右丞画格。又余至长安,得赵大年临右丞《林塘清夏图》,亦不细皴,稍似项氏所藏雪江卷,而窃意其未尽右丞之致。盖大家神上品,必于皴法有奇。大年虽俊爽,不耐多皴,遂为无笔,此得右丞一体者也,最后复得郭忠恕辋川粉本,乃极细谨,相传真本在武林,既称摹写,当不甚远,然余所见者庸史本,故不足以定其画法矣,惟京师扬郫州将处有赵吴兴雪图小幅,颇用金粉,闲远清润,迥异常作,余一见而定为学王维。或曰,何以知是王维,余应之曰,凡诸家皴法,自唐及宋,皆有门庭。如禅灯五家宗派,使人闻片语单词,可定为何派儿孙。今文敏此图行笔,非僧繇,非思训,非洪谷,非关仝,乃至董巨李范皆所不摄,非学维而何?今年秋,闻金陵有王维《江山雪霁》一卷,为冯开之宫庶所收。亟令人走武林索观,宫庶珍之如头目脑髓,以余有右丞画癖,勉应余请,清斋三日,始展阅一过,宛然吴兴小帧笔意也。余用时自喜,且夙世缪词客,前身应画师。余未曾得睹真迹,但以心想取之,果得与真有合,岂前身应入右丞之室,而亲览其磅礴之致,故结习不昧乃尔耶。庶子书云,此卷是京师后宰门拆古屋,于折竿中得之,凡三卷,皆唐宋书画也。余又妄想彼二卷者,安知非右军迹,或虞褚诸名公临晋帖耶,傥得合剑还珠。殊足办吾两事,岂造物妒完,聊畀予于此卷中消受清福耶。万历廿三年,岁在乙未十月之望,秉烛书于长安客舍,董其昌。"

《式古堂书画汇考》画卷之九《江干雪意图》董跋:"右丞山水入神品,昔人所评,云峰石色,迥出天机,笔意纵横,参乎造化,李唐一人而已。宋米元章父子时代犹不甚远,故米老及见辋川雪图,书本之中惟一本真。余皆临摹几如刻画,且李营丘与元章同时北宋,当时伪者见三百本,真止二本,欲作无李论。况右丞迹乎?余在长安闻冯开之大司成得摩诘《江山霁雪图》,走使金陵借观。冯公自谓宝此如头目脑髓,不违余意,致函邸舍,发而横陈几上,斋戒以观,得未曾有。又应冯公之教,作题辞数百言。大都谓右丞以前作者无所不工,独山水大帧传写犹隔一尘,自右丞始用皴法用渲晕法,若王右军一变钟体,凤翥鸾翔,似奇反正,右丞以后作者各出意造。如王洽李思训辈,或泼墨澜翻或设色娟丽,顾蹊径已具,模拟不难。此于书家欧、虞、褚、薛各得右军之一体耳,此雪霁卷已为冯长公游黄山时所废,余往来于怀,自以此生莫要再观。倾于海虞严文靖家又见《江干雪意卷》,与冯卷绝类。而沈石田,王守溪二诗亦同,焕若神明,顿还旧观。何异渔父入桃源,骇目动心,书以志幸。董其昌题。"

按:董其昌在《江干雪意图》中的题跋,对王维作品是否流传其实也不十分确定,但又期望能得见,哪怕是传说的王维作品,矛盾心情可见。

万历二十四年（1596）丙申，四十二岁

七月过嘉兴，观项氏藏王诜《瀛山图》。后至杭州观高濂藏郭忠恕《辋川图》，从记录知董其昌之前所得有赵大年《江乡消夏》卷。是时在武林，又得赵吴兴《挟弹走马图》《支遁洗马图》，转手易出。八月，见王蒙《山水立轴》并跋。

《容台集》别集卷四《题跋》："赵令穰《江乡消夏》卷，全仿右丞，余从京邸得之。日阅数过，觉有所会。赵与王晋卿皆脱去院体，以李成熙、王摩诘为主，然晋卿尚有畦径，不若大年之超轶绝尘也。丙申七月渡钱塘，次冯氏楼，待潮多暇，出此卷临写，因题后。先是，余过嘉兴，观项氏所藏晋卿《瀛山图》，至武林，观高氏所藏郭恕先《辋川图》，二卷皆天下传诵。北宋名迹，以视此卷，不无退舍，该《瀛山图》笔细谨而无淡宕之致，《辋川》多不皴，唯有勾染，犹是南宋人手迹。余在京师，往来于怀，至形梦寐，及是获披观再过，始知营平所言，百闻不如一见，真老将语也，此聊以论画耳，类是者更何恨。人须自具法眼，勿随人耳食也。"

《珊瑚网·名画题跋》卷八《赵孟𫖯春郊挟弹图》董跋："赵吴兴《挟弹走马图》，余以丙申岁得之武林，是时又有《支遁洗马图》，亦吴兴笔，今皆与好事者相易古画。盖予好山水，于画马非所习，我用我法耳。董其昌戊申重题于雪浪轩。"

《别下斋书画录》卷三《王蒙山水立轴》董跋："余见山樵名画多矣，无不规模古人者，云林所谓五百年来无此君，不虚也。然诸格中仿董、巨为最，此幅仿巨然，又叔明平生第一得意笔，得此幅，诸叔明画可尽废矣。董其昌。"又："画家以皴法为第一义，皴法中破网解索为难，为赵吴兴得董、巨正传，每用此皴法，脱尽画院庸史习气。叔明是承旨甥，故独似舅，此幅置吴兴画中，不复可辩也，过蕲州，泊舟江干书。丙申闰八月廿日，玄宰。"

十月七日，于龙华浦舟中购得黄公望《富春山居图》，并题跋。十月晦日，归访杭州高濂，在其家观画，跋《郭忠恕摹辋川图》。从跋文可知，之前曾见有郭恕先《越王宫殿图》。

《秘殿珠林石渠宝笈》初编《黄公望富春山居图》董题："大痴画卷，予所见若嘉兴项氏家藏砂碛图，长不及三尺。娄江王氏江山万里图，可盈丈，笔意颓然，不似真迹。惟此卷规摹董巨，天真烂漫，复极精能，展之得三丈许，应接不暇，是子久生平最得意笔。余获购此图，藏之画禅室中，于摩诘雪江共相映，发吾师乎，吾师乎，一丘五岳，都具是矣。丙申十月七日书于龙华浦舟中，董其昌。"

《秘殿珠林石渠宝笈》初编《郭忠恕摹辋川图》董跋："万历丙申秋,奉旨持节封吉藩,道出武陵,获观高深甫所藏郭忠恕摹右丞《辋川图》。其画法尚沿晋宋风规,有勾染而无皴笔。所谓云峰石迹,迥绝天机,笔意纵横,参乎造化。古人评维画无一字虚设矣。予家有右丞《江山霁雪图》,及恕先《越王宫殿图》,与此卷别一法。然以古人遇方为圭,因圆成璧之妙耳。七月甘十有八日史官董其昌书。"又识云："万历丁酉秋,奉旨校士江右,归访高深甫,宿鱼磬轩重阅,十月晦日也,董其昌又。"

按:跋中提到的郭忠恕《越王宫殿》,董其昌曾收藏。《画禅室随笔》载："郭忠恕《越王宫殿》向为严分宜(严嵩)物,后籍没,朱节菴国公以折俸得之,流传至余处。其长有三尺余,皆没骨山也,余细捡乃画钱镠越王宫,非勾践也。"

冬,在海上得江参《千里江山图》。

《秘殿珠林石渠宝笈》初编《江参千里江山图》董跋："江贯道,宋画史名家,专师巨然,得北苑三昧。其皴法不甚用笔,而以墨气浓淡渲运为主。盖董巨画道中绝久矣,贯道独传其巧,远出李唐、郭熙、马、夏之上,何啻十倍。此卷鲁经柯九思鉴定,乃元文宗御府所藏。后有宋三名公题咏,当时贯道生平最得意笔,严分宜时,一钜公有求世藩,世藩属购此卷,既得之,世藩败,遂不复出,凡三十五年,而其家售之於余。夫世藩之捡括,钜卿之营购与其子孙之护持,盖若为余地者,岂非数耶。虽然使此一卷入豪门,将与上河图等具归御府,世间永不见江贯道画,即贯道一生苦心,竟泯没无传矣。贯道画有神,其必择予为主人也夫。万历丙申冬得之海上,丁酉秋九月甘二日还自江右,于兰溪舟中展观,因记之。时奉命校士毕,船窗晴霁,各手卷都勘阅一过,至乐也,其昌。

又:宋邓椿公寿作《画继》,自熙宁至乾道百年间,分为数品。其最高者为冠冕才贤,岩穴上士,而江参在上士之列,邓公赞其画法:董源豪放过之,盖南宋人未有在贯道之右者也。邓所著《铭心绝品》于赵千里、李希古辈皆所不取,独有江贯道《飞泉怪石图》与《江居图》耳,贯道当时已为名流所赏鉴如此。

又:贯道以香茶为生,叶道蕴左丞荐之宇文时中、季蒙龙图,宇文欲多取其画,江被召去,宇文以为恨。及刘季高侍郎再寄江居图,作无尽景,始慰意云。今此卷意即江居图也。"

万历二十五年（1597）丁酉，四十三岁

三月，与陈继儒在吴门韩宗伯家赏画。六月，在京得董源《潇湘图》。

《容台集》别集卷四："丁酉三月十五日，余与仲醇在吴门韩宗伯家，其子逢禧携示余颜书《自身告》、徐季海书《朱巨川告》，即海岳书史所载，皆是双玉。又赵千里《三生图》、周文矩《文会图》、李龙眠《白莲社图》，惟顾恺之作右军家园景，直酒肆壁上物耳。"

《秘殿珠林石渠宝笈》三编董源《潇湘图》董跋："余以丙申持节吉藩行潇湘道中，越明年得此北苑潇湘图，乃为重游潇江矣。今年复以校士湖南，秋日乘风，积雨初霁，隐出此图印以真境，因知古人名不虚得。予为三游湘江矣，忽忽已是十年事，良可与感。万历乙巳九月前一日书于湘江舟中，董其昌。"

又："此卷予以丁酉六月得于长安。卷有文三桥题北苑字失其半，不知何图也，既展之即定为潇湘图。盖《宣和画谱》所载，而以选诗为境所谓洞庭张乐地，潇湘帝子游者耳。忆余丙申持节长沙，行潇湘道中，蒹葭渔网，汀州丛木，茅庵樵径，晴峦远堤，一一如此图。令人不动步而重作湘江之客，昔人乃有以画为假山水，而以山水为真画者，何颠倒见也。董源画世如星凤，此卷尤奇古荒率，僧巨然于此还丹梅道人尝一变者，余何幸得卧游其间耶。董其昌题，己亥首夏三日。"

九月，收藏李成《寒林晚归图》并题跋，观夏圭《钱塘观潮图》《隋开皇刻王羲之兰亭诗序》。

《墨缘汇观》卷四《五代宋元集册》第二幅《北宋李成寒林晚归图》，董跋："自米海岳时已欲作无李论，营邱真迹之难得久矣。此帧乃潘光禄家藏，前后有名人题跋，本作一卷，自余获之，遂割去题跋装为册页，以冠诸画。丁酉九月廿一日，典试江右归，次兰溪舟中题。玄宰。"

《珊瑚网·名画题跋》卷十九《董氏集古画册》第七幅《夏待诏钱塘观潮图》董跋："此幅画钱塘江观潮，乍见之，即定为阎次平。及谛视，始得细款于树梢，则夏圭也。又复展之，于石角中亦注夏圭名，意禹玉自爱，不欲以姓名籍客者与，然次平之去夏圭，乃不盈咫尺矣。丁酉秋九月廿一日，龙游舟中书。玄宰。"

《秘殿珠林石渠宝笈》续编《隋开皇刻王羲之兰亭诗序》董跋："稧序虽出于文皇之世，乃隋开皇时已自刻石。此本实萧翼之间谍智果辩才之警也。尤延之王顺伯诸公见此，必不聚讼于定武，赵子固见此，必不舍命于升山，子昂见此，必不盘旋于独孤东屏之二本,而十三十七题跋不置。顾余何人,遘此奇宝,后举者胜,岂非生平之快哉。高鸿胪博雅好古,多藏名人真迹,余从江右试士归,宿其斋中,信宿得尽发而品题之,以此本于郭忠恕《辋川图》为第一。余以报命严程,恨不能临写兰亭一过,如庆喜见阿閦佛耳。万历丁酉九月,董其昌书,钤印一,董其昌。"

十月,在杭州重观高濂所藏郭忠恕摹《辋川图》并题跋。冬,于海上潘光禄处得董源《龙宿郊民图》。

《味水轩日记》卷四,载董其昌题《郭恕先摹王右丞辋川图》:"万历丁酉秋,奉旨校士江右,归访高深甫,宿鱼磬轩重阅。十月晦日也,董其昌。"

《秘殿珠林石渠宝笈》续编《董源龙宿郊民图》董跋:"董北苑《龙宿郊民图》真迹,董其昌鉴定。""《龙宿郊民图》不知所取何义,大都篝壶迎师之意,盖艺祖下江南时所进御者,名虽诡而画甚奇古。""余以丁丑年三月晦日之夕,燃烛试作山水画,自此复好之,时在顾中舍仲方家,观古人画,若元季四家,多所赏心,顾独师黄子久,凡数年而成,既解褐,于长安好事家借画临仿,惟宋人真迹,马夏李唐最多,元画家寥寂也。辛卯请告还里,乃大搜吾乡四家泼墨之作,久之谓当溯其原委,一以北苑为师,而北苑画益不可多得,得溪山行旅,是沈启南平生所藏,且曾临一再,流传江南者,而考之画史,北苑设色青绿山水,绝类李师训,以所学行旅图,未尽北苑法。丁酉典试江右归,复得《龙秀郊民图》于上海潘光禄,自此稍称满志。已山居二十许年,北宋之迹,渐收一二十种,惟少李成、燕文贵。今入长安,又见一卷一帧。而篚中先有沈司马家黄子久二十幅,自此观止矣。如君平之卜肆,下帘之后,止勿卜矣。天启甲子九月晦日,思翁识。"

是年,于真州观吴治藏虞世南《临兰亭帖》。

《秘殿珠林石渠宝笈》初编《虞世南临兰亭帖》,董跋:"万历丁酉观于真州吴山人孝甫所藏,以此为甲观。后七年甲辰上元日,吴用卿携至画禅室,时余已摹刻此卷于鸿堂帖中。董其昌题。"

又:"赵文敏得独孤长老定武禊帖,作十三跋。宋时尤延之诸公,聚讼争辩,只为此一片石耳,况唐人真迹摹本乎。此卷似永兴所临,曾入元文宗御府,假令文敏见此,又不知当若何欣赏也。久藏余斋中,今为止生所有,可谓得所归矣。戊午正月董其昌题。"

按:《画史会要》载:吴治,字孝甫,吴郡人,学赵子固墨梅,枝干盘折,花蕊疏秀,清寒之气沁人肺腑,题句时有别字,往往如此,万历中游豫章。

是年,得李成青绿山水《烟峦萧寺》,郭熙《溪山秋霁卷》,事见《婉娈草堂图》题跋。

《婉娈草堂图》董跋:"是岁长至日,仲醇携过斋头设色,适得李营丘青绿烟峦萧寺图,及郭河阳溪山秋霁卷,互相呫呫叹赏永日。其昌记。"

按:潘光禄,即潘云夔(亦作云骙),字虞则,号足庵,上海人。莫是龙的女婿,潘恩的孙子,潘允端的三子。潘家为上海望族,潘允端(1526—1601年),嘉靖四十一年(1562年)进士,修豫园,撰有《玉华堂日记》。

万历二十六年(1598)戊戌,四十四岁

至前,观唐摹王献之《元度来迟帖》,并题。夏至,观虞世南《积时帖》,并题。此年秋赏鉴米友仁《云山得意图》。

《秘殿珠林石渠宝笈》续编《唐摹王献之元度来迟帖》董跋:"唐摹下真迹一等。余所见二王帖,凡二十种,皆双钩廓填,然与手书了不异,虽米海岳亦谓莫可识别。此元度帖其一也,用卿善护之。董其昌题,戊戌至前五日。"

《秘殿珠林石渠宝笈》续编《虞世南积时帖》董题:"此卷或疑米临,然其研笔处,特为瘦劲,米书以态胜,不辨此也。王元美家有虞永兴《汝南公主墓志》,客亦有谓米临者。元美自题曰:果而,则买王得羊,于愿足矣。此帖则当出其右,具眼者自能识取。董其昌借观因题,戊戌长至日也。"

《江村消夏录》卷一《宋米元晖云山得意卷》董跋:"米元晖自负出王右丞之上,观其晚年墨戏,真淘洗宋时院体,而以造化为师,盖吾家北苑之嫡冢也。此卷亦其得意笔,后曾氏跋以为元章,误矣。董其昌题。"

按:董氏此跋后有娄孟坚"戊戌秋七月十二日"跋,可推知董其昌跋在此之前。

冬至,观王珣《伯远帖》并跋。除夕前,吴廷索回董其昌所借虞世南临《兰亭序》。

《秘殿珠林石渠宝笈》初编《王珣伯远帖》董跋:"晋人真迹惟二王尚有存者,然米南宫时,大令已罕。谓一纸可当右军五帖,况王珣书。视大令不尤难观耶。

既幸予得见王珣,又幸珣书不尽淹没,得见吾也。长安所逢墨迹,此为尤物。戊戌冬至日,董其昌题。"

《秘殿珠林石渠宝笈》初编《唐虞世南临兰亭帖一卷》杨明时跋:"万历戊戌除夕,用卿从董太史索归是卷,同观者吴孝父治、吴景伯国逊、吴用卿廷、杨不弃明时,焚香礼拜,时在燕台寓舍。"

此年,董其昌在京中多与友人观赏品评名人书画。据董其昌作品题跋,可知此前曾收郭忠恕《溪山行旅图》。

《穰黎馆过眼录》卷二十六《杨不弃山水轴》董在万历四十四年跋:"十八年前,长安旧游,杨不弃日在余邸舍婆娑古画,瞠目叫好。"

《容台集》别集卷四:"郭忠恕《溪山行旅图》余得之长安,馆师韩宗伯见而奇之,谓此图如沧海沉珠,荆山韫玉,卞和一出,真足绝凡。余每叹服斯言,乙巳春作此小幅,如与古人有合。"

按:韩世能卒于万历二十六年(1598年),因此,董其昌收藏此作品当在1598年前。

万历二十七年(1599)己亥,四十五岁

春正,跋《米芾临王羲之疗疾帖》。首夏,跋郭熙《谿山秋霁图卷》。跋自家藏董源《潇湘图》。

《秘殿珠林石渠宝笈》续编《米芾临王羲之疗疾帖》董跋:"台州二守黄邻初,余同年同坐主友也,丁酉余典试江右,黄为分考,谈及此卷,狠无缩地术得一寓目。己亥春正,忽走旧属,余作跋乃摹本耳,然所谓下真迹一等,即唐人双钩填廓者也。余为黄道破,不复作跋。及擢守福州以此卷相寄,余摹刻之戏鸿堂帖。董其昌跋。"

《江村消夏录》卷三《郭熙谿山秋霁图卷》董跋:"予友莫延韩嗜画,画亦逼真子久。此卷盖此所藏,以为珍重,甲科后归潘光禄,流传入余手,每一展之,不胜人琴之叹。万历己亥首夏三日。董其昌。是日前一宿梦延韩,及晓起题。"

《秘殿珠林石渠宝笈》三编《董源潇湘图》董跋:"此卷予以丁酉六月得于长安。卷有文三桥题北苑字失其半,不知何图也,既展之即定为潇湘图。盖《宣和画谱》所载,而以选诗为境所谓洞庭张乐地,潇湘帝子游者耳。忆余丙申持节长

沙,行潇湘道中,蒹葭渔网,汀州丛木,茅庵樵径,晴峦远堤,一一如此图。令人不动步而重作湘江之客,昔人乃有以画为假山水,而以山水为真画者,何颠倒见也。董源画世如星凤,此卷尤奇古荒率,僧巨然于此还丹,梅道人尝一变者。余何幸得卧游其间耶。董其昌题,己亥首夏三日。"

此年,以赵孟頫《头陀寺碑卷》与人易画宋张瑞衡画卷。

《辛丑消夏记》卷三《元赵文敏头陀寺碑卷》董跋:"生平见赵承旨书皆不及此卷有右军之灵和,迥出怀仁《圣教序》远矣。过广陵,予友婴能吴君以宋张瑞衡画卷易去,婴能善护持之。董其昌志。"

按:此董跋后有"万历己亥嘉平月望长洲张凤翼"题语。可推知董跋不晚于此时。

万历二十八年(1600)庚子,四十六岁

一月,再观去年所易出的《宋元人缩本山水》并题跋。四月,跋倪瓒《林石小景》。

《内务部古物陈列所书画目录》卷四《明董其昌宋元人缩本山水册》,第十六页款:"万历廿七年十六日易之曹任之。廿八年重展观,亦十六日也。其昌。"

《秘殿珠林石渠宝笈》初编《元倪瓒林石小景》董跋:"云林画以荆蛮民为第一,前人品题有据。盖学董北苑惟见于此,他幅无印款,此尤异云。董其昌题于戏鸿堂,庚子四月之望。"

七月,在苏州观赵孟頫《溪山仙馆图》等名画。

董其昌《溪山仙馆图轴》款:"庚子秋七夕,余叙棹姑苏。同年王考文,乃文恪公之孙,觞余园亭,大出家藏名画见示。中有倪元镇、黄子久及赵文敏《溪山仙馆图》。吴兴画多学赵伯驹、董北苑,独此图以右丞、关仝参合成之。又题款楷书妙绝,当为平生得意笔。更数年访之,赵画已飞去,独倪迹犹存。闻山阴朱家收一轴,未知是王氏所藏不,偶拟为之,因记。天启三年岁在癸亥六月十九日。舟次震泽。时同观者杨彦冲。玄宰。"

《画禅室随笔》卷三:"七夕,王太守禹声招饮于其家园,园即文恪所投老,唐子畏、都元敬诸公为之点缀者。是日,出其先世所藏名画,有赵千里《后赤壁赋》一轴、赵文敏《落花游鱼图》《溪山仙馆图》,又米老《云山》、倪云林《渔庄秋霁》、梅道人《渔家乐》手卷、李成《云林卷》，皆希代宝也。"

按：从董其昌在《溪山仙馆图轴》中的题跋，对比《画禅室随笔》中所言，可见所言为一事。徐邦达曾过目《溪山仙馆图轴》，认为不是伪作，收入《历代流传绘画编年表》，此作现藏日本东京博物馆。

万历二十九年（1601）辛丑，四十七岁

暮春三月，跋赵孟頫草书《千文并题卷》。五月，跋自家收藏的董源《溪山行旅图》。

《式古堂书画汇考》书卷之十六《赵子昂书千文并题卷》董跋："此卷为吴门袁氏世藏，后归潘方伯。余过海上，每请一观，如观索靖碑知名下无虚士，吴兴千文行世者甚多，未有潇洒紧道若此者，惜无石本以广其传耳。董其昌观因题，辛丑暮春禊日。"

《式古堂书画汇考》画卷之十一《董源溪山行旅图》董跋："余求董北苑画于江南不能得。万历癸巳春与友人饮顾仲方第，因谈及之，仲方曰：公入长安，从张乐山金吾购之，此有真迹。乃从吾郡马眷清和尚往者。先是，予少时于清公观画，犹历历在眼，特不知为北苑耳。比入都三日，有徽人吴江村持画数幅谒余，余方肃客，倦甚，未及发其画，首叩之曰：君知有张金吾乐山否？吴愕然曰：其人已千古矣，公何谓寻之巫也。余曰：吾家北苑画无恙否？吴执图以上曰：即是也。余惊喜不自持，展看之次，如逢旧友，亦有冥数云。辛丑五月廿六日记。此画为溪山行旅图，沈石田家藏物，石田有自临溪山行旅用隶书题款，亦妙手也。玄宰。"

按：董其昌于万历癸巳（1593年）已经得到此图，八年后才在题跋中回忆得到此图的经过。

是年，在苏州灵岩村跋苏轼《前赤壁赋》。同陈继儒在秀州项德明斋中观杨少师《韭花帖》。

《秘殿珠林石渠宝笈》初编《苏轼书前赤壁赋一卷》，董跋："东坡先生此赋，楚骚之一变。此书，兰亭之一变也。宋人文字俱以此为极，知藏名迹虽多，知无能逾是矣。万历辛丑，携至灵岩村观因题。董其昌。"

《珊瑚网·法书题跋》卷二《杨少师韭花帖真迹》陈继儒跋:"杨少师《韭花帖》,米元章一见,得正书之变。余与董思翁见秀州项鉴台斋中,今年辛丑,八十子毗携过山中,老眼摩挲,顿竟一番明净。陈继儒记。"

按:项德明,字晦夫,号鉴台。项元汴四子。

万历三十年(1602)壬寅,四十八岁

至日,跋米友仁《潇湘奇观图》。此时董其昌已收有《潇湘白云图》。

《珊瑚网·名画题跋》卷四《米友仁潇湘奇观图》董跋:"小米墨戏,余所见潇湘白云图,沈启南跋云,三十年耳闻,求一见而主人靳不出,晚岁始得观,则无及也。其尊重如此,此卷亦潇湘之流亚也。壬寅至日,董其昌书。"

又:"潇湘图与此卷,今皆为余有,携以自随。今日舟行洞庭湖中,正是潇湘奇境,辄出展观,觉情景具胜也。乙巳五月十九日,董其昌书。"

又:"不知倪云林所临何安在,定当佳。玄宰。"

五月,借观同乡朱国盛藏《赵孟頫书鲜于枢合卷一册》并跋。中元节,见张旭《草书四帖》,并题跋。

《秘殿珠林石渠宝笈》初编《赵孟頫书鲜于枢合卷一册》董跋:吴兴书少有师褚登善者,此前二幅似之,又所报燕京奇画是孙过庭法也。鲜于枢评书,天真烂漫,尽力与吴兴敌者,是皆可传也。今日过敬韬兄,出此相视,因借归摹之鸿堂帖中,并题。壬寅长至后五日,董其昌。

辽宁省博物馆藏张旭《古诗四帖》董跋:"唐张长史书庾开府步虚词,谢客王子晋衡山老人赞。有悬崖坠石,急雨旋风之势,与其所书《烟条诗》、《宛溪诗》同一笔法,颜尚书、藏真皆师之,真名迹也。自宋以来,皆命之谢客,因中有谢灵运王子晋赞数字误耳。丰考功、文待诏皆墨池董狐,亦相承袭。顾《庾集》自非僻书,谢客能预书庾诗耶?或疑卷尾无长史名款,然唐人书如欧、虞、褚、陆自碑帖外,都无名款,仅《汝南志》、《梦奠帖》等历历可验。世人收北宋画,政不须名款乃别识也。或曰安知非醉素,以旭肥素瘦,故知为长史耳。夫四声始于沈约,狂草始于伯高,谢客时皆未之有。丰人翁不深考而以《宣和书谱》为证。宣和鉴书如龙大渊辈,极不具眼。且谱只云古诗,不云步虚词云云也。阁帖二卷,张芝知

汝帖，米元章犹以为伯高书，此诚不随人看场者。余故为项玄度正之，且刻之戏鸿堂帖中。万历壬寅中元日董其昌跋。"

九月，观倪瓒《六君子》图，并跋。十月，同陈继儒等观《祭黄几道文卷》。十二月，题跋李公麟《蜀川图》并转让王思延收藏。

《味水轩日记》卷一《倪瓒六君子图》董跋："云林画，虽寂寥小景，自有烟霞之色，非画家者流，纵横俗状也。此幅有子久诗，又倪迂称子久为师，具所创见，真可宝也。壬寅重九后二日观，董其昌。"

《秘殿珠林石渠宝笈》初编《李公麟蜀川图》董跋："龙眠精工极矣，余尤爱其蝇头细书，展之皆可寻丈。榜署之法，从此可得。所谓小字如大字也，或曰米元章笔，然宣和谱称伯时书逼魏晋，安得以伯时题画书概归海岳耶。董其昌观，因题。"

又记云："此卷余得之海上顾氏，今转入思延将军手，得所归亦。壬寅腊日重观书。其昌。"旁注云："思延将军乃宫谕王师竹先生子，好古能诗，中州人。"

按：日本东京国立博物馆藏品南宋李氏《潇湘卧游图》亦有董其昌题跋，传为李公麟作，是图也许是董其昌此时观看。

除夕前夕跋宋高宗书马和之《陈风图》。除夕，得项氏所藏赵孟頫《鹊华秋色图》，是图董其昌曾数次题跋，一次为此年，一为万历三十三年五十一岁时，一为崇祯二年七十五岁时，一为崇祯三年七十六岁时。

《秘殿珠林石渠宝笈》续编《宋高宗书马和之画陈风图》董题："宋侍郎马和之画毛诗三百篇，高宗书传之，流传人间。余所见十六卷矣，马和之学李龙眠，而稍变其法，以标韵胜，不独洗刷院体，复欲去伯时骨力蹊径而凌出其上。如深山道士，专气致柔，飘然欲仙。鸡犬拔宅，遥隔尘境，真画家逸品也。此卷为馆师韩宗伯所藏，是严分宜故物。画既奇绝，而高宗书应规入矩，无一笔无来历。赵吴兴书得法于德寿，信不谬也。和之画毛诗，亦有无高宗书者，皆未曾进御粉本耳。万历壬寅除夜前一夕烛下题，董其昌。"

《秘殿珠林石渠宝笈》初编《赵孟頫鹊华秋色图》董跋："余二十年前见此图于嘉兴项氏，以为文敏一生得意笔，不减伯时莲社图，每往来于怀。今年长至日，项晦伯以扁舟访余，携此卷示余，则莲社已先在案上。互相展视，咄咄叹赏。晦伯曰：不可使延津之剑久判雌雄，遂属余藏之戏鸿阁，其昌记。壬寅除夕。"

又跋："吴兴此图，兼右丞北苑二家画法。有唐人之致去其纤，有北宋之雄去其犷。故曰师法舍短,亦如书家以肖似古人不能变体为书奴也。万历三十三年,晒画武昌公廨题,其昌。"

又记语云:崇祯二年,岁在己巳,惠生携至金阊舟中,获再观。

又书张雨诗云:弁阳老人公瑾父,周之孙子犹怀土。南来寄食弁山阳,梦作齐东野人语。济南别驾平原君,为貌家山入囊楮。鹊华秋色翠可食,耕家陶渔在其下。吴侬白头不归去,不如掩卷听春雨。后识云:右张伯雨诗集所载,惠生属余再录,以继杨范二诗人之笔。岁在庚午夏五十三日,董其昌识。

又跋云:弁阳老人在晚宋时以博雅名,其烟云过眼录,皆在贾秋壑收藏诸图名画中鉴定。入胜国初,子昂从之得见闻唐宋风流,与钱舜举同称蓍旧,盖书画学必有师友渊源。湖州一派,真画学所宗也。董其昌重题。

万历三十一年(1603)癸卯,四十九岁

一月,董其昌多年收集晋唐以来名人法书,在此时辑成《戏鸿堂帖》。

《善本碑帖录》卷四《宋元明刻丛帖明戏鸿堂帖》载:"华亭董其昌辑刻","明万历卅一年岁在癸卯人日,华亭董氏勒成。"

八月,游南京,观李公麟《山庄图》并题,见褚遂良《西升经》,欲以顾恺之《洛神图》易之不得。秋,在汪砢玉处观李成《山水寒林》。

《秘殿珠林石渠宝笈》续编《李公麟山庄图》董题:"《宣和画谱》称龙眠《山庄图》,可以配《辋川》,世所传皆摹本。虽精工有余,恨乏天骨。今年游白门,一见此卷,始知真龙与画龙迥别。伯时自画,具用澄心堂纸,惟临摹用绢素。往见《山庄图》两本,皆绢素,不问可知其赝也。董其昌观因题,癸卯八月。"

《过云楼续书画记》卷二《董华亭小楷卷》跋:"今年游白下,见褚遂良《西升经》,结构遒好,於《黄庭》《像赞》外,别有笔思。以顾虎头《洛神图》易之不得,更偿之二百金,竟靳固不出。登舟作数日恶,忆念不置。然笔法尚可摹拟,遂书此论,亦十得二三耳。使《西升经》便落予手,未必追想如此也。癸卯八月,舟次云阳。"

《珊瑚网·名画题跋》卷二《李成山水寒林图》汪砢玉跋:"万历癸卯秋,歙客质绘册于先子。高君明水来见,遽持去。后再期,明水以逾期不听赎,已濡墨点缀竹树,客诉非己物,将奈之何。惟所携李咸熙画一轴,原值二百五十,近付善

手汤氏装潢甫完。无已,将此画典偿之耳,泪潸潸下也。先子恻然,称贷多金,存其画。客一去沓然。未几,董太史玄宰过舍,极鉴赏是幅,正欲跋其上,会兵宪邀宴,连速不果。先君遂自跋数语。至崇祯己卯夏竟被姑溪友人赚去,余不惮千里追反,内人叹曰,世已为无李论,君何必作有李论,而役役如此。余笑曰,不知其人视其画,诚如东坡所云,缥缈营丘水墨仙乎。因述当年典画事尔尔。"

十月,在周季良清鉴阁观倪瓒《秋林山色图》并题。同陈继儒、周季良同观苏轼《祭黄几道文卷》并题,过娄江观宋苏轼《种橘帖》并跋。

《秘殿珠林石渠宝笈》续编《倪瓒秋林山色》董题:"迂翁画吾家北苑,晚年一变,遂有关家小景古宕之致。尝自谓合作处,非王蒙辈所能梦见。此图及山阴邱壑、荆蛮乔林古木、渔庄秋霁可为绝调矣。(山阴邱壑在南徐陈从训家,乔林在余家,渔庄在陈仲醇家)癸卯十月夜宿周季良清鉴阁,观因题,董其昌。"

《历代法书选集》卷四《祭黄几道文卷》:"董其昌观于曹周翰舍中。癸卯十月晦,同极者陈仲醇、周仲曹季良兄弟。"此卷现藏上海博物馆。

《秘殿珠林石渠宝笈》三编《宋苏轼种橘帖》董跋:"癸卯十月过娄江观东坡种橘帖真迹。董其昌。"

万历三十二年(1604)甲辰,五十岁

一月,吴廷携虞世南摹《兰亭序》董其昌再观并题跋。

《秘殿珠林石渠宝笈》续编《唐虞世南临兰亭帖一卷》董跋:"万历丁酉观余真州吴山人孝甫所藏,以此为佳观。后七年甲辰上元日,吴用卿携至画禅室,时余已摹刻此卷于《戏鸿帖》中。董其昌题。"

四月,题赵孟𫖯楷书《妙法莲华经全部七册》。五月,在西湖得米芾《蜀素帖》。大概此时归还从项元度处借的黄公望《浮岚暖翠图》。

《壮陶阁书画录》卷五《赵子昂楷书妙法莲华经全部七册》董跋:"奘公造塔,恩公修塔。赵文敏书《法华》镇塔,上下千年,事若相待,无成坏相,无延促相,信矣。予以写经必有缘起,此经吴兴不曾题破,以未得宿命通政,故余为补题之。董其昌。甲辰四月二十三日。"

《秘殿珠林石渠宝笈》续编《米芾蜀素帖》董题:"米元章此卷,如狮子捉象,以全力赴之，当为生平合作。余先得摹本，刻之鸿堂帖。甲辰五月，新都吴太学携真迹至西湖，遂以诸名迹易之。时徐茂吴方诣吴观书画，知余得此卷，叹曰：'已探骊龙珠，余皆长物矣。吴太学书画船为之减色。'然复自宽曰：'米家得所归'。太学名廷，尚有右军官奴帖真本，董其昌题。"

又："增城嗜书，又好米南宫画，余在长安得《蜀素帖》摹本，尝于增城言：'米书无第二，恨真迹不可得耳。'凡二十余年，竟为增城有，亦是聚于所好。今方置案几，日夕临池。米公且有卫夫人之泣，余亦不胜其妒也。董其昌题。"

又："崇祯七年，岁在癸酉子月，申甫计偕入都门，再观于东华门邸中，一似米老重观砚研山，第无玉蟾蜍泪滴之恨，董其昌识时年七十九岁。"

《秘殿珠林石渠宝笈》续编《董其昌临公望浮岚暖翠图》跋："黄子久《浮岚暖翠图》，南徐靳氏所藏。为元画第一，后归项氏。余从项元度借观，阅半载，懒病相仍，仅再展而已。今日将还元度，似渔父出桃源，约略仿之。董玄宰，甲辰夏五。"

六月，过南湖，观巨然《山寺图》并题。在西湖的画舫、僧舍观《宋高宗书杜少陵》《王献之中秋帖诗》《苏文忠公后赤壁赋赋卷》《赵孟頫临王大令四帖卷》并题跋。

《珊瑚网·名画题跋》卷二《巨然山寺图》董题："此卷在梁溪华氏家，余求之数载，不得一观。今为公甫所有，得展玩竟日。其墨法笔法，不可以格数辄较量也。卷末诸名手论之备矣，余何容赞。甲辰六月三日，过南湖观因题，董其昌。"

《秘殿珠林石渠宝笈》初编《宋高宗书杜少陵诗》董跋云："思陵书杜少陵诗，赵吴兴补图，乃称二绝。赵画学王摩诘，笔法秀古，使在宋时应诏，当压驹、骕之辈，为宗室白眉矣。甲辰六月观于西湖画舫。董其昌题。"

《式古堂书画汇考》书卷六《献之中秋帖》董题："大令此帖，米老以为天下第一子敬书，又名为一笔书。前有'十二月割'等语今失之，又'庆等大军'以下皆缺，余以阁帖补之，为千古快事。米老尝云，人得大令书，割剪一二字售好事者，以此古帖每不可读，后人强为牵合，深可笑也。甲辰六月于西湖僧舍，董其昌题。"

又："《阁帖》'已不可也'，'分张可矣'，以系此后。今离而为二，自余始正之，刻之《戏鸿堂帖》。"

《式古堂书画汇考》书卷之十《苏文忠公后赤壁赋卷》，董题："东坡赤壁，余所见凡三本，与此而四矣。一在嘉禾黄参政又玄家，一在江西庐陵杨少师家，一在楚中何鸿胪仁仲家，皆东坡本色书。此卷又类黄鲁直，或谓苏公不当学黄书，非也。

苏、黄同学杨景度，故令人难识别耳。文德承又谓此卷前有王晋卿画，若得合并，不为延津之剑耶，用卿且藏此以俟。甲辰六月，观于西湖上因题，董其昌书。"

《盛京故宫书画录》第三册《赵孟頫临王大令四帖卷》董跋："赵吴兴常背临十三家书，无一笔不肖似。余于韩礼部见其书《阁帖》三卷，乃知吴兴深得临仿之力。俗人朝学执笔，而夕已夸其能，此公所诃，在十七跋《禊帖》中。因观此四帖，重为拈出。甲辰六月，观于西湖舟中，董其昌。"

八月，西湖昭庆寺观米芾《楚山秋霁图》。又观王维《江山雪霁图》。冬十月，在家观所藏王羲之《行穰帖》并题。

《虚斋名画录》卷一《米芾楚山秋霁图》董跋："万历甲辰八月廿日，观于西湖之昭庆禅房。董其昌。此米侍郎在临安时作，山色空濛，当亦西湖之助。吾家所藏潇湘白云，差足当之，是日书于雨窗。"

《珊瑚网·名画题跋》卷一《王右丞江山雪霁图》董跋："甲辰八月廿日，过武林，观于西湖昭庆禅寺，如渔夫再入桃源，阿閦一见更见也。董其昌重题。"

《秘殿珠林石渠宝笈》续编《王羲之行穰帖》董题："东坡所谓'君家两行十三字，气压邺侯三万签'者，此帖是耶。董其昌审定并题。""宣和时，收右军真迹百四十有三，《行穰帖》其一也。以淳化官帖不能备载右军佳书，而著不具玄览，仅凭仿书锓版，故多于真迹中挂漏。如《桓公帖》，米海岳以为王书第一，犹在官帖之外，余可知已。然人间所藏，不尽归御府，即归御府，或时代有先后，有淳化时未出而宣和时始出者，亦不可尽以王著为口实也。此《行穰帖》在草书谱中，诸刻未载，有宋徽朝金标正书，与《西升经》《圣教序》一类，又有'宣和'、'政和'小印，其为内殿秘藏无疑。然观其行笔苍劲，兼籀篆之奇纵，唐以后虞、褚诸名家视之远愧，真希代之宝也！何必宣和谱印流传有据，方为左卷耶！万历甲辰冬十月廿三日，华亭董其昌跋于戏鸿堂。"

十二月，观徐浩书《朱巨川告身》并题。观陆机《平复帖》并题。

《秘殿珠林石渠宝笈》续编《徐浩书朱巨川告身》董题："唐人于欧、褚、钟、薛辈，皆有遗意，独于徐季海无间言。曾藏其碑记原本，寺为放光，文粹所载也。东坡先生实学其书。余所见二本，一为华学士家道经，一为此卷。道经乃双钩填廓，此则书告身，有唐时玺印及鲜于太常题跋，真季海最得意书。余曾刻之戏鸿堂，不能似也。甲辰嘉平月，董其昌观因题。"

291

《清河书画舫》盖陆机《平复帖》董题:"右平原真迹,有徽宗标字及宣、政小玺,盖右军以前,元常以后,唯存此数行为希代宝。予所题签在辛卯春,时为庶吉士。韩宗伯方为馆师,故时时得观名迹,品第甲乙,以此为最。惜世无善摹者,予刻《鸿堂》,不复能收之耳。甲辰嘉平月朔,董其昌题。"

此年曾游茅山,访王肯堂,得见黄公望《天池石壁图》。

《韵石斋笔谈》下《黄子久天池石壁图》,王肯堂跋:"黄子久画旧笔之韵,溢于毫素,为士气建幢。石田、玄宰两先生绘事,由此发脉。此《天池石壁图》乃烜赫有名之迹,流传多赝本。其真迹旧藏金沙王宇泰家,董思翁于万历甲辰岁游茅山,过访宇泰,批阅此图,极其欣赏。以为烟云生动,林壑虚闲,诚笃论也。"

按:据姜绍书记录,董其昌曾在此年访王肯堂。王肯堂(1549—1613年),字宇泰,一字损仲,号损庵,自号念西居士,金坛人。和董其昌是同年进士,庶吉士时曾同观馆师韩世能藏品,二人有交往,王肯堂以友人相称。

万历三十三年(1605)乙巳,五十一岁

春,在苏州得宋拓《绛帖》。更正《绛帖》为《鼎帖》。五月,又跋《米友仁潇湘奇观图》,是时此图已归董其昌。

《珊瑚网·法书题跋》卷二十一《鼎帖》董跋:"今年春正在吴阊,得王伯毅所藏宋拓《绛帖》。顷携以自随,疑为《醴州帖》,观其每数十行,辄有'武陵'二字,又疑为《鼎帖》。及入常武署中,翻阅第一卷,以宋太宗为弁,跋曰太宗皇帝御笔。在绛州摹,为诸帖之首,后款名曰鼎州提举,曰沅辰判事,常武为鼎州,而武陵其附城邑也,乃定为《鼎帖》。特为'绛州'二字所误,而世人只知有《绛帖》,遂误名为绛州帖耳。《绛帖》《鼎帖》《星凤楼》《群玉堂》《黔江》《醴州》。淳熙秘阁续帖,世皆无传,至有对面不识者,余乏具眼,犹知床头捉刀为真魏武耶,志此。俟他日语伯谷了一公案也。乙巳六月七日,舟次武陵矶,时自常荆校士还武昌书。"

《珊瑚网·名画题跋》卷四《米友仁潇湘奇观图》董跋:"潇湘图与此卷,今皆为余有,携以自随。今日舟行洞庭湖中,正是潇湘奇境,辄出展观,觉情景具胜也。乙巳五月十九日,董其昌书。不知倪云林所临何安在,定当佳,玄宰。"

九月,又跋董源《潇湘图》卷。

《秘殿珠林石渠宝笈》三编《董源潇湘图》董跋:"余以丙申持节吉藩行潇湘道中,越明年得此北苑潇湘图,乃为重游潇江矣,今年复以校士湖南,秋日乘风积雨,初霁,隐出此图印以真境,因知古人名不虚得,予为三游湘江矣,忽忽已是十年事,良可与感。万历乙巳九月前一日书于湘江舟中,董其昌,无印。"

万历三十四年(1606)丙午,五十二岁

六月,跋米襄阳《行草集英诗迹》。

《珊瑚网·法书题跋》卷六《米襄阳行草集英殿诗迹》董跋:"米元章为林子中书蜀素,为生平合作,藏余家,偶临之。万历丙午六月望,董其昌。"

此年秋,辞任湖广提学副使归乡途中,过采石,见郭熙《关山行旅图》并跋。

《秘殿珠林石渠宝笈》续编第十二册《郭熙关山行旅图》董跋:"右郭河阳《关山行旅图》,亦名《蜀道图》,乃海内尤物。余为庶常时,已耳食之矣。近自楚中校士归,舟次采石,友人持示,深慰宿怀。及阅徐武功跋,知有坡翁书文,今已佚去,惜哉虽然,世有巨眼,自能识宝气於丰城,不籍剑匣之陆离也。董其昌观因题。"

此年前,董其昌所收作品有王维和郭忠恕雪山图。

《容台集》别集卷二:"丙午除夕夜前二日,忆雪不可得,家有王右丞、郭恕先雪山,须雪乃悬壁遊赏,今年未之试也,遂竟写《雪赋》一篇。若上元无月,当燃烛写《月赋》。"

万历三十五年(1607)丁未,五十三岁

七月,借摹王羲之《快雪时晴帖》。

《壮陶阁书画录》卷十一《董其昌又临快雪帖》款:"王右军《快雪时晴帖》,余见之馆师韩宗伯家,因借摹之,并录赵松雪、刘庆二学士跋。丁未七夕前三日,董其昌。"

九月,观丁云鹏《仿米氏云山图轴》,并跋。

《虚斋名画录》卷八《丁南羽仿米氏云山图轴》董跋:"米氏父子画自董、巨

出，南羽殆穷其渊源者，烟云缥缈，片片欲飞，顾谬称余，何耶？因观仲干所藏，题此以志余愧。丁未九月，董其昌。"

是年，董其昌从休宁洪氏处购得赵孟頫仿董源《山水》卷。

《内务部古物陈列所书画目录》卷四《明董其昌宋元人缩本山水册》第四页款："赵文敏公学董北苑，天下第一。丁未礼白岳还，购之休宁洪氏。其昌。"

万历三十六年（1608）戊申，五十四岁

仲春，见赵孟頫《雪赋》，自书欲与异趣。

《壮陶阁书画录》卷十二《明董香光书雪赋》跋："客有持赵文敏《雪赋》见视者，余爱其笔法遒丽有《黄庭》《乐毅论》。论风规，未知后人谁为竞赏，恐文徵仲瞠乎，若后矣。遂自书一篇意欲与异趣，令人望而知为吾家书也。昔人云非惟恨吾不见古人，亦恨古人不见我，又云恨右军无臣法，此则余何敢言，然世必有解之者。戊申仲春并识，董其昌。"

八月，与陈继儒在"宝鼎斋"观赵孟頫自画《小像》立轴。十月，在苏州观吴廷藏《官奴帖》感慨万千，并临写。

《吴越所见书画录》卷二《元赵松雪小像立轴》："万历戊申八月廿三日，与陈微君仲醇同观于宝鼎斋。董其昌记。"现藏北京故宫博物院。

《画禅室随笔》卷一《临官奴帖真迹》："此帖在淳熙《秘阁续刻》，米元章所谓绝似《兰亭序》。昔年见之南都，曾记其笔法于米帖曰：'字字骞翥，势奇而反正；藏锋裹铁，迥劲萧远。庶几为之传神。'已闻为海上潘方伯所得，又复归王元美。王以贻余座师新安许文穆公，文穆公传之子胄君。一武弁借观，因转售之。今为吴太学用卿所藏，顷于吴门出示余，快余二十余年积想，遂临此本云。抑余二十余年时书此帖，兹对真迹，豁然有会。盖渐修顿证，非一朝夕。假令当时力能致之，不经苦心悬念，未必契真。怀素有言：'豁焉心胸，顿释凝滞'。今日之谓也。时戊申十月又三日，身行朱泾道中，日写《兰亭》及此帖一过。以《官奴》笔意书《禊帖》，尤为得门而入。"

是年，重题赵孟頫《春郊挟弹图》，用此画与好事者相易古画。

《珊瑚网·名画题跋》卷八《赵孟頫春郊挟弹图》董跋："赵吴兴挟弹走马图，

余以丙申岁得之武林。是时又有支遁洗马图,亦吴兴笔。今皆与好事者相易古画。盖予好山水,于画马非所习,我用我法耳。董其昌戊申重题于雪浪轩。"

万历三十七年(1609)己酉,五十五岁

春仲,游黄山,观新安吴翼明藏《宋元明集绘》画。此月,购苏轼《三马图》。

《秘殿珠林石渠宝笈》续编《宋元明集绘》董跋:"昔司马子长好览名山,向子平历游五岳,其事甚伟。后人未尝不歆慕之,然非绊于仕宦,则绌于胜具胜情。不得已,袞集名画,以为卧游,斯亦高人畸士澄怀味道之一助也。新安吴君翼明,家世好古,收藏唐宋以来明绘甚富。己酉春仲,余游黄山,居停君家两月,以余颇能赏鉴,尽出其所藏相示,且遴其小幅之尤精者,汇为此册。使人惝恍如游十洲三岛间,洵卧游之钜观也哉。云间董其昌观并题。"

《清河书画舫》未集《苏轼三马图赞》张丑跋:"董玄宰太史购而藏之,真可谓蜀得其龙矣。己酉得春日记。"

六月二十六日,与陈继儒、吴廷再观王羲之《行穰帖》。

《墨缘汇观》卷一法书上《行穰帖卷》:"甲辰冬十月廿三日,华亭董其昌跋于戏鸿堂。"后又一题云:"此卷在处当有吉祥云覆之,但肉眼不见耳。乙酉六月廿有六日,再题。同观者陈继儒、吴廷、董其昌书。"

九月游西湖,观赵孟頫画《谢幼舆丘壑图》,《米芾九帖》并跋。

《珊瑚网·名画题跋》卷八《赵孟頫画谢幼舆丘壑图》董跋:"此图乍披之,定为赵伯驹。观元人题跋,知为鸥波笔。犹是吴兴刻画前人时也,诗书画成名以后,不复模拟,或见其杜撰矣。董其昌观因题,己酉九月晦日。"

《郁氏书画题跋记》卷四《米南宫九帖真迹》董跋:"此卷刻于文氏《停云馆》,文太史鉴定,所谓众龙之尤也。昔从石本想见真迹,今如叶公好龙下室矣。己酉九月晦,董其昌观于西湖舫斋。"

冬,十月此时董其昌以自临古帖辑成《董氏宝鼎斋法帖》六卷,印售流传。是时,赴福建任,于福建南平公署观元人鲜于枢草书杜甫《茅屋为秋风所破歌》并跋。

《味水轩日记》卷二:"二十四日:许叔重导松客以董氏《宝鼎斋法帖》来售,凡六卷,皆思白临古帖也。题语云:绀碧玉珪,广一寸,长倍之。小篆瑊文云:'洛修贡兮江献珍,散金景兮敲浮云。宝鼎观兮色巍巍,焕其炳兮被龙文。即班孟坚《宝鼎歌》而微有异,其阴有癸鼎二字,意元鼎年得宝鼎,而刻玉以绝瑞者。

孟坚仍其语于赋之乱辞耳。或治河沈璧，金泥玉检，即是物耶？甲辰秋，余得此于西湖，因以名藏书之室。儿子刻余真行各种书，稍称合作者，为《宝鼎斋帖》。有徵余书者，以此塞请，足以简应酬之烦，壹似永师作铁门限也。因书宝鼎名斋之意以系之。万历己酉十月朔，董其昌识。"

《墨缘汇观》卷一法书下《元鲜于枢草书杜少陵茅屋为秋风所破歌卷》董款："万历三十七年岁在己酉十二月十九日，董其昌跋于延津公署。"又："鲜于去矜以己酉跋太常书，余亦以己酉为此跋，事有偶符者。其昌再题。"

万历三十八年（1610）庚戌，五十六岁

五月，题文徵明《墨竹卷》。

《壮陶阁书画录》卷九《文徵明墨竹卷》董跋："写竹之法，唐吴道子已得其秘，风梢露箨，全用浓墨为之，坡公、与可奉为祖述。坡公论画竹法，以墨深为面，淡为背，自根至梢，有寻丈之势，随意挥洒，靡不如志。此得竹谱三昧者也，衡山先生师梅庵，神其技矣。庚戌夏五月，董其昌。"

八月，临项氏家藏怀素《自叙帖》。十月，题自藏《宋元名家画册》，以画相易。

《宝迂阁书画录》卷一《董其昌临怀素自序帖卷》款："临怀素《自序帖》，项氏家藏真迹。庚戌八年初旬七日，董其昌。"又："颜平原自云，长史所授，不能坚习，迄以无成。盖平原于狂草未极其变，但行书不愧二王耳。旭书惟素入室，此平原所逊也。其昌又题。"

《珊瑚网·名画题跋》卷十九《宋元名家画册》董跋："李成小卷，得之光禄潘云凤。赵大年对幅，得之刘全吾禧。荆浩一幅，得之靖江朱光禄在明。郭忠恕二幅，得之顾中舍正谊。赵吴兴垂钓图，得之朱司成象玄，家名大韶。余最爱吴兴公及伯驹小景，皆闻而购之，共得百幅。拔之众尤，得此廿幅。尤欲去朱锐、曹云西，未有可易者。二十年结集之勤，亦博得闲中赏玩，人间清旷之乐，消受已多。东坡云'我薄富贵而厚于画'，岂人情哉！然授非其人，能不靳。周瑞生有画才，少年笃嗜，非耳食者，因以归之。他日画道成，为余图五岳，不负传衣佳话。庚戌十月，其昌题。"

万历三十九年辛亥,五十七岁

二月,观沈士充《桃源图》并题跋。三月,临自藏吴琚《归去来辞》帖。

《秘殿珠林石渠宝笈》续编《沈士充桃源图一卷》董跋:"赵伯驹《桃源图》真迹,余见之溪南吴氏,已得其所作苏公《后赤壁赋图》,与《桃源》笔法精工绝类,子居以意为之,有出蓝之能。珍重珍重,其昌。"

按:此跋后有"万历辛亥春仲陆应阳"跋文,可知董跋不晚于此时。

《大观录》卷九《董其昌书归去来辞卷》款:"吴琚书自米芾之外,一步不窥,有《云壑集》,见《宋经籍志》。余得真迹五色倭笺《归去来辞》,如鸿宝枕中秘。漫临此本,无复本家笔,以俟鉴者。辛亥寒食次日,董其昌。"

十月,观赵孟頫《洗马图》并题跋。此时董其昌收藏有赵孟頫《高山流水图》。

《味水轩日记》卷三,万历三十九年十一月十一日有董其昌评赵孟頫《洗马图》:"赵吴兴与鲜于太常同时,吴兴固逊鲜于,助其翅羽,观此卷二诗,鲜于所谓见其善者机,故多姿态。子昂所谓见其杜德机,故多骨力。鲜于犹有矜庄之色,子昂乃以气吞之,故多胜耳。董其昌题。"

《红豆树馆书画记》卷八《明赵文度摹赵文敏高山流水图》董跋:"赵吴兴此图在余家,乃学卢征君。文度常坐卧其下三日夕。其昌。"

万历四十年(1612)壬子,五十八岁

二月,游宜兴,在吴澈如处题苏轼《阳羡帖》。

《秘殿珠林石渠宝笈》续编《苏轼阳羡帖》董跋:"此东坡先生真迹,已自可藏。又是阳羡故事,徐文靖公得之,刻石濮溪书堂,诧为风流胜赏。顾文靖公平生际遇,如饱风帆,于东坡流离坎坷、可骇可谈之事无有也。余同年吴澈如光禄,虽名满天下,而拜官未及三百日,又曾谪官湖州,计其出处,大都与东坡公相类,此真迹今为澈如所藏,真可传子孙,知忠孝大节,远师古人。即吴氏之天球大训,不是过矣。董其昌题于云起楼中,壬子二月。"

夏,捡自家所藏宋元书画,以意仿之。六月,项庶常家观《唐摹晋帖》即《唐通天帖摹本》,并题。

《爱日吟庐书画录》卷二《明董其昌仿宋元诸家山水册》第十帧款:"壬子夏日

避暑山庄，午睡初足，随手检阅宋元山水墨迹，略取其意，为此十帧。"

《秘殿珠林石渠宝笈》初编《唐摹晋帖》董跋：摹书得在位置，失在神气，此直论下技耳。观此帖云花满眼，奕奕生动，并其用墨之意，一一备具。王氏家风，漏泄殆尽，是必薛稷、钟绍京诸名手双钩填廓，岂云下真迹一等。项庶常家藏古人名迹虽多，知无逾此。文征仲耄年作蝇头跋，尤可宝也。万历壬子，董其昌题。"

九月，题黄公望《芝兰室图》。十月，题王维《江干雪霁图卷》，和陈继儒一起观高克明《雪渔图》。

《珊瑚网·名画题跋》卷十九《唐宋元宝绘·黄公望横幅》董跋："黄子久小楷如此逼古，不减晋唐当行家，而题画右款，草率具体，竟掩其真书。古人深远善藏，不必一一自见。至如此画之老以取力，此书之嫩以取态，皆变体也。壬子九日，其昌题。"

《古芬阁书画录》卷九《王维江干雪霁图卷》董跋："唐明皇思嘉陵山水，命吴道玄往图，及索其本，曰'寓之心矣，敢不有以一于此也'。诏大同殿图本以进。嘉陵江三百里，一日而尽，远近可尺寸计也。论者谓'丘壑成于胸中，既悟，则发之于画，故物无留迹，景随见生，殆以天合天者耶'。余评摩诘画，盖天然第一，其得胜解者，非积学所致也。想其解衣盘礴，心游神放，万籁森然，有触斯应，此殆进技于道而天机自张者耶。世言摩诘笔纵措思，参于造化，如山水平远，云峰石色，非绘者所及。此卷《江干雪霁图》，其飘瞥宦宛，映带深浅，曲尽灞桥、剡溪之态，而笔力苍古，妙出丹青蹊径，真神品也。摩诘有'江流天地外，山色有无中'，是诗家俊语，却入画三昧。此图是画家极秀笔，却入诗三昧。吾尝挟短笭北固，于轻阴薄暮时，置眼黯淡间，恍然是卷之在目。再取摩诘二语高咏之，却非人世间物也。壬子冬十月既望，华亭董其昌跋。"

《好古堂家藏书画记》卷下《董思白仿赵集贤水村图》跋："余为此《水村图》，乃欲兼高克明、赵集贤笔意。高克明《雪渔卷》，天雄张平仲水部携至官舍，余与陈仲醇赏叹永日。集贤《水村图》，从娄水王闲仲所见之，遂和会两家，若元人所谓合作。壬子十月廿二日，锡山道中。"

十一月，金阊观丁云鹏藏《宋拓心太平黄庭经卷》，并题。除夕，观米芾摹王羲之小楷《霜寒帖》并临写。

《壮陶阁书画录》卷二十一《宋拓心太平黄庭经卷》董跋："《黄庭》俱七字成

文，右军首书四言，惟此贴独异。又如'弃捐摇俗'作'弃捐淫欲'，'闲暇无事修太平'作'心太平'；'积精所致和专仁'作'为专年'。诸如此类，虽梁丘子所注本，犹为谬误。又昔人论右军《黄庭》尚存钟法，今他本不似元常结构，似钟亦惟此本。余在长安闻此帖有年，曾游新安访之，乃南羽从留都购得，信希世之珍，墨池为放光，因记岁月如此。壬子又十一月廿七日，董其昌观于金阊门舟次。"又："文太史有'景曜流辉之砚'，是赵荣禄'鸥波亭'所藏。余得之王百穀。因试之。临此卷一过，笔法骤然有省处，并记。廿八日。"

《壮陶阁书画录》卷十一《明董香光书右军辞世帖、霜寒帖小册》董题："《寒霜帖》见'宝晋斋'，米南宫所摹，而逸少风骨自在。""晋人书取韵，唐人书取法，宋人书取意，因临《寒霜帖》，而风流气韵，宛然在目。虽为之执鞭，所欣慕焉。壬子晦日，董其昌。"

是年，董其昌曾观宋人钟离《村田图》并仿之。

《好古堂家藏书画记》卷下《董思白仿宋人钟离村田图》题："昆山张孝廉藏宋人钟离《村田图》，古雅有生动之气。访之奇树斋，赏阅弥日归，至舟中已漏三更矣。复承兴拟其笔意为此，壬子又十一月廿有七日也。"

万历四十一年（1613）癸丑，五十九岁

三月，赏玩所藏诸名迹，书《论画》，所提到的作品皆自家藏品。四月，再度赏玩董源《潇湘图》。

《吴越所见书画录》卷五《又董文敏论画卷》题："董源《潇湘图》、江贯道《江居图》、赵大年《夏山图》、黄大痴《富春山居图》、董北苑《征商图》、董北苑《云山图》、董北苑《秋山行旅图》、郭忠恕《辋川招隐图》、范宽《雪山图》、赵子昂《洞庭二图》、又《高山流水图》、李成着色《山图》、米元章《云山图》、巨然《山水图》、李将军《蜀江图》、大李将军《秋江待渡图》、王叔明《秋山图》，宋元人册页十八幅。右俱吾斋神交师友，每有所如，携以自随，则米家山水船不足美矣。吾与书似可直接赵文敏，第少生耳。而子昂之熟，又不如吾有秀润之气，惟不能多书，以此让吴兴一筹。画则具体而微，要亦三百年来一巨眼人也。玄宰。癸丑三月，书于舟次。"

中秋在镇江舟中赏画惠崇《江南春》,与友人相易。九月,题李昭道《洛阳楼图》,观颜公真迹,并临写。此秋,归还从项玄度处所借黄公望《浮岚暖翠图》。

《大观录》卷十九《董香光仿惠崇册》款:"癸丑中秋,舟泊南徐,新安黄中舍以惠崇《春江图》见示。余亦携王叔明《青弁图》,乃山樵绝笔。中翰瞠目叫好,因共易一观,余为临,分七帧未就,适朱敬韬亦至,夺予所临。"

《秘殿珠林石渠宝笈》续编《李昭道洛阳楼图》董跋:"曩从京师见唐小李将军画《洛阳楼图》,纵横盈尺,其中楼阁交互,台榭参差;朱帘绣幕,掩映深秀;人物山川,皆细如发。方寸之间,极江云变化之致。向有米元章、贾秋壑、赵文敏、吴文定诸公题跋及珍藏图章,其为真迹无疑。今归藏于项墨林家,而诸公印识悉失。想流传有所脱落,或为裱工裁去,皆不可知。然数百年之物,兵燹之余,而全图尚在,非神物护持,焉能至此?墨林其宝诸。癸丑九月,其昌题。"

按:墨林已故,此董跋似为伪,存疑。

《虚斋名画录》卷四《玄宰仿米南宫山水卷》题:"泊舟升山湖中,即赵子固轻性命宝《兰亭帖》处。诘旦,吴性中以颜公真迹见示,为临二本,因写此图记事,并系以诗:"柁楼彻夜雨催诗,果有蛟龙起墨池。要知鲁国挥毫势,但想将军舞剑时。癸丑九月廿五日,玄宰。""

按:此作现存南京博物馆。

《壮陶阁书画录》卷七《董香光仿子久浮岚暖翠立轴》董款:"黄子久《浮岚暖翠图》,南徐靳氏所藏,为元画第一,后归项氏。余从项玄度借观,阅半岁,懒病相仍,仅再展而已。今日将还玄度,似渔父出桃源,约略仿之。癸丑秋,董玄宰。"

万历四十二年(1614)甲寅,六十岁

三月,观黄公望山水,并题跋。

《珊瑚网·名画题跋》卷九《黄子久山水》董跋:"子久论画,凡破墨须淡入浓,此图曲尽其致,平淡天真,从巨然风韵中来,余家藏富春山卷正与同参也。甲寅春三月。董其昌题。"

十月,观友人《东坡六贴和册》并题跋。

《大观录》卷五《眉山六帖合册》董跋:"东坡书尺牍五种,皆有徐季海、李泰和风致。叔党三绝句,谨守家法,咄咄逼真。子敬自称胜父,外论不尔,若叔党捉刀,可无去时大醉之讶也。吴性中从项氏探此骊珠,勿遽落好事手,宜拓传海内共赏之。甲寅十月,观于吴阊舟次。董其昌。"

是年,董其昌结交顾隐亮,得观顾氏藏品。其子顾复著《平生壮观》。

《大观录》载:"先君与文敏定交时,翁年六十矣,自题赠匾额对、大小挂幅题像,皆翁书,惟行草耳。"

万历四十三年(1615)乙卯,六十一岁

夏,在自家重观《隋开皇刻王羲之兰亭诗序》,并跋。六月,观友人所示宋拓王献之《洛神十三行》。与人易画米友仁《五洲山图》,七月,题唐寅《观杏图轴》赠人。

《秘殿珠林石渠宝笈》续编《隋开皇刻王羲之兰亭诗序》董跋:"乙卯仲夏重观于画禅室。其昌。"

《董华亭书画录》《潘安仁秋兴赋》款:"久不作小楷,今日阅友人所示宋拓子敬《洛神十三行》,遂书此赋,孙过庭所谓偶然欲书者也。乙卯六月,其昌识。"

《历代流传书画作品编年表》,《董其昌仿米五洲山图卷》款:"米虎儿《五洲山图》都不用本家笔,吴寒叔以见示,议相易,少有难色,不知予已撮其胜会矣。乙卯六月十八日,其昌。"

按:此作现藏上海博物馆。

苏州博物馆藏唐寅《观杏图轴》董跋:"唐解元《观杏图》,以王右丞诗题之,赠汝文兄南游。乙卯秋七月一日,董其昌。"

万历四十四年(1616)丙辰,六十二岁

正月,观杨不弃山水轴,并题。

《穰梨馆过眼录》卷二十六《杨不弃山水轴》董题:"十八年前,长安旧游,杨不弃日在余邸舍,婆娑古画,瞠目叫好。其人已千古矣。今日观此图,大有倪元镇笔韵,目前未有其匹也。丙辰正月。"

夏,观李公麟《毗耶问疾图》,并题。秋,舟行昆山道中,观黄子久画,并临写。

《珊瑚网·名画题跋》卷二《李公麟毗耶问疾图》董题:"伯时维摩说不二法图,余曾见之项氏。二十余年,今日重展于苏门舟次,一弹指顷无去来,今谓是耶。丙辰夏日,董其昌观。"

《秘殿珠林石渠宝笈》初编《明董其昌仿黄公望山水一卷》跋:"大痴画法超凡俗,咫尺关河千里遥。独有高人赵荣禄,赏伊幽意近清标。董玄宰画。"又跋:"余得黄子久所赠陈彦廉画二十幅,未及展临。舟行清暇,稍仿其意,以俟披图相印有合处否。丙辰九日,昆山道中识。董其昌。"

是年三月,民抄董宦,所藏书画难以幸免,《戏鸿堂帖》初刻木板亦被毁。避难吴兴朱国桢、京口张修羽家,多观其所藏并临摹之。

《平生壮观》卷十《吴兴朱氏所藏书画》:"翁避地往来于京口、吴兴间,朱氏其同年也,其家字迹最多,曾做画册十二页,设色者二,余水墨甚佳。"

《京口张氏所藏画册》:"翁遭家难时避地丹徒张修羽家,张氏古迹最多,翁乃临摹其精粹者与之,故其所得多且佳也。"

万历四十五年(1617)丁巳,六十三岁

二月,游嘉兴观项圣谟所藏书画,过汪砢玉墨花阁观其所藏书画,《贯休应高僧像卷》《高彦敬烟岭云林》皆有董题,此时董其昌携带的也有自家藏品《唐宋元宝绘》。

三月,在京口张修羽处观赏张氏所藏杨凝式书法,为其藏品沈周《东庄图》题跋。

《珊瑚网·名画题跋》卷一《贯休应高僧像卷》董跋:"此卷相传为十六罗汉,及观题偈,皆初祖以后应真高僧,作者岂深于禅宗,不屑果位者耶?画法亦伯时以后有也,贯休之徒,方能为之。董其昌题。"后汪砢玉识:"此余得之梁溪华氏,丁巳花朝,董玄宰太史过余墨花阁题之。"

《珊瑚网·名画题跋》卷八《高彦敬烟岭云林》汪砢玉识:"丁巳春,余以高彦敬《烟岭云林》与赵文敏《杏花书屋》、倪元镇《翠竹乔柯》、王叔明《铁网珊瑚》及王元章《墨梅》同供一室。时董玄宰太史过斋头见之,因评房山云:'此幅墨气绝

佳,其奇爽过南宫,犹唐诗之至《文选》也。'予请即题是语,会诸客踵至,未果。"

《珊瑚网·名画题跋》卷十九《唐宋元宝绘》汪砢玉识:"从册在万历丁巳春仲,董太史玄宰携至吾地,余同项又新、孔彰过其舟中得阅。翌日,太史挈雷仁甫、沈商丞至余家,更携黄子久画二十册与先子观,越宿始返之也。后是册归程季白,於己未秋,余复阅于交远阁,已去马文璧一幅,元人著色樱桃白头翁鸟一幅,补入王摩诘《雪溪图》,用五百金,得之青浦曹启新者。又入王叔明《秋林书屋图》,太史因题其签云,今日始得加一唐字矣。余时录其题语,未几,季白遭魏珰毒手,其家装还歇。崇祯壬申冬闻售于东仓王某,并叔明《青卞图》诸幅,仅偿千金。未及原值之半也。噫,十余年间,沧桑之变。一至此,人与画殆相阅而成古欤,西吴龙惕子汪砢玉识于漱六斋。"

《容台集》别集卷三《书品》:"丁巳三月过京口,访张太学修羽,出其所藏杨少师真迹,赏玩弥日,登舟拟之,书此论,因复补图。"

《虚斋名画录》卷十一《沈周东庄图》董跋:"白石翁为吴文定公写《东庄图》二十余幅,李少卿篆,称为双绝。余从王百谷闻之,向藏长兴姚氏,数令人与和会,不获见,今归修羽收藏,遂得披阅,以快生平积想。观其出入宋元,如意自在,位置既奇绝,笔法复纵宕,虽李龙眠《山庄图》、《鸿乙草堂图》不多让也。修羽博雅好古,已收《鸿乙草堂》十图,今又得此以副之,嘉时胜日,神游其间,何羡坐镇百城哉!赏玩不足,聊题数语,以弁其首。董其昌书,丁巳三月十有九日识。"

五月,与陈继儒、张丑在苏州赏玩李公麟、赵孟頫书画。(存疑)

《清河书画舫》尾字号第八《李公麟慈孝故事图》:"岁丁巳之夏五,新安王仲交易伯时书画《慈孝故实》八则见示。……称颂法书者董玄宰,载之著述者陈仲醇……时端阳日,寓吴门庆云里,玉峰张丑在御李斋与客饮蒲觞毕,酣畅题。"

九月,在友人处重观赵孟頫《定武兰亭》,并跋。

《秘殿珠林石渠宝笈》初编《赵孟頫跋武兰亭》董跋:"此吴松戴氏所藏,四十年前曾得寓目。万历丁巳九月五日,重观于会稽山阴朱明臣之息柯轩。董其昌识。"

万历四十六年(1618)戊午,六十四岁

正月,茅元仪来访,赏玩品评法书,与之易《虞世南临兰亭帖》并题跋。赏柳

公权书《兰亭诗》并跋。

《秘殿珠林石渠宝笈》初编《虞世南临兰亭帖》董跋:"赵文敏得独孤长老《定武禊帖》,作十三跋,宋时尤延之诸公聚讼争辩,只为此一片石耳,况唐人真迹墨本乎。此卷似永兴所临,曾入元文宗御府,假令文敏见之,又不知当若何欣赏也。就藏余斋中,今为止生所有,可谓得所归矣。戊午正月董其昌又题。"

《秘殿珠林石渠宝笈》续编,《兰亭八柱帖八卷》第七卷《董其昌临柳公权书兰亭诗》跋:"右柳公权书《兰亭诗》,书法与右军禊帖绝异,自开户牖,不倚他人庑下重台,此所谓善学柳慧者也。或曰陶谷书,恐谷未能特创乃尔,切君谟、长睿已审定矣,董其昌。书法自虞、欧、褚、薛,尽态极妍,当时纵有善者,莫能脱其窠臼。颜平原始一变,柳诚悬继之,于是以离坚合异为主,如哪吒拆肉还母,拆骨还父,自现一清净法身也。米老反诋诚悬,不足称具眼人。若诚悬所书《兰亭》,要须无一笔似右军《兰亭》始快,恨予不能无一笔不似诚悬耳。止生过余'墨禅轩'论书,因一拈之。戊午正月廿二日,董其昌题。"

按:茅元仪,字止生,号石民,浙江归安人。茅坤之孙,好谈兵,著《武备志》。

二月,同吴廷一起赏《淳化阁帖无银锭本》,并题。三月,赏鉴新购的《宋拓王大令十三行洛神赋》,并题跋。

《珊瑚网·法书题跋》卷二十一《淳化阁帖无银锭本》董跋:"宋拓《淳化阁帖》,海内无全本,惟嘉兴项庶常有十卷,亦史明古、华东沙两家合并,而文待诏为之和会者。庶常珍秘,虽千金不与人一观,无论购也。今吴用卿忽视余此十卷,纸墨精好,笔意备全,又在项本之上。何幸晚生,见此奇宝。戊午二月,董其昌题。"

《寓意录》卷二《宋拓王大令十三行洛神赋》董跋:"余得右军小楷四种,宋拓,最后求《十三行洛神赋》,廿年未有佳绝者,仅以宝晋斋宋拓本附之。然字已漫,不足称完璧。兹从楚刘金吾购此本,与晋陵唐少卿家藏无异,乃以新刻米、褚小楷帖二种,前后护之。古人张画于壁,必以品在下中者先挂壁上,亦此意也。戊午三月二日,娄江道中识,玄宰。"

五月,观宋徽宗赵佶《江雪归棹图》并跋。与程季白易自家所藏《唐宋元宝绘》,此时的集古册尚没有王维《雪溪图》,故董其昌题跋的是集古册的第一幅李成《晴峦萧寺图》,同时赠程季白《倪云林优钵昙花轴》,并跋。

《秘殿珠林石渠宝笈》续编《宋徽宗江雪归棹图》董跋："宣和主人写生花鸟，时出殿上捉刀，虽着瘦金小玺，真赝相错，十不一真。至于山水，惟见此卷。观其行笔布置，所谓云峰石色，迥出天机，笔意纵横，参乎造化者，是右丞本色，宋时安得其匹也。余妄意当时天府收贮维画尚尠，或徽朝借名，而楚公曲笔，君臣间自相唱和，为翰墨场一段簸弄，未知可耳。王元美兄弟藏为世宝，虽权相迹之不得，季白得之，若遇溪上吴氏，出右丞《雪霁》长卷相质，便知余言不谬。二卷足称雌雄双剑，瑞生莫生嗔妒否。戊午夏五，董其昌题。"

《珊瑚网·名画题跋》卷十九《唐宋元宝绘·李成晴峦萧寺图》董跋："宋时有无李论，米元章仅见真迹二本，着色者尤绝望。此图为内府所收，宜元章《画史》之未及也。石角有'臣李'等字，余藏之二十年，未曾寓目。兹以汤生重装潢而得之，本出自文寿承，归项子京。自余复易于程季白，季白力能守此，为传世珍，令营丘不朽，则画苑中一段奇事。戊午夏五之望，玄宰题。"

按：李成《晴峦萧寺图》，陈继儒在《眂古录》中提及，是"文三桥售之项子京，大青绿山全法王维，今归董玄宰，余细视之其名董羽也"。

《辛丑消夏记》卷四《倪云林优钵昙花轴》董跋："倪迂画，江南以有无为清俗。此图兼精楷法，盖《内景经》藏在倪家故也。此图今又藏程季白家，季白书益袭老倪名矣。戊午五月，董玄宰观。"

又："京口陈从训家有云林画《山阴丘壑图》，秀润沉郁，过南徐者诣陈索观，如金蕉在匣。自曹重甫得此《优钵图》，遂与颉颃。余一岁，再过重甫，端为卧游。此画今既赠季白，余请息清溪之棹矣。玄宰再识。"

七月，在舟中观所携诸画，鉴赏之余作小景记之。八月，跋自家所藏王蒙《云林小隐图》。

《珊瑚网·名画题跋》卷十八《董玄宰自题画幅》跋："舟中携赵伯驹《春荫图》、赵文敏《溪山清隐图》、王叔明《青卞图》、倪云林《春霭图》《南渚图》、黄子久二幅、马扶风《凤山图》，共十幅，皆奇绝，因作此小景纪之。戊午七月廿五日，望三塔湾，其昌。"

《穰黎馆过眼续录》卷三《王叔明云林小隐图卷》，董跋："此卷余曾见临本，亦元人笔，颇疑叔明亦有弱处。今见此真迹，如裴旻将军之遇真虎也。董其昌题。"

按：董跋后有张修羽此年中秋跋："此卷乃王元美故物也，私心向往亦矣。后为董玄宰

305

所得,余以七十金购之。"可知董其昌此前得到此图,后又转手卖给张修羽。

万历四十七年(1619)己未,六十五岁

春,游嘉兴,在汪砢玉、项又新处鉴赏书画,见赵孟頫《光福重建塔记真迹卷》并跋,鉴赏陆广《溪山清眺图》,识别相离两画,董其昌的鉴赏具眼由此可见。在项又新读易堂赏画,题跋项元汴所作《花鸟长春册》,观赵孟頫《玩花仕女图》。

《珊瑚网·法书题跋》卷八《赵承旨书光福重建塔记真迹卷》董跋:"子昂碑板,绝似李泰和,余所见无下二十本,此卷笔意虚和,尤可宝也,董其昌题于墨花阁。"

汪跋:"先荆翁习举业时,即得赵书光福碑记,置墨床笔格间,时一展玩也。己未春,董太史过余舍,因观此卷,着数语后。李玺卿见之,以玄宰衡鉴未确,为题云:'赵松雪光福重建塔铭,结构用荐福兴福二碑,稍松活耳。观者以为仿李泰和,则失之矣'……"

《珊瑚网·名画题跋》卷九《陆天游溪山清眺》董跋:"陆天游画一幅,好事者离为二轴,玉水先得一轴,凡十余年,又得其副,遂若雌雄之剑,复聚延津,亦奇矣!过长水,鉴赏永日,因题以俟观者。"

此图,董跋后有汪跋:"予弄鸠车时,家甫得陆天游画,上题云:'远山清眺,陆广为文伯作',时父执吴功甫尝过吾家'凝霞阁',极鉴赏此幅,然惜其非全璧也。至甲寅秋,高友明水见之,以天然花影棐几相易。迨己未春,润州缪杞亭持二画来,适董玄宰先生过访,展阅间咤之曰:'何一轴而离为二也'?余相较日:'何二轴,而一为予家物也'。杞亭云:'为文伯作者,得之此地高氏;款天游生者,得之茗上闽氏。初不知其相合也,即举以归予'。玄宰遂索纸题之。玄宰又云:天游生款是原笔也。而装潢者汤玉林、陆象玄在舍,即揭投水池,前款便洗去。后款揉素至碎,字迹终不脱。于此微太史善鉴,并忆昔年公甫之论不谬也。若画中层峦叠嶂殿宇楼台出没烟云间。溪桥横亘其下,草树蓊郁掩映,其凭高者。有振衣千仞之上,其入林者有平崖物外之趣。回视各半时,残山剩水作缺陷世界,忽得女娲氏补之,顿成中央大庭之天矣,后人宜世守勿失,庶留此一段佳话。秀水汪砢玉乐卿甫识于漱六斋。"

《珊瑚网·名画题跋》卷二十二《项子京花鸟长春册》董跋:"写生至宣和殿画

院诸名手，始具众妙，亦由徽庙自工此种画法，能品题甲乙耳。元时惟钱舜举一家犹传古法，吴中虽有国能，多成逸品。墨林子酝酿甚富，兼以巧思闲情，独饶宋意，此诸册如入山阴道，应接不暇也。董其昌题。"后汪砢玉识云："己未春，项又新邀余会董玄宰先生于'读易堂'，出书画把玩，至子京花鸟册，玄宰叹赏久之，遂跋于后……砢玉记。"

《珊瑚网·名画题跋》卷八《玩花仕女图》汪砢玉跋："是图为项又新家物，董玄宰尝共余过之，时悬画于'读易堂'之松轩，玄宰玩赏不已，曰：似此光景，应为管夫人写照耳。松女徐安生曾仿其意作惜花春起早。丽人披雾縠绾结于胸前，薄映雪肤，浅靸落红苔翠，凭栏看牡丹，绿竹丛绕其后，露华尚滴滴也。余亟觅之不得，无何。又新物故，所藏多散逸，余得其书画数十种，赵笔其一焉。红亭翠篠间，高峰兀立，姚黄魏紫，参差其下。玩花人正与徐娘当年所写惜花人相若。因念安生遗艳，未知落谁手。而又新墓木已拱，不能不动念岁月易迈，同文敏公之悲感云。封禺添属，玉水汪砢玉识于月香居。"

四月，与吴廷易画，出让赵孟頫《三清瑞像》，观吴廷藏赵孟頫书《道德经生神章卷》并跋。

《盛京故宫书画录》第三册《赵孟頫书道德经生神章卷》董跋："余家有赵文敏为大长公主仿阎立本画《三清瑞像》，张嗣真题诗。吴用卿见而奇之，愿以古帖古砚易去，余未之许也。用卿乃出此卷相视，亦张嗣真题文敏真迹，所云天宝君、灵宝君、神宝君，正合'三清'之意。此卷此轴似是双龙神物，合之双美，余无以难用卿也，遂题以归之。己未四月，舟次邗沟书，董其昌。"

七月，观夏圭《长江万里图》并跋。九月，在陈继儒顽仙庐观宋高宗书马和之画《豳风图》并跋。重观赵孟頫《水村图》并题，此卷此时归程季白藏。此月董其昌大概参与了一场和会，收郭河阳巨轴、黄公望山水，但黄公望山水又易出。

《珊瑚网·名画题跋》卷六《夏圭长江万里图》董跋："余尝见李伯时《长江图》于陈太仆子有家，笔法精绝。及观此卷，乃宣和御府所收，小玺俱在，定为北宋以前名手，非马夏辈所能比肩。后有吾乡陆文裕题跋，书法秀整，足与画为二绝，殊可宝也。乙未秋后五日，董其昌。"

《秘殿珠林石渠宝笈》续编《宋高宗书马和之画豳风图》董跋："宋高宗书，余曾以刻《戏鸿堂帖》中。此嘉兴项氏家藏，赵集贤补图于后。惜流传岁久，只存一章，其余不知又归何处。二人如有所指授，笔意高妙，真希世之珍，恨不得仙人盂岐一问之耳。己未九月，其昌。戊辰二月重观于眉公顽仙庐，元宰。"

《秘殿珠林石渠宝笈》初编《赵孟頫水村图》董跋："娄江二王皆好藏古人书画真迹，敬美尤工临池，所状独精。此卷为子昂得意笔，在《鹊华图》之上，以其萧散荒率，脱尽董巨窠臼，直接右丞，故为难耳。二图皆在余几案，《鹊华》归同年吴光禄，此卷归程季白，皆赏鉴家，余无复矢弓之叹。董其昌重观题，己未九月。"

《寓意录》卷二《黄公望山水》董跋："此四明文太宰家藏大痴真迹也。余郡有郡丞朱公，藏书甚夥，时向余述之。因朱解郡归，托其为予和会，而太宰之孙文仲连令两郎君持至余里，余乃收之，为子久画之领袖云。董其昌识。"又："榆溪程中舍觉我收郭河阳巨轴，奇绝，请此图为竟爽，因以归之。余有册二十帧，亦可割爱也。己未秋，玄宰再题。"

万历四十八年（1620）庚申，六十六岁

一月，在苏州观董源画并题。

《画禅室随笔》卷二《题北苑画》："朔旦至金阊门，客以北苑画授予，云烟变灭，草木郁葱，真骇心动目之观。乃知米氏父子深得其意。余家有虎儿《大姚村图》，政复相类。不师北苑，乌能梦见南宫耶。"

五月，在苏州购得黄公望《陆峦密林图》，并跋。

《穰梨馆过眼录》卷九《黄大痴陆峦密林图》董跋："此幅余为庶常时见之长安邸中，已归云间，复见之顾中舍仲方所。仲方所藏大痴画，尽归于余，独存此耳。观大痴老人自题，亦是平生合作。张伯雨评曰：'峰峦浑厚，草木华滋，以画法论，大痴非痴，岂精进头陀，而以巨然为师者耶？'不虚也。庚申五月购之吴门并识，其昌。"

八月，鉴定王蒙《多宝塔院图》并跋。为程季白跋王蒙《青卞隐居图》，吴镇《仿巨然兰亭图》。九月，观友人所示米芾《楚山清晓图》并临仿。十一月，跋《王蒙松窗高士图》。

《秘殿珠林石渠宝笈》初编《王蒙多宝塔院图》董跋云："叔明画为元季四大家之冠，笔墨秀润，得董巨嫡派。此卷精细雅逸，则又入右丞之室矣，当为其平生甲观。庚申八月董其昌鉴定。"

《秘殿珠林石渠宝笈》续编《赵孟𫖯千字文》董跋:"赵文敏正书,得右军衣钵,此《千文》蝇头小楷,春容婉畅,兼李北海法,文太史刻之《停云帖》中。自米南宫《西园雅集序》扇书小楷外,无复与抗行者,慎其宝之。庚申八月望前一日,董其昌跋。"

又:"米元章云:'小字如大字,世亦有之大字如小字,未之见也。'盖自许云。若子昂此《千字》舒之寻丈,正复奇伟。所谓宽展有余,结密无间,殆兼之矣。其昌又题。"

《墨缘汇观》卷三《王蒙青卞隐居图》董跋:"笔墨精妙王右军,澄怀观道宗少文。王侯笔力能扛鼎,五百年来无此君。倪云林赞山樵诗也,此图神气淋漓,纵横潇洒,实山樵第一得意山水,倪元镇退舍宜矣。庚申中秋日,题于金阊门季白文舟中。董其昌。"

《寓意录》卷三《吴镇仿巨然兰亭图》董跋:"分宜相家藏唐宋书画甚多,后入内府,先有分宜县关防,已赐勋臣作月俸。朱希孝太保时购之。朱没,书画皆落入人间。此梅华庵主临巨然《山阴赚兰亭图》也。曾见巨然真迹,与此图无一笔不相似,乃知元人与北宋血战,极有功力,所谓失于自然而后神,不虚也。今人何足与语此?董其昌为季白兄题。庚申中秋。"

《岳雪楼书画录》卷四《明董文敏秋兴八景图册》第七幅跋:"吴门友人以米海岳《楚山清晓图》见示,因临此幅。庚申九月七日。"第一幅跋:"余家所藏赵文敏画,有《鹊华秋色卷》《水村图》《洞庭两山》二轴、《万壑响松风百滩渡秋水》巨轴及设色《高山流水图》,今皆为友人易去,仅存巨轴学巨然《九夏松风》者。今日仿文敏笔并记。庚申八月朔前一日,玄宰。"

《秘殿珠林石渠宝笈》三编《王蒙松窗高士图》董跋:"松窗高士图,黄鹤山樵得意笔也,余曾临之。庚申子月,玄宰记。"

据董其昌此年所作《秋兴八景图》第一开题跋,可知在这之前董其昌曾收藏的赵孟𫖯作品有《鹊华秋色卷》,《水村图卷》《洞庭两山》二轴,《万壑响松风百滩渡秋水》巨幅及设色《高山流水图》,《仿巨然九夏松风》。

天启元年（1621）辛酉，六十七岁

三月，西湖观画，吴彬《二十五圆通图册》。此月得钟繇《宣示帖》题跋临写，题跋周叔宗书《洛神赋册》。

《吴越所见书画录》卷四《明吴文中二十五圆通图册》董跋："客静道丈出此册见示，乃吴文中所画《二十五圆通》也。昔有学人问师曰：'耳根圆通，从何得入'？师曰：'闻偃溪水声么？'答曰：'闻。'师曰：'从这里入。'今日在西湖舟中，正是此境。余因举三十年前葛藤，为容静相激扬。容静首肯，已入大寂光中，无论诸菩萨观矣。辛酉三月，董其昌题。"

《寓意录》卷四《钟繇宣示帖》董跋："楷书以钟、王为极则，若《宣示表》，又右军所作，非真钟迹也，用笔处有骞翥自如之态。辛酉三月既望，偶得唐拓善本，临此。其昌。"

《穰梨馆过眼续录》卷八《周叔宗书洛神赋册》董跋："乍开帙即意为吾友周叔宗书，不待名款，自可鉴定，叔宗曾写《法华》七卷，皆如此书。出海上潘中翰士从家，今亦鲜传矣！辛酉嘉平三日，香光居士董其昌题。"

八月，题跋元人卫九鼎《溪山兰若图》，中秋在京口张修羽处赏王羲之《瞻近帖》、虞永兴《庙堂碑》、沈周《东庄图》，并题。

《秘殿珠林石渠宝笈》续编《王羲之瞻近帖》董题："欧阳元，孙贲具以此书未入宣和谱，为是金时进御，及观瘦金标签，乃出徽宗手笔。盖宣和谱成锓本后，进书画者不绝，余所见数种，此真迹亦然。辛酉仲秋，董其昌观于张修羽画舫。因题。"

《墨缘汇观》法书卷下《明董其昌法虞永兴徐季海书册》（与《壮陶阁书画录》为《桃花赋册》题跋相同），款："戊午三月，昆山道中以虞永兴法书此赋。今年八月，从京口张太学修羽观永兴《庙堂碑》真迹，叹赏之次，更有悟入，因重书一通。虞师永禅师以永师《千文》意为伯施书，如菩萨应愿做梵天主也。天启元年岁在辛酉十月八日。其昌。"

《虚斋名画录》卷十一《沈周东庄图》董题："白石翁为吴文定写《东庄图》，原有二十四幅，文休承所藏。因官长兴，失之。后为修羽千方踪迹，得二十一幅，余已化去，即沈翁长跋亦不可见矣。辛酉八月，京口重观，记此以俟访之，董其昌。"

是年，程季白携带此前《唐宋元宝绘》过访董其昌，与陈继儒、王幼度、吴君杰

等人共赏,董其昌再次题跋其中一幅王维《雪溪图》。此册董其昌曾于万历四十五年春携至嘉兴。

《墨缘汇观》名画下卷《唐宋元宝绘高横册》第一幅《唐王维雪溪图》:"天启元年,岁次辛酉,程季白重携此册至余斋中,适楚中王幼度,吾郡陈仲醇、吴君杰、杨彦冲、张世卿、姑苏杨仲修同集。纵观永日,各以为奇觏,咄咄称快。独余几类向隅,然幸不落伧父手,又为右丞诸君子快耳。董其昌。"

天启二年(1622)壬戌,六十八岁

二月,和米万钟同赏程季白藏品《五代宋元集册》,题跋李成《寒林晚归图》。此画是董其昌的早年收藏,在丁酉年四十三岁曾题跋。观仇英《临宋人山水界画人物画册》并跋。

《墨缘汇观》卷四《五代宋元集册》第二幅《李成寒林晚归图》董跋:"天启二年岁在壬戌二月十日,予与米参知仲诏同观于晋陵舟次。昔白香山守杭,微之以守越州过杭,都人士聚而观者如堵墙,曰:'非欲观相公,欲观世所谓元白者耳。'余与仲诏皆有烟霞之癖,世有'南董北米'之称,或不愧元白故事。收藏者新安程季白亦以雅道,为东南顾阿瑛、曹云西辈人也。董其昌题。"

《墨缘汇观》名画上卷《仇英临宋人山水界画人物画册》,董跋:"仇实父于临宋画无所不似,尤工赵伯驹而自靳,不时为之。独以刘松年、马远、夏圭酬应,然皆过之,虽宋人中所难也。此册得其大全矣,季白宝之。壬戌仲春,其昌识。米万钟同观。"

六月,重观王羲之《气力帖》并题。

《大观录》卷一《王右军气力帖》董跋:"右军《气力帖》与项子京所藏《中秋》《感怀》《修感》帖,俱非唐人摹手能办,故为希代之宝。董其昌观并题。"又:"此书刻于《阁帖》,若不见墨迹,谁知笔墨之妙。若解行笔、用墨,则《阁帖》右军三卷,皆与真迹同参,所谓揽长河为酥酪。壬戌六月,苑西重观题。"

是年,重观米芾《阳关诗》并跋。在京观郭金吾家藏燕文贵山水,两次意临之。

《容台集》别集卷二《题跋》:"此卷《阳关诗》,自余定为米南宫笔意无疑,盖乙未年于长安见之……前后二十八年,此卷乍离乍合,有婆娑秋铜之感。"

《玄笔啸轩书画录》卷上《玄宰山水》跋："余于宋元之名画,既得观什之四五,所尤想见者,燕文贵耳。壬戌入都门,知郭金吾家有藏卷,属所亲先之,凡一再请,始得发起筐。展卷鉴阅,烟云缥缈,布置清脱。又有赵源横卷三丈,绝类北苑,并记,因仿其意为此。玄宰。"

《秘殿珠林石渠宝笈》初编《明董其昌仿燕文贵笔意一轴》款："长安观郭金吾家藏燕文贵画卷,因仿其意为此。玄宰。壬戌冬。"

天启三年(1623)癸亥,六十九岁

四月,得王蒙《谷口春耕图》并题。夏至,观《苏文忠公书唐方干诗卷》。

《秘殿珠林石渠宝笈》初编《王蒙谷口春耕图》董识："癸亥四月十一日,晋陵唐君俞持赠。元人题此图,有'老董风流尚可攀,谓吾家北苑也'。又:后二日吴江道中观并记,其昌。右边幅又记云:叔明有《青卞图》,于此图同一笔法。其昌。"

《珊瑚网·法书题跋》卷四《苏文忠公书唐方干诗卷》董跋："苏端明小楷录方干诗一卷,癸亥长至次日观。董其昌。"

九月,跋《李唐江山小景》,此画七十九岁时赠送给挹斋周老先生,又跋。

《秘殿珠林石渠宝笈》续编《宋李唐江山小景》董跋："宋高宗以李唐比李思训。李唐字晞古,徽宗时画苑博士,南渡犹仍故官,年八十余。画史灵光,无出其右、萧照、马远、夏圭皆师之。此卷为《江山小景》,馆师韩宗伯得之朱太尉希孝。予为庶常,尝借观信宿,叹其精绝不能下手。及韩长公朝延游武林,有所惑溺,质之好事,家力不能复,告予取归。又以右军《行穰帖》真迹十五字还长公,足所未尽,画则在筐也,而武林金屋,已成尘矣。因重付装潢纪之。岁在癸亥九月。其昌识。"

又："太师傅挹斋周老先生,遗荣勇退,将归荆溪,其昌适在请告杜门,不获与青门之饯,有愿写铜官离墨南岳张渚之胜,此青鞋步袜所习游者,或可置之行装。会严程亟发,奈十日一水,五日一石何,遂以李晞古《江山小景》赠别。俟得请还山,舟行多暇,渐次点缀,访先生于荆溪,追王维、裴迪辋川倡和故事,即是居东嘉话。癸酉六月廿六日,华亭旧史董其昌题。"

十月,观宋文天祥《遗像家书》,仇英《十美图卷》,并跋。

《秘殿珠林石渠宝笈》三编《宋文天祥遗像家书》董跋:"文信国家书一纸,具当时江西流离颠沛情事。去宋亡无几何时矣,兰虽可焚,香不可减,当于正气诗作注脚。癸亥十月十三日,舟中敬观。董其昌。"

《十百斋书画录》卯集《仇英十美图卷》董跋:"尝观古来绝世佳人,生于当日,无不使文人才士始或牵情窈窕,继则眷恋房帏,其间离离合合盖不一其人焉。后之慕其名者,或著述于书籍,或迹于丹青,使后人睹之如获奇珍。今观仇十洲所绘古来名媛,片幅之间百世之美聚焉矣。此数人者生非一世,来不一堂,苟欲定其优劣吾知其未能也。嗟乎,明华易谢,美色靡常,胜地烟销,风流歇绝。徒使后之览者,睹物伤情。几使青衫湿透,摹神玩景。翻令月下销魂,绿鬓朱颜,久矣神交梦寐,明眸皓齿,恍然想象中心,仇君可谓善传其真容者矣。天启三年岁在癸亥十月观于舟次,董其昌。"

天启四年(1624)甲子,七十岁

四月,跋"定武五字损本"《兰亭序》。

《墨缘汇观》卷二《定武五字损本兰亭卷》董跋:"《兰亭》十三跋,赵文敏跋《定武本》,兼临本《禊帖》,世当无第二本。即子昂重书跋语,当不若临书,巨细肥瘦,了无异者。余所见乃有三本,其一为海上潘方伯所藏,新都汪太学以三百千购之。好事家相传为真物,及观此卷,乃知为叶公之龙也。诸跋出入钟元常,出笔圆劲,用墨沉着,虽学《禊帖》,不规规摹仿形似,所谓世人但学《兰亭》面,欲换凡骨无金丹者。殆一洗此习气,证无上果矣。至于《兰亭》无下拓,此定武本,是子昂赞叹比喻,重说偈语,口门恨窄,宣说不尽者,无待后人骈拇枝指矣。天启四年四月廿五日,董其昌跋。"

五月,跋丁云鹏《观自在菩萨像》,购得关仝《秋峰耸秀图》。此月,董其昌与王时敏、吴廷同观董源《夏口待渡图》。

《秘殿珠林石渠宝笈》续编《丁云鹏观自在菩萨像》董跋:"观音大自在神通,能普度大地众生一切苦恼。只是一片婆心,现身说法,摆脱茫茫苦海,大地众生一切苦恼,但能念观世音菩萨大慈大悲救苦救难,便能离脱苦海。以观音大自在神通,寻声救苦故,非观音大自在神通能分形万亿,而为众生解脱诸苦,乃众生心中皆有观世音大自在神通。但于极难苦蘂中,能反心向化,皈依忏悔,消除一切恶念……反心向善,消除恶缘,虽有百千万亿大慈大悲救苦救难观世大自在菩萨,不得超度世间众生。讽诵般若般罗心经,自在神通,随地涌出,便是观音无量功德,便是众生无量功德。天启四年夏五月,华亭董其昌沐手敬书,并跋。"

《式古堂书画汇考》卷三十三《名画大观关仝秋峰耸秀图》董跋:"关迹近代绝少,不啻凤毛麟角。余购得之,真如拱璧,因装诸册首,以为秘玩。甲子夏五,董其昌。"

《吴越所见书画录》卷六《王奉常仿董北苑夏口待渡图》,王时敏自识:"甲子仲夏,在长安吴太学寓,同云间董宗伯观北苑《夏口待渡图》。"

六月,再观董源《夏景山口待渡图卷》并跋,重装方从义《云林钟秀图》。七月,跋沈度《山意重寒梅欲放图》。

《大观录》卷十二《董北苑夏景待渡图卷》董跋:"董北苑《夏景山口待渡图》真迹,《宣和谱》载,后入元文宗御府,柯九思、虞集等鉴定。甲子六月观,因题。董其昌。"

《岳雪楼书画录》卷三《元方壶道士云林钟秀图》董跋:"天启甲子六月,玄宰重装。"

《秘殿珠林石渠宝笈》续编《沈度山意重寒梅欲放图》董跋:"民则沈先生当章皇帝朝,身依日月,笔挨星辰,诚一代之羽仪,固后贤之模范也。观此笔墨,不惟凤藻鸿词,成花粲锦,至于字画,尤为端楷绝伦,极得晋人风致。百余年来,无有出其右者。谓之双璧,讵不信然。天启甲子秋七月,华亭后学董其昌识。"

九月,跋《陆继之摹褉帖》。此月又跋董源《龙宿郊民图》。

《秘殿珠林石渠宝笈》初编《陆继之摹褉帖》董跋:"唐摹下真迹一等耳。此卷得唐摹遗法,赵吴兴所谓专心学之,遂可名世者。宋时聚讼可谓多事。天启四年九月晦日,董其昌观于苑西,因题。"

天启五年(1625)乙丑,七十一岁

暮春,再跋宋拓王献之《洛神赋十三行》,赠之友人。三月,赏自藏颜真卿《争座位帖》。此春在朋友处观郭忠恕《缑岭飞仙图卷》，并跋。

《寓意录》卷二《宋拓王大令十三行洛神赋》董跋："右军楷书传世者，《黄庭》《乐毅论》《东方朔像赞》《曹娥碑》，昔人形容赞叹，如孙过庭《书谱》，皆以为有一书具一体，《黄庭》则怡怿虚无，《乐毅》则情钟惨淡之类，未见为笃论也。岂亦世代绵邈传刻失真，非陶隐居、孙虔礼时所鉴之故本耶。惟子敬《洛神十三行》，隽逸驰宕，秀色可餐，贾似道所藏，至赵文敏得之陈灏集贤者，为正书第一，真迹不可见矣。刻帖皆出临手，与祖本迥别。余以己丑获观于晋陵唐庶常同馆完初，盖荆川先生所贻也。求之二十四年，更得此本，不及唐本之精明奕奕，而形势结构，无毫发遗憾，此下真迹一等，宋拓也。鹿奄宫谕工于书道，意特好之，因以为赠。装头尚有右军四种宋拓，犹可做活计。然子敬风流，自此远矣。天启五年，岁在乙丑暮春之朔，书于天津舟次。董其昌。"

《吴越所见书画录》卷五《董文敏重修宋忠武岳鄂王精忠祠记册》款："今日过清源，天气轻阴，检颜鲁公《争座位帖》，觉有所会，遂能终之。天启五年岁在乙丑三月之望，思翁。"

《大观录》卷十三《郭恕先缑岭飞仙图卷》董跋："《缑岭吹箫图》，传为赵伯驹笔。与所见千里真迹，若《桃源》《赤壁》及《补杜诗绝句》等画，虽细谨之极，独作马牙皴，未有如此者。惟余家藏郭忠恕《避暑宫殿》卷及《雪景》大轴，与此画法绝相类。又见孙知微画松一枝，正及大李。此松天矫奇变，亦略相等，盖五代时画法，不入南宋纤美，非恕先无此高古浑厚也。且绢素鲜洁，神采奕奕，知收藏家别有呵护，可为神品。山谷、子瞻辈见之，必有题咏，恨二公不见耳。翔公侍御其宝之。天启五年春，董其昌。"

七月，跋范宽《寒江钓雪图》与黄庭坚诗集合卷。秋，跋项圣谟画册。此年得赵伯骕山水小景。

《岳雪楼书画录》卷二《范宽寒江钓雪图黄山谷诗集合卷》董跋："见范中立画甚多，皆落蹊径，所谓矾头丛木点皴者。惟此卷在关仝、李成发脉，古雅幽邃，有凌虚之气。山谷诗迹绝类《鹤铭》，画史书家，并堪对垒，真奇观也。乙丑中元日，董其昌观，因题。"

《式古堂书画汇考》画卷之五《项易庵画圣册凡二十六幅》董跋："古人论画，以取物无疑为一合，非十三科全备未能至此。范宽山水神品，尤借名手为人物，故知兼长之难。项孔璋此册乃众美毕臻。树石屋宇，花卉人物，皆与宋人血战，就中山水，又兼元人气韵，虽其天骨自合，要亦功力深至，所谓士气、作家具备。项子京有此文孙不负好古鉴赏，百年食报之胜事矣。乙丑秋，董其昌题。"

《董华亭书画录·仿十六家巨册》第四帧款："赵伯骕者，千里之弟，其画宗李思训，妍润精绝。偶得横卷小景，于时秋色正佳，拟为此图。乙丑十月九日，思翁。"

天启六年（1626）丙寅，七十二岁

正月，跋范宽《溪桥雪霁图》。二月，在苏州重观李公麟《维摩演教图卷》《王蒙破窗风雨记》《元人破窗风雨书画合璧》，并题。

《穰梨馆过眼录》卷三《范宽溪桥雪霁图》董跋："泊舟江口，守风八日，吴用卿出城，持此图见示。观其笔势奇崛，气吞荆、关，非范华原不能尔，咄咄叹赏，不枉风伯之贶。丙寅正月廿七日，其昌识。"

《式古堂书画汇考》画卷之十二《李龙眠维摩演教图卷》董跋："宋李公麟《演教图》，精工之极，盖学陆探微平视阁右相者，后为吾乡沈学士补书《心经》，其楷法端劲，亦与画相抗衡。本为长安古寺常住旧藏，大都谓有力者豪夺转入飞兔手，遂成世谛流布，非法门皈奉之故矣。公麟从秀铁面游，秀师诃其画马，因改而画菩萨变相，虽得画家三昧，实以画作佛事者也。元时惟吴兴赵文敏庶几不愧之。董其昌观因题。"又："旧观于长安苑西邸中，丙寅二月望重观于吴门官舫，二纪余矣，其昌。"

《珊瑚网·名画题跋》卷十一《王蒙破窗风雨记》董跋："王叔明画卷有《听雨楼》，与此卷绝类，此图更觉清润，有赵吴兴法，尤可宝也。跋者十余人皆名士，铁崖语甚奇，惜不传于遗集。丙寅仲春望日，董其昌观于金阊官舫因题。"

夏五，跋《吴镇清溪垂钓图》。

《秘殿珠林石渠宝笈》初编《吴镇清溪垂钓图》董跋："元时梅花道人盛子昭具工画，望衡对宇。求子昭绘者屡相接，梅花道人之居闃如也。子弟以为言，梅花道人曰：'待之二十年'。及二十年，盛氏之门闃如，而梅花之名始振，至今称四大家。此卷乃其得意时笔，苍劲有董巨遗意。昔沈启南先生云：'梅花庵里客，端的是吾师。'信然。丙寅夏五董其昌识。"

中秋，观李升《高闲图卷》、王维《雪图》，并跋，又观项氏所藏定武《兰亭序》并跋。九月望日观沈周《摹子久富春山居图》并跋，二十日观《唐十八学士图》，南唐王齐翰《江山隐居图》并跋。九月二十一日在王越石舟中见丁云鹏画《五像观音于若瀛书楞严经全部合璧》，并题跋。此月亦观沈周《自寿图》并跋。此秋得沈周《摹子久富春山居图》，王蒙《山水》，云林小景画。

《大观录》卷十一《李升高闲图卷》董跋："李升画为神品之冠，唐末宋初鲜有敌手。米元章《画史》称有二帧在吴中僧刹，一帧可得半载工力。米于右丞犹谓如刻画，而于升无间然矣。鉴赏如此。此卷高古简洁，树木如顾虎头，山石似李思训。余家亦有《雪图》一轴，正复相类。丙寅中秋，董其昌题。"

《大观录》卷九《孙过庭书谱》董跋："今日兴化李组修持王维《雪图》视余，古雅秀绝，并记。丙寅中秋。"

《容台集》别集卷二《题跋》："此定武本项氏所藏，唐摹，刻石于北宋时者，以褚摹较之有异。赵子昂得独孤、东屏二本，一作十三跋，一作十七跋，正是此种，以藏锋为纲骨，取态弗论也。丙寅中秋之望。"

《大观录》卷二十《沈周摹子久富春山居图》董跋："大痴《富春大岭图》，旧为余所藏，今复见石田翁背临长卷，冰寒于水，信可方驾古人而又过之，不如是，安免重台之诮？丙寅九月望，观于惠山，其昌。"

《容台集》别集卷四："予以丙申冬得黄子久《富春大岭图》卷，丙寅秋得沈启南仿痴翁《富春》卷，相距三十一年，二卷始合。"

《真迹日录》《唐十八学士图》董跋："丙寅九月廿日，董其昌观。"

《秘殿珠林石渠宝笈》续编《丁云鹏画五像观音于若瀛书楞严经全部合璧》董跋："丁南羽写此图时，在吾松为顾光禄正心所馆，年三十余，故极工妙，自后不复能事，多老笔漫应，如杜陵入蜀以后诗矣。""此予友济阴于念东中丞之笔也，昨年予道济，中丞公子出谒于官舫，予为言及此卷，顾失收藏者姓名，无以应，但心许为访求所在。忽于王越石舟中观之，不胜人琴之感，且幸于氏天球无恙，可报公子，千里赍香花，迎归供养也。丙寅九月廿一日，董其昌题。"

《大观录》卷二十《沈周自寿图》董跋："石田初学元季四家，皆有出蓝之能，唯赵伯驹青绿设色，世所罕见。今见此图，始知大方逸品，无所不兼也。丙寅九月，董其昌题。"

《内务部古物陈列所书画目录》卷四《董其昌宋元人缩本山水册》第十九开王蒙《山水》款:"丙寅秋得之梁溪吴用之,丁卯秋归之王玺卿逊之,逊之学山樵,几过于蓝,意犹未尽,便欲拔其帜矣。其昌。"

《三秋阁书画录》卷上《玄宰丁卯小景四幅》第一开跋:"云林小景,所题'垂垂烟柳笼南岸'者。丙寅秋,得之惠山吴太学千之。"

是年,收刘松年《十八学士图》并跋。

《秘殿珠林石渠宝笈》三编《刘松年十八学士图》董跋:"五代周文矩有《十八学士图》,《宣和画谱》载此,乃刘松年所摹,前辈跋之颇详。丙寅二十日,得于京邸,因题,其昌。"

天启七年(1627)丁卯,七十三岁

三月,观海虞钱宫詹《宋刻华严经》并记,王越石携李升画卷,董其昌观并临仿之。题跋宋李公麟《豳风图》。四月,跋唐寅《梦筠图卷》。此月与陈继儒在王时敏处,指示《秋山图》,当在此时。

《秘殿珠林石渠宝笈》初编《宋刻华严经》董记语云:"明天启七年丁卯岁三月望日,董其昌观于海虞钱宫詹斋中。"

《董华亭书画录·仿十六家巨册》第七开《仿李升》款:"新都王越石携李升画卷见示,因临此帧。时丁卯三月望日。玄宰。"

《秘殿珠林石渠宝笈》初编《宋李公麟豳风图一卷》董跋:"天启七年丁卯岁,三月廿二立夏日,董其昌观。"

《大观录》卷二十《唐六如梦筠图卷》董跋:"一派湖州画里诗,萧萧疏篆两三枝。朝来邗水帆前雨,正是龙孙解箨时。唐六如画《梦筠图》娟秀姿态,虽李龙眠不能胜也。因观系以一绝。丁卯四月朔,玉峰道中识。其昌。"

《过云楼续书画记》卷二《画类》引《西庐画谱》:"天启七年四月七日,华亭董思翁其昌、陈眉公继儒,过南园绣雪堂话雨,留宿其间。思翁指示《秋山图》,当在此时。"

五月长至观《高彦敬山水》,《李成雪村归棹图立轴》并跋。跋金人任君谋(任询)草书韩愈《秋怀诗卷》。六月,观《夏圭山水卷》并跋。

《式古堂书画汇考》画卷之四《历代名画大观高册》第十九开《高彦敬山水》董跋:"此高尚书真迹,师大米而以吾家北苑法参合之者,君俞年侄深于此道,知有同鉴也。董其昌丁卯长至日观因题。"

《吴越所见书画录》卷二《李成雪村归棹图立轴》董跋:"此帧人物、舟桥、屋宇固是北宋,而远树细苔,圆润浑厚,飒飒有声,为梅花庵之祖,其为丘壑无疑。唐氏世藏几二百年,完好如故,得所矣。君俞年侄其宝之。丁卯长至后二日观,因题。其昌。"

《辛丑消夏记》卷三《金任君谋书韩文公秋怀诗卷》董记:"此卷在晋陵唐中丞家,相传二百年矣。丁卯长至,与贺函伯同观于唐云客斋中,书法奇绝,出入长沙、鲁国,故是唐氏瑰宝,尤谓君谋得云客,始得大放光明也。董其昌记。"

《式古堂书画汇考》画卷之十四《夏圭山水卷十二景》董跋:"夏圭师李唐,更加简率,如塑工所谓减塑者。其意欲尽去模拟蹊径,而若灭若没,寓二米墨戏于笔端,他人破觚为圆,此则琢圆为觚耳。天启丁卯六月,董其昌题。"

七月,在苏州阊门观张慕江所携画,有吴镇仿巨然山水和高克恭《云山秋霁图》。秋,以自藏王蒙《山水》卷给王时敏收藏。十一月,观《王蒙溪山行旅图》。

《画禅室随笔》卷二《题画》:"七夕泊舟吴阊,张慕江以画售于余,有梅花道人大轴,仿巨然水墨淋漓、云烟吞吐,与巨然不复甲乙。又高克恭《云山秋霁》,与谢伯诚学董源《庐山观瀑图》,皆奇笔也。"

按:《董华亭书画录》载《行书唐人诗卷》款:"丁卯新秋,董其昌书于吴门道中。"可知此时董其昌在苏州。

《内务部古物陈列所书画目录》卷四《董其昌宋元人缩本山水册》第十九王蒙《山水》款:"丙寅秋得之梁溪吴用之,丁卯秋归之王玺卿逊之,逊之学山樵,几过于蓝,意犹未尽,便欲拔其帜矣。其昌。"

《大观录》卷十七《王蒙溪山行旅图》董跋:"《溪山行旅图》先在余收藏,及观此,笔意全从北苑出,实叔明未变本家体时杰作也。丁卯子月十九日,其昌。"

崇祯元年(1628)戊辰,七十四岁

二月,董其昌游佘山,与陈继儒重观宋高宗书马和之《豳风图》。游嘉兴,在

汪砢玉处为之题跋欧阳询《九成宫醴泉铭》。三月，与陈继儒同观法帖。

《秘殿珠林石渠宝笈》续编《宋高宗书马和之画豳风图》董跋："宋高宗书，余曾以刻《戏鸿堂帖》中，此嘉兴项氏家藏，赵集贤补图于后，惜流传岁久，只存一章，其余不知又归何处，二人如有所指授，笔意高妙，真稀世之珍，恨不得仙人孟岐一问之耳。己未九月，其昌。"又："戊辰二月重观于眉公顽仙庐，元宰。"

《珊瑚网·法书题跋》卷二十《九成宫醴泉铭》董跋："欧阳率更书，米海岳称其真到内史，石刻惟《醴泉铭》《化度寺》二碑特妙。《化度》缺其半，《醴泉铭》文字可读者，皆后人重摹，此本虽有缺文，乃宋拓至佳，下真迹一等者也。董其昌观于墨花阁，因题。"

按：董跋后有"崇祯戊辰三月竹懒李日华"跋，可知董跋不晚于此时。

《秘殿珠林石渠宝笈》续编《董其昌临王帖三种一卷》后陈继儒跋："崇祯元年清明日，思翁邀余于北门别宅，同观社会云：'今日始悟法书，觉从前皆未得正龙真脉'。今观《曹娥》《洛神赋》二帖，始信非诳语。此帖所在，非吉祥云覆之，当有天雨花其上。"

中秋，题沈周《雨夜止宿图》。

《寓意录》卷三《沈周雨夜止宿图》董跋："石田先生画，惟此图与《峦容川色》为生平合作，犹右军之《禊序》，偶然兴到。后复为之，终不似者。虽元四家，不能对垒并称也。崇祯元年中秋后，董其昌敬题。"

是年，董其昌临国铨《善见律》，以此从友人手中易《灵飞经》。

《秘殿珠林石渠宝笈》续编《国诠善见律一卷》，栎社老人跋："崇祯戊辰，宗伯乃以此《律》易《灵飞经》以去，余旋以此《律》质之吾家仲因，不意仲因又以之投质库也。"

崇祯二年（1629）己巳，七十五岁

仲春，游西湖和众友人同观萧照《瑞应图》，并题。

《秘殿珠林石渠宝笈》续编《萧照瑞应图》董跋："萧照为李晞古之嫡冢，更觉古雅。此卷穷工极妍，真有李昭道风格。题字为曹勋，则行书足为米敷文优孟。兹所书小楷，乃全学高宗，临永兴，足称二绝。董其昌观并题。"又："崇祯二年，岁

在己巳春仲三日,再观陈生甫之听跃楼,时余不到西湖九年矣,同观者陈则梁、孙仲鲁、冯云将、雷应甫、杨彦冲、王彦可、王玉烟。其昌书,主人陈阶尺收藏。"

中秋,在苏州阊门观钱选《维摩像》并题跋。与王越石易赵孟頫《长林绝壑图》,在于嘉处再观赵孟頫《鹊华秋色图》、惠崇《谿山春晓图》卷并题。

《秘殿珠林石渠宝笈》续编《钱选书维摩像》董跋:"己巳中秋观于阊门舟次,董其昌。"

《大观录》卷十六《赵孟頫长林绝壑图》董跋:"初藏余家,己巳中秋,越石以设色倪迂画易归,皆元画神品也。玄宰重题。"

《秘殿珠林石渠宝笈》初编《元赵孟頫鹊华秋色图一卷》后董跋:"崇祯二年,岁在己巳,惠生携至金阊舟中获再观。董其昌。"

《内务部古物陈列所书画目录》卷五《惠崇谿山春晓图卷》董跋:"五代时僧惠崇与宋初僧巨然,皆工画山水。巨然画,米元章称其为平淡天真,惠崇以右丞为师,又以精巧胜,《江南春》卷为最佳。一似六度中禅,一似西来禅,皆画家之神品也。惠生博雅好古,得此奇迹,惠崇亦得主人矣,己巳中秋日,董其昌观,因题。"又:"崇祯三年,岁在庚午五月,金沙听雨,于惠生高斋重观,其昌。"

按:于嘉,字惠生,一字襄甫,金坛人。家世仕宦,以高才困于锁院,遂弃去,肆力为诗。见钱谦益《列朝诗集小传》。

十月,在友人昭彦舟中观《苏轼书画记卷》并题。

《盛京书画录》第二册《苏轼书画记卷》董跋:"每见坡公墨迹,十九双钩廓填,即余家误收《养生论》《三马图赞》,经岁余知之,皆不如此《画记》之无疑也。昭彦其宝藏之。董其昌。"又:"玉局行书,皆规模徐季海,此帖独仿颜平原《送明远序》,纵横跌宕,中含宫商,非赵吴兴所能梦见也。董其昌观于昭彦舟中。己巳十月四日。"

此年,杭州友人邹孟阳来访,董其昌与之同赏自家所藏。

《容台集》别集卷二《临萧闲堂帖》:"盐官陈奉常家藏米襄阳真迹,感慨激昂,自以世无知己,独不忆子瞻所许清标绝俗之诗、佳妙入神之字乎?盖绍圣间,时移事变,禁苏、黄之迹,米公亦讳言知己。交态如此,何论蔡天启、二杨小小物色也。独其书韵逸中法度森严,一为仿之。己巳,武林邹孟阳访余山中,见此卷辄瞠目叫好,谓'米颠之作,以米加笔书之,雅称双美'。收置箧中,归视识者恐不免痴癖之诮。"

　　按：邹之峄（1574—1643年），字孟阳，号脱庵道人，钱塘人，擅鉴画。与李流芳相交甚密，收藏有李流芳《西湖卧游图》、《江南卧游册》，董其昌曾为其题跋。

崇祯三年（1630）庚午，七十六岁

　　五月，观沈周《九段锦画册》并跋，是月游南通，在金坛于嘉处赏鉴书画，为之鉴定题跋管道升《拜别项相帖》、赵孟頫《鹊华秋色图》、苏轼《制草一卷》、惠崇《溪山春晓图》。

　　《江村销夏记》卷一《沈启南九段锦画册》董跋："往在王闲仲斋头纵观太常所藏名迹，惟白石翁画未见，奇绝。闲仲又借子灏沈册，曰'九段锦'，乃兼元季四大家及赵吴兴、甫阳、惠崇诸体，真快心洞目之观，如北朝人见庾信诗，不胜叹服。今落季弢手，余甚妒之。季弢亦有约，待笔端收拾石田一片云，仍以与余换古画，是可以岁月计耳。庚午夏五，董其昌。"

　　《墨缘汇观》法书下卷《管道升拜别项相帖》董跋："子昂书中龙象，当时与之同世者，皆沾余润，遂成名家。况画眉闺彦，宁不传授笔诀，与之具化耶。观魏国夫人尺一题，董其昌。"又："文氏《停云馆帖》从此卷真迹摹出，乃文敏最得意书，自右军、大令后，直接宗派，非唐人所及也。今为惠生鉴藏，墨池中一段奇事。董其昌观，因题。"

　　《秘殿珠林石渠宝笈》初编《元赵孟頫鹊华秋色图一卷》后董题："弁阳老人公瑾父，周之孙子犹怀土。南来寄食弁山阳，梦作齐东野人语。济南别驾平原君，为貌家山入囊楮。鹊华秋色翠可食，耕稼陶渔在其下。吴侬白头不归去，不如掩卷听春雨。"并识："右《张伯雨诗集》所载，惠生属余再录，以续杨、范二诗人之笔，虽在庚午夏五十三日，董其昌识。"

　　《秘殿珠林石渠宝笈》续编《苏轼制草一卷》董跋："庚午五月望后一日。观于金沙慧生之裈恽斋。董其昌。""此卷吾乡陈仲醇已借摹刻石，今日始见真迹。奇崛真率，正是坡公本色，不经意而中程者。董其昌题。"

　　《内务部古物陈列所书画目录》卷五《惠崇溪山春晓图卷》又："崇祯三年，岁在庚午五月，金沙听雨，于惠生高斋重观，其昌。"

八月，在百花里之保和堂书《黄庭内景经》。十月，题《赵孟頫书法华经》。

《秘殿珠林石渠宝笈》初编《黄庭内景经一册》董识："右杨羲《黄素黄庭经》真迹，赵文敏集有长歌，乃其所藏也。杨书以郗氏为师，不学右军父子，然翩翩有冲霄之度，实自餐霞服气中来，非临池工力所能庶几也。米元章《待访录》云：'六朝人书，无虞、褚习气'。余为庶常时见之韩宗伯馆师，曾摹刻入《鸿堂帖》数行，颇惜赵吴兴何以都无临本传世也。庚午八月十二日书于百花里之保和堂，时年七十有六，董其昌识。"

《秘殿珠林石渠宝笈》续编《赵孟頫书法华经》董跋："震旦国法宝墨宝第一，得与展观，是法华会众一数。崇祯三年岁庚午十月，华亭董其昌敬题。"

是年，在苏州重观展子虔《游春图》。

《秘殿珠林石渠宝笈》续编《展子虔游春图》董跋："展子虔笔，世所罕见，曾从馆师韩宗伯所一寓目。岁在庚午，再见之朝延世兄虎丘山楼，敬识岁月，董其昌。"

按：韩逢禧，字朝延，韩世能子，亦擅鉴赏。

崇祯四年（1631）辛未，七十七岁

九月，在金坛于锵处赏所藏《赵孟頫临黄庭经册》并跋。

《辛丑消夏记》卷三《赵孟頫临黄庭经册》董跋："昔年在金坛观于中甫所藏赵承旨《黄庭经》石刻，乃元拓本，特所赏爱。季鸾复得此墨迹，观其行笔结构，潇洒轻脱，即唐人犹让一筹。石本用刀即失圆转之致，去之远矣。辛未九秋，季鸾寓，至快甚。董其昌记。"

又："更有奇事，赵子昂临《内景黄庭》小楷真迹绢本，亦有吴文定题跋。友人官岭南得之，今在予行笈中。季鸾若见，瞠目绝叫，必有玉环、飞燕难兼之恨。其昌。"

按：于锵，字中甫，号季鸾。痒生，为武卫经历，画入能品，得诸名家笔意。

崇祯五年（1632）壬申，七十八岁

一月，友人以董源《夏山图》见示。德州道中见《宋拓圣教序》。

《董华亭书画录·仿董北苑笔意》款："崇祯五年，岁在壬申正月十九，揆予初度七十有八之辰也。时应宫詹大宗伯之召，舟次宝应。友人以北苑《夏山图》视余，偶简箧中高丽笺，适兴到漫为点染，聊得其十之一耳。董玄宰。"

《寓意录》卷二《宋拓圣教序》董崇祯六年跋："昨年入都，于德州道中遇南大宗伯粤东李伯襄，出示宋拓《圣教序》，咄咄叹赏，平生罕见。"

四月，赏鉴《王摩诘雪堂幽赏图》，文徵明《仙山图卷》并题跋。

《式古堂书画汇考》画卷之四《历代名画大观高册集唐宋元名迹凡二十九幅》第一幅《王摩诘雪堂幽赏图》董跋："此为右丞真迹，生平仅五见之，然实深幸矣。壬申清和之望，董其昌观并识。"

《江村消夏录》卷一《文太史仙山图卷》董跋："余家有赵伯驹画《后赤壁图》及赵子昂《鹊华秋色图》，两卷并观，觉伯驹稍逊子昂，盖精工不如萧远，是为神品、妙品之辨。今观文太史此卷，全学子昂《鹊华秋色图》笔意。子昂学吾家北苑，至《鹊华图》出入王右丞、李将军。文太史悉力血战，故当独步。文休承所云'时用宋元人粉本采取'，正是漏泄家风。董其昌观于京兆署中，因题。壬申四月十日。"

此年，收藏董源《夏山图》。此后在乙亥年中秋，丙子年六月两次题跋。在京又见李公麟《西园雅集图》。

《虚斋名画录》卷一《董源夏山图卷》董跋："予在长安三见董源画卷，丁酉得藏《潇湘图》，甲子见《夏口待渡图》，壬申得此卷，乃贾似道物，有长'长'字印。三卷绢素高下广狭相等，而《潇湘图》最胜。《待渡图》有柯敬仲题、元文宗御宝，今为东昌相朱藏。昔米元章去董源不甚远，自云见源画真者五本，予何幸得收二卷。直追溯黄子久画所出，颇觉元人味薄耳。"

《秘殿珠林石渠宝笈》初编《明董其昌书千文一册》，跋："董其昌书。余壬申复入春明，得鉴李伯时《西园雅集图》，有米南宫蝇头题后，甚似兰亭笔法，又从涿州冯宫赞借观《千文》，遂以宫笺临之，稍具孟优衣冠。平生楷法以此为最。犹自恨风烛之年，不能如文待诏，每旦□习。跋以志吾愧。七十八老人董玄宰识册。"

按：董其昌在己丑年（1589 年）曾有与此跋文相似的跋文，此跋中并无交代所借《千文》为谁所书，己丑年题跋中所借千文为米芾所书，此跋中"七十八老人董玄宰识册"为全称,与董其昌书法一般落"董其昌""其昌"不符,另跋文内容过分相似也令人怀疑,似乎是模仿己丑《临海岳千文》的跋文,此作很可能是伪作,俟考。

崇祯六年(1633)癸酉,七十九岁

三月,为高弘图题其所藏《宋拓圣教序》。四月,题赵孟頫《高松赋》。

《寓意录》卷二《宋拓圣教序》董跋:"昨年入都,于德州道中遇南大宗伯粤东李伯襄,出示宋拓圣教序,咄咄叹赏,平生罕观。既至邸舍,凡见四五本,墨法、装潢皆不相远。今又见高司空所收与伯襄所藏绝类,第目为宋拓,犹未称唐拓者,以尚缺'何以','纷乱'及'内出'之'出'字共五字。此五字惟绢本真迹俱全,曾为吾家所藏,故能辩之耳。若黄长睿'右军剧迹都在其中',正缘未见真迹,予刻《戏鸿堂帖》曾有跋,不重录。癸酉三月董其昌为砚斋老先生题。"

按:高弘图,字研文,号砚斋。胶州人,万历三十八年进士,时任工部右侍郎。

《古芬阁书画记》卷五《赵孟頫高松赋真迹》董跋:"余少时学二王书,每谓松雪以神韵胜,不能以魄力胜。后复得松雪百余字,始信其书法超越,亦本二王。余是时书法殆亦有进境也。今过吴门,彭氏家藏赵书一卷,笔笔生动,精彩烂然,一望而知其为真迹矣。三人索题,为志数语于后。岁在癸酉四月望后一日。其昌。"

十月,在京都再观宋米芾《书诸体诗》,并跋。

《江村销夏录》卷一《宋米南宫书诸体诗卷》董跋:"崇祯七年岁在癸酉子月,申甫计携入都门,再观于东华门邸中,一似老米重观《研山》,第无蟾蜍泪滴之恨。董其昌识,时年七十九岁。"

此年董其昌在京又收藏董源《秋江行旅图》巨轴,巨然小幅。跋中董其昌所言三幅,实则《夏山图》去年已归董其昌。

《虚斋名画录》卷一《董源夏山图卷》董跋:"癸酉所收三幅董源,一为《秋江行旅》巨轴,树木作风雨状,枝叶离披,一人骑马反顾家园,有家老者着屐出视,行者不堪萧飒。下有蒙冲,稳泊崖脚、一人把书册,似无风波之虑。此图皴法变幻,非复李范所能仿佛,真神品也。又一小幅,当时巨然,都作点树。吴仲圭所宗,并此卷而三。"

崇祯七年(1634)甲戌,八十岁

二月,跋《米元晖山水》。三月,在京中重观王羲之《气力帖》、米芾《行书易义卷》,并跋。

《式古堂书画汇考》卷四《历代名画大观高册》第十三开《南宋米元晖云山墨戏图》董跋:"此幅余见之海上顾中舍家,笔墨淋漓,气韵生动。元晖自谓墨戏。足正千古谬习,信不诬也。甲戌仲春既望,其昌。"

《大观录》卷一《右军气力帖》董跋:"右军力气帖与项子京所藏中秋、感怀、修感帖,具非唐人摹手所能办,故为希代之宝。董其昌观并题。"又:"此书刻于阁帖,若不见墨迹,谁知笔墨之妙?若解行笔、用墨,则阁帖右军三卷,皆与真迹同参,所谓揽长河为酥酪。壬戌六月,苑西重观题。"又:"崇祯七年,岁在甲戌修禊前一日,钱长公去非携至苑西邸舍重观,董其昌。是年八十一岁,学书六十年,三见右军真迹,了无所契,惭愧!惭愧!"

《江村消夏录》卷一《米南宫行书易义卷》董跋:"此卷余从项氏借摹刻于《戏鸿堂帖》。甲戌修禊日,再展观于长安苑西邸中。董其昌。"

五月,在扬州观赏高克恭《溪山图》长卷。六月,在东佘山庄观王氏所藏书画,仿其笔意。

《董华亭书画录·潇湘奇境画卷》跋:"甲戌仲夏归,舟次维扬,缪先辈以高克恭《溪山》长图见示,烟云缥缈,突过南宫,果与鸥波抗行。"

《同人集卷之三·书画题跋》《高房山仿米长卷》董跋:"此卷乃房山仿米南宫者,非仿元晖之作。盖米家父子虽一洗宋人法,就中微有辨,谓于烟云缥缈中,着精工楼台屋宇,如李思训,正是元章奇绝处。余曾见《竹溪峻岭图》于胡宗宪中丞之孙,不惜五十城之偿,竟不可得。梦想至今,乃得披图,若还旧观也。甲戌季夏,同辟疆快赏于邗江舟中。"

《秘殿珠林石渠宝笈》初编《明董其昌书七言律诗一册》董跋:"甲戌六月避暑东佘山庄,观王氏所藏书画,仿其笔意以志幽兴。其昌。"

中秋,观赵孟頫书《普照寺藏殿记》,赵孟頫画《祖灯图》,并跋。九月,与陈继儒访王时敏西庐斋,商榷笔墨。

《秘殿珠林石渠宝笈》初编《赵孟頫书普照寺藏殿记》董跋:"普照寺转藏殿记赵文敏最得李北海法,何元朗鉴藏第一。甲戌中秋董其昌观。"

《秘殿珠林石渠宝笈》初编《赵孟頫画祖灯图》首有董其昌大书'祖灯图像'四字。跋云："北禅苑所藏佛祖像,元时赵文敏画并题,真迹。偶萍上人见视于顽仙庐,与陈眉公子孙同观,讶其无大慧果禅师像,当是径山原本所遗耳。甲戌闰中秋董其昌题,时年八十。"

《剑花楼书画录》卷下《溪山半幅图卷》："崇祯甲戌秋九月,余与陈仲醇征君造访于逊之亲家西庐斋中,纵论古今,商榷笔墨。"

十月,为王时敏《仿倪云林山影图轴》做跋。冬至,和子祖和、陈继儒同观黄庭坚书。

《王烟客先生集》载《王太常仿倪云林山影图轴》董跋："云林小景,几作无李论,逊之亦搜罗殆尽。谁知笔端出现,清閟主者若再来骋妍。竟爽如此。珍重,珍重! 甲戌初冬,其昌。"

《壮陶阁书画录》》卷四《宋黄山谷书王长者史诗老墓能铦卷》董跋："山谷墨宝。崇祯冬至日,董其昌、陈继儒、董祖和观于戏鸿堂。"

是年,再观并跋《国诠书善见律》。

《秘殿珠林石渠宝笈》续编《国诠书善见律》董跋："余为史官时,友人以此卷求题,爱其楷法道媚,与和会,不可得。已于黄坐师学士硕宽堂再见之,流传入新安汪宗孝手,三十年始收之篚筒。观其行笔结构,皆褚河南冢嫡,非宋以后书家所敢望也。以赵文敏正书校之,当有古今之隔。识者不昧斯语。董其昌跋,时年八十。"

崇祯八年(1635)乙亥,八十一岁

一月,得李邕《小云麾碑》并临。是年春过太仓,在王时敏处观《宋画典型册》并跋。

《古缘萃录》卷五《董香光临小云麾碑卷》跋："李北海《小云麾李秀碑》,宋拓已漫漶不可读。偶得全本,尚阙数十余字,无能补完,然皆学王大令,唐书仙手之评,无惭色也。米襄阳独有贬辞,至所著《书史》,独有此帖入神之目。英雄欺人,不可尽信。乙亥正月廿九日临,并题,玄宰。"

《岳雪楼书画录》卷二《宋画典型册》董跋："宋人画册收采甚艰,此十九页,

如集翠裘，无非惊炫夺目者，宜宝藏之，见画苑当时典型具在。烟客亲家辛未长安购归，余乙亥春过扫花庵观，因题。其昌。"

五月，观自家所藏关全《关山雪霁图》并临，题自临王蒙《云山小隐图》，追忆此画收藏始末。六月，题识陈继儒藏品《曹善书山海经》，装补北宋翟院深《夏山图》。

《墨缘汇观》名画卷下《董其昌关山雪霁图》跋："关全《关山雪霁图》在余家一纪余，未尝展观。今日案头偶有此小侧理，以图中诸景改为小卷，永日无俗子面目，遂成之。乙亥夏五月。玄宰。"

《三秋阁书画录》卷上《董文敏临黄鹤山樵云山小隐图》跋："黄鹤山樵有《云山小隐》横卷，余得之娄水王司寇家，拟为此图，玄宰，辛酉夏六月八日识。又："此卷弇山家家孙庆常所藏，余以古画易之。寻与京口张修羽易倪迂、王蒙合作山水，念米老既失研山，更就薛绍彭求一见不可得，有蟾蜍泪滴之诗，又想成为研图，此卷所以作也。崇祯乙亥五月重观因题，距写图时十五年矣。思翁。"

《秘殿珠林石渠宝笈》初编《曹善书山海经四册》第一册前副页董其昌大书'山海经'三字，并识："元曹世良手抄，明姚公绶、王元美、陈眉公家藏。崇祯乙亥六月董其昌书。"

《岳雪楼书画录》卷二《北宋翟院深夏山图轴》，董跋："崇祯乙亥岁夏六月装于玄赏斋。"

中秋，跋董源《夏山图》。此月在嘉兴同籍李绪岩处，观其所藏《英光楼帖》，鉴定题跋，据题跋可知，此行从李绪岩处得见王献之书，十月董其昌临写此帖。

《虚斋名画录》卷一《董源夏山图卷》此年董跋："董北苑画，为元季大家所宗，自赵承旨、高尚书、黄子久、吴仲圭、倪元镇，各得其法，而自成半满。最胜者，赵得其髓，黄得其骨，倪得其韵，吴得其势。余自学画，几五十年，尝窃寐求之，吴中相传沈石田、文衡山仅见半幅，为《溪山行旅图》。岁癸巳入京，得之吴用卿。又于金吾邯郸张公得巨轴一。至丁酉夏，同年林检讨传言长安李纳言家有《潇湘图》卷，余属其和会，复得之。而上海潘光禄有董源《龙宿郊民图》，其妇翁莫云卿所遗，并以售余，余意满矣。比壬戌，余再入春明，于东昌朱阁学所见《夏口待渡图》。朱公珍之，不轻示人，余始妄意别有良觏。迨壬申，应宫詹之召，居苑西邸舍，是时收藏家寥落鲜侣，惟偏头关万金吾好古，时时以名画求鉴定。余因托收三种，此卷与巨轴单条各一，皆希世之宝，不胜自幸。岂天欲成吾画道,为北苑传衣,故触着磕着乃尔。然又自悔风烛之年,不能恳习,有负奇觏也,乙亥中秋书。"

《秘殿珠林石渠宝笈》初编《明董其昌临帖一册》款:"乙亥八月廿四日,访同籍李绪岩于其乡居,出王大令笔见示,闻之三十余年。绢素自唐物,有'宣和'、'政和'小玺,为虞、褚所临,虚和萧散,无怒强气,信书苑之宝也。解帆后聊仿之。"

《盛京故宫书画录》第三册《明董其昌临英光楼帖卷》款:"甘露降,礼部表闻于朝,盖宋时所重。世宗时瑞草灵芝,无弗表闻者。右选子敬笔,昔年嘉禾同籍李比部曾得之内市,久欲视予。今年八月至梅里,访道者李年丈出以求鉴定,乃唐时硬黄,所谓仿书虞、褚迹耳。黄长睿见内府晋人真迹,大半是仿书,王著不能辩,□以入石。《宋潜溪集》亦云,内府晋、唐真迹,大半是米芾一手伪造。又元人跋《戎辂表》有云:'钟、王真迹,岁以千金□一字,亦不可得。'学书之难以此,要须妙悟耳。壬申入都门,见宋刻《英光楼帖》数本,不知几何卷,余宋人蔡忠惠公辈可知矣。宋拓帖尚夥,仅得王大令二卷以归,刻石奕奕有神,在官帖之上,遂临于此。崇祯八年岁在乙亥嘉平之望,其昌。"

按:李原中,号绪岩,嘉兴梅里人,和董其昌为同年进士。

十一月,在陈继儒处题《唐寅山水画》。

《十百斋书画录》戊卷《唐寅山水画》董跋:"王右丞诗云,宿世谬词客,前身应画师。余谓右丞云峰石迹,迥出天机,笔思纵横,参乎造化。唐以前安得有此画师也。观六如是图,诸色妍丽,出入右丞之间,非李嵩辈所能梦见,为近代高手第一。乙亥冬十一月,其昌题于顽仙庐。"

崇祯九年(1636)丙子,八十二岁

二月,观黄公望画。

《玉雨堂书画记》卷三《董文敏仿子久峰峦浑厚图》,款:"峰峦浑厚,草木华滋,以画法论,大痴非痴。岂精进头陀,而以巨然为师耶。丙子二月,偶观子久画,兴到临此,并为荆、关遗意。"

六月,观米友仁《雪山墨戏图》并题。再次题跋藏品董源《夏山图》,多有感慨。中秋,观吴道子《五星二十八宿真形图卷》,并跋。

《虚斋名画录》卷一《董北苑夏山图卷》，董跋："癸酉所收三幅，董源一，为《秋江行旅》巨轴，树木作风雨状，枝叶离披，一人骑马反顾家园，有家老者着屐出视，行者不堪萧飒，下有蒙冲，稳泊崖脚。一人把书册，似无风波之虑。此图皴法变幻，非复李、范所能彷佛，真神品也。又一小幅当是巨然，都作点树，吴仲圭所宗。并此卷而三。余自壬申出山，三载宦游，往返八千，所得清旷赏心之乐，惟此最胜。丙子六月七日阅卷识。思翁老人。"

《秘殿珠林石渠宝笈》续编《米友仁云山墨戏图》董跋："米元晖山水卷，皆为元高尚书所混，即余收《汉湘白云》长图，宋元明公题咏甚富，沈石田以晚年始观为恨。余尤疑题咏虽真，似珠椟耳。神物或已飞去，不若此卷之元气淋漓，布景特妙也。丙子六月三日，其昌题。"

《大观录》卷十一，《五星二十八宿真形图卷》董跋："《二十八宿真形图》，吴道子笔，曾于吴中韩宗伯家藏。宗伯教习庶常时，尝得谛观。今又见嘉禾戴康侯藏此卷。宣和时重道教，又收括名画，必载谱中，此物真神品也。丙子中秋，董其昌识。"

附 录

1、董其昌过眼书画一览

时期	作品	文献来源
六朝	六朝宋陆探微画佛母图一卷,杨羲黄庭内景经一册,王羲之黄庭经一册,晋王谢雨后中郎二帖,王羲之行穰帖真迹,王羲之瞻近帖,王献之送梨帖真迹,王珣伯远帖。	
唐五代	唐摹晋帖,唐临王羲之东方朔画像赞,隋开皇刻王羲之兰亭诗序,唐摹王献之元度来迟帖,唐临黄庭经,孙过庭草书千字,徐浩书朱巨川告身,虞世南临兰亭帖,虞世南积时帖,褚遂良临王羲之兰亭诗,颜真卿书摩利支天经,颜真卿告身一册,颜真卿自书告身,唐拓颜真卿麻姑仙坛记,柳公权清静经一册。 王维山阴图,展子虔游春图,李昭道洛阳楼图,吴道子画观音像一轴,贯休应真高僧像,胡瓌番马图,董源山口待渡图,龙宿郊民图,潇湘图,巨然雪图,层岩丛树图。	秘殿珠林石渠宝笈初编,续编,三编。
宋	宋刻华严经,蔡襄尺牍,苏轼尺牍,苏轼黄州诗帖,苏轼阳羡帖,苏轼制草,苏轼祈雨篇,苏轼种橘帖,米芾诗牍,米芾临帖一卷,米芾蜀素帖,米芾临王羲之疗疾帖,宋高宗书杜少陵诗,宋高宗书马和之画陈风图,宋高宗书马和之画豳风图,宋徽宗雪江归棹图,宋拓圣教序,宋拓醴泉铭,墨拓武冈帖,宋人墨拓晋唐小楷,陆继之摹褉帖,范仲淹二札萧照瑞应图,文天祥遗像家书。 李成瑶凤琪树,郭熙关山行旅图,郭忠恕摹辋川图,赵伯驹汉宫图,王诜瀛海图,孙知微画十一曜图,李公麟潇湘卧游图,李公麟画唐明皇击球图,李公麟蜀川图,李公麟画龙宫赴斋图,李公麟列仙图,李公麟山庄图,米友仁潇湘图,米友仁雪山墨戏图,米友仁云山得意图,江参千里江山图,赵昌蛱蝶图,李唐雪江图,李唐江山小景,李唐文姬归汉,李唐画四时山水,刘松年十八学士图,宋元明集绘,宋郭界雪竹。	
元	曹善书山海经,管道昇竹石,侯懋功仿元人笔意,元人破窗风雨书画合璧,钱选书维摩像,钱选临顾恺之列女图,王蒙谷口春耕图,王蒙多宝	

时期	作品	文献来源
元	塔院图,王蒙滁砚图,王蒙松窗高士图,王蒙具区林屋,王蒙芝兰室图。黄公望富春山居图,吴镇清溪垂钓图,倪瓒溪山图,倪瓒林石小景,倪瓒松林亭子图,倪瓒画谱,倪瓒王蒙合作山水,倪瓒水竹居图,倪瓒雨后空林图真迹,倪瓒叶湖别墅图,倪瓒秋林山色。赵孟頫麻姑仙坛记一册,赵孟頫书鲜于枢合卷一册,赵孟頫书普照寺藏殿记,赵孟頫跋定武兰亭,赵孟頫书苏轼古诗,赵孟頫水村图,赵孟頫鹊华秋色图,赵孟頫书法华经,赵孟頫书阴符经,赵孟頫摹卢楞伽罗汉,赵孟頫临黄筌莲塘图,赵氏一门法书,赵孟頫千字文,赵孟頫书僧明本怀净土诗,赵孟頫临王羲之帖,赵孟頫松江普照寺藏殿记,赵孟頫书诗札,庄麟仿巨然莲社图,唐宋元明画大观,分识宋元明名画册。	秘殿珠林石渠宝笈初编,续编,三编。
明	王绂万竹秋深图,沈周写生花鸟,仇英西园雅集图,丁云鹏画罗汉图,丁云鹏画五像观音于若瀛书楞严经全部合璧,丁云鹏观自在菩萨像。文徵明书清静经内景经外景经合册,文徵明仿王蒙山水,文徵明寿徐阶画并诗,沈士充仿范宽雪景,沈士充桃源图,沈度山意重寒梅欲放图,姚允在仿宋元六家山水,王锡爵词翰,顾懿德春绮图,明人雪间高会图。	
晋	顾恺之洛神赋图,顾恺之女史箴图,王献之书洛神十三行,洛神赋,东山松帖,送梨帖,宋思陵十三行,定武本兰亭序,王羲之宣示表,官奴帖,王羲之行穰帖,唐摹绝交书,十七帖硬黄本,唐摹本乐毅论,晋人画女史箴图,索靖出师颂,瘗鹤铭,遗教经,华阳帖,王羲之告墓表。谢安真迹,钟繇遁甲神经,王羲之黄庭经,王右军月半帖,杨羲黄素黄庭经,王羲之行穰帖,王献之辞中令帖,萧子云出师颂,宝伦阁帖,天全楼帖,篆非堂帖,谢万鲠恨帖,群玉堂帖。	《容台集》别集卷二,卷三,卷四。
唐五代	曹娥碑,灵飞六甲经,黄庭外景经,唐拓戎辂表,褚遂良西升经,黄庭像赞,褚遂良摹兰亭序,褚遂良临兰亭序澄心堂纸,兰亭褚临墨迹绢本,兰亭唐标第七本,褚遂良临禊帖白麻纸一卷,褚遂良哀册,徐浩道德经,张旭宛陵帖,颜真卿松刘太冲序,颜真卿赠裴将军诗,颜真卿争坐位帖,颜真卿送刘太冲序,颜真卿鹿脯帖,颜真卿宋广平碑侧帖,蔡明远序,中兴颂,祭季明文,田神功八关斋会记,颜书自告身,徐浩朱巨川告身,孙过庭书谱,柳公权小楷清静经,玄真护命经,怀仁圣教序,虞世南夫子庙堂碑,怀素自叙帖,怀素苦笋帖,食鱼帖,天姥帖,东热帖,白居易琵琶行,智永千字文,徐浩少林寺,欧阳询千字文,颜鲁公祭豪州伯父诗文稿,李邕大照禅师碑,娑罗树碑,李邕荆门行,徐浩谒玄元皇帝庙,徐浩三藏碑,虞世南汝南公主志,张旭郎官壁记,张旭送蔡明远	

时期	作品	文献来源
唐五代	帖,杨凝式合浦散帖,乞花帖,洛阳帖,杨凝式谭帖,武陵帖刻本,杨凝式步虚词帖,杨凝式游仙诗,杨凝式韭花帖,杜牧之书张好好诗,温庭筠湖阴曲,日本篆书智波罗蜜经。 关仝秋林暮霭图,吴道子观音变相图,王维弈棋图,王维江山雪霁图,江干雪意图,王维雪江图,张志和渔翁夜傍西岩宿,董源潇湘图,董源溪山图,董源溪山行旅图,巨然松荫论古图,周文矩文会图,黄筌勘书图,金盘鹁鸽。	
宋	宋拓争座位帖,晦翁归去来辞,宋拓黄庭经,内景玉经帖,宋拓澄清堂帖,宋拓绛帖,宋拓破邪论,宋拓徐季海洛阳府君碑,宋拓欧阳询九歌,李太和碑,大照禅师碑,宋板华严经尊宿语录,宋舍利塔碑,米芾阴符经,离骚经,千字文,米芾行书离骚,李煜书词,书太白诗,雪江归棹图,黄庭坚法华经七卷,吴琚来去词,朱熹友石台记,苏轼养生论,苏轼六管楼赞,米芾天马赋四本,米芾温成哀词,米芾方圆庵记,乐圃书志,阳关诗,壮观台。 李公麟西园雅集图,李公麟单骑见房,李公麟白莲社图,米芾潇湘白云图,海岳庵图,王诜瀛山图,郭忠恕辋川图,赵千里桃源图卷,张择端清明上河图,赵伯驹老姥授阴符经图,米芾乐圃先生志,王诜烟江叠嶂图,米仲召奇石图,赵伯驹万松金阙卷,赵伯驹春山读书图,赵大年江乡清夏图,赵大年湖庄清夏图,赵千里三生图,郭忠恕溪山行旅图,燕文贵溪山风雨图,慧崇江南春卷,陈居中文姬归汉。	《容台集》别集卷二,卷三,卷四。
元	赵孟頫兰亭序,丙舍帖,赵孟頫道德经,赵孟頫汲黯传,赵孟頫小楷阴符经,赵孟頫枯树赋,赵孟頫文赋,雪赋,赵孟頫过秦论,鲜于伯机杜甫茅屋秋风歌,赵孟頫扣角图,赵孟頫鹊华秋色图,高克恭大姚村图,王蒙乐志论图,王蒙具区林屋图,王蒙剑阁图,倪瓒狮子林,倪瓒鹤林图,黄公望临溪书屋图,黄公望陡壑密林图,天池石壁图,阳明洞天图,浮峦暖翠图,吴镇渔乐图,管道升山庐绣佛图。	
明	唐寅绝代名姝图,仇英光武渡河图,丁云鹏白描罗汉,王时敏接笋峰图,林雪画,顾绣赵孟頫八骏图,娄江四王手牍。	
晋唐	二王行穰中秋帖,梁摹乐毅论真迹,虞世南东观帖,薛稷书真迹,唐通天进帖摹本,李邕缙云三帖,颜鲁公真书朱巨川告身真迹卷,怀仁集王圣教序,杜牧书张好好诗并序,九成宫醴泉铭,颜平原与刘中使帖,柳河东谢人惠笔帖,泉州帖,鼎帖,淳化阁帖无银锭本。 杨少师韭花帖真迹,米襄阳行草易说,米南宫草书九帖,米襄阳行草集	《珊瑚网》

时期	作品	文献来源
晋唐	英诗迹,赵孟頫书光福重建塔记真迹卷。 吴道子钟馗元夜出游图,王维江山雪霁图。	《珊瑚网》
宋元	贯休应真高僧像卷,董源秋山行旅图,范宽长江万里图,巨然山寺图,李公麟毗耶问疾图,李公麟醉僧图,宋徽宗雪江归棹图,宋徽宗模卫协高士图,赵令穰江干雪霁图,米友仁潇湘奇观图,米元晖水墨云山图,米元晖云山短卷,夏圭长江万里图,夏待诏钱塘观潮图。 黄公望秋山林木,陆天游溪山清眺,倪瓒松坡平远图,倪瓒仿李成笔意,王蒙乔松绝巘图,王蒙仿巨然山水,王蒙破窗风雨记,倪元镇设色山水二幅,唐宋元人画册,吴镇渔父图册。 赵孟頫画谢幼舆丘壑图,赵孟頫作渊明归田图,赵孟頫春郊挟弹图。 梅道人临荆浩渔父图,曹贞素山水图,黄子久骑马看山图,黄子久山水。	《珊瑚网》
明	胜国二十名家,薛素君水仙,项子京花鸟长春册,文徵明仿赵文敏沧浪濯足,唐伯虎自题诸画,项子京荆筠图卷,国朝名公诗翰后卷,国朝名公手牍。	《珊瑚网》
晋唐	索幼安书出师表,王献之书洛神赋十三行,王献之中秋帖,乐毅论,欧阳询千文,钟绍京书千文,怀仁习圣教序,颜真卿书朱巨川告身卷,颜平原鹿脯帖,刘原父书南华秋水篇。	《式古堂书画汇考》①
晋唐	名画大观第一册 第三幅 荆浩臂鹰人物图,第五幅 李咸阳雪图,第九幅 郭忠恕画,第十幅 郭河阳烟景,第十三幅 米元章云山,第十六幅 朱锐画,第十七幅 赵千里竹院图,第十八幅 马和之伐木图,第十九幅 马远观泉图,第二十幅 夏圭风景,第二十一幅 刘松年风雨归庄图,第二十二幅 赵子昂夏木垂阴图。 名画大观第二册,历代名画大观高册,集唐宋元名迹凡二十九幅,历代名画大观大推篷册,赵文敏山阴高会图。	《式古堂书画汇考》①
宋元明	苏轼书唐方干诗卷,苏轼乞居常州奏状卷,苏轼赠黎侯千字文,苏轼后赤壁赋卷,米襄阳书易说,米芾九帖,李公麟三马图,李公麟维摩演教图卷,米芾山林图,米元晖潇湘奇观图,米友仁云山图卷,米元晖五洲图,萧照瑞应图,马和之二人图,夏圭山水卷 十二景。 赵孟頫书光福重建塔记卷,赵孟頫行书头陀寺碑卷,赵孟頫法书名画册,赵孟頫草书千文并题卷,管仲姬与中峰帖。 项易庵画圣册凡二十六幅。	《式古堂书画汇考》①

①为避免重复,他本已有的记录,此处不再录。

2、董其昌书画藏品表

收藏时间	年龄	作品名称	时期	资料来源
万历十九年辛卯 1591	37或 之前	宋拓《黄庭经》《兰亭记》	宋	《容台集》别集卷三
万历二十一年癸巳 1593	39	《唐拓怀仁集字本兰亭袖珍册》 董源《溪山行旅图》	唐 五代	《壮陶阁书画录》卷二十一， 《唐拓怀仁集字本兰亭袖珍 册》董跋 《大观录》卷十二，《董北苑溪 山行旅图》董跋
万历二十三年乙未 1595	41或 之前	郭忠恕辋川粉本	宋	《珊瑚网》卷二十五，王维《江 山雪霁图》董跋
万历二十四年丙申 1596	42和 之前	赵令穰《临右丞林塘清夏图》 赵令穰《江乡消夏》卷 赵孟頫《挟弹走马图》，《支遁洗 马图》 黄公望《富春山居图》 江参《千里江山图》	宋 元 宋	《容台集》别集卷四 《珊瑚网》卷八《赵孟頫春郊 挟弹图》董跋 《秘殿珠林石渠宝笈》《黄公 望富春山居图》董跋 《秘殿珠林石渠宝笈》《江参 千里江山图》董跋
万历二十五年丁酉 1597	43	董源《潇湘图》 李成《寒林晚归图》 董源《龙宿郊民图》	五代 宋 五代	《秘殿珠林石渠宝笈》三编， 《董源潇湘图》董跋 《墨缘汇观》名画卷《五代宋 元集册》第二幅《北宋李成寒 林晚归图》董跋 《秘殿珠林石渠宝笈》续编 《董源龙宿郊民图》董跋
万历二十六年戊戌 1598	44或 之前	郭忠恕《溪山行旅图》	宋	《容台集》别集卷四
万历二十七年己亥 1599	45或 之前	赵孟頫《头陀寺碑卷》 宋张瑞衡画卷	元 宋	《辛丑消夏录》卷三《元赵文 敏头陀寺碑卷》董跋

收藏时间	年龄	作品名称	时期	资料来源
万历二十八年庚子 1600		黄公望拟董源夏山图	元	《故宫书画图录》第23册董其昌《仿宋元人缩本山水》第十六帧《仿黄公望拟董源夏山图》对幅董其昌万历二十八年(1600)题跋
万历三十年壬寅 1602	48或之前	米友仁《潇湘白云图》 李公麟《蜀川图》 赵孟頫《鹊华秋色图》 李公麟《莲社图》	宋 元 元 宋	《珊瑚网·名画题跋》《米友仁潇湘奇观图》董跋 《秘殿珠林石渠宝笈》初编《李公麟蜀川图》董跋 《秘殿珠林石渠宝笈》初编《赵孟頫鹊华秋色图》董跋
万历三十一年癸卯 1603	49	顾恺之《洛神图》 倪瓒《乔林古木》(荆蛮民)	晋 元	《过云楼续书画记》卷二《董华亭小楷卷》董跋 《秘殿珠林石渠宝笈》续编《倪瓒秋林山色》董跋
万历三十二年甲辰 1604	50或之前	米芾《蜀素帖》 王羲之《行穰贴》	宋 晋	《秘殿珠林石渠宝笈》续编《米芾蜀素帖》董题 《秘殿珠林石渠宝笈》续编《王羲之行穰贴》董题
万历三十三年乙巳 1605	51	宋拓《绛帖》(鼎帖) 米友仁《潇湘奇观图》		《珊瑚网·法书题跋》卷二十一《鼎帖》董跋 《珊瑚网·名画题跋》卷四《米友仁潇湘奇观图》董跋
万历三十四年丙午 1606	52	王维雪图 郭忠恕雪山图	唐 宋	《容台集》别集卷二
万历三十五年丁未 1607	53	赵孟頫仿董源《山水》卷	元	《内务部古物陈列所书画目录》卷四《明董其昌宋元人缩本山水册》第四页款
万历三十六年戊申 1608	54	赵孟頫《春郊挟弹图》	元	《珊瑚网·名画题跋》卷八《赵孟頫春郊挟弹图》董跋
万历三十七年己酉 1609	55	苏轼《三马图赞》 王诜《烟江叠嶂歌卷》	宋	《清河书画舫》未集《苏轼三马图赞》张丑跋 《清河书画舫》

收藏时间	年龄	作品名称	时期	资料来源
万历三十八年庚戌 1610	56或之前	赵孟頫《垂钓图》 荆浩山水 郭忠恕山水	元 宋	《珊瑚网·名画题跋》《宋元名家画册》董跋
万历三十九年辛亥 1611	57	吴琚《归去来辞》	宋	《大观录》卷九，董其昌书《归去来辞卷》款
万历四十一年癸丑 1613	59前收	董源《潇湘图》、江贯道《江居图》、赵大年《夏山图》、黄公望《富春山居图》、董源《征商图》、董源《云山图》、董源《秋山行旅图》	五代 宋 元	《吴越所见书画录》卷五《又董文敏论画卷》题跋
		郭忠恕《辋川招隐图》、范宽《雪山图》、赵孟頫《洞庭二图》《高山流水图》、李成着色《山图》、米元章《云山图》、巨然《山水图》、李将军《蜀江图》、李思训《秋江待渡图》、王叔明《秋山图》		
		王蒙《青弁隐居图》 慧崇《春江图》		《大观录》卷十九《董香光仿惠崇册》款
万历四十三年乙卯 1615	61或之前	米友仁《五洲山图》	宋	《历代流传书画作品编年表》，董其昌《仿米五洲山图卷》跋
万历四十六年戊午 1618	64或之前	虞世南《临兰亭帖》 李成《晴峦萧寺图》 赵伯驹《春阴图》 赵孟頫《溪山清隐图》 倪瓒《春霭图》《南渚图》 黄子久二幅，马扶风《凤山图》 王蒙《云林小隐图卷》	唐 宋 元	《秘殿珠林石渠宝笈》初编《虞世南临兰亭帖》董跋 《珊瑚网》《李成晴峦萧寺图》董跋 《珊瑚网》《董玄宰自题画幅》跋 《穰梨馆过眼续录》卷三《王叔明云林小隐图卷》董跋

收藏时间	年龄	作品名称	时期	资料来源
万历四十七年己未 1619	65或之前	赵孟頫《三清瑞像》黄公望山水	元	《盛京故宫书画录》三册,《赵孟頫书道德经生神章卷》董跋《寓意录》卷二《黄公望山水》董跋
万历四十八年庚申 1620 焦竑卒	66	赵孟頫《鹊华秋色卷》、《水村图卷》、《洞庭两山》二轴、《万壑响松风,百滩渡秋水》巨幅、赵孟頫设色《高山流水图》巨然《九夏松风》	元 五代	《岳雪楼书画录》卷四《明董文敏秋兴八景图》第一幅跋
天启元年辛酉 1621	67	钟繇《宣示帖》	三国	《寓意录》卷四《钟繇宣示帖》董跋
天启三年癸亥 1623 袁中道卒	69	王蒙《谷口春耕图》李唐《江山小景卷》	元宋	《秘殿珠林石渠宝笈》初编《王蒙谷口春耕图》董识台北故宫博物院藏李唐《江山小景卷》董跋
天启四年甲子1624	70	关仝《秋峰耸秀图》 方从义《云林钟秀图》	五代 元	《式古堂书画录》卷三十三《名画大观关仝秋峰耸秀图》董跋《岳雪楼书画录》卷三《元方壶道士云林钟秀图》董跋
天启五年乙丑 1625	71	宋拓王献之《洛神赋十三行》郭忠恕《避暑宫殿卷》及《雪景》大轴赵伯骕山水小景关仝《关山雪霁图》	宋	《寓意录》卷二《宋拓王大令十三行洛神赋》董跋《大观录》卷十三《郭熙缥岭飞仙图卷》董跋《董华亭书画录》,《仿十六家巨册》第四帧款
天启六年丙寅 1626	72	王蒙《山水》 云林小景	元	《内务部古物陈列所书画目录》卷四《董其昌宋元人缩本山水册》第十九王蒙《山水》款 《三秋阁书画录》卷上《玄宰丁卯小景四幅》题跋

收藏时间	年龄	作品名称	时期	资料来源
天启七年丁卯 1627	73之前	董源《秋山行旅图》	五代	故宫书画图录》第23册董其昌《仿宋元人缩本山水》第十帧《仿王蒙临董源秋山行旅图》对幅董其昌年丁卯题跋
崇祯元年戊辰 1628	74	倪瓒《鹤林图》	元	《清河书画舫》倪瓒《鹤林图卷》张丑题跋
崇祯六年癸酉 1633	79或之前	董源《夏山图》 董源《秋江行旅图》巨轴 巨然小幅	五代	《虚斋名画录》卷一《董源夏山图卷》董跋
崇祯八年乙亥 1635	81或之前	李邕《小云麾碑》 翟院深《夏山图》	唐 宋	《古缘萃录》卷五《董香光节临小云麾碑卷》题跋 《墨缘汇观》名画卷下《董其昌关山雪霁图》题跋 《岳雪楼书画录》卷二翟院深《夏山图》董记
无收藏纪年藏品		顾恺之《洛神赋》 宋拓徐浩《洛阳府君碑》 赵佶《雪江归棹图》 开皇本《兰亭序》 王羲之《行穰帖》 宋《舍利塔碑》 朱熹《归去来辞》 赵伯驹《春山读书图》,《老姥授阴符经图》 萧子云《出师颂》 宋拓欧阳询小楷《九歌》 苏轼《三马图赞》 日本笺书智波罗蜜经	晋 宋	《容台集》别集卷三

收藏时间	年龄	作品名称	时期	资料来源
		巨然《松阴论古图》 郭忠恕《溪山行旅图》 关仝《秋林暮霭图》 赵伯驹《春山读书图》 赵令穰《江乡清夏图》 高克恭《大姚村图》 李成《晴峦萧寺》 李公麟《西园雅集图》 倪瓒《秋林图》《鹤林图》 黄安叔《勘书图》《金盘鹁鸽》 黄公望《万壑松风图》,《晴峦晚色》	五代 宋	《容台集》别集卷四
		褚遂良临兰亭白麻本 隋开皇本《兰亭》	唐	张丑《真迹日录》,董其昌《书载概略》
		李成《晴峦萧寺》,关仝《踏雪》,郭忠恕《摹王维蜀山》,巨然《江山晚兴》,范宽《溪山萧寺》,米芾《双峰》小幅,高克恭《溪山返照》,黄公望《姚江晓色》团扇	宋 元	张丑《清河书画舫》溜字号第六,张丑记
		倪瓒《水竹居》	元	中国国家博物馆藏倪瓒《水竹居》董跋
		倪瓒《六君子》	元	上海博物馆藏倪瓒《六君子》董跋
		巨然《秋山图》	五代	台北故宫博物院藏巨然《秋山图》董跋

参考书目：

古籍类：

［明］高濂:《遵生八笺》,北京:人民卫生出版社,2007。

［明］高濂:《燕闲清赏笺》,李嘉言点校,杭州:浙江人民美术出版社,2012。

［明］冯梦祯:《快雪堂日记》,南京:凤凰出版社,2010。

［明］冯梦祯:《快雪堂集》,《四库全书存目丛书》,济南:齐鲁出版社,1997。

［明］李日华:《味水轩日记校注》,屠友祥校注:上海:上海远东出版社,2011。

［明］李日华:《李太仆恬致堂集》,《四库禁毁书丛刊》集部65,北京:北京出版社,2000。

［明］李日华:《六研斋笔记、紫桃轩杂缀》,郁震宏、李保阳点校,南京:凤凰出版社,2010。

［清］张照等编:《秘殿珠林石渠宝笈汇编》,北京:北京出版社,2004。

［明］项鼎玄:《呼桓日记》,北京图书馆古籍珍本丛刊20,北京:书目文献出版社,1998。

［清］钱谦益:《牧斋有学集》,上海:上海古籍出版社,1996。

［清］钱谦益:《列朝诗集小传》,上海:上海古籍出版,1983。

［明］文震亨、屠隆:《长物志,考槃余事》,浙江:浙江人民美术出版社,2011。

［明］陈继儒:《妮古录》,上海:华东师范大学出版社,2011。

［明］陈继儒:《小窗幽记》,上海:上海古籍出版社,2014。

［明］袁宏道:《袁中郎尺牍》,襟霞阁精校本,北京:中央书店,1935。

［明］袁宏道:《袁宏道集笺校》,钱伯城校,上海:上海古籍出版社,2008。

［明］袁宏道:《袁中郎随笔》,北京:作家出版社,1996。

［明］董其昌:《容台集》十七卷,崇祯三年董庭刻本。

[明]董其昌：《容台集》，邵海清点校，杭州：西泠印社出版社，2012。

[明]董其昌：《画禅室随笔》，上海：华东师范大学出版社，2011年。

[明]董其昌：《古董十三说》，北京：金城出版社，2012年。

[明]文徵明：《莆田集》，杭州：西泠印社出版社，2012。

[民国]裴景福：《壮陶阁书画录》，北京：学苑出版社，2006。

[明]沈德符：《万历野获编》，上海：上海古籍出版社，2012。

[明]汤显祖：《汤显祖小品》，上海：上海三联书店，2008。

[宋]米芾：《宝章待访录》，《中国书画全书》第一册，上海：上海书画出版社，1992。

[唐]张彦远：《历代名画记》，浙江：浙江人民美术出版社，2011。

[宋]《宣和画谱》，江苏：江苏美术出版社，2007。

[宋]郭若虚：《图画见闻志》，江苏：江苏美术出版社，2007。

[宋]黄休复：《益州名画录》，《中国书画全书》第一册，上海：上海书画出版社，1992。

[元]周密：《云烟过眼录》，《中国书画全书》第二册，上海：上海书画出版社，1992。

[明]朱存理：《珊瑚木难》，浙江：浙江人民美术出版社，2012。

[明]文嘉：《钤山堂书画记》，《中国书画全书》第三册，上海：上海书画出版社，1992。

[明]王世贞：《弇州山人题跋》，杭州：浙江美术出版社，2012。

[明]王世贞：《艺苑卮言》，陆洁栋、周明初注：南京：凤凰出版社，2009。

[明]谢肇淛：《五杂俎》，上海：上海古籍出版社，2012。

[明]张丑：《清河书画舫》，上海：上海古籍出版社，2011。

[明]张丑：《南阳书画表》，《中国历代书画艺术论著丛编》，北京：中国大百科全书出版社，1997。

[明]詹景凤：《詹东图玄览编》，《中国书画全书》第四册，上海：上海书画出版社，1992。

[明]孙凤：《孙氏书画钞》，《续修四库全书》子部1065，上海：上海古籍出版社，2002。

［明］唐志契：《绘事微言》，《中国书画全书》第四册，上海：上海书画出版社，1992。

［明］何良俊：《四友斋丛说》，北京：中华书局，2007。

［清］张廷玉：《明史》，北京：中华书局，1977。

［清］卞永誉：《式古堂书画汇考》，《中国书画全书》修订版第九册，上海：上海书画出版社，2009。

［清］陆心源：《穰黎馆过眼录》，《中国书画全书》第十三册，上海书画出版社，1992。

［清］安岐：《墨缘汇观》，《中国书画全书》第十册，上海：上海书画出版社，1992。

［明］唐寅：《唐伯虎全集》，北京：中国书店，1985。

［明］张岱：《夜航船》，浙江：浙江古籍出版社，2012。

［明］张岱：《陶庵梦忆，西湖梦寻》，上海：上海古籍出版社，2012。

［清］吴履震：《五茸志逸》，四库未收书辑刊，拾辑第十二册，北京：北京出版社，1998。

［清］邹漪：《启祯野乘二集》，四库禁毁书丛刊，史部第四十一册，北京：北京出版社，1998。

［明］韩昂：《图绘宝鉴续编》，《画史丛书》第二册，上海：上海人民美术出版社，1963。

［清］曹家驹：《说梦》，四库未收书辑刊，拾辑第十二册，北京：北京出版社，1998。

［明］朱谋垔：《画史会要》，清文渊阁四库全书本。

［清］庞元济：《虚斋名画录》，《中国书画全书》第十二册，上海：上海书画出版社，1992。

［清］庞元济：《虚斋名画续录》，《中国书画全书》第十二册，上海：上海书画出版社，1992。

［明］汪砢玉：《珊瑚网》，《中国书画全书》修订版第八册，上海：上海书画出版社，2009。

［明］吴升：《大观录》，《中国书画全书》第八册，上海：上海书画出版社，

1992。

[清]顾复:《平生壮观》,上海:上海古籍出版社,2011。

[明]林有麟:《素园石谱》四卷,明万历刻本。

[清]吴荣光:《辛丑消夏记》,《中国书画全书》第十三册,上海:上海书画出版社,1992。

[清]吴其贞:《书画记》,北京:人民美术出版社,2006。

[清]花村看行侍者:《花村谈往》,民国适园丛书本。

[宋]米芾:《画史》,《中国书画全书》第一册,上海:上海书画出版社,1992。

[宋]沈括:《梦溪笔谈》卷十七,四部丛刊续编景元本。

[清]顾文彬,孔广陶著,柳向春校《过云楼书画记,岳雪楼书画录》,上海:上海古籍出版社,2011。

[清]梁同书:《明人尺牍》卷二,《明代名人尺牍选粹》,北京:国家图书馆出版社,2008。

[清]金瑗:《十百斋书画录》,《中国书画全书》第七册,上海:上海书画出版社,1994。

[明]董其昌:《董香光手札》,《上海图书馆藏明代尺牍》,上海:上海科学技术文献出版社,2002。

[明]王肯堂:《郁冈斋至鏖》四卷,明万历三十年王懋琨刻本。

[明]倪涛:《六艺之一录》《文渊阁四库全书》833册,台北:台湾商务印书馆,1983。

[明]陶元仪:《南村辍耕录》三十卷,四库丛刊三编景元本。

[清]杜瑞联:《古芬阁书画记》,《中国历代书画论著丛编》二十六,北京:中国大百科全书出版社,1997。

[清]青浮山人:《董华亭书画录》,《历代书画录辑刊》,北京:北京图书馆出版社,2007。

[明]何三畏:《云间志略》,台湾:台湾学生书局印行,1987。

[清]蒋光煦:《别下斋书画录》,《中国书画全书》第十一册,上海:上海书画出版社,1992。

[明]袁中道:《柯雪斋近集》,上海:上海古籍出版社,2007。

［明］袁中道：《游居柿录》，青岛：青岛出版社，2010。

［清］恽寿平：《瓯香馆集》，吕凤棠点校，杭州：西泠印社出版社，2012。

［明］焦竑：《玉堂丛语》，北京：中华书局，2007。

［明］叶盛：《水东日记》，北京：中华书局，2007。

［明］冯梦祯：《快雪堂日记》，南京：凤凰出版社，2010。

［明］朱国祯：《涌幢小品》，北京：中华书局，1959。

［清］张瀚：《松窗梦语》，上海：上海古籍出版社，1986。

［明］汪道昆：《太函集》，续修四库全书集部1346，上海：上海古籍出版社，2002。

［明］都穆：《寓意编》，丛书集成初编1571，上海：商务印书馆，1937。

［明］陆树声：《清暑笔谈》，丛书集成新编688，台北：新文丰出版公司，1989。

［明］李贽：《焚书》，北京：中华书局，1974。

［清］孙承泽，高士奇：《庚子消夏记，江村消夏录》，上海：上海古籍出版社，2011。

［清］余绍宋：《书画书录题解》，杭州：浙江人民美术出版社，2012。

［清］冒辟疆：《冒辟疆全集》，南京：凤凰出版社，2014。

［明］释德清：《庄子内篇注》，上海：华东师范大学出版社，2009。

［明］叶梦珠：《阅世编》，北京：中华书局，2007。

［明］顾大复：《梅花草堂笔谈》，上海：上海古籍出版社，1986。

［清］王原祁等：《佩文斋书画谱》，上海：上海古籍出版社，1991。

［清］李廷昰：《南吴旧话录》，上海：上海古籍出版社，1985。

［清］徐沁：《明画录》，上海：华东师范大学出版社，2009。

［明］莫是龙：《画说》，四库全书存目丛书，子部27，济南：齐鲁书社，1995。

［明］董其昌：《论文宗旨》，《董其昌全集》第三册，上海：上海书画出版社，2013。

［明］董其昌：《举业蓓蕾》，《董其昌全集》第三册，上海：上海书画出版社，2013。

王国平编：《西湖文献集成》，杭州：杭州出版社，2004。

《荣宝斋藏名家手札精选董其昌》，北京：荣宝斋出版社，2012。

俞剑华：《中国古代画论类编》，北京：人民美术出版社，2005。

何煜等编：《内物部古物陈列所书画目录》，上海：上海辞书出版社，2012。

钱镜塘：《钱镜塘藏明代名人尺牍》，上海：上海古籍出版社，2002。

李善强：《董其昌著述序跋辑佚》，《董其昌全集》第八册，上海：上海书画出版社，2013。

正德《松江府志》，《天一阁藏明代方志选刊续编》5-6，上海：上海书店，1990。

嘉靖《江阴县志》，《天一阁藏明代方志选刊》13，上海：上海书店，1981。

嘉靖《太仓州志》，《天一阁藏明代方志选刊续编》20，上海：上海书店，1990。

专著类：

徐方朔：《晚明曲家年谱》，浙江：浙江古籍出版社，1993。

吕思勉：《史学四种》，上海：上海人民出版社，1981。

陈寅恪：《金明馆丛稿二编》，北京：生活·读书·新知三联书店，2009。

陈寅恪：《柳如是别传》，北京：生活·读书·新知三联书店，2015。

杨念群、黄兴涛、毛丹主编：《新史学：多学科对话的图景》，北京：人民大学出版社，2003。

孟森：《明史讲义》，上海：上海古籍出版社，2002。

谢国桢：《晚明史籍考》，上海：华东师范大学出版社，2011。

黄仁宇：《万历十五年》，北京：中华书局，2006。

嵇文甫：《晚明思想史论》，北京：东方出版社，1996。

陈宝良：《明代士大夫的精神世界》，北京：北京师范大学出版社，2017。

陈江：《明代中后期的江南社会与社会生活》，上海：上海社会科学院出版社，2006。

范金民：《明清江南商业的发展》，南京：南京大学出版社，1998。

傅衣凌：《明代江南市民经济试探》，上海：上海人民出版社，1957。

巫仁恕：《品位奢华：晚明的消费社会与士大夫》，北京：中华书局，2008。

李孝悌：《昨日到城市：近世中国的逸乐与宗教》，台北：联经出版社，2015。

陈大康：《明代商贾与世风》，上海：上海文艺出版社，1996。

曹意强:《艺术与历史》,浙江:中国美术学院出版社,2001。

万木春:《味水轩里的闲居者:万历末年嘉兴的书画世界》,浙江:中国美术学院出版社,2008。

张长虹:《品鉴与经营:明末清初徽商艺术赞助研究》,北京:北京大学出版社,2010。

刘金库:《南画北渡:清代书画鉴藏中心研究》,石家庄:河北教育出版社,2008。

李万康:《编号与价格:项元汴旧藏书画二释》,南京:南京大学出版社,2012。

马蹄非:《董其昌研究》,天津:南开大学出版社,2010。

陈中浙:《一超直入如来地:董其昌书画中的禅意》,北京:中华书局,2008。

颜晓军:《董其昌杭州诸问题综考》,杭州:中国美术学院出版社,2012。

颜晓军:《宇宙在乎手:董其昌画禅室里的鉴赏活动》,杭州:浙江大学出版社,2015。

汪世清:《汪世清艺苑查疑补证散考》,石家庄:河北教育出版社,2009。

王永顺:《董其昌史料》,上海:华东师范大学出版社,1991。

郑威:《董其昌年谱》,上海:上海书画出版社,1989。

任道斌:《董其昌系年》,北京:文物出版社,1988。

樊波:《董其昌》,吉林:吉林美术出版社,1996。

徐邦达:《历代书画家传记考辨》,上海:上海人民美术出版社,1984。

徐邦达:《徐邦达论古书画汇集》,上海:上海人民美术出版社,2000。

徐邦达:《古书画过眼要录·元明清书法》,《徐邦达集》第七册,北京:紫禁城出版社,2005。

白谦慎:《傅山的世界:十七世纪中国书法的嬗变》,北京:生活·读书·新知三联书店,2006。

白谦慎:《傅山的交往和应酬:艺术社会史的一项个案研究》,广西:广西师范大学出版社,2013。

白谦慎:《与古为徒和娟娟发屋:关于书法经典问题的思考》,广西:广西师范大学出版社,2017。

封治国：《与古同游：项元汴书画鉴藏研究》，浙江：中国美术学院出版社，2013。

黄朋：《吴门具眼：明代苏州书画鉴藏》，上海：上海书画出版社，2015。

傅申著，葛鸿桢译：《海外书迹研究》，上海：上海书画出版社，2019。

傅申：《书法鉴定兼怀素〈自叙帖〉临床诊断》，上海：上海书画出版社，2019。

傅申：《宋代文人书画评鉴》，上海：上海书画出版社，2019。

杨仁恺：《中国古代书画鉴定笔记》，沈阳：辽宁人民出版社，2015。

王季迁著，王义强编：《王季迁书画过眼录》，上海：上海书画出版社，2021。

朱省斋：《书画随笔》，台湾：台北新锐文创，2021。

朱省斋：《省斋读画记：海外所见中国名画录》，台湾：台北新锐文创，2021。

朱省斋：《艺苑谈往》，台湾：台北新锐文创，2021。

朱省斋：《画人画事》，台湾：台北新锐文创，2021。

［法］弗朗索瓦·多斯著，马胜利译：《碎片化的历史学》，北京：北京大学出版社，2008。

［加］卜正民著，方骏、王秀丽、罗天佑（译）、方骏（校）：《纵乐的诱惑：明代的商业与文化），北京：生活·读书·新知三联书店，2004。

［美］史景迁：《前朝梦忆：张岱的浮华与苍凉》，广西：广西师范大学出版社，2011。

［英］柯律格：《雅债：文徵明的社交性艺术》，北京：生活·读书·新知三联书店，2012。

［美］高居翰：《画家生涯：传统中国画家的生活与工作》，北京：生活·读书·新知三联书店，2012。

［美］高居翰：《山外山：晚明绘画（1570-1644）》，北京：生活·读书·新知三联书店，2009。

论文、期刊：

何慧鉴：《董其昌对历史和艺术的超越》，美术研究，1993年第1期。

王鸿泰：《明清感官世界的开发与欲望的商品化》，《明代研究》第18期，2012。

叶康宁：《明代中晚期的社会风气对书画交易的影响》，《南京艺术学院学报（美术与设计）》，2009 年第 4 期。

吴耀明：《董其昌的生平和家世述论》，华东师范大学硕士学位论文，2010。

吴鹏：《晚明士人生活中的书法世界》，南京艺术学院博士学位论文，2008。

江雯：《董其昌与公安派的交游》，华南师范大学硕士学位论文，2007。

傅申：《董其昌书画船：水上行旅与鉴赏、创作关系研究》，《美术史研究集刊》，2003 年第 15 期。

启功：《董其昌书画代笔人考》，北京师范大学学报，1962 年第 3 期。

启功：《从戏鸿堂帖看董其昌对法书的鉴定》，《董其昌研究文集》，1998。

王连起：《从董其昌的题跋看他的书画鉴定》，故宫博物院刊，2006 年第 2 期。

任道斌：《关于书画著录所传董其昌作品的辨伪》，新美术，1988 年第 4 期。

李慧闻：《董其昌所见所评唐临摹本〈兰亭序〉及其 1618 年赠人的一本〈兰亭〉：关于鉴定学的一项个案研究》，《兰亭论集》，苏州大学出版社，2000。

汪世清：《董其昌与余清斋》，《朵云》，1993 年第 3 期。

尹吉男：《"董源"概念的历史生成》，文艺研究，2005 年第 2 期。

纪学艳：《张丑书画鉴藏与著录研究》，中央美术学院博士学位论文，2006。

高明：《陈继儒研究：历史与文献》，复旦大学博士学位论文，2008。

沈振辉：《明代私人收藏家百例辨析》，东南文化，1999 年第 2 期。

郭嘉颖：《董其昌鉴赏思想研究》，南京航空航天大学硕士学位，2008。

图目画册：

［日］铃木敬：《中国绘画总和图录》，东京：东京大学出版会，1982。

中国古代书画鉴定组编：《中国古代书画目录》，北京：文物出版社，1984。

徐邦达：《历代流传绘画编年表》，北京：人民美术出版社，1996。

《故宫博物院藏品大系》，北京：紫禁城出版社，2008。

《故宫书画图录》，台北：国立故宫博物院，1989。

《故宫历代法书全集》，东京：株式会社东京堂，1977。

《董其昌世纪展图册》，美国纳尔逊·艾金斯美术馆出版，1992。

《董其昌书画集》，北京：中国民族摄影艺术出版社，2003。

《中国书法全集》54 卷,北京:荣宝斋出版社,1992。

齐渊编:《董其昌书画编年图目》,北京:人民美术出版社,2007。

石守谦、杨儒宾主编:《明代名贤尺牍集》,台北:何创时书法艺术基金会,2013。

故宫博物院编,刘九庵主编:《中国历代书画真伪对照图录》,北京:故宫出版社,2013。

《遗珠:大阪市立美术馆珍藏书画》,台北:国立故宫博物院,2021。

何创时基金会藏,何国庆主编:《董其昌与松江书派精选》,天津:天津人民美术出版社,2019。

上海博物馆编:《丹青宝筏:董其昌书画艺术特集》,上海:上海书画出版社,2019。

后　记

　　时间如白驹过隙，回忆起来，第一次认识董其昌，是从《秋兴八景图册》开始，确切的说，是其中第三开，那还是懵懂的年龄，记得是千篇一律的明清山水画，忽如清风吹过，那是极有生意的画面，一片虚空之中，近岸水草在微风中轻拂，层层铺开，起伏中渐次远去，如音乐的前调，舒缓有序的酝酿铺陈……中景出现低矮的陂陀，倾身的树木、红叶，水草随风俯仰，蜿蜒中又转远，远处青黛一一浮现。这画面在相当长的一段时间内，总在眼前浮现，当时一直惊奇，古人可以画得如此抽象又具体，和一贯的印象有太多不同。现在看来，抽象形式和笔墨语言如此契合又生机盎然，大概只有思翁老先生了。

　　本书的出版，有些意外的惊喜，特别感谢南京大学出版社赵秦老师，对选题的认同，申报选题促成出版。说到感谢，一路上要感谢的师长难以尽数，硕士时的导师王大濛教授，对学生始终是包容鼓励的态度，当时的硕士论文大概是第一次带着好奇的心试图走近董其昌，当时缘于对董其昌画面的好奇，也是为解开早年的疑惑。大濛师喜玩古董，养兰种蒲，弄石造园，品茶刻壶，一派文人式的生活方式和艺术理念，当时自己也并未察觉，直到这些年不断读到晚明文人生活材料时，依稀中似乎看到大濛师的生活画面，可谓是文献材料的真切注解。博士时的导师王孟奇先生，更是文人风骨，言语不多，却每每一语道破，点醒梦中人，又循循善诱，也是在这个时候，真正走近了一点董其昌。直到现在王老师的话不时在耳边回响，"研究研究为什么会出现了董其昌呢？""很多人都在研究董其昌，但都不是董其昌。"时至今日，为什么会出现董其昌，似乎也并不能全部回答，而后一句，则让自己反思研究的路径，在近些年带来不少新的思路。

　　说到这里，还要感谢2019年，在台湾中研院近代史研究所访学时，遇到的诸位师长，王鸿泰老师的课堂，巫仁恕老师的耐心，石守谦老师画者要研究作品的忠告，还有康王爷的问候指导，他们纯粹谦逊，满是善意包容，让我受益匪浅，也带来不少的灵感。尤其王鸿泰老师对明清文人及艺文生活的研究，巫仁恕老师对晚明社会和士夫生活的研究，眼前似乎看到一片开阔的领域，开始尝试从社会视角，思考董其昌所处的时代和社会，他的人生历程、文艺生活以及作画的机缘,也更想去看到身在历史现场中的董其昌,他有喜怒哀乐,又谈笑风生若在眼前。这时,忆起王老师的话,忽然明白,如果不是子期,焉能懂伯牙?不从全域界的历史场景中去了解董其昌,又岂能真正走进他的艺术世界。也是从这个时候,开始更关心董其昌的生活面向,如交游人物、社交活动和日常行为等等。此后,回头再看搁置许久的议题,最初那些模糊未理清的意图,也逐渐清晰起来。本书大部分内容是博士阶段的论文,又增补而成,现在看其中不免有意气之语,这也许是个案研究有意思的地方,正如对一个人的认知熟悉,总是由浅入深,从不解到理解,到深知,到认同,不同的时间段里,认识其实也在发生变化。

董其昌的生活中,鉴藏或者说赏鉴书画,是最日常不过的事情,也是其艺术观念和作品的源头之处,如果说之前博士论文选题时,是因为董其昌鉴藏相关的研究还不够多,近些年再来审视这一议题,发现这也许是更接近董其昌生活的一条路径。赏鉴的世界中,既有日常,也是艺术行为的表征,能见其性情,也可察觉其观点的生成脉络,作品创作的机缘,当然更能知晓晚明的艺术文化生态。其中有丰富多层面的呈现和可供讨论的议题,文中试图去呈现这种丰富性,但不免仍有力不从心处。曾想,过若干年后,今天的观点看法应该会有新的变化,董其昌高龄八十二,对于自己而言,目前能理解的也许只是其前半生的生涯?

还要感谢博后时的合作导师顾平教授,曾多次提醒自己画画的专业背景,要以研究作品为重。近些年,逐渐意识到社会历史视角的观察与作品解析并不冲突矛盾。苏州大学的陈铮师兄,可以说是学术的前路人,让我明白艺术史研究跨学科视角的重要性。书稿过程中,老朋友欣然作为首读者,给了自己百分的鼓励和信心,书中米友仁作品的图像则要感谢台大刘睿师妹的帮助。

最后,我想还应感谢董其昌,想起几年前,为了读懂那些玄妙的参禅语,引得自己阅读内典经文,禅宗道藏,意外地颇有受益;也是他如此的丰富矛盾惹争议,引得自己十分的好奇,走进晚明这个精彩的历史时期;那些四百年后也并没有违和陌生之感的画面,说的正是艺术可以也需要超越时代而存在,这是艺术核心的魅力和高度所在,也是一个画者不得不去学习和思考的。长久以来,真不知是自己在试图研究他,还是他在陪伴和影响自己。

转头又看到地上浙江大学新出《明画全集》董其昌卷,五册,墨绿封面,烫金字体,当时没有多想,决定买来看看,拿到书的瞬间,愕然,这分量,说厚重也不为过,称量一下,一册十多斤,便束之地上,暗叹冲动。也不免思忖着,后人是否真能体谅董其昌的所言所思所想所行呢,正如这厚厚的画册,其中每幅作品,赏心之外也带着历史的烟尘云霞,翻开,也许真的不那么轻松呢。

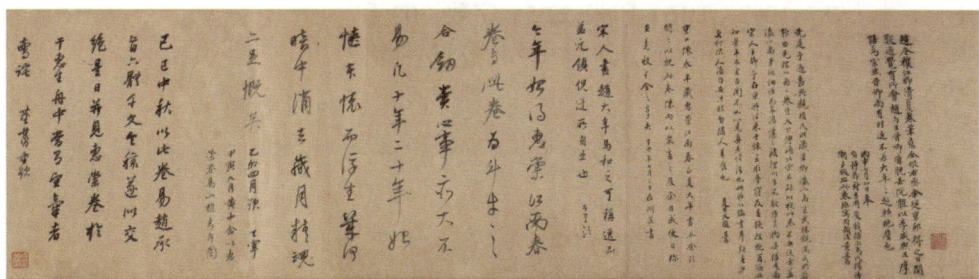

宋·赵令穰《湖庄清夏图》 绢本设色 19.1×161.3厘米 波士顿美术馆

图书在版编目（CIP）数据

过眼云烟：董其昌的鉴赏世界 / 姚东一著. -- 南京：南京大学出版社, 2022.5
ISBN 978-7-305-25552-6

Ⅰ.①过… Ⅱ.①姚… Ⅲ.①董其昌(1555-1636))—人物研究 Ⅳ.①K825.72

中国版本图书馆CIP数据核字(2022)第051280号

出版发行	南京大学出版社
社　　址	南京市汉口路22号　　　　邮编　210093
出 版 人	金鑫荣

书　　名	过眼云烟:董其昌的鉴赏世界
著　　者	姚东一
责任编辑	赵　秦　编辑热线　025-83621411

印　　刷	南京凯德印刷有限公司
开　　本	787×1092　1/16　印张 22.5　字数 300千
版　　次	2022年5月第1版　2022年5月第1次印刷
	ISBN 978-7-305-25552-6
定　　价	168.00元

网　　址	http://www.NjupCo.com
新浪微博	http://e.weibo.com/njuyzxz
官方微信号	njupress
销售咨询热线	025-83594756